Earthquake Response Analysis of Ground

地盤の
地震応答解析

吉田 望
［著］

鹿島出版会

はじめに

　建築工学科の出身で，鉄骨構造の研究をしてきた私が，地盤の地震応答解析を行うようになったきっかけは，佐藤工業(株)に入社し，原子力発電所周辺土木施設の耐震設計に携わるようになったことである。そこで，岩砕の埋戻しの液状化という，とうてい起こりそうにない現象の検討を命じられた私は，東京大学の石原研而教授(当時)に相談に行った。そこで YUSAYUSA という液状化解析プログラムを紹介され，その改良を始めた。また，1983 年日本海中部地震の際には石原先生の調査に同行させていただくことができた。これらの経験を通して，私は，それまで行ってきた鉄骨構造と全く異なる世界に非常に興味を持つようになった。その後，石原先生の紹介で，液状化解析の最先端を走っておられた，University of British Columbia 大学の W. D. L. Finn 教授の下で，1 年間，2 次元有効応力解析プログラム TARA-3 の開発に携わったことで，ますます興味は深まっていった。

　それまで行ってきた鉄骨構造では，応力－ひずみ関係の求め方とそのモデル化に疑問を持つことなどほとんど無かった。そして，全体的な挙動は解析でほぼ追跡できて，細かいところをあわせていくのが主な研究であった。しかし，土の世界では，応力－ひずみ関係を求める試験法から課題があり，まだまだ発展途上にある学問であると感じられた。Finn 先生の元から日本に帰ってきた頃には，幸い，所属先の理解も得られたこともあり，地盤の地震応答解析を今後の研究テーマにしようという意志が固まっていた。

　とはいっても，戸惑うことも多かった。地震地盤工学の分野では常識となっていることでも，他分野から入った私には不思議なことも多かった。なぜ，非線形特性を G-γ, h-γ 関係で表すのか，なぜ，単なる近似解法を等価線形と呼ぶのか，等々，本当に色々なところで引っかかった。さらに，数式があれば挙動が表現できると思ってきた私にとって，実験法の違いで結果が変わったり，数値上では全く同じなのに，地形・地質によっても挙動が異なるなども，理解できないことであった。しかし，幸いにして，この分野に入って，有力な友人を何人も得ることができた。そして，例えば，実験や調査であれば安田進教授(東京電機大学)に，地形・地質に関することであれば若松加寿江教授(関東学院大学)に相談すると，瞬時に疑問を解決することができた。その他，多くの友人に支えられ，何とか研究者として歩いてくることができたように思っている。

　その後，東北学院大学に勤務することになり，地盤工学，地震工学を教えることになって，もう一つ驚いたことがある。大学の教育の中では，地震応答解析を教える時間を見つけることが難しいのである。実際，私の大学でも，学部学生には地震応答解析はほとんど教えていない。一方，実務の世界では，地震応答解析は耐震設計の上で使うことが多い武器となっている。その教育はどうしているのだろうと疑問を持つようになってきた。

　そんな折，日本地震工学会の事業企画担当理事をしておられた若松教授(前述)より，「実務で使う地盤の地震応答解析」というテーマで講演をしないかというお話しをいただいた。丸一日の講習会で資料の用意は大変であったが，非常に多くの方にご参加頂き，好評をいただいたと感じている。

　本書は上記の講演の資料をもとに、実務で地震応答解析に携わってはいるが、より理解

を深めたい技術者や，これから携わろうとしている技術者を想定し，理論的な事項は少なめにして実務的な観点から地震応答解析ができるようになることを心がけてまとめた。本書が地震応答解析の技術修得の一助になれば誠に幸いである。

なお，本書の執筆に当たり，三上武子氏（応用地質）には実験データを提供していただいたり，本書の実験に関連する部分のチェックをしていただいた。また，大矢陽介博士（港湾空港技術研究所）には，本書全体のチェックをしていただいた。橋口聖一氏をはじめとする鹿島出版会の編集部の方には，本書の執筆に対して適切な助言をいただき，また，校正作業等でお世話になった。これらの方々に感謝いたします。

2010年8月

著　者

本書を読む際の注意事項

　本書では，単位系は国際単位系（SI 単位系）に従っている[1]。すなわち，力は kN，長さは m，時間は s（秒）を用いている。また，応力に関しては kN/m^2 の代わりに kPa を用いている。地震の分野ではこの他に，加速度，速度の単位として Gal（gal），kine が使われることがあるが，SI 単位系では kine は許容されていないので使わない。また，gal は直ちに改めるべき単位に挙げられ（体積のガロンも同じ記号）[2]，Gal は用途を重力加速度と地震に関しては認められているが，最近は論文でも m/s^2 の表示が使われるようになっていることから本書では使わなかった。なお，従来の単位系から SI 単位に移行する際に，重力加速度 G の値が必要になる事があるが，基本的には 1G=9.8m/s^2 を用いるが，図などの変換の際には 1G=10m/s^2 を用いることがある。両者では 2% の誤差が発生するが，この程度は誤差として許容されているようである。

　この方針に従って，本書では過去の論文の図や式も SI 単位系に変換している。地盤工学の分野では実験式も多く用いられているが，ほとんどすべての実験式は特定の単位系で設定されている。本書ではこれについても SI 単位系に変換したものを載せている。

　参考文献の表示にも工夫が凝らされている。最近では，論文のみならずインターネットを通じた公開もある。Web のサイトはしばしばサイト運営者により変更されるので，時代が経過するとそのサイトがなくなる可能性がある。そこで，本書では，このサイトの存在を確認した年を［　］内に示している。したがって，そこに書かれている年代は，この情報がはじめて発信された年代ではない可能性がある。

　外国語の書き方は，このような本では常に悩みである。本書では，基本的には英語や母国語表示を原則とするが，日本で慣用的に使われているものについてはカタカナ表示としている。また，読者になじみがなくてよく使われる可能性がある英語については日本語の後に対応する英語を示している。

参考文献

1) 通商産業省 SI 単位等普及推進委員会（1999）：新計量法と SI 化の進め方－重力単位系から国際単位系（SI）へ－，36pp.
2) 土質工学会（1983）：土質工学における SI の使い方，117pp.

目　次

はじめに··· *i*
本書を読む際の注意事項··· *iii*

第1章　地盤中の地震動伝播と地震動 ·· 1

1.1　断層からサイトまでの波動伝播 ·· 1
　1.1.1　地震波動の種類··· 1
　1.1.2　波動の伝播経路と解析領域 ·· 2
　1.1.3　実体波の伝播経路·· 4
1.2　地震動の増幅 ·· 5
　1.2.1　メカニズム1：速度変化·· 5
　1.2.2　メカニズム2：地表の反射 ··· 6
　1.2.3　メカニズム3：地下での反射 ······································ 6
　1.2.4　メカニズム4：共振··· 7
　1.2.5　地震動増幅の事例·· 8
　1.2.6　上下動の地震動増幅··· 9
1.3　地震動の減衰と上限·· 10

第2章　地震応答解析の流れ ··· 17

第3章　入力地震波 ·· 21

3.1　著名地震波 ··· 21
3.2　模擬地震波 ··· 24
3.3　地震動の入手方法·· 26
3.4　工学的基盤 ··· 26

第4章　地盤材料の力学特性の基礎と地震応答解析 ······················ 31

4.1　応力とひずみ ··· 31
　4.1.1　応力とひずみの正の方向·· 31
　4.1.2　有効応力の原理··· 32
4.2　土の挙動の特徴·· 33
　4.2.1　体積変化·· 34
　4.2.2　せん断変形··· 34

    4.2.3　その他の諸量と変換式 ································· 34
    4.2.4　ダイレイタンシー ································· 35
    4.2.5　応力 - ひずみ関係 ································· 36
    4.2.6　三次元と単純二次元 ································· 37
    4.2.7　拘束圧依存性 ································· 37
  4.3　非線形挙動の特徴 ································· 38
    4.3.1　せん断に関する非線形特性 ································· 39
    4.3.2　体積変化に関する非線形挙動 ································· 40
  4.4　運動方程式 ································· 42

第5章　地盤調査の方法 ································· 47
  5.1　標準貫入試験 ································· 47
    5.1.1　エネルギー補正 ································· 47
    5.1.2　拘束圧補正 ································· 49
  5.2　PS検層 ································· 50
  5.3　その他の方法 ································· 53
  5.4　沖積層と洪積層 ································· 53
  5.5　地層の連続性 ································· 54

第6章　室内試験とその整理方法 ································· 59
  6.1　試料採取 ································· 59
  6.2　物理試験 ································· 60
  6.3　土の変形特性を求めるための繰返し試験（繰返しせん断試験） ································· 60
  6.4　試験装置 ································· 62
    6.4.1　三軸試験 ································· 62
    6.4.2　中空ねじり試験 ································· 64
  6.5　試料採取時や試験時の乱れ ································· 65
  6.6　実験値の整理 ································· 68
    6.6.1　Hardin-Drnevich モデル ································· 68
    6.6.2　GHE モデル ································· 69
    6.6.3　H-D モデルと GHE モデルの違い ································· 71
    6.6.4　拘束圧依存性の考慮 ································· 71
  6.7　繰返しせん断試験の適用性と限界 ································· 72
    6.7.1　要求されるひずみ領域と試験機の精度 ································· 72
    6.7.2　間隙水の影響と繰返しせん断試験の適用性 ································· 73
    6.7.3　ひずみ速度の影響 ································· 76
    6.7.4　減衰特性 ································· 77
    6.7.5　繰返しせん断特性とせん断強度 ································· 79
    6.7.6　大ひずみ時の挙動予測 ································· 80
    6.7.7　繰返し数の影響 ································· 83
    6.7.8　初期応力状態とその解析に与える影響 ································· 84

第7章　地震応答解析に用いる力学特性の求め方 …… 91

7.1　弾性的性質 …… 91
- 7.1.1　今井らの式 …… 91
- 7.1.2　道路橋示方書の式 …… 93
- 7.1.3　港湾関係で使われる式 …… 93
- 7.1.4　建築でよく引用される式 …… 94
- 7.1.5　岩崎らの式 …… 94
- 7.1.6　室内試験に基づく式 …… 95

7.2　非線形特性 …… 97
- 7.2.1　土研の式 …… 98
- 7.2.2　港湾の施設の技術上の基準 …… 101
- 7.2.3　鉄道構造物 …… 103
- 7.2.4　建築基準法関係 …… 104
- 7.2.5　電力中央研究所の研究 …… 105
- 7.2.6　Seed & Idriss の実験整理 …… 106
- 7.2.7　安田らの式 …… 108
- 7.2.8　Vucetic らの整理 …… 108
- 7.2.9　古山田らの整理 …… 109
- 7.2.10　今津・福武の整理 …… 110
- 7.2.11　福元らの整理 …… 112
- 7.2.12　若松らの整理 …… 114
- 7.2.13　その他の整理 …… 116

7.3　せん断強度特性 …… 116
- 7.3.1　砂のせん断強度 …… 117
- 7.3.2　粘性土のせん断強度 …… 120

7.4　その他の諸量 …… 120

第8章　力学特性のモデル化 …… 127

8.1　弾性係数のモデル化 …… 127
- 8.1.1　せん断弾性係数 …… 127
- 8.1.2　体積弾性係数とポアソン比 …… 128

8.2　一次元解析に用いられる非線形モデル …… 131
- 8.2.1　繰返しせん断特性と数式モデルの関係 …… 132
- 8.2.2　履歴法則 …… 133
- 8.2.3　双曲線モデル …… 136
- 8.2.4　Ramberg-Osgood モデル …… 138
- 8.2.5　吉田のモデル …… 141
- 8.2.6　MDM モデル …… 142
- 8.2.7　修正 GHE モデル …… 144

8.3　多次元解析に用いられる構成モデル …… 144
- 8.3.1　一次元解析の拡張モデル …… 144

8.3.2　弾塑性構成則 ･･ *147*
　8.4　モデルの選択とパラメータの決め方 ････････････････････････････ *148*
　8.5　複素剛性法 ･･ *149*

第9章　空間のモデル化 ･･･････････････････････････････････････ *153*
　9.1　解析領域のモデル化 ･･ *153*
　9.2　地盤不整形 ･･ *154*
　　　9.2.1　解析次元 ･･ *154*
　　　9.2.2　レンズ状不整形 ･･ *155*
　9.3　層分割，メッシュ分割 ･･ *156*
　9.4　境界条件 ･･ *158*
　　　9.4.1　側方境界 ･･ *159*
　　　9.4.2　底面境界 ･･ *164*
　9.5　多次元解析 ･･ *165*
　　　9.5.1　上下動の考慮 ･･ *165*
　　　9.5.2　質量の分布 ･･ *166*
　　　9.5.3　要素の形状と配置 ･･････････････････････････････････････ *167*
　　　9.5.4　積分点と体積ロッキング・砂時計不安定 ････････････････････ *168*
　9.6　初期条件 ･･ *170*

第10章　時間領域の解法 ･･ *175*
　10.1　逐次積分法 ･･･ *175*
　　　10.1.1　各種の数値積分手法 ･･････････････････････････････････ *175*
　　　10.1.2　数値積分の安定 ･･････････････････････････････････････ *178*
　　　10.1.3　数値積分法の選択 ････････････････････････････････････ *180*
　10.2　周波数領域の解法 ･･･ *182*
　10.3　重複反射理論 ･･･ *185*
　10.4　等価線形化法 ･･･ *187*
　　　10.4.1　SHAKEによる方法 ･･････････････････････････････････ *188*
　　　10.4.2　SHAKEの欠点 ･･ *189*
　　　10.4.3　SHAKEの欠点の改良 ････････････････････････････････ *192*
　　　10.4.4　非線形法と等価線形化法 ･･････････････････････････････ *196*

第11章　減衰の設定 ･･･ *201*
　11.1　履歴減衰 ･･･ *201*
　11.2　粘性減衰（速度比例減衰）････････････････････････････････････ *201*
　　　11.2.1　Rayleigh（レーリー）減衰 ････････････････････････････ *202*
　　　11.2.2　モード比例減衰 ･･････････････････････････････････････ *205*
　11.3　散乱による減衰 ･･･ *205*
　11.4　地下逸散減衰 ･･･ *209*

11.5　数値減衰 210
  11.6　調整代の減衰 211

第12章　解析事例と評価 213
  12.1　解析精度の評価指標・地震動指標 213
    12.1.1　加速度，速度，変位 214
    12.1.2　計測震度 215
    12.1.3　SI 値 216
    12.1.4　スペクトル 217
    12.1.5　その他の判断基準 218
  12.2　既往の研究に見るパラメータの影響 219
    12.2.1　非線形特性の影響 219
    12.2.2　S波速度のばらつきの影響 220
    12.2.3　ブラインドテストによる解析の精度 221
  12.3　鉛直アレー記録のシミュレーション 222
    12.3.1　等価線形化法の適用性の境界 223
    12.3.2　中ひずみ領域の解析 226
    12.3.3　大ひずみ領域の適用性 231
    12.3.4　弾性定数の設定の問題 233
    12.3.5　層分割と物性設定方法の解析結果への影響 235
  12.4　数値計算事例から見ることのできる各種の要因 238
    12.4.1　数値積分におけるパルスの処理と減衰 238
    12.4.2　等価線形化法と非線形法，減衰項の効果 242
    12.4.3　深い基盤における減衰の設定 246
    12.4.4　減衰が大きいと応答は小さくなるか 247

索引 253

第 1 章　地盤中の地震動伝播と地震動

　地震応答解析の具体的な手順に移る前に，地震時の地盤の挙動を把握する目的で，地震動の増幅と減衰について基本的な事項を理解しておこう。

1.1　断層からサイトまでの波動伝播

　地震は断層で発生し，地盤中を伝播し，技術者が設計しようとしている構造物のあるサイトに到達する。図 1.1 に，この地震波の伝播経路を模式的に示す。この図にはいくつかの重要なことが示されている。断層からサイトまでの間が三つの領域に分割されていること，波動に実体波と表面波の二種類があること，そして，実体波が直線的に伝播せず曲がって伝播するように描かれていることなどがそれである。以下，それぞれについて説明する。

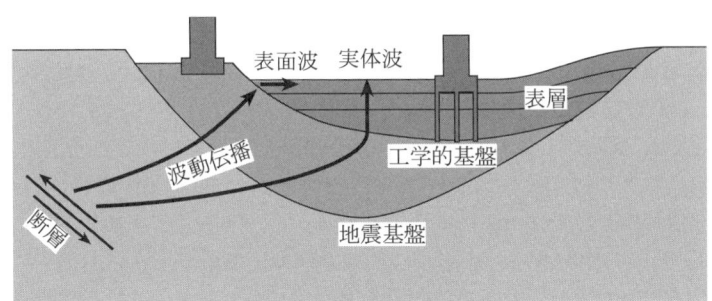

図 1.1　地震動の伝播

1.1.1　地震波動の種類

　図 1.1 に示すように，地震波には表面波（surface wave）と実体波（body wave）がある。これらの波をより詳細に図 1.2 に示す。図 1.2 (a) は実体波で，紙面に沿って左から右に水平に波が伝わって行くときの状態が示されている。一方，図 1.2 (b)，(c)は表面波で図の矢印で構成される面に沿って左下から右上の方向に伝播している様子が示されている。また，各図の右下には粒子の動く軌跡を矢印で表している。

　二つの波のうち，設計で重要なのは，実体波である。実体波には P 波と S 波がある。

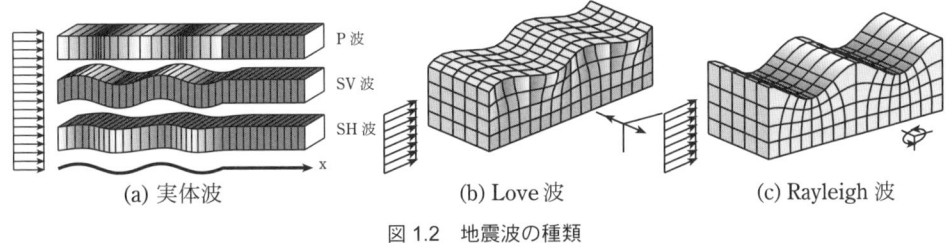

図 1.2　地震波の種類

このうち，P波は地震の際に一番先に到達する波（primary wave）の意味である。力学的には波動の進行方向と振動の方向が一致しているのが特徴である。この特徴から縦波（longitudinal wave）と呼ばれたり，伝播に伴って物質の密度が変化することから粗密波（compression wave, compressional wave）と呼ばれたりする。

次に，S波は地震の際に二番目に到達する波（secondary wave）の意味である。波動の進行方向と直交して振動することから横波（transverse wave）と呼ばれたり，せん断変形をしながら伝播することからせん断波（shear wave）と呼ばれたりする。本書ではS波と呼ぶことが多い。S波にはSH波とSV波がある。SH波は波が伝わる面（図1.2 (a)では紙面）に直交方向に揺れ，SV波は平行に（図1.2 (a)では紙面内に）揺れる波をいう。一次元解析では両者は差がないが，二次元解析では面内の変形を扱っているので，SV波を解析していることになる。

次に1.1.3項で述べるように，表層では地震波はほぼ鉛直下方から伝播してくるので，P波は上下動，S波は水平動を発生させる。このうち，耐震設計上重要なのはS波である。したがって，本書ではほとんどの記述がS波の伝播を想定している。なお，層の境界が波の進行方向に直交していないときには，境界の法線方向に揺れる波（P波）と接線方向に揺れる波（S波）が発生する。すなわち，境界にP波が入射しても屈折波にはP波とS波が現れるし，逆にS波が入射すると屈折波にはP波も現れる。これらの波はPS変換波とかSP変換波と呼ばれる。また，波動も完全に鉛直下方から伝播するわけではない。したがって，地表で観測される波動は単純に水平に揺れるのがS波，鉛直に揺れるのがP波と分けられるわけではないが，本書では単純に地震波動は鉛直下方から伝播し，S波は水平方向に振動し，P波は鉛直方向に振動しているとする。

一方，表面波は，震源から放射される実体波が干渉しあって励起される波であり，図1.1に模式的に示したように，盆地の縁などで発生することが多い。SH波とSV波の違いのように波動の伝播する面に直交方向に振動するLove（ラブ）波と，伝播する面内に振動するRayleigh（レーリー）波がある。表面波は，地表付近で振幅が大きいが地下では急激に振幅が小さくなる，地表を水平方向に伝播するという特徴があり，これらが表面波の名称の由来となっている。また，振動数に応じて波動の伝播速度が異なる，分散性という性質があるのも特徴である。工学的には，振幅が大きいものの波長も長いので，加速度がそれほど大きくなく，通常の構造物の設計の対象とはされない。ただ，変位が大きいことから，地中構造物の設計では考慮されている[1]。また，周期が長いことから，遠方まで伝播し，超高層建物のような長周期構造物に影響を与えることもある。例えば，1983年日本海中部地震[2]，1984年長野県西部地震[3]の際などに東京で超高層ビルが揺れたとか被害が発生したとか報告されており，2000年鳥取県西部地震や2003年宮城県沖の地震でも東京で大きな揺れがあったことが知られている。さらには，2003年十勝沖地震の際，震源から約200km離れた苫小牧の石油タンクに火災が発生した原因も長周期地震動による共振と考えられている[4]。このような長周期の波は表面波と考えられ，したがって，今後実務設計でも考慮される可能性はある。ただし，現在の設計では基本的には使われていないこと，解析も非常に難しいことから，本書では，表面波の解析にはふれない。

1.1.2 波動の伝播経路と解析領域

地震動の予測では，図1.1に示される断層から対象サイトまでの範囲を一体として解析することは理想であるが，現状ではコンピュータの能力や地盤に対する情報の不十分さもあり，実用的には困難である。そこで，工学的には波動伝播の途中に，地震基盤，工学的

基盤という二つの基盤を設定し，それぞれに対して別々に解析するのが一般的である。
　このうち，地震基盤は地震動の伝播で広く認識された基盤で，文献[5]では二つの考えを紹介している。
① 局所的な地盤構成にかかわりなく，ある地域では一様な挙動をするであろう地層
　　この定義は地表の応答には表層の挙動が大きく影響することからそれを排除した基盤という意味である。この定義による地震基盤の満足すべき条件として次の二つが挙げられる。
　　・基盤面は空間的にある広がりを持ち，かつ，この面での力学的性質は同一
　　・基盤面以深の地層は，以浅の地層に比べて構成，力学的性質の変化が小さい
② 構造物の耐震性を扱う際，震源での地震動の特性を反映させるための震源に近づく限界
　　この定義は，構造物の設計の面からの定義で，考慮すべき最長の周期よりやや長い固有周期を持つ表層地盤の深さを考えればよいことになる。
　対象地点で観測される地震動 $R(t)$ は，震源で起こった出来事 $O(t)$ と伝播途上の出来事 $P(t)$，基盤から地表に至る増幅特性 $G(t)$ が重なったものであり，畳み込み積分を「*」で表すとして

$$R(t) = O(t) * P(t) * G(t) \tag{1.1}$$

と表される[6]。ここで，$G(t)$ を地震基盤から工学的基盤までの経路，工学的基盤より上の表層に分離して考えるわけである。なお，この記述は，互いの挙動に相互作用がないことを意識している。例えば，地震基盤から工学的基盤までの間の挙動は地震基盤からの入力波を表層につなぐだけの役割で，表層からの反射波が工学的基盤より下に伝わって振動が変わるということを考えていないわけである。この考えは先に述べた最初の地震基盤の定義に即したものである。ただし，表層では必ずしもこの考えが成立するわけではない[7]。
　地震動の伝播を考える際には，まず，地盤の一般的な特徴を理解しておく必要がある。既に説明したように，工学的に最も重要なものは S 波であるので，ここでは，S 波の伝播速度の面から地盤の性質を考える。
　地震はマントル上部と地殻の内部の断層で発生する。断層における S 波速度は，上部地殻の平均的な値[2]で代表させるとすれば，3.5km/s 程度である。地震基盤は，基盤から上層への入射波が，震源（震央）距離のあまり違わないところであれば同じ程度である地層[6]で，主として花崗岩であり，S 波速度は約 3km/s 程度である[8]。工学的基盤については後に3.4節で説明するが，S 波速度は300〜700m/s 程度の範囲で設定される。
　表層では S 波速度はさらに小さくなり，軟弱地盤では 100m/s 程度の値となる。都市部では人間の営みの結果地盤が締め固まるので，この辺が最小の S 波速度であるが，人間の営みのない所の軟弱地盤ではもっと小さい S 波速度もある。ここで，S 波速度は地表に行くに従って小さくなるというのが地盤の一般的な性質で，また，波動の伝播を考える上で重要なことである。これは深い地盤ほど年代が古いので圧密や固化が進んでいること，表層では弾性係数は拘束圧に依存することからである。
　なお，波動の伝搬特性を論じるには，質量と伝播速度が重要であるが，岩や土の密度は $2t/m^3$ 前後の値でそれほど大きく変化しないことから伝播速度のみで基盤が議論されている。

1.1.3 実体波の伝播経路

図 1.1 の特徴的な現象の一つは，断層からの波動がサイトに直線的に向かっていないことである。これは，1.1.2 項で述べた S 波速度の分布と大きく関係している。

図 1.3(a)に S 波速度が異なる層（速度 $V_1>V_2$）の間の波動の伝播を示す。ここでは，波動は地震波と同様，下から上に伝播する，上の層の波動の伝播速度が小さいということを仮定している。このように波動の伝播速度が異なるところを通ると，波動は屈折する。この際，境界に入射する波の入射角 θ_1 と屈折角 θ_2 の間には次の関係がある。

$$\frac{\sin\theta_2}{\sin\theta_1} = \frac{V_2}{V_1} \tag{1.2}$$

これを，スネルの法則という。図 1.4 はこの関係を図にしたものであるが，例えば，$V_1=3000$m/s（地震基盤），$V_2=150$m/s（ちょっと軟弱気味の表層）と置き，$\theta_1=45$ 度と置けば，$\theta_2=2$ 度となる。すなわち，波動はほぼ境界に直交して伝播している。地盤は基本的には水平に堆積しているので，境界は水平，すなわち波動の伝播方向は鉛直方向となる。スネルの法則は，地震波のみならず，光などの波動にも成立する理論である。

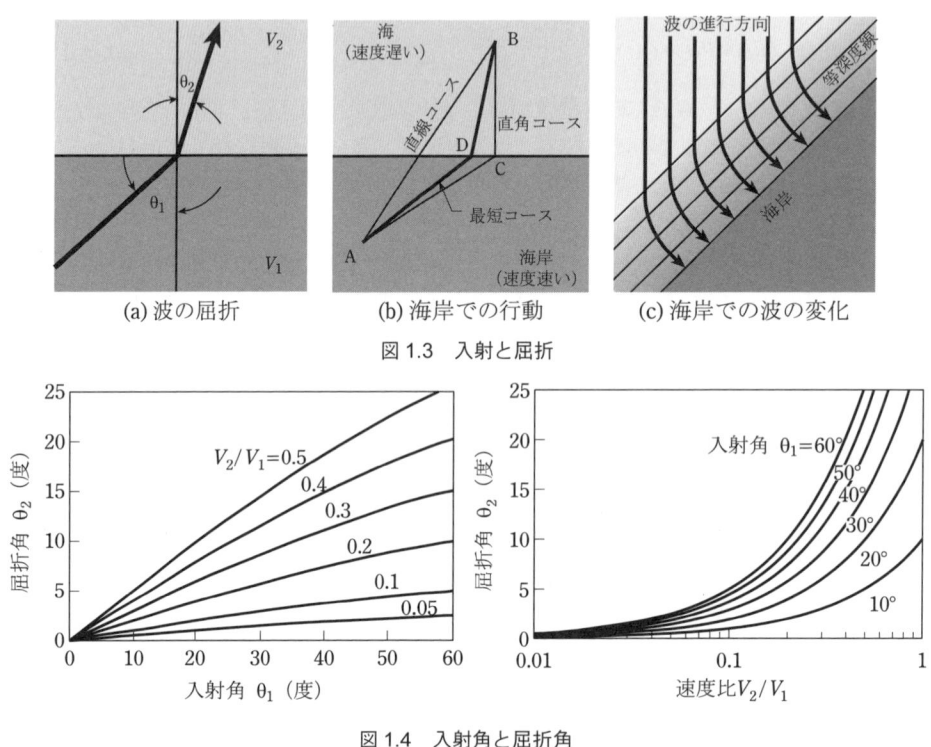

(a) 波の屈折　　(b) 海岸での行動　　(c) 海岸での波の変化

図 1.3　入射と屈折

図 1.4　入射角と屈折角

このような波の伝播は，海の波との相似性を考えるとわかりやすい。わかりやすい例として，図 1.3(b)の A 点（海岸）から B 点（海の中）に行くことを考える。読者が A 点にいて，B 点でおぼれている人を見つけ救助に向かう時，一刻も早く救助するにはどのように行けばよいかという問題である。短絡的に A→B とまっすぐに行くのは海岸を走る間は速いが海の中では速度が急に遅くなるため，B 点に到着するまでの時間は多くかかる。一方，海の中を走る時間を最小にする A→C→B では経路が長くなる。正解はその間の A→D→B であり，D 点の位置を決めるのが式(1.2)である。ちなみにこの例では海中の速度と陸

上の速度が著しく異なるため，C点とD点は非常に近く，D→Bはほぼ海岸に垂直である。

　もう一つ，例を挙げよう。海岸に立っていると波は必ず沖合から自分の方に動き，波面は海岸と平行である。浅水波理論によれば波の速度は $\sqrt{gh}$ （g は重力加速度，h は水深）と表される。当然であるが，海岸に近いほど水深は浅く，したがって波動の伝播速度は遅くなる。すると，図1.3(c)に示すように，仮に沖合から海岸に斜めに波が入ってきたとしても海岸に近づき，波動の伝播速度が遅くなるに従い次第に曲がり，海岸に着く頃には海岸に直交するように流れてくる。これが，海岸で波が自分に向かって流れてくる理由であり，同時に地震波が鉛直下方から伝わってくる理由である。

1.2　地震動の増幅

　図1.1で断層→地震基盤の経路と，工学的基盤→地表の経路では波動の伝播上大きな違いがある。それは，前者では波動は全方向に広がっていくのに対して，後者では鉛直に，一方向に伝播していくということである。

　全方向に広がっていく場合には，断層からの距離と共に波面は広がり，その結果，波の大きさは小さくなっていく。このような現象は距離減衰として知られており，断層から遠くなるにしたがって揺れが小さくなる。図1.5は距離減衰の例である。ここで，縦軸のPGA（PGV）はPeak ground acceleration (velocity)の略で，地表の最大加速度，最大速度（4.4節参照）を表している。

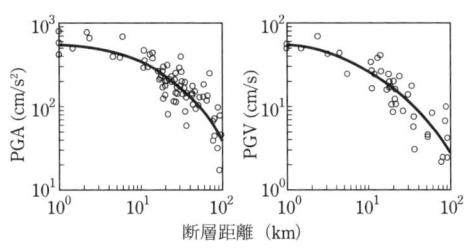

図1.5　距離減衰の例[9]

　これに対して，波動が一方向に伝播する際には，このような意味での減衰は起こらない。逆に増幅したり，異なるメカニズムで減衰したりする。ここでは，このうち，増幅するメカニズムを示し，減衰するメカニズムは次節で示す。地震動が増幅するには4つのメカニズムが関係している。

1.2.1　メカニズム1：速度変化

　ここでも，海岸の波を考えてみる。波が海岸に向けて進む際には，前を行く波の速度が遅くなるので，後ろの波が次第に前の波に追いついていく。すると，波の進行方向の単位長さ当たりに蓄積される波動のエネルギーが増加する。このエネルギーは何らかの形で消費される必要があり，波の場合には位置エネルギーが大きくなる（高く上がる）ことで消費される。このために波の高さは沖合から海岸に近づくにつれ高くなる。

　これと同じことが地震波についてもいえる。地表に近づくにつれ波動の伝播速度は小さくなるので，後ろの波が前の波に追いつき，地表に近いほどエネルギーがたまる。ところがこのエネルギーは海の波と異なり，位置エネルギーで消費する（地盤が上に上がる）ことはできず，代わりに，ひずみエネルギーとして消費される。つまり，ひずみが大きくな

るわけである。これは波の振幅が大きくなり、地震動がより大きくなることを表している。

この速度の違いに起因する増幅のメカニズムは海の波でも地震波でも同じであるが、相違点もある。海の波の高さはどこまでも高くなれるわけではない。ある程度の高さになると波頭が崩れ始める。サーフィンはこの崩れ始めた波に乗る競技である。つまり、サーフィンができるのは波動の増幅と上限があるからである。もう一つの違いは、海岸の波は海岸にたどり着くとそれまで陸地だったところに駆け上がりやがて消えてしまうが、地震動は地表で反射して、地下に戻っていく。これが次の地震波増幅のメカニズムを生む。

1.2.2 メカニズム2：地表の反射

地下から上がってきた地震波は地表に達すると反射する。図1.6(a)に1周期分の波が伝播してきて先端が境界を少し入ったところの状況を示しているが、左から右に伝播してきた波動（図では一点鎖線）は、もし境界である地表がなければそのまま点線のように伝播する。ところが地表は境界条件として自由端として作用するので、実際には境界に対して破線で示されるように境界に対して線対称になるように波動が反射して、下方（図では左）に伝播していく。すると、入ってきた波と反射する波が重なり合い、地表付近では図の実線のように振動するようになる。ということは、地表で反射したとたんに振幅が2倍になるということを表している。反射により地震動が2倍に増幅するということもできる。

なお、地表では入射波と反射波の位相が重なるので、ちょうど2倍になるが、地下に行くと位相は少しずつずれるので、増幅比は少しずつ小さくなる。また、地表に構造物があると2倍に増幅するような反射は起きない。したがって、構造物の設計の際に構造物がない地盤の地表の加速度を入力するということは合理的ではない。一般には過大な入力となる。動的相互作用が必要な理由の一つはこれである。

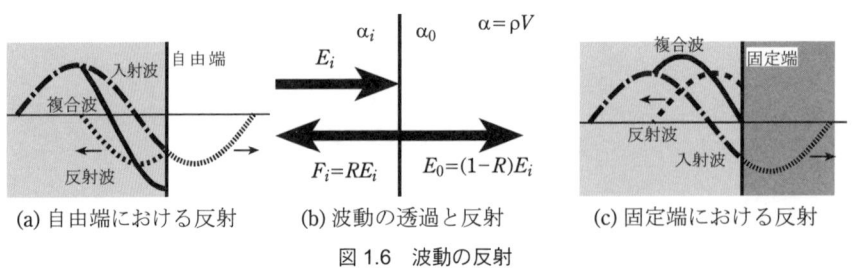

(a) 自由端における反射　　(b) 波動の透過と反射　　(c) 固定端における反射

図1.6　波動の反射

1.2.3 メカニズム3：地下での反射

地表で反射した波は、下方に伝播する際に、境界があるとそこで再び反射する。この際には、すべての波が反射するわけではなく、二つの層のインピーダンス α（$=\rho V$：ρ は密度、V は速度）により反射する成分と透過する成分が決まる。

図1.6(b)のようにインピーダンス α_i の層から α_0 の層に波動が伝播していくとき、反射率 R および透過率 T は次のようになる。

$$R=\left(\frac{\alpha_i-\alpha_0}{\alpha_i+\alpha_0}\right)^2, \quad T=\frac{4\alpha_i\alpha_0}{\left(\alpha_i+\alpha_0\right)^2} \tag{1.3}$$

ここで、均質（$\alpha_i=\alpha_0$）であれば $R=0$、$T=1$ となり、すべての波動が透過していく。また、α_0 が大きいほど反射してくる成分が多くなり、$\alpha_0=\infty$ になると $R=1$、$T=0$ で、すべての波が反射する。このような境界は波動伝播では固定端という境界条件になり、地震

動の伝播を考える際には剛基盤と呼ばれる。図 1.6 (c)にこのときの波動伝播の状況を示すが，図 1.6 (a)の自由端と異なる点は，境界で反射した波は位相が 180 度ずれ，境界と点対称に反射することである。すると，境界では波の振幅は 0 になる。振動論のテキストでは，いつも基盤からの相対変位で変位を表すのは，このためである。

地下で再反射された波は地表に向かう。このようにして，地表と地下で反射が繰り返されると表層には地震のエネルギーがたまっていく。これによって地震動はより大きくなる，すなわち，増幅されることになる。

1.2.4　メカニズム 4：共振

このメカニズムを理解するには，少し運動に関する知識が必要であるが，運動方程式の誘導等は，4.4 節で説明するので，ここでは，結果のみを示す。

図 1.7 は図中に示される 1 質点系に円振動数 ω の正弦波が入ったときの，入力に対する質点の増幅を示している。ここで，ω_0 はこの系の質量とバネ定数で一意的に決まる定数で，固有円振動数と呼ばれる（4.4 節参照）。また，h は減衰定数である。正弦波加振すると，ω と ω_0 が一致するとき最も地震動が増幅する。この現象を共振と呼ぶ。

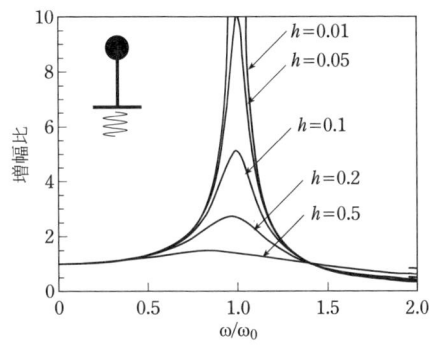

図 1.7　地震動増幅

地盤でも同じことが起きる。すなわち，地下から入った地震動が地表で反射し，さらに地下で反射するような動作を繰り返す際に，地盤の深さと波動がある条件を満たすと定常波となり，増幅する。定常波では，均質な地盤で剛基盤とすれば，基盤で変位が 0，地表で変位が一番大きい正弦波であり，層厚の 4 倍の波長を持つ波がこれに相当する。すなわち，層厚を H，S 波速度を V_s とすれば，この定常波の周期 T は

$$T = \frac{4H}{V_s} \tag{1.4}$$

となる。これが地盤の固有周期であり，この固有周期付近の周波数で地震動が増幅される。

なお，式(1.4)はモデルとした地盤の最も長い周期で，卓越周期とか一次固有周期とも呼ばれる。地盤の自由度は無限にあるので，これ以外にも固有周期がある。例えば，式(1.4)では層厚 H が 1/4 波長に対応しているが，さらに，H の 0.75，1.25，… 倍の波長に対応していれば同じ現象が発生する。また，均質でない地盤では固有周期は規則的には並ばない。その例は図 12.16 で見ることができる。

多層系の地盤では，土木系，建築系でそれぞれ次のような卓越周期の近似式が使われることが多い。

$$T = \sum_{i=1}^{N} \frac{4H_i}{V_{si}}, \quad T = 4H \bigg/ \sum_{i=1}^{N} \frac{V_{si} H_i}{H} \tag{1.5}$$

ここで，N と H は基盤より上の層数と層厚，V_{si} と H_i は各層の S 波速度と層厚である．ちなみに，前者は地表への波動伝播速度が同じになるのに対し，後者は単なる重み付き平均で，物理的な背景が貧弱である．また，これらの近似式は誤差が大きい時もある．これについては，例えば，文献[10]を参照されたい．

1.2.5 地震動増幅の事例

昔から，軟弱地盤では地震被害が大きいということがいわれているが，これは，軟弱地盤では地震動が大きいということを意味しており，地震動増幅の事例といえる．

図 1.8 は 2000 年鳥取県西部地震の際の，地下と地表で地震観測が行われている KiK-net の観測記録（12.3 節参照）から求めた震度分布である．地下に比べて地表では震度の大きい地域が広がっており，地表では地震動が増幅されていることがよくわかる．また，この地震では境港付近で各種の機関による記録が得られ，観測地点間の距離はそれほど変わらないのに，加速度に大きな差があることが報告されている[11]．図 1.9 に波形を比較して示すが，島根半島側は山がちな地形なのに対し，境港，境測候所の付近は 900m に及ぶ堆積層があり，これが地震動の増幅に影響したと考えられている．

次に，図 1.10 はアメリカ西海岸，サンフランシスコで大きな被害を発生させた 1989 年 Loma Prieta（ロマ・プリエタ）地震の余震の観測事例である．インピーダンスの大きい結晶質石灰岩（大理石）では地震波の振幅は小さいが，軟弱な沖積地盤では振幅は非常に大

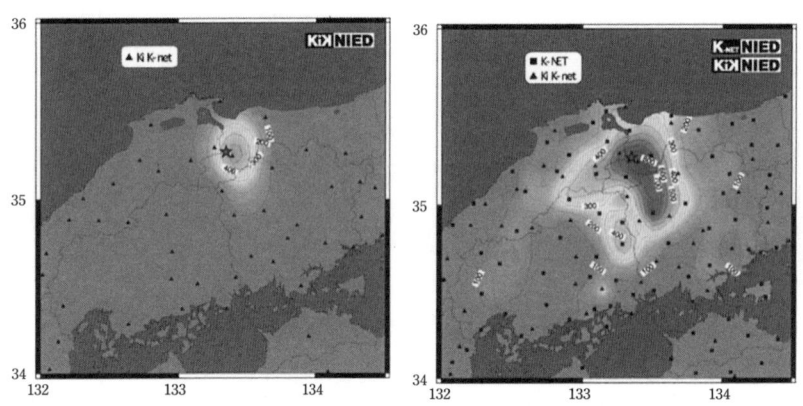

図 1.8　2000 年鳥取県西部地震における地震動増幅[12]

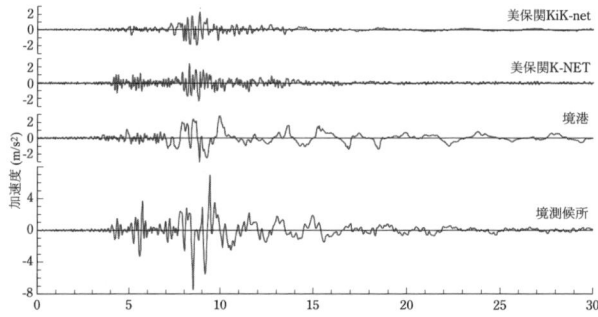

図 1.9　2000 年鳥取県西部地震における境港付近の加速度記録

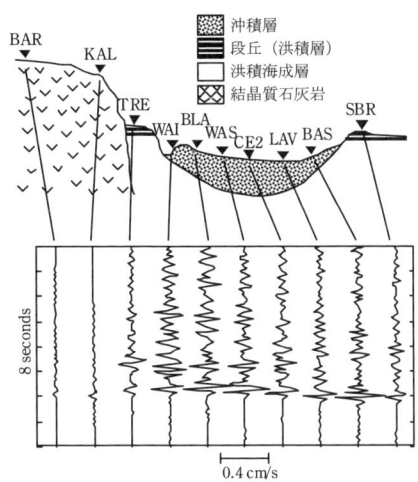

図 1.10　1989 年 Loma Prieta 地震の余震の観測例（文献 [13]を修正）

きくなっている．また，段丘は沖積地盤よりはよい地盤であるが，石灰岩と比べるとインピーダンスが小さいことから，その振幅は両者の中間となっている．特に石灰岩サイトと沖積層サイトの振幅の比が非常に大きく，軟弱地盤で地震動が増幅されるということがよくわかる．さらに，基盤で多くの成分が反射するので震動の継続時間は沖積層の方が長くなっている．

1.2.6　上下動の地震動増幅

一般的に上下動はあまり増幅しないといわれてきた．これは，水で飽和した地盤では，P 波速度は土粒子と水の複合材料の特性によって決まり，表層地盤では 1500m/s よりやや小さめの値となることが多く，速度が変わらないことからこれまでに示した 4 つのメカニズムのうち，1 と 3 があまり作用しないからである．ただし，条件が整えば P 波でも増幅する．例えば，図 1.11 (a)は 1995 年兵庫県南部地震の際に人工島ポートアイランドの鉛直アレーサイトで観測された地震波形であり，(b)はその地点の柱状図および地震計設置位置を表している．ここでは，(a)の一番右の列（上下動）に着目する．GL-83m から GL-32m までは増幅はほとんどないが，これより浅いところでは増幅している．この原因は図 1.11 (b)の柱状図の P 波速度 V_p を見れば明らかであろう．V_p は GL-30m より深いところでは 1300m/s 以上あり，先の条件とも当てはまることからほぼ飽和している．しかし，それより上の沖積粘土層では 1180m/s，さらに埋立て部では 780m/s, 330m/s と小さくなっている．これは，埋立て部がまだ不飽和の状態であることを意味しているが，一方では波動の伝播速度が遅くなったので，P 波が増幅しても不思議はないわけである．

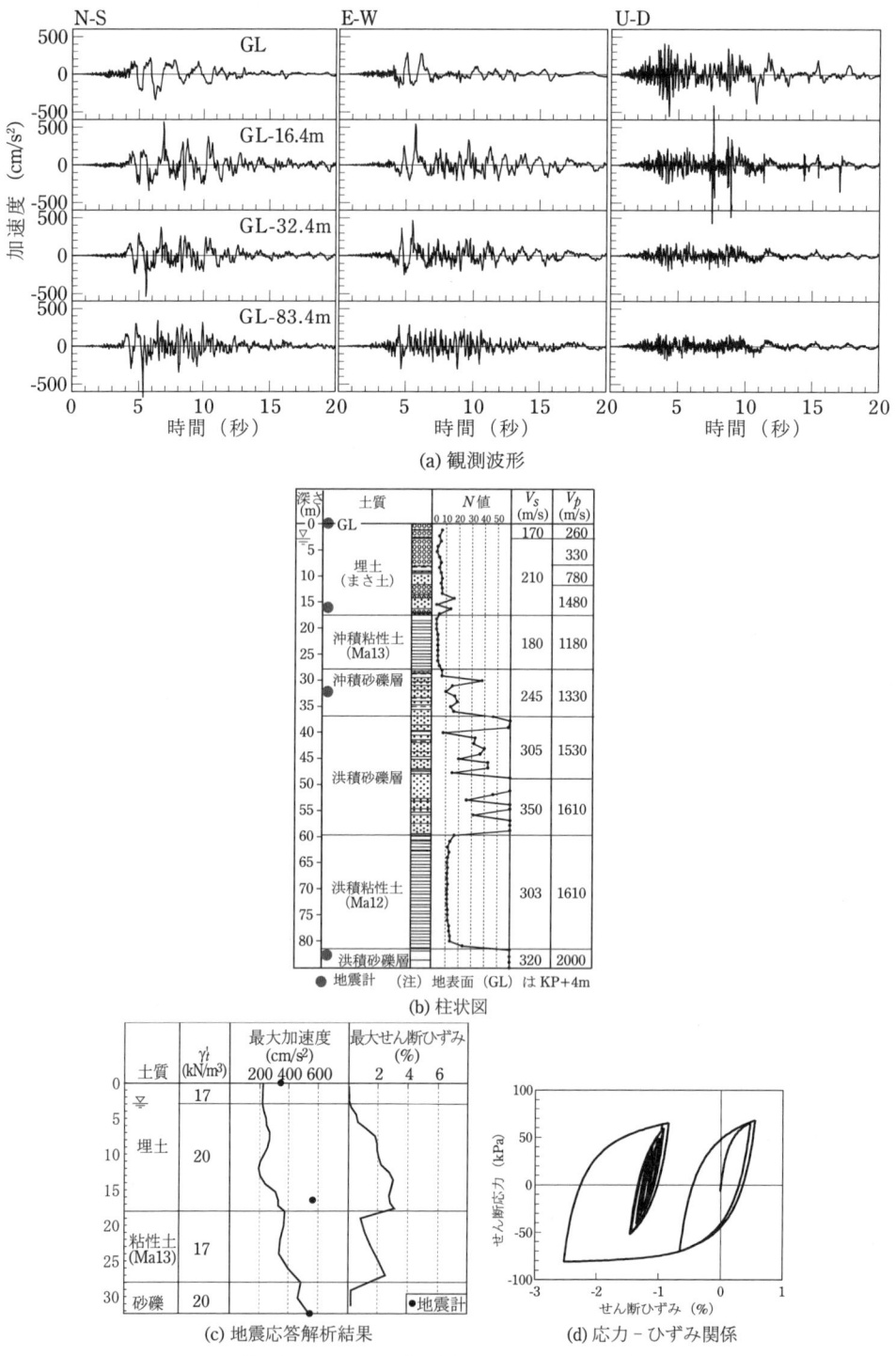

図 1.11 ポートアイランドの観測波形と柱状図（文献 [14] [15] を修正）

1.3 地震動の減衰と上限

これまでは,軟弱地盤では地震動が増幅するという話をした。ここでは,その逆の話をする。図 1.12 は軟弱地盤と北米で工学的基盤の代わりによく用いられる軟弱地盤近傍の岩盤サイトの加速度を比較したもの[16]で,後者は解放工学的基盤と考えてよい。文献[16]の当時,1985 年ミチョアカン地震の際のメキシコ市の記録および 1989 年ロマ・プリエタ地震の記録があったのみであるが,これらのサイトでは地震動は増幅していた。彼らは,これより大きい地震に対する増幅を数値計算で確かめたところ,入力が大きくなると地表の加速度が相対的に小さくなることを確認した。その後,▽や▼で示す兵庫県南部のデータを付け加えても[17]全体の傾向は変わらないことがわかった。以下では,この現象がどうして起こるのかを考えてみる。

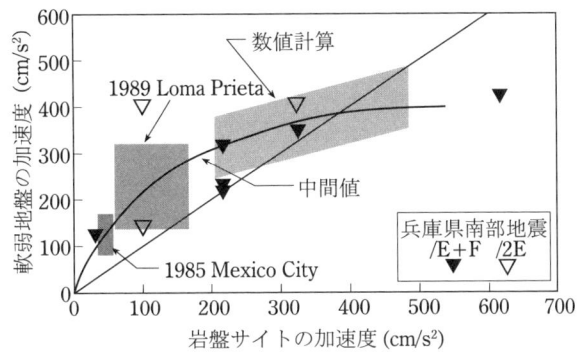

図 1.12 非線形に伴う増幅率の変化

図 1.11 (c)は前節で示したポートアイランドの地震応答解析の結果である[15]。ここで,最大加速度に着目すると,GL-28m の軟弱粘土層で最大加速度が急激に小さくなっている。これは地表に行くに従って地震動が増幅するとした先の話と反対の傾向である。そこで,この原因を探るために,軟弱な粘性土層の最下端の要素の応力‐ひずみ関係を描いてみると,図 1.11 (d)のようになっている。最大ひずみが 2.5% と大きくなっており,応力‐ひずみ関係はほぼ平らな領域が現れている。すなわち,応力はせん断強度近くになっている。

ここで,話題を変え,図 1.13 に示すような一次元地盤(単位面積の土柱)における力の釣合を考える。ここで,(a)は深さ方向に微小な部分の釣合を表し,τ をせん断応力,ρ を密度,$\ddot{u}$ を加速度とし,簡単のために減衰の影響を無視すると,次の力の釣合式が成立する。

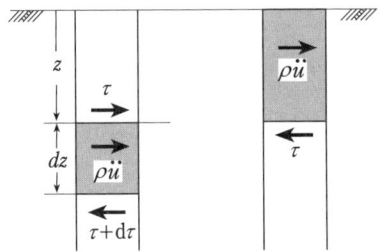

(a) 微小要素の釣合　(b) 軟弱層より上の釣合

図 1.13 土柱の力の釣合

$$d\tau = \rho dz \ddot{u} \quad \text{または} \quad \frac{d\tau}{dz} = \rho \ddot{u} \tag{1.6}$$

これは波動の伝播を考える際の基礎的な微分方程式である。これについては，4.4 節でより詳細に説明する。次に，図 1.13 (b)は深さ z の位置に作用しているせん断応力とその上の全体の力を示しており，これより次の釣合式が導ける。

$$\tau = \int_0^z \rho \ddot{u} dz \approx \int_0^z \rho dz \ddot{u}_{ave} = \frac{\sigma_v \ddot{u}_{ave}}{g} \quad \text{または} \quad \ddot{u}_{ave} = \frac{\tau}{\rho z} = \frac{\tau g}{\sigma_v} \tag{1.7}$$

ここで，$\ddot{u}_{ave}$ は深さ z より上の平均的な加速度，g は重力の加速度，σ_v は上載圧である。もし，せん断応力 τ がせん断強度 τ_f に達したとすると，対応する平均的な加速度 $\ddot{u}_{ult}$ は次式となる。

$$\ddot{u}_{ult} = \frac{\tau_f g}{\sigma_v} \tag{1.8}$$

ここで，右辺はこれ以上大きくなることはないので，左辺の加速度もこの値が上限となる。この $\ddot{u}_{ult}$ の値は深さ z より上の層の平均的な値なので，実際の最大加速度はこれよりは大きくなることも多いが，それでもほぼこの値で規定される値となる。その意味で，この加速度を上限加速度と呼ぶことにする。

上限加速度は軟弱な層のせん断強度とその層より上の土の重量（上載圧）に依存し，せん断強度が小さいほど，また上載圧が大きいほど小さくなる。すなわち，深いところに小さい強度の層があると上限加速度はより小さくなる。

これで，図 1.11 (c)で軟弱な層で最大加速度が地表に行くに従って小さくなった理由がわかる。軟弱な層ではせん断強度も小さいので上限加速度が小さくなるためである。

さて，ここまでの議論で，加速度の上限があることがわかった。それでは，他の地震動指標がどのようになっているかは興味のあるところである。

そこで，図 1.14 には，層厚 10m，S 波速度 100m/s，内部摩擦角 30 度という単純な地盤に対して先に示した 1995 年兵庫県南部地震の際にポートアイランドで得られた記録[15]のうち GL-83m の NS 方向の記録から抽出した工学的基盤入射波の振幅を変化させながら解析した際の地表の最大加速度，最大速度，最大変位，SI（Spectral intensity）値[18]（12.1.3 項参照），計測震度[2]（12.1.2 項参照）の 5 つの指標の変化を示す[19]。図 1.14 (a)の縦軸にはこれらの指標，横軸には入力地震動の最大加速度が示してある。これを見ると，最大加速度と計測震度には明瞭な上限が見られる。また，SI 値は少し遅れるがやはり上限がある。これに対して，最大速度や最大変位には上限が見られない。この理由は，図 1.14 (b)の地

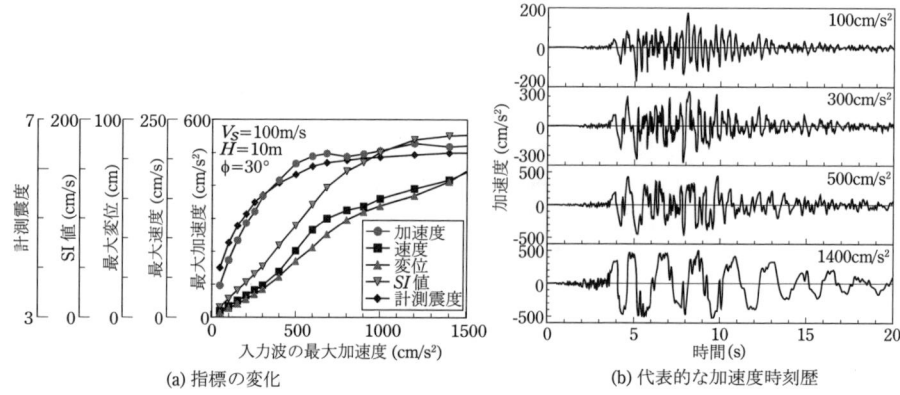

(a) 指標の変化　　　(b) 代表的な加速度時刻歴

図 1.14　地震動指標の変化と上限

表の加速度時刻歴で説明できる．図では上から入力加速度が小さいケースから大きいケースの順で加速度時刻歴が並んでいるが，入力地震動の最大値 $α_{max}$ が $100cm/s^2$ および $300cm/s^2$ の時には波形はそれほど変わらず，最大値のみが大きくなっている．この領域では各種の地震動指標は入力波と比例的に大きくなっている．ところが，$α_{max}$ が $500cm/s^2$ より大きくなっても最大加速度の値はほとんど変わらない．これらの波形では，最大加速度が大きくなるところで加速度が一定の状態を保っているが，これが上限の状態であることを表している．ところで，このような最大加速度が上限に達するような状態からさらに入力加速度を大きくしていくと，周期が次第に延びていくことが確認できる．速度や変位はこの積分で求められるので，周期がどんどん延びていくことによって上限なく大きくなっていくことができる．もちろん，地震動の継続時間以上に周期が延びることなど考えられないので，いずれは上限に行き着くが，そのような極端なことは考える必要がない．

地震動指標の性質としてよく，SI 値は最大速度と同じようなもの，計測震度は加速度と速度の中間の量[2]などといわれる．とすれば SI 値や計測震度も上限がなくても良さそうであるが，実は，違うところが一つある．それは，これらの値を計算するのはある周波数帯域のみであることである．SI 値は $0.1〜2.5$ 秒の周期（$0.4〜10Hz$ の振動数）しか考えないし，計測震度はおおよそ $0.1〜2$ 秒（$0.5〜10Hz$）しか考えない．すると，地震動が長周期化してこれらの周期帯域を超えてしまえば，これらの指標はこれ以上大きくなることができなくて，上限が現れることになる．計測震度は対象としている周期が短いので早く上限に達したと考えることができる．すなわち，最大加速度の上限と，SI 値や計測震度の上限とは性質が異なる．しかし，被害という観点で見ると長周期成分はそれほど関与しないので，被害程度に上限があるという意味では同じことである．

加速度の上限を端的に表すような現象が1995年兵庫県南部地震の際に起こっている[17]．図 1.15 は三宮を通る断面を示している．この図には，この断面に沿って集めたボーリング

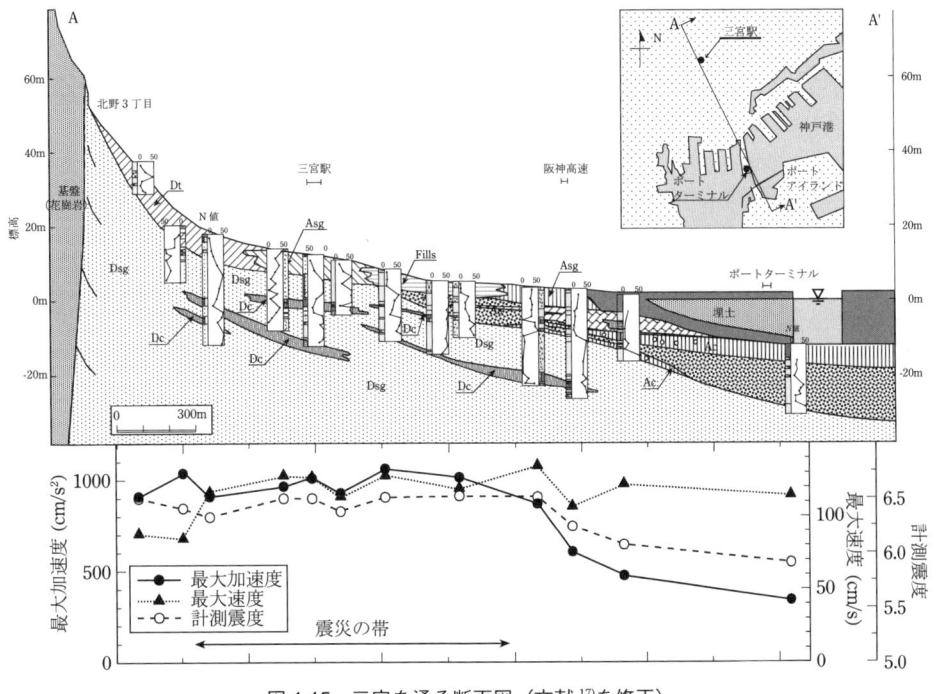

図 1.15　三宮を通る断面図（文献[17]を修正）

調査で得られた柱状図も併せて示されている。この柱状図に基づき，多くの一次元地震応答解析を行い，地表の加速度時刻歴から最大加速度，最大速度，計測震度を求めたものが図の下段に示されている。ここで，震災の帯は山に平行に走っている建物被害が著しかったゾーンであるが，数値計算の結果でも，南側（海側）では最大加速度も計測震度も急激に低下している。この原因を解析的に探ってみると，図で▧で示した沖積粘性土がなくなるところで震災の帯の南限となっている。すなわち，この沖積粘性土の非線形性によって地表の応答値が小さくなったのである。この沖積粘性土は先に図1.11に示したように，沖合のポートアイランドで，地表の最大加速度を支配した層と同じものである。また，震災の帯の南側でも最大速度は小さくなっていないが，これも図1.14で説明したことと符合している。

　なお，この他の地点においても，震災の帯の地下には問題となっている沖積粘性土層が存在しないとされている[20]。したがって，軟弱層の存在による地表の応答の上限が震災の帯の南限を決めているということができよう。

参考文献

1) 日本ガス協会ガス工作物等技術基準調査委員会（2000）：高圧ガス導管耐震設計指針
2) 木下繁夫，大竹政和 監修（2000）：強震動の基礎，防災科学技術研究所，http://www.k-net.bosai.go.jp/k-net/gk/publication/ [2010]
3) 長野県西部地震の記録編纂委員会（1986）：まさか大滝に！－長野県西部地震の記録－，大滝村長家高卓郎，pp. 188-191
4) 土木学会（2003）：2003年十勝沖地震被害調査報告会資料
5) 土岐憲三（1981）：構造物の耐震解析，新体系土木工学 11，技報堂出版，250pp.
6) 日本建築学会（1987）：地震荷重－その現状と将来の展望，438pp.
7) 吉田望，篠原秀明，澤田純男，中村晋（2005）：設計用地震動の設定における工学的基盤の意義，土木学会地震工学論文集，第28巻，Paper No. 170
8) 入倉孝次郎（1978）：地震基盤と地震動，第6回地盤震動シンポジウム，pp.1-8
9) 司宏俊，翠川三郎（1999）：断層タイプ及び 地盤条件を考慮した 最大加速度・最大速度の距離減衰式，日本建築学会構造系論文集，第523号，pp. 63-70
10) 澤田純男，岸本貴博（2001）：反射透過係数法に基づく地盤固有周期の近似式，第36回地盤工学研究発表会講演集，pp. 2383-2384
11) 野津厚（2003）：強震観測は何を明らかにしてきたか，基礎工，Vol. 31, 2003, No. 5, pp. 42-46
12) 平成12年鳥取県西部地震災害調査委員会（2001）：平成12年鳥取県西部地震災害調査報告書，地盤工学会，201pp.
13) 亀田弘行 編集（1990）：1989年ロマ・プリエタ地震によるサンフランシスコ湾岸地域の被害に関する調査研究，文部省科学研究費 総合研究(A)突発災害研究成果 重点領域「自然災害」総合研究班，347pp.
14) 神戸市開発局（1995）：兵庫県南部地震による埋立地地盤変状調査（ポートアイランド，六甲アイランド）報告書
15) 吉田望（1995）：1995年兵庫県南部地震におけるポートアイランドの地震応答解析，土と基礎，Vol. 43, No. 10, pp. 49-54
16) Idriss, I. M. (1990): Response of Soft Soil Sites during Earthquakes, Proceedings, H. Bolton Seed Memorial Symposium, Berkeley, California, Vol. 2, pp. 273-289
17) Suetomi, I. and Yoshida, N. (1998): Nonlinear behavior of surface deposit during the 1995 Hyogoken-nambu earthquake, Soils and Foundations, Special Issue on Geotechnical Aspects of the January 17 1995 Hyogoken-Nambu earthquake, No. 2, pp. 11-22
18) Housner, G. W. (1965): Intensity of Earthquake Ground Shaking near the Causative Fault, Proc., 3WCEE, Vol. I, pp. III-94-III-115
19) 吉田望（1999）：大振幅地震動と地盤－非線形の問題－，地震ジャーナル，地震予知総合研究振興

会，第 28 号，pp. 66-74
20) 阪神・淡路大震災調査報告書編集委員会 (1998)：阪神・淡路大震災調査報告書，共通編-2，地震・地震動，地盤・地質，(日本地震学会，地盤工学会，土木学会)，丸善，577pp.

第 2 章　地震応答解析の流れ

図 2.1 に地震応答解析の全体の流れを示す。簡単に言うと，解析に必要なデータを集め，プログラムに要求されるデータを作成し，プログラムを実行し，結果が求まったらこれを解釈するということである。

地盤の地震応答解析では多くのデータが要求されるが，これらを大別すると，次の 4 つになる。

ⓐ　地盤の幾何学的な形状を決めるためのモデル
ⓑ　地盤の材料特性（力学特性）
ⓒ　入力地震波
ⓓ　プログラムの流れを制御するパラメータ

このうち，ⓐの幾何学的なモデルについては 9 章で，ⓒの入力地震波は 3 章で説明する。ⓓのプログラムの流れを制御するパラメータは解析手法とも密接に関係しており，本書では色々なところで記述している。そのうち，最も重要なものは 10，11 章である。地震応答解析の精度はⓑの地盤の材料特性のモデル化に依存する。そのため，本書ではこの部分に多くのページを割いている。

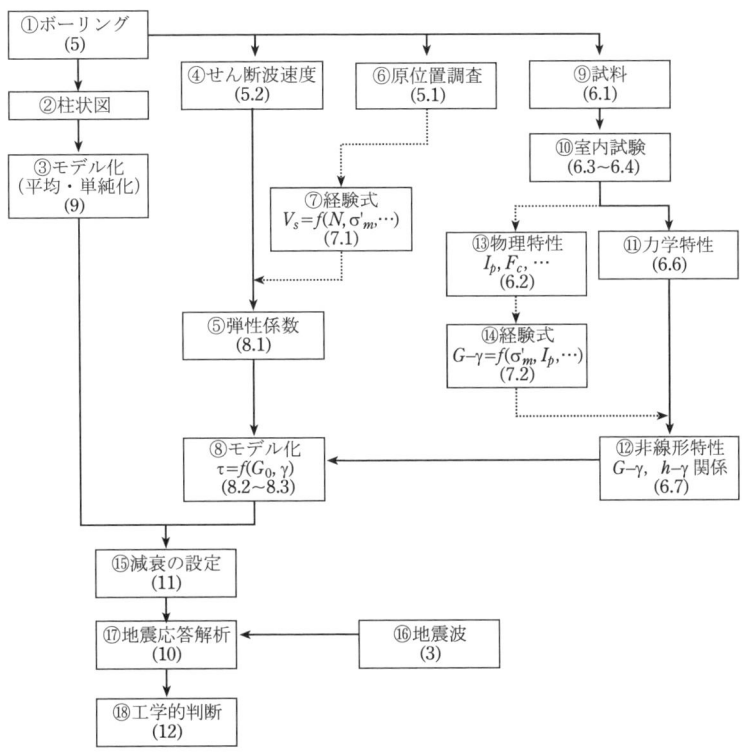

図2.1　地盤の地震応答解析の流れ

図 2.1 の流れのうち，最後のステップである結果の工学的判断（⑱）は一般にはあまり意識されていないものであるが，重要なものである。これについては，12 章で事例を通じて説明する。

これらのことを概略理解した上で，図2.1 を眺めてみる。なお，図の枠の下端に括弧でくくった数字があるが，これは，関連した記述がある章や節の番号である。また，図2.1 では陽には見えないが，この流れに入る前に，使う解析プログラムを決めるという操作がある。これがフローの上でどこに位置するかは難しい。一般には，ユーザーが持っているプログラムの数，種類は限られるので，はじめから決まっている時もある。また，ある方法を使ったが，結果が思わしくないので，他の方法を用いる時もある。さらには，複数のプログラムで比較するという場合もある。これらの理由からプログラムを決定するという作業は必要なものではあるが，図2.1 のフローチャートには入れていない。なお，以下の説明では○数字を用いて図との関係を説明する。

フローチャートのうち，地盤の幾何学的なモデルは，一般には柱状図（②）などの情報から地盤を同じ力学特性を持つ層に分割することを意味する（③）。また，多次元解析では解析領域の左右の領域を決める作業，境界条件を決める作業もある。地層の分類は，単に砂，粘土というような単純な仕分けではなく，場合によっては地質年代を考慮したり，埋立の歴史を考慮したりすることも必要になる。さらに，解析プログラム（手法）によっては均一な層を細分化することも要求される。また，地盤では多くの力学特性が有効拘束圧に依存するため，同じ材料の層といっても，同じ力学特性を持っているとは限らない。例えば，弾性係数や強度も深さによって異なる。しかし，連続的に変化する量は通常のプログラムでは扱えないので，これをある深さの力学特性で代表させる必要がある。また，同じ材料の層とはいっても N 値は深さによって違ったりもするので，それを平均化するなどの操作も必要となる。そして，このような操作はいずれも解析結果に差異を生むことになるので，その設定は何かの力学的な裏付けや経験が必要となる。

一番難しいのは，地盤材料の力学特性を設定することである。表 2.1 にこれらを求めるための方法が示されているが，ボーリング調査（①）は必須として後は，原位置調査や室

表 2.1　地盤条件を求めるための調査・試験方法（文献[1] から抽出，加筆）

調査・試験方法 地盤条件	既存資料の調査	現地調査	ボーリング	室内試験				原位置試験			
				物理試験	一軸圧縮試験	三軸圧縮試験	繰返しせん断試験	標準貫入試験	弾性波探査	PS検層	地下水調査
地層構成	△	△	○					○	○	△	
地下水状況	△	△	○								○
物理的性質	△			○							
力学的性質　N 値	△							○			
粘着力	△				○	○		○			
内部摩擦角	△					○		△			
弾性波速度	△								○	○	
繰返し特性	△						○	△		○	

○：地盤条件が直接求められる調査方法
△：地盤条件を推定する，あるいは研究段階の置換方法

内試験で求めることになる。

　力学特性のうち，弾性係数を決める作業は選択肢がそれほど多くないという意味で比較的易しい作業である。弾性係数を決めるには，二つの方法しかない。一つは，直接地盤の波動速度を直接計測すること（④）で，5章でその方法が示されている。もう一つは，他の地盤調査（⑥），例えば標準貫入試験のN値から実験式を用いて決める方法である（⑦）。この場合，実験式によっては他の物理的な特性や有効拘束圧，間隙比などの諸量も要求されることがある。最後に弾性波速度と密度に関する情報から弾性係数を求める（⑤）。

　次に非線形特性（⑫）を決めるための方法は二つある。一つは，原位置から不撹乱試料を採取し（⑨），室内試験（⑩）で直接力学特性（⑪）を求める方法である。もう一つは，過去に行われた実験や経験式により求める方法である（⑭）。後者の方法では，土質区分に加え，塑性指数，細粒分含有率などの情報（⑬）が必要なことがある。これについては，7章で説明する。ところで，土の場合にはこれだけですむのではなく，この後，一つないしは二つの手順が必要である。それは，まず実験データを整理し，場合によっては実験データを少数の指標で表すパラメータの値を決めることである（⑫）。経験式によってはこの作業を行ったものを提案している時もある。また，プログラムによってはこの作業は不要である。その次の作業は，これまでの結果得られた非線形特性から，プログラムが必要とするパラメータを求めることである（⑧）。一般にプログラムでは応力－ひずみ関係は数式を使って表しているので，その式の係数を決める作業がこれに相当する。プログラムによってはこの作業も不要なことがある。8章でこれを説明する。

　さらに，手法によっては減衰に関する設定が必要なことがあり（⑮），11章で説明する。

　最後に必要なデータは，入力地震波である（⑯）。これは，解析条件として与えられているのが普通であるので，本書では詳細には示さないが，基本的な事項については，3章で説明する。

　この後，地震応答解析を実施し（⑰），解析結果を評価して（⑱）地震応答解析が終了する。評価するには，結果を色々な観点から眺めることが必要である。

参考文献

1)　杏沢貞雄，森田悠紀雄（1991）：設計基準と土質定数，講座・基礎設計における基準の背景と用い方，土と基礎，Vol. 39, No. 12, pp. 63-67

第3章　入力地震波

　地震応答解析では，入力する地震動は計算条件として決められていることが多いので，自分で選択したり設定したりすることはほとんどない。したがって，本書の立場も，解析に用いる地震波は条件として与えられるものという位置づけである。ただし，実務者としては与えられた条件の背景を知っておくことも必要である。

　計算に用いられる地震波には，過去の地震で観測された波形（ここでは，著名地震波と呼ぶ）と模擬地震波がある。模擬地震波はこれまでの経験から地震動の平均的な姿を想定して作られたものと，特定の地域の地震動を想定して作成するものがある。後者はサイト波と呼ばれる。特に，1995年兵庫県南部地震を契機として，設計にレベル2地震動を考慮することが行われるようになってからは，模擬地震波を作成し，使うケースも多くなった。レベル2地震動は，兵庫県南部地震の後に出された土木学会の提言[1]ではそのサイトで観測される最強の地震動と定義されているが，そうすると，サイトごとに地震動が違うことになり，そのサイトに一番大きい影響を与える断層を設定し，その断層が滑った時の波形を作成し，使うことも必要になってくるからである。多くの設計指針では土木学会の提言ほど厳密な決め方は行っていないが，精神は受け継がれているように思われる。

3.1　著名地震波

　東京大学地震研究所の初代所長，末広恭二は，1932年アメリカ土木工学会（ASCE）における「Earthquake Engineering」と題した講演で大地震時の加速度の記録の重要性を説き，アメリカはこの忠告を受け入れ，カリフォルニア州に数十台の地震計を設置した[2]。その結果，その後の耐震設計によく用いられるようになった地震動が得られた。

　1940年のImperial Valley地震（M=7.1）の際El Centroというメキシコ国境に近い町で最大加速度が$3m/s^2$以上の記録が得られた。この記録のNS成分を図3.1に，また，地盤構造を表3.1に示す。なお，この記録には多くのバージョンがあり，波形が少しずつ違っている。これは，元の記録は紙に記録されたものであったのをデジタル化する，基線補正などの各種の処理をするなどの過程で起こったものであろう。図3.1ではUSGS[3]とUC Berkeley[4]のサイトで公開されている二つの波形を示しているが，位相も若干異なり，また，最大加速度は相当に異なっている。

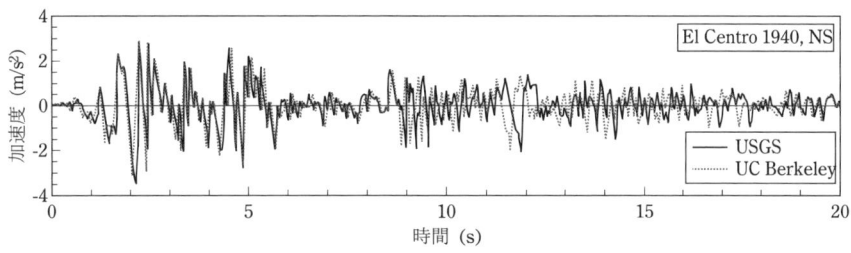

図3.1　El Centro 1940 NS の加速度波形

表 3.1 強震サイトの地盤構造[5]

El Centro			Taft		
深さ (m)	密度 (t/m³)	V_s (m/s)	深さ (m)	密度 (t/m³)	V_s (m/s)
30.5	2.05	159.2	12.2	2.24	163.2
335.5	2.23	857.0	61.0	2.31	731.6
1250.4	2.23	1104.0	213.5	2.31	961.2
2317.8	2.35	1235.1	1219.9	2.31	1170.8
3385.2	2.35	2195.8		2.72	2883.2
	2.76	3049.7			

　El Centro 波と並んで有名なのは 1952 年 Kern County 地震の際に Taft で得られた波形である。図 3.2 に波形を，また，表 3.1 に地盤構造を示す。
　なお，観測された地震波の名称には，観測された場所の名前が用いられる。これに対して地震の名称は断層のある場所の名前が用いられる。したがって，同じ場所でいくつもの地震記録が得られたときには，区別するためには地震名や地震の発生年も併せて用いる必要がある。
　これらの地震波は，長く日本の設計でも用いられてきたので，色々な場面で見ることがある。一方，日本ではこのような大きな記録は長く観測されなかった。その中で比較的大きい波形は Tokyo101 と呼ばれる波形で，1956 年東京湾北部地震の際東京大学地震研究所で観測されたものである。図 3.3 に観測波形を示す。また，土質は 5m までは関東ロームとされている。
　その後，日本でも多くの記録が得られるようになった。1978 年宮城県沖地震の際には，石巻の近くの開北橋で記録が得られた。図 3.4 に観測波形 (橋軸方向) と地盤構成を示す。ここでは，基盤に相当する中生代三畳系の砂岩・シルト岩が浅く分布しており，地震計は直接岩着して設置されている。この岩盤記録というのが，開北橋の記録が多く用いられてきた理由である。

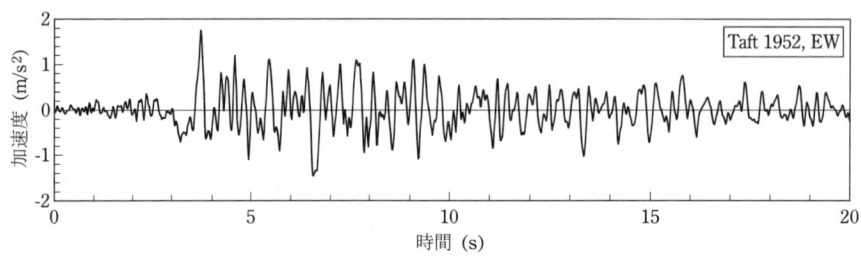

図 3.2　Taft 1952 EW の加速度波形

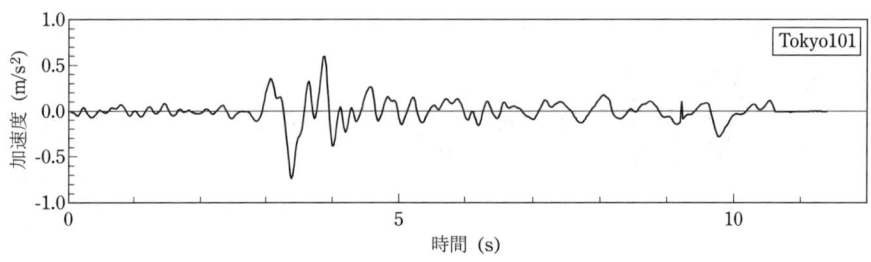

図 3.3　Tokyo101 の加速度波形

(a) 加速度時刻歴

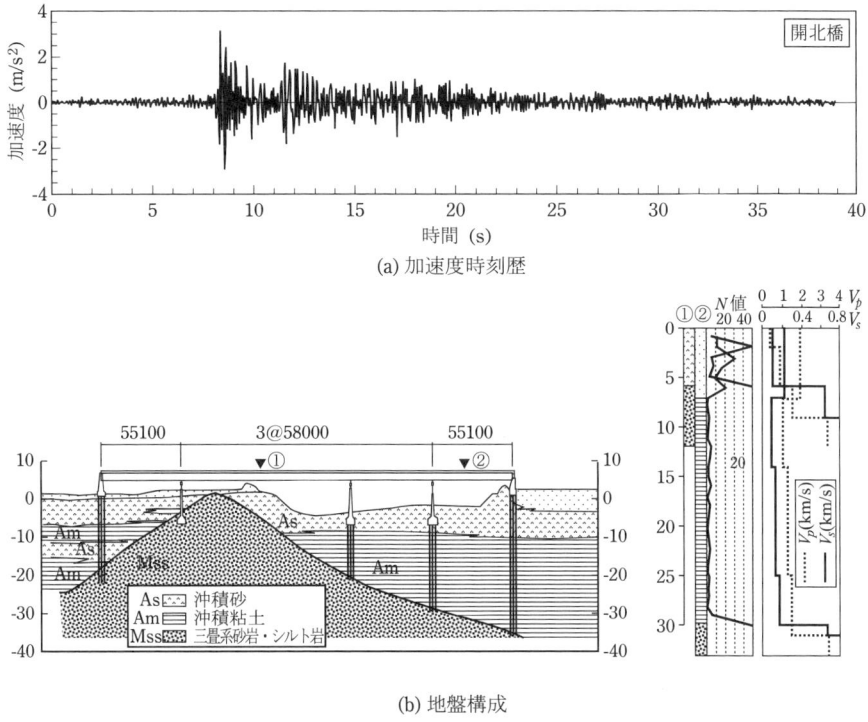

(b) 地盤構成

図 3.4 開北橋の観測記録

　もう一つよく用いられるのは，1968 年十勝沖地震の際に八戸港で観測された波形である．図 3.5 に波形を示す．また，図 3.6(a) に地盤構造を示す．この波形は長周期成分を多く含んでいる．

　1995 年兵庫県南部地震は，死者 6000 人以上という，大きな地震であるが，同時に観測記録も多く得られた．そのうち，神戸海洋気象台で観測された波形は，レベル 2 地震動の代表として設計指針でも用いられることがある．図 3.7 に観測波形を，図 3.6 (b) に地盤構造を示す．

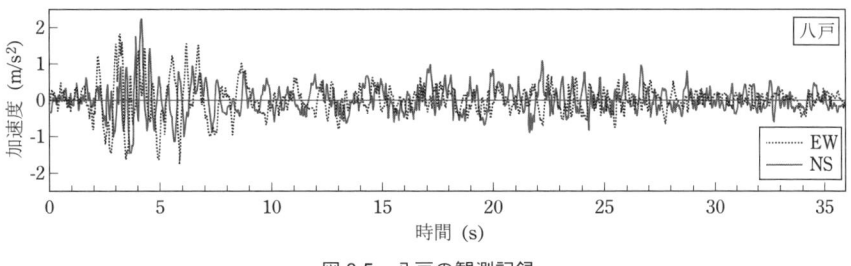

図 3.5 八戸の観測記録

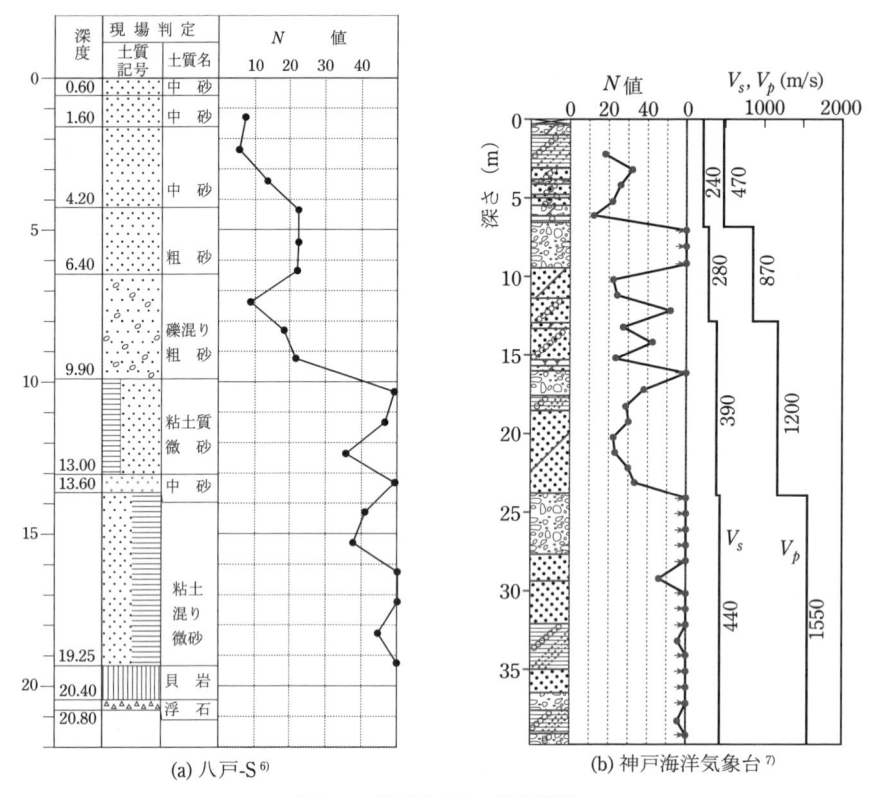

図 3.6　強震サイトの地盤構造

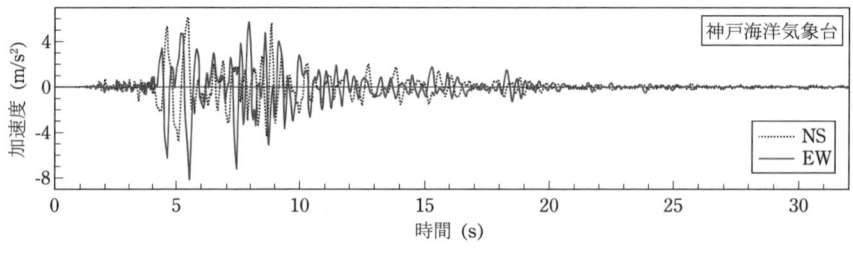

(a) 八戸-S [6]

(b) 神戸海洋気象台 [7]

図 3.7　神戸海洋気象台の観測記録

3.2　模擬地震波

　昔は設計というと著名地震波であったが，最近では模擬地震動が使われるようになった。模擬地震動はサイトごとに断層を特定し作られたり，設計指針に示されている設計用のスペクトルから作られたりする。模擬地震動の作り方などは本書の範囲外なので，ここでは，設計などで現れる共通的な波形を紹介する。

　東京湾都心臨海部（有明，台場，青海地区）では，多数の高層の建物が建てられる予定であったことから，個々の建物ごとに設計用の地震動を作るよりは，共通で使えるものがあると便利ということで作られた摸擬地震波が，東京湾臨海部模擬地震波 [8) 9)] である。この波は，1855 年安政江戸地震，1923 年関東地震，想定東海地震を考慮し，それらを包括するような波形として，東京礫層や江戸川層などの支持地盤相当地盤（$V_s=300〜500$m/s）で定義した地震動と設定されている。図 3.8 に水平方向の波形を示す。また，鉛直方向の

波形も作られている。図に示すものは，レベル2相当波であるが，レベル1地震動はそれぞれその半分の大きさとされている。なお，この報告書ではスペクトルが設定されているのみであるが，委員会における検討用に波形も作成されており，一般にはこの波形が用いられる。図に示した波形がそれである。

同じように地域に特化した模擬地震動にMM21波がある[10]。この地震動はみなとみらい21地区および新横浜地区の基盤（土丹層上面 $V_s \approx 430\mathrm{m/s}$）を想定して作成されている。策定に際しては，南関東地震，東海地震，東京直下地震，横浜直下地震を想定し，小林・翠川の方法[11]と近くで観測された小地震を用いて入倉の方法[12]で作成した応答スペクトルを包絡する応答スペクトルを作成し，これに適合する地震動を求めたものである。図3.9に波形を示す。

これに対して，地域を限定しないで作られている波もある。日本建築センター波は，高層建築の設計用の地震動として作られたもので，$V_s \geq 400\mathrm{m/s}$ の解放工学的基盤で定義されている[13)14)]。国内では東京および仙台における観測記録，また，海外の強震記録を用いて，マグニチュード8，等価震源距離52.5kmにおける速度応答スペクトルを算出し，さらに，模擬地震動を作成している。レベル1，レベル2の地震動が策定されており，図3.10にレベル2地震動を示す。

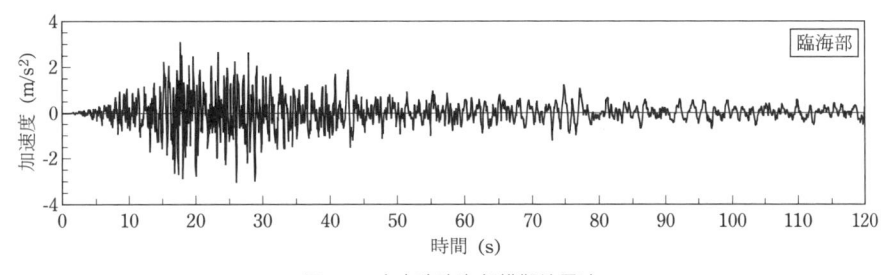

図3.8 東京湾臨海部模擬地震波

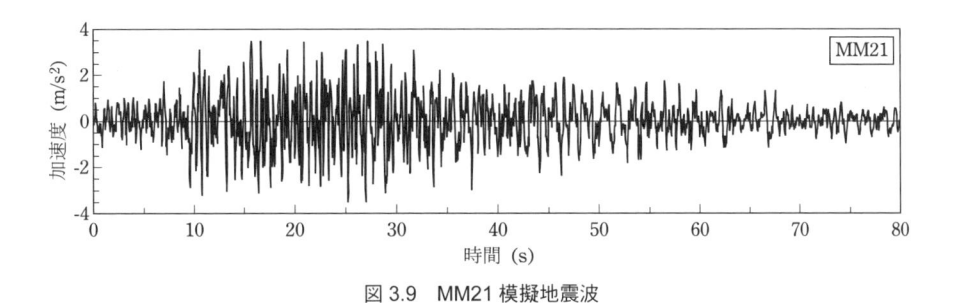

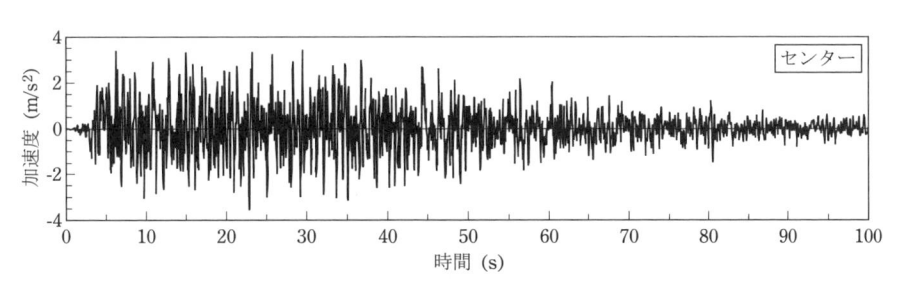

図3.9 MM21模擬地震波

図3.10 日本建築センター模擬地震波

3.3 地震動の入手方法

地震動を入手するのは結構難しい時代もあったが，現在では，入力地震動は多くの場所から入手可能である。

日本建築センターでは代表的な観測地震波を頒布している[15]。また，前節で挙げた模擬地震動はそれぞれの機関にアプローチするのがベストである。

それ以外の地震動では，日本の過去の地震動は古いものは文献[16]に示されている。また，港湾関係では港湾空港技術研究所による港湾地域強震観測記録が1963年より入手可能である[17]。震災予防協会から1995年までの鉛直アレー記録が出版されている[18][19]。なお，震災予防協会は2010年3月で活動を休止したが，業務は日本地震工学会 (http://research.jaee.gr.jp/) で引き継がれる。防災科学技術研究所 (http://www.bosai.go.jp/) では，K-NET，F-NET，KiK-netなどの地震記録を公開している。

海外の地震では，PEER (Pacific Earthquake Engineering Research Center, http://peer.berkeley.edu/) やCOSMOS (Consortium of Organizations for Strong Motion Observation System, http://www.cosmos-eq.org/) などが代表的なダウンロードサイトである。過去の地震記録から最新の地震まで見ることができるし，他機関へのリンクも張られているので，便利である。

その他，文献[20]にはいくつもの公開サイトが紹介されている。

3.4 工学的基盤

実務の地震応答解析に用いられる地震波の多くは工学的基盤で設定されている。ここで，工学的基盤は，解析の立場からいうと，それより下の地盤のことは考えないということを意味している。しかし，工学的基盤を厳密に定義することは難しい。それは，従来は地震基盤が工学的基盤の意味で用いられていたからである[21][22]。その後，研究の進展につれて，本来の意味での地震基盤はだんだんと深いところに設定されるようになってきたのに対して，実務ではあまり深い位置までの調査は困難で，設計用に適当な基盤を設定する必要が生じ，工学的基盤と地震基盤が別に定義されるようになってきた。また，1.1節で述べた地震基盤の二つめの定義からすると，短周期構造物ではそれほど深い位置に基盤を設定しなくても構わないという事情もある。

設計で工学的基盤を用いるという考えは，次のような根拠による[23]。

① 工学的に最も重要な問題は，地盤の中に短周期成分が卓越するか長周期成分が卓越するかということではなく，地盤上に建設される構造物の固有周期に近い周期の波が地盤の中で励起されるかどうかである。したがって，基盤というものが地盤内で絶対的に決まるものではなく，同一地盤でも構造物の固有周期に応じて基盤が仮定されるべきである。

② 地震基盤は我が国の都市部では地下深部に存在しており，その深さでの観測例は少ない。これに対して，工学的基盤では多数の観測記録が存在するため，この深さで地震動を設定するのが現実的である。

③ 関東平野・大阪平野・濃尾平野以外では地震基盤までの地下構造に関する情報が少なく，地震基盤以浅の増幅特性を評価することが困難である。

地震動を作用させるのは，解析領域の境界であり，解析領域の挙動に影響を受けない設定方法が好ましい。この意味では，地震基盤が好ましい。しかし設計の判断を持ち込むと，そこまで厳密に言わなくてもよいではないかというのが工学的基盤を使っている理由と考

えることができよう．工学的基盤の定義として，例えば表層と十分なインピーダンス比を持つ地盤や，地域的に広がるよい地盤といわれることがある．これも，旧来の地震基盤の定義を引きずっていたり，剛基盤入力では反射波も入力地震動として定義してしまうという問題を回避しようとしたり，さらには，地震動の設定を地域的に共通なものにしたいという設計の実務的な要求などが混じって，定義を複雑にしているように見える．これが，工学的基盤で設計用地震動は設定できるのかという議論[24]がされるゆえんでもある．

一方では，設計指針では工学的基盤の設定は明瞭である．すなわち，指針類ではその力学的な意味にふれることなく，数値（S波速度）で定義するのが一般的である．代表的なところでは，表3.2に示すものがある．港湾[26]と道路[27]ではおおむねN値50程度の層，ないしは構造物の支持層をターゲットにしているように見える．しかし，N値50の層はV_s=300m/sより少し大きいところから存在するようになることから，建築基準法で設定されている400m/sはN値50の層より下であることが一般的であろう．

表3.2 工学的基盤の定義

指針	S波速度 V_s (m/s)
原子力発電所耐震設計技術指針 JEAG-1987 [25]	700
港湾の施設の技術上の基準・同解説[26]	300
道路橋示方書[27]	300〜350
建設省告示1461号[28]	400

工学的基盤で地震動を設定する際には，これまでの定義からして表層の影響を受けない設定法が好ましい．そして，それは工学的基盤から表層に入射する波動で規定することで可能になる．そのような場合には弾性基盤という境界条件が用いられ，9.4.2項で示す．

弾性基盤における地震動の設定には二つの方法がある．これを図3.11(a)に示す．図3.11(a)の左側は通常の地震応答解析の際のモデルであり，解析対象としているのは表層の部分で，その下には工学的基盤が広がっているイメージを表している．また，図3.11(a)の右に示す解放基盤（解放工学的基盤とも呼ばれる）は表層のない工学的基盤である．解放という用語は国語辞典によれば，「監禁・束縛からときはなすこと」[29]とあり，表層地盤の束縛を取り払った基盤という意味である．地震波には入射波（incident wave）と反射波（reflected wave）があり，図3.11(a)の左右で工学的基盤における入射波は同じであるが，反射波は表層がある場合には表層の影響を受けるのに対して，右の解放基盤では1.2.2項で示したように反射波は入射波と同じである．10.3節の理論のところで説明するが，地震

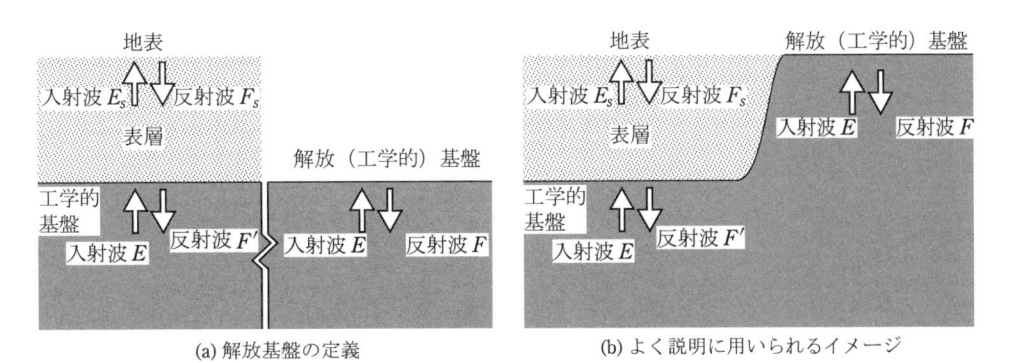

(a) 解放基盤の定義　　　　(b) よく説明に用いられるイメージ

図3.11 解析対象地盤付近の地震波

応答解析では入射波を記号 E で反射波を F で代表させることが多い．すると，解放基盤では $E=F$ であるので，解放基盤複合波は $2E$ と表すこともできる．これに対して，図 3.11(a) の左の表層がある場合には反射波は地表の応答を受けるため，解放基盤の反射波とは異なっているので，図では F' で表している．なお，解放基盤は開放基盤と記述されることもあるが，基盤の上に何もない（基盤が開放された）状態を表しているととらえることができる．解放基盤複合波は，入射波と同じ意味であるが，複合波であるので，大きさが入射波の2倍となる点のみが異なっている．したがって，入射波で定義するのと解放基盤複合波で定義するのは大きさを調整すれば全く同じ入力を設定していることになる．

なお，日本では解放基盤複合波，入射波という設定法はどちらも一般的に用いられるが，北米では入射波という表現をあまり用いない．したがって，工学的基盤(engineering seismic base layer)という用語も北米ではあまり一般的ではない．日本のように地震基盤と工学的基盤を分離していないようにも思える．代わりに，rock outcrop（岩盤が解放基盤になっている）のように，硬質地盤や岩盤が解放しているサイトの地震動としてとらえているようである．この意味では工学的基盤は，図 3.11 (b)のイメージに近い．すなわち，対象となるサイトの近くで，岩盤や硬質な地盤が解放しているところが地震動を設定する位置というわけである．この図は，工学的基盤を設定するのにしばしば用いられる図であるが，厳密には正しくない時もある．これは，表層のある位置の基盤の深さから地表までの間に地震動が伝播し，増幅したりすることを考慮していないからである．ただし，図 3.11 (b)で工学的基盤の力学特性が均質であれば波動の性質は変わらないし，増幅もしないので，このイメージも正しいものとなる．また，それほどではなくても表層での変化に比べ工学的基盤では増幅は小さいとすれば工学的には正しいと見ることもできる．

地震動は地表でも与えられる．例えば，与えられた地震動から工学的基盤の入射波を求める場合である．すなわち，工学的基盤の入射波は広域で変わらないという仮定の下で，または，地表の地震波は表層の影響を大きく受けているので，その影響のない波動を求めるという理由で，工学的基盤における入射波を求め，これを他の地点の入射波として地震応答解析を行う目的で，地表の地震動を条件として与えるわけである．先に述べた著名地震波を用いた設計をする場合，地震が発生し被害を受けた構造物（特に被害を受けている必要はないが）の地震時の挙動を解析するために，その構造物の近くで得られている地震記録から構造物に入射する地震動を求めるなどの場合がこれに相当する．

なお，この場合には，工学的基盤をどこに設定するかで結果が変わることがある[30]．すなわち，工学的基盤より深い位置の地盤の状態が入射波に影響するということが数値解析の結果からわかっている[31]．これを考えないと，特に，長周期の重要な周波数帯域の地震動を求めることができない可能性がある．

さらに，地中で観測された地震記録を地中で作用させるような計算では，入射波と反射波の和（複合波）を入力地震動として設定する必要がある．この基盤は剛基盤と呼ばれ，基盤以深の地盤の剛性が無限大の基盤である．また，重複反射理論（10.3 節参照）を用いた解析では基盤以下の剛性を設定することでも複合波を設定することが可能である．

参考文献

1) 土木学会（1996）：土木学会耐震基準等に関する提言集
2) 大崎順彦（1983）：地震と建築，岩波新書 240，岩波書店，200pp.
3) Seekins, L. C. Brady, A. G., Carpenter, C., and Brown, N. (1992): Digitized Strong-Motion Accelerograms of North and Central American Earthquakes 1933-1986. U.S. Geological Survey Digital

Data Series DDS-7, http://nsmp.wr.usgs.gov/data_sets/ncae.html [2010]
4) Chopra, A. K.: El Centro, 1940 Ground Motion Data,
http://nisee.berkeley.edu/data/strong_motion/a.k.chopra/index.html [2010]
5) Duke, C. M., and D. J. Leeds (1962): Site Characteristics of Southern California Strong Motion Earthquake Stations, U.C.L.A. Department of Engineering Report No. 62-55.
6) 土田肇，上部達生（1972）：地表面における強震記録より推定した基盤の地震動の特性，港湾技術研究所報告，第 11 号
7) 田村敬一，本田利器（1998）：神戸海洋気象台における地盤調査，土木研究所資料，土研資料第 3586 号，建設省土木研究所
8) 建築防災，No.182，臨海部の建築物構造安全対策特集，1993 年 3 月号
9) 臨海部構造安全委員会（1992）：臨海部における大規模建築物群の総合的な構造安全性に関する調査・検討報告書，日本建築防災協会，160pp.
10) 横浜市建築・宅地指導センター：横浜模擬地震動（yoko rock）の特徴について，http://www.city.yokohama.jp/me/machi/center/kenchiku/kozo/yokonami/yokorock.html [2010]
11) 翠川三郎，小林啓美（1978）：地震動の地震基盤からの入射波スペクトルの性質，日本建築学会論文報告集，No. 273, pp. 43-54
12) Irikura, K. (1986): Prediction of strong ground acceleration motions using empirical Green's function, 第 7 回日本地震工学シンポジウム, pp. 151-156.
13) 日本建築センター：日本建築センター模擬波（基盤波）BCJ-L1 及び BCJ-L2，http://www.bcj.or.jp/download/wave.html [2010]
14) 建築研究所，日本建築センター（1992）：設計用入力地震動研究委員会平成 3 年度成果報告書，設計用入力地震動作成手法技術指針（案）本文解説編，73pp.
15) 日本建築センター：代表的な観測地震波（加速度データ）の頒布について，http://www.bcj.or.jp/download/src/point.pdf [2010]
16) 学術文献普及会（1972）：Digitized strong-motion earthquake acceleration in Japan
17) 国土交通省港湾局：港湾地域強震観測，http://www.mlit.go.jp/kowan/kyosin/eq.htm [2010]
18) 強震動アレー観測記録データベース推進委員会（1992）：強震動アレー観測記録データベース推進委員会/作業部会 1991 年度報告書，震災予防協会
19) 強震動アレー観測記録データベース推進委員会：強震動アレー観測，No. 1 (1993), No. 2 (1995), No. 3 (1998)，震災予防協会
20) 片岡俊一（2004）：地震動関連のデータの所在，総合論文誌，No. 2，日本建築学会，p.122
21) 土岐憲三（1981）：構造物の耐震解析，新体系土木工学 11，技報堂出版，250pp.
22) 日本自然災害学会（2002）：防災事典，築地書館，543pp.
23) 天知文男：基盤と地盤特性の考え方，強震動地盤学基礎講座，日本地震学会，http://wwwsoc.nii.ac.jp/ssj/publications/KISOKOZA/kisokoza.html [2009]
24) 第 30 回地盤震動シンポジウム（2002）：設計用地震動は工学的基盤で決められるか？－地盤震動研究を耐震設計に如何に活かすか（その 1）－
25) 電気技術基準調査委員会（1987）：電気技術指針原子力編・原子力発電所耐震設計技術指針 JEAG-1987，日本電気協会
26) 運輸省港湾局監修（1999）：港湾の施設の技術上の基準・同解説，日本港湾協会
27) 日本道路協会（2002）：道路橋示方書・同解説 V 耐震設計編
28) 平成 12 年建設省告示 1461 号，超高層建築物の構造耐力上の安全性を確かめるための構造計算の基準を定める件
29) 金田一京助ほか編（1997）：新明解国語辞典，第五版，三省堂
30) 金子史夫（1993）：一次元モデルによる感度解析，地震動に与える表層地質の影響に関する総合的研究，平成 4 年度文部省科学研究費補助金総合研究（A）研究成果報告書，pp. 78-90
31) 吉田望，篠原秀明，澤田純男，中村晋（2005）：設計用地震動の設定における工学的基盤の意義，土木学会地震工学論文集，第 28 巻，Paper No. 170

第4章　地盤材料の力学特性の基礎と地震応答解析

　ここでは，地震応答解析を行うに際して必要な，力学特性および地震応答解析の基本的な考えを示す。実務に必要な具体的なモデル化は7，8章で示す。

4.1　応力とひずみ

4.1.1　応力とひずみの正の方向

　応力とひずみは次のように表現する。

　　応力：$\{\sigma_x \ \sigma_y \ \sigma_z \ \tau_{xy} \ \tau_{yz} \ \tau_{zx}\}^T$，ひずみ：$\{\varepsilon_x \ \varepsilon_y \ \varepsilon_z \ \gamma_{xy} \ \gamma_{yz} \ \gamma_{zx}\}^T$

ここで，添え字は座標軸の方向，σは直応力，τはせん断応力，εは直ひずみ，γはせん断ひずみである。また，添え字は座標軸を表している。

　ここで，せん断ひずみの扱いに注意が必要である。せん断ひずみには工学ひずみとテンソルひずみがある。テンソルひずみはひずみをテンソル表示する際の方法であり，力学のテキストでもこの方法で表すのが一般的である。上記と区別するときには，ひずみをγの代わりにεを用いて，

　　テンソルひずみ：$\{\varepsilon_x \ \varepsilon_y \ \varepsilon_z \ \varepsilon_{xy} \ \varepsilon_{yz} \ \varepsilon_{zx}\}^T$

と表現する。しかし，地盤の解析では工学ひずみを用いることが一般的である。工学ひずみはテンソルひずみの倍の大きさである（例えば，$\gamma_{xy} = 2\varepsilon_{xy}$）。工学ひずみを用いるとモールの円の概念が使えないなどの不便さがあるが，実務では工学ひずみが便利である。それは，せん断変形が生じるときの応力-ひずみ関係はせん断弾性係数Gを用いて，次のように表されるからである。

$$\tau = G\gamma \tag{4.1}$$

ここで，τ，γはせん断応力とせん断ひずみ（工学ひずみ）である。これにテンソルひずみを用いると係数が$2G$となり扱いにくいわけである。不便なようであるが，歴史的には式(4.1)が先に使われているので仕方ない。

　図4.1に応力とひずみの定義を二次元状態について示す。ここでは二つの定義の方法が示されている。図4.1(b)は一般の力学で普通に用いられる定義であり，σ_x，σ_yなどの直応力は引っ張りが正として定義されている。しかし，地盤材料である土は引っ張りにほとんど耐えることができなく，通常の状態では圧縮力が作用している。一般力学の定義に基づけば，圧縮力は負の値として書く必要があるが，常に負の値を書くのでは不便である。そこで，土質力学では図4.1(a)のように圧縮を正に設定することが普通に行われる。直応力の符号を反転させると，対応して，せん断応力やせん断変形の向きも反対になる。これらを反転させないと，例えば土質力学でよく用いられるモールの円の概念を使うことができないなど，不便が生じる。

(a) 圧縮を正

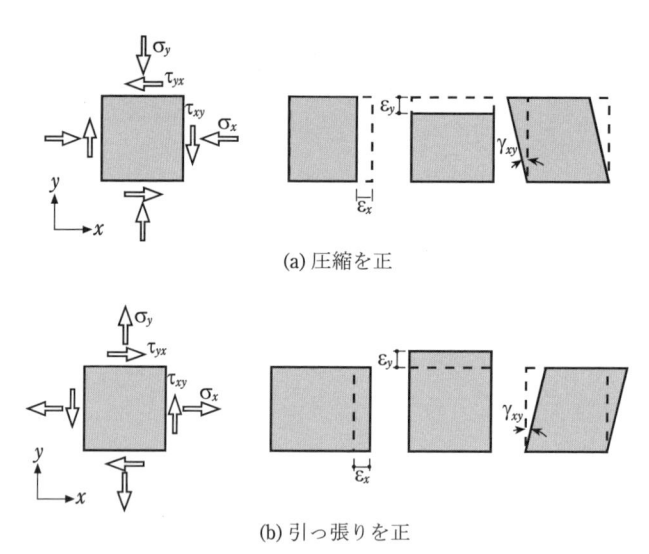

(b) 引っ張りを正

図 4.1 応力とひずみの定義

さらに，土質力学の出版物の中には，直応力は図 4.1(a)に従い，せん断応力は(b)に従う書き方をしているものもある。このように定義すると，モールの円の概念が使えないなどの不便はあるが，その出版物の中では釣合がとれている。なぜ，このようなことが起こるかというと，圧縮を正に設定する方法は，結果を一瞬勘違いさせやすいことがあるからである。例えば，図 4.1(a)の微小要素の下を固定し，上に座標軸の正の方向を向く（y 軸の正方向を向く法線方向力および x 軸の正の方向を向く接線方向力）を作用させたとする。すると，変形は図 4.1(b)の右に示したようなものとなるが，圧縮を正に定義するとこれらは負の応力とひずみである。すなわち，正の力を加えたときに負の応力とひずみが得られるわけである。これは理論としては正しいが，感覚的には異常に感じられることがある。

本書がターゲットとしている地震応答の分野は，この三つの使い方のどれもが使われている。例えば一般構造物を解析するような汎用ソフトで地盤の地震応答を行う場合には，引っ張りが正の定義が行われている。一方，地盤の解析を基本とするソフトでは圧縮が正の定義が用いられている。ただし，このようなソフトでも，土のモデル化の対象となる固体要素では圧縮が正の定義が行われるが，はりなどの構造物の要素では引っ張りが正の定義が使われていることもある。また，一次元解析ではせん断変形のみを扱うので，引っ張りが正の定義を用いるのが一般的である。地震応答解析では最大値が問題になることが多いので，正負の符号が問題になるケースは少ない。しかし，盛土の端部の応力状態の変化など正負の符号が問題になるようなケースでは，正の方向の定義を確認することが重要である。

4.1.2 有効応力の原理

土を解析する上でもう一つ重要な概念が有効応力の原理である。土は土粒子から構成されているので，土の変形というのは土粒子の変形ではなく，土粒子の配置の変化が支配的である。別の言い方をすると，土では土粒子が骨格構造を形成しており，土の変形は土粒子間の位置の変化，または骨格構造の変化であるということもできる。

土粒子の配置の変化しやすさは，隣接する土粒子に作用する摩擦力に支配されるので，土骨格の強度や剛性は摩擦力の影響を受ける。この関係を端的に表現するのが有効応力の原理である[1]。

有効応力の原理では，土に作用する応力（これを土質力学では特に強調して全応力ということがある。全応力は一般力学における応力そのものである）を図 4.2 に示すように，有効応力と間隙水圧に分ける。すなわち，全応力から間隙水圧を引いたものを有効応力と称するわけである。有効応力は粒子間に作用する力を平均させたものと考えることができる。なお，有効応力はプライム「'」をつけて表現されるのが一般的である。間隙水はせん断応力に対しては抵抗しないので，直応力は有効応力と全応力で異なるが，せん断応力には両者の差はない。

有効応力の原理で重要なのは，土の強度や剛性が有効応力によって変化するということである。この具体例については，後に 7 章で述べる。

有効応力の原理は，地震応答の分野では，液状化現象の解析では非常に重要である。しかし，本書の扱う範囲である全応力解析の分野では，それほど意識されない。ただし，土の剛性や強度が原位置の有効応力に依存するので，初期状態の剛性や強度を推定する場合にはこの概念は必須で，その意味では全応力解析でも重要である。ただ，全応力解析では，地震中の有効応力の変化に伴う剛性や強度の変化を考慮しないことや，間隙水の挙動を別に求めないということが一般的であり，強く意識されなかったところが有効応力の考慮が必須な液状化解析との違いである。

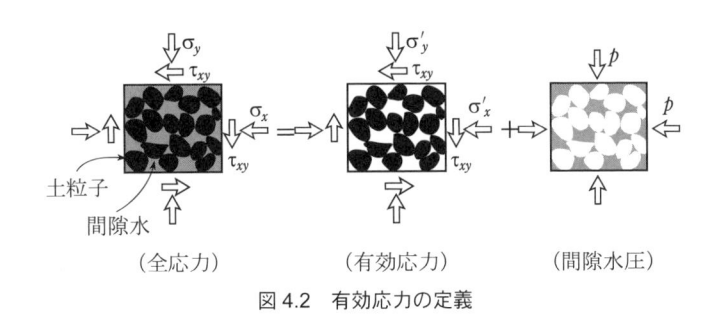

図 4.2 有効応力の定義

4.2 土の挙動の特徴

鋼材やコンクリートの弾性特性を表すのには，ヤング係数とせん断弾性係数がよく用いられる。これは，これらの材料の使われ方とも深く関係している。すなわち，これらの材料は線材として用いられることが多く，それに対応した係数となっている。しかし，地盤材料では線材として使われることはほとんどない。力学特性はよく現れる変形を直接表すようなものが便利である。

同じような話であるが，鋼材の力学特性を表現しようとすれば，一般にはヤング係数と降伏応力度で十分で，さらにひずみ硬化時のひずみ，最大応力程度があれば多くの解析には十分である。しかし，土の挙動は非常に複雑で，このような少数のパラメータで簡単に表現することはできない。そのため，現在でも多くの分野で，その分野で支配的となる挙動に着目して必要な挙動のみを取り出している。例えば，圧密の分野では体積変化，支持力の分野ではせん断強度などがその代表といえる。本書でターゲットとしている地震に対する挙動ということでは，一番重要なのはせん断に関する挙動である。しかし，その他の挙動も必要になることがある。

土の変形は大きく，せん断変形，体積変化およびダイレイタンシーに分けて扱われることが多い。

4.2.1 体積変化

体積変化は，体積弾性係数 K を用いて，次のように表される。

$$\sigma_m = K\varepsilon_v \tag{4.2}$$

ここで，σ_m，ε_v は拘束圧（平均応力）と体積ひずみでそれぞれ次のように表される。

$$\sigma_m = (\sigma_x + \sigma_y + \sigma_z)/3$$
$$\varepsilon_v = \varepsilon_x + \varepsilon_y + \varepsilon_z \tag{4.3}$$

式からわかるように，拘束圧は土要素に作用する平均の応力，体積ひずみは体積の変化量である。体積変化は圧密や液状化の際には重要な挙動である。なお，式(4.2)，(4.3)の応力に「'」をつければ，有効応力となる。有効応力解析では「'」の有無は重要であるが，本書では全応力解析を扱うことから，自明であるときには「'」を省略することがある。

4.2.2 せん断変形

せん断変形に対する関係はすでに式(4.1)に示したが，再掲すると次のようである。

$$\tau = G\gamma \tag{4.1}$$

また，せん断応力は水平と鉛直の直応力が違う際にも発生する。したがって，多次元状態のせん断応力とせん断ひずみを表すには偏差応力 s_{ij} と相当応力 σ_e が用いられ，対応して偏差ひずみ e_{ij} と相当ひずみ ε_e が用いられる。これらは次のように定義される。

$$s_{ij} = \sigma_{ij} - \delta_{ij}\sigma_m, \quad e_{ij} = \varepsilon_{ij} - \frac{1}{3}\delta_{ij}\varepsilon_v, \quad \sigma_e = \sqrt{\frac{3}{2}s_{ij}s_{ij}}, \quad \varepsilon_e = \sqrt{\frac{2}{3}e_{ij}e_{ij}} \tag{4.4}$$

ここで，σ_{ij}，ε_{ij} は応力テンソルとひずみテンソル（テンソルひずみ），δ_{ij} はクロネッカーのデルタといわれ，$i=j$ のとき $\delta_{ij}=1$，それ以外は $\delta_{ij}=0$ である。すなわち，偏差応力は応力から静水圧成分を引いたものとして定義される。相当応力と相当ひずみはせん断変形を一つの数値で表す時の代表値といえる。なお，相当応力と相当ひずみは正の量である。また，係数の 3/2，2/3 は異なる数値が使われる時もあるが，両者の積がエネルギーを表すように決めるので，係数は互いに逆数関係になる。

4.2.3 その他の諸量と変換式

ヤング係数 E は一般力学ではよく用いられる弾性係数であるが，土の解析ではあまり用いられない。ヤング係数は棒材の応力と伸びひずみの関係を表すもので，一次元的な挙動に関する式であるが，厳密にいうと側方の応力が作用していない時のものであり，土ではこのような応力状態がほとんど現れないからである。土でよく現れるのは同じ一次元でも，地盤が沈下するときのような条件で，力を加えても側方に広がることはなく，代わりに広がりを拘束するような応力が作用している状態である。この場合の比例係数は一次元膨潤係数と呼ばれ，ここでは記号 B で表す。

これらに加え，弾性的な性質を表すのによくポアソン比が用いられる。ポアソン比はヤング係数，体積弾性係数，せん断弾性係数のような弾性係数ではないが，その代わりとしてよく用いられる。これら 4 つの量のうち，二つがわかれば残りは計算することができる。表 4.1(a)に色々な換算式を示す。なお，地盤材料では鉛直方向と水平方向で弾性係数が違ったり，非線形特性が違ったりすることも一般的である。しかし，実務ではそこまでを考慮した解析はほとんど行われないので，本書でも扱っていない。

表 4.1 弾性係数の変換
(a) 三次元状態（通常の状態）

	E, G	E, ν	E, K	G, ν	G, K	ν, K
E	–	–	–	$2G(1+\nu)$	$\dfrac{9KG}{3K+G}$	$3K(1-2\nu)$
G	–	$\dfrac{E}{2(1+\nu)}$	$\dfrac{3KE}{9K-E}$	–	–	$\dfrac{3K(1-2\nu)}{2(1+\nu)}$
K	$\dfrac{GE}{3(3G-E)}$	$\dfrac{E}{3(1-2\nu)}$	–	$\dfrac{2G(1+\nu)}{3(1-2\nu)}$	–	–
ν	$\dfrac{E-2G}{2G}$	–	$\dfrac{3K-E}{6K}$	–	$\dfrac{3K-2G}{2(3K+G)}$	–
B					$K+4G/3$	

(b) 三次元から単純二次元へ変換

	E, G	E, ν	E, K	G, ν	G, K	ν, K
$\tilde{K}$	$\dfrac{G^2}{3G-E}$	$\dfrac{E}{2(1+\nu)(1-2\nu)}$	$\dfrac{9K^2}{9K-E}$	$\dfrac{G}{1-2\nu}$	$K+\dfrac{1}{3}G$	$\dfrac{3K}{2(1+\nu)}$
$\tilde{\nu}$	$\dfrac{E-2G}{4G-E}$	$\dfrac{\nu}{1-\nu}$	$\dfrac{3K-E}{3K+E}$	$\dfrac{\nu}{1-\nu}$	$\dfrac{3K-2G}{3K+4G}$	$\dfrac{\nu}{1-\nu}$

4.2.4 ダイレイタンシー

土の挙動を考える上でもう一つ重要なのがダイレイタンシーである．図 4.3 はこの現象を説明するための図で，せん断変形したときの土の要素の変形状態が示されている．土の変形は土粒子の場所が変わることであるので，せん断変形を起こす際には，上の粒子が下の粒子に比べ多く水平方向に移動する．すると，図 4.3(a)のように緩く堆積した砂では間隙が多いので，その間隙に粒子が落ち込むことが起きる．その結果，体積が減少する．これに対して図 4.3(b)のように密な砂では，粒子は隣の粒子に乗り上げる事になり，体積が増加する．このように，せん断変形に伴って体積変化が生じる現象をダイレイタンシーという．ダイレイタンシーの用語は英語の dilate から来ており，膨張するという意味であるため，体積が増加する時を正，減少する時を負のダイレイタンシーと呼ぶ．この現象は土粒子のように粒状の物体から構成される材料に特有な現象で，したがって，鋼材やコンクリートのような一般の構造用材料では通常の使用時には発生しない．

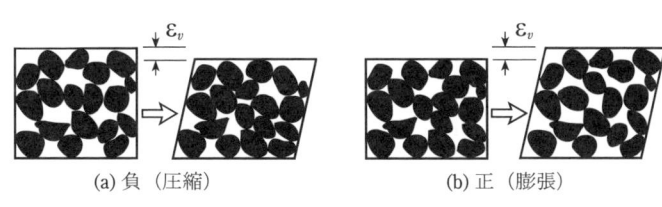

(a) 負（圧縮） (b) 正（膨張）

図 4.3 ダイレイタンシーの模式図

ダイレイタンシーは，地盤の液状化を考慮するときには重要なメカニズムである．この現象を表すのによく使われるモデルに stress-dilatancy（応力 – ダイレイタンシー）関係がある．

$$\frac{d\varepsilon_{vd}}{d\varepsilon_e} = \mu - \frac{\sigma_e}{\sigma'_m} \tag{4.5}$$

ここで，$d\varepsilon_{vd}$ はダイレイタンシーによる体積ひずみ増分，$d\varepsilon_e$ は相当せん断ひずみ増分であ

り，せん断ひずみに比例して体積ひずみが発生していることがわかる。また，この係数のうち，μ は正負のダイレイタンシー特性が入れ替わる（変相と呼ぶ）時の応力比である。

ダイレイタンシー特性が正負に入れ替わることは液状化現象に伴って現れる。例えば，図 4.4 は液状化強度試験における応力経路と応力ひずみ関係を示している。ここで，載荷の初期には繰返しとともに有効拘束圧が減少しているが，途中で経路が変相線をよぎると有効応力は減少から増加に転じる。これに伴い，材料には剛性も強度も回復するので，応力 - ひずみ関係で見ると急激な硬化が起きる。この変相線の応力比が μ である。

なお，ダイレイタンシーは本書で対象としている全応力解析では考慮しないことも普通である。構成モデルによっては自動的に考慮されたりするが，通常は考慮されないメカニズムであるので，本書でもこれ以上は考慮しない。

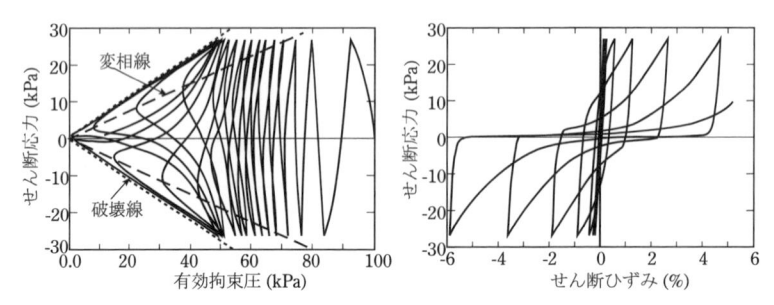

図 4.4　液状化強度試験における応力経路と応力 - ひずみ関係の例

4.2.5　応力 - ひずみ関係

土では体積弾性係数 K とせん断弾性係数 G を用いて応力 - ひずみ関係を書くことが多い。弾性状態については応力 - ひずみ関係は次のように書くことができる。なお，一般力学ではヤング係数 E と G を用いて表現されることが多い。これらとの変換式はすでに表 4.1 で示している。

・三次元応力状態

$$\begin{Bmatrix} \sigma_x \\ \sigma_y \\ \sigma_z \\ \tau_{xy} \\ \tau_{yz} \\ \tau_{zx} \end{Bmatrix} = \begin{bmatrix} K+4G/3 & K-2G/3 & K-2G/3 & 0 & 0 & 0 \\ K-2G/3 & K+4G/3 & K-2G/3 & 0 & 0 & 0 \\ K-2G/3 & K-2G/3 & K+4G/3 & 0 & 0 & 0 \\ 0 & 0 & 0 & G & 0 & 0 \\ 0 & 0 & 0 & 0 & G & 0 \\ 0 & 0 & 0 & 0 & 0 & G \end{bmatrix} \begin{Bmatrix} \varepsilon_x \\ \varepsilon_y \\ \varepsilon_z \\ \gamma_{xy} \\ \gamma_{yz} \\ \gamma_{zx} \end{Bmatrix} \quad (4.6)$$

・平面ひずみ状態

$$\begin{Bmatrix} \sigma_x \\ \sigma_y \\ \sigma_z \\ \tau_{xy} \end{Bmatrix} = \begin{bmatrix} K+4G/3 & K-2G/3 & 0 \\ K-2G/3 & K+4G/3 & 0 \\ K-2G/3 & K-2G/3 & 0 \\ 0 & 0 & G \end{bmatrix} \begin{Bmatrix} \varepsilon_x \\ \varepsilon_y \\ \gamma_{xy} \end{Bmatrix} \quad (4.7)$$

4.2.6 三次元と単純二次元

さて,実空間は三次元であるが,解析では一次元の扱いが最も多く,次いで二次元解析が用いられ,三次元解析が行われることはまれである。一次元解析に用いられる諸量は三次元解析と同じであるが,二次元解析では異なる定義が用いられることがある。三次元の形式を残したままで二次元解析を行う際には平面応力条件と平面ひずみ条件などがある。

平面応力状態とは,応力は二次元で表現され,この面と直交する面には応力が作用しないとするものである。すると,直交方向のひずみが発生する。すなわち,常には0ではない成分は次のようになる。

応力:$\{\sigma_x \ \sigma_y \ \tau_{xy}\}^T$, ひずみ:$\{\varepsilon_x \ \varepsilon_y \ \varepsilon_z \ \gamma_{xy}\}^T$

この条件は地盤を二次元にモデル化する際には実情と異なる。

平面ひずみ条件では直交する方向のひずみが発生しない(常に 0)と考える。その代わりに紙面直交方向の応力が発生する。すなわち,常には0でない成分は次のようになる。

応力:$\{\sigma_x \ \sigma_y \ \sigma_z \ \tau_{xy}\}^T$, ひずみ:$\{\varepsilon_x \ \varepsilon_y \ \gamma_{xy}\}^T$

地盤の解析ではこれが一般的である。また,このうち,σ_z はそれほど重要ではないことも多いので,プログラムによっては出力されない。

二次元解析ではもう一つの表現方法がある。それは,空間が完全に二次元である表現である。その場合には直交方向(z 方向)の成分は全く存在しないので,

応力:$\{\sigma_x \ \sigma_y \ \tau_{xy}\}^T$, ひずみ:$\{\varepsilon_x \ \varepsilon_y \ \gamma_{xy}\}^T$

という表現となる。これを単純二次元と呼ぶことにする。平面ひずみで σ_z が出力されない状態と単純二次元はプログラムのユーザーには区別がつかない。また,地震応答解析では一番重要なのはせん断挙動であり,その意味では両者の違いは結果にはそれほど影響しないことも多い。しかし,体積変化が問題になったり,拘束圧が問題になったりするときには両者は異なる結果となる。例えば,拘束圧は次のように差がある。

三次元(平面ひずみ):$\sigma_m = (\sigma_x + \sigma_y + \sigma_z)/3$, 単純二次元:$\sigma_m = (\sigma_x + \sigma_y)/2$

また,等体積条件は三次元ではポアソン比0.5であるが,単純二次元では1.0である。三次元の弾性係数からこの状態に対する弾性係数の変換を**表4.1(b)**に,また応力-ひずみ関係を次式に示す。

$$\begin{Bmatrix} \sigma_x \\ \sigma_y \\ \tau_{xy} \end{Bmatrix} = \begin{bmatrix} \tilde{K}+G & \tilde{K}-G & 0 \\ \tilde{K}-G & \tilde{K}+G & 0 \\ 0 & 0 & G \end{bmatrix} \begin{Bmatrix} \varepsilon_x \\ \varepsilon_y \\ \gamma_{xy} \end{Bmatrix} \tag{4.8}$$

ここで,チルダ(〜)の付いているのは単純二次元と三次元で値が異なることを表す。この式は,形式的には平面応力条件の式と同じである。この他に,平面ひずみ条件を使って,σ_z に関する計算を行わないで,拘束圧を

$$\sigma_m = \frac{1}{2}(\sigma_x + \sigma_y) \tag{4.9}$$

で計算することにしても式(4.8)が得られる。

このように体積ひずみまで考慮すると,プログラムによって違いがあり,ユーザーはそれを理解しておく必要がある。しかし,いずれの場合でも,地震応答解析で一番重要である,せん断応力-せん断ひずみ関係は同じであるので,結果に大きな差はないであろうが,体積変化が重要になるような問題では,差が現れる。

4.2.7 拘束圧依存性

地盤材料ではしばしば拘束圧依存性が現れる。これは,**4.2.2**項で説明した有効応力の原

理に基づくものである。したがって，拘束圧依存性とは有効拘束圧依存性を意味している。しかし，全応力解析を扱う本書では，しばしば有効応力と全応力を意識せずに記述している。つまり，解析の中では有効応力と全応力の区別はないわけである。しかし，このことは，両者を区別せずに用いてよいことを意味しているわけではない。例えば，初期応力を計算する際などは，地下水位を考慮し，有効応力を求める必要があるし，これに基づいて拘束圧依存性が現れる弾性定数やせん断強度などを決める必要もある。

拘束圧の定義は式(4.3)で示したが，この式で，y は鉛直方向を表すとし添え字を v と変える。また，通常の地盤であれば，水平2方向から作用している直応力に差があるとは考えにくいので，添え字 x, z の代わりに添え字 h を用いることにすれば，式(4.3)は次のようになる。

$$\sigma_m = (\sigma_v + 2\sigma_h)/3 \tag{4.10}$$

さらに，静止土圧係数を K_0 とすれば，次のようになる。

$$\sigma_m = \frac{1 + 2K_0}{3} \sigma_v \tag{4.11}$$

ここで，σ_v は上載圧である。しかし，原位置では静止土圧係数は求めにくい。そこで，しばしば $K_0 = 0.5$ を仮定する。すると，

$$\sigma_m = \frac{2}{3} \sigma_v \tag{4.12}$$

が得られる。

また，一次元解析では，そもそも K_0 を使わない定式化も多い。その場合には，拘束圧依存性はしばしば有効上載圧依存性と読み替えて使われる。

4.3 非線形挙動の特徴

土の力学特性の特徴のうちの一つは，小さいひずみから非線形挙動を示すことである。図4.5 はこれらを一覧でまとめたものである。図の横軸はひずみで，対数軸で表されているが，これも小さいひずみから非線形挙動を示すことと関係がある。つまり，線形軸で描くと小さいひずみの部分は目に見える大きさとならないのである。同じような表現は 6.3 節で示す土の応力 - ひずみ関係の表現でも現れる。

図の縦軸には色々な情報が書かれている。一番上の行は地盤材料で，上は硬岩，軟岩と硬い材料で，下に向かって柔らかい粘土が書かれている。いずれの材料でもひずみが非常に小さい間は弾性挙動をしているが，ひずみが 10^{-6} を超え始めると柔らかい材料である粘土が非線形挙動を示すようになる。一方，硬い材料である硬岩や軟岩では弾性域は広い。地震応答解析の対象となるのは多くは粘土，砂，礫であるが，これらは 10^{-4} 程度のひずみから明瞭な降伏を示すようになる。この値は鋼材の降伏ひずみと比べると 1/10 以下である。

一方，ひずみが大きくなると，材料の変形は一様ではなくなり，変形の局所化が起こる。岩などの硬い材料ではせん断帯が発生し，変形は特定の滑り面（せん断帯）に沿って起こるようになる。また，柔らかい材料ではクリティカルステート（せん断される土が初期状態にかかわらず破壊時に収束する状態）と呼ばれる破壊状態に至る。このように，地盤材料の挙動はひずみ域によって異なる。地震応答解析で扱うのは，最大ひずみがおおよそ数%程度までである。したがって，材料の局所化の話は考える必要がなく，応力を受けると均質に材料が変形していくと考えてよい。以下の記述でもこの考えが用いられている。

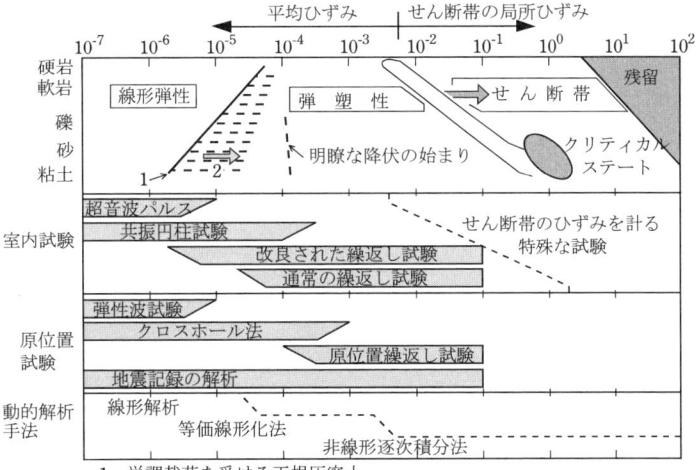

図 4.5　土の非線形特性とその計測法（文献 2), 3) を修正）

次の行には試験の方法が書かれている。土では小さいひずみから大きいひずみまでを同じ試験で計測することは困難でひずみ域によって試験装置を使い分けるのが一般的である。ただし，最近の繰返し試験機では，地震応答解析に必要なひずみ域の大部分をカバーできることから，実用的には一つの試験機で十分である。

なお，後に 6.5 節で示すように，弾性係数を精度よく計測するには室内試験では不十分で，原位置試験が重要である。5.2 節で述べる弾性波試験は最もよく用いられる試験法である。なお，クロスホール法は日本ではほとんど用いられない（5.2 節参照）。また，原位置繰返し試験はひずみの評価が困難であり，地震応答解析の分野ではほとんど用いられない。

地震記録の解析は原理的には小さいひずみから大きいひずみまでの範囲で適用できる手法であるが，それぞれのひずみ域で難しい問題がある。これは，地震応答解析の精度向上の問題と同じで，本書全体の課題といえる。

最後の行には解析方法が示されている。解析には大きく分けて，線形，等価線形，非線形（図 4.5 では非線形逐次積分法）があり，手法によって得意なひずみ領域がある。

4.3.1　せん断に関する非線形特性

全応力解析で地盤の地震応答解析を行う場合には，非線形挙動として一番重要なのはせん断変形に関する非線形挙動である。また，本書では単に非線形というとせん断変形に関する非線形特性を意味することとする。

構成モデルでは弾性という概念を用いるが，せん断に関する挙動では非常に小さいひずみから非線形挙動が始まるので，実際に弾性領域があるのか実証する事は非常に困難である。それは弾性係数の表現法にも現れている。つまり，文献などを見ると，せん断弾性係数を G_0 と書いているケースと G_{max} と書いているケースがある。後者は他の分野ではあまり見ない表現であるが，これは，計測された最大の値という意味である。すなわち，弾性係数があるとすれば，それは計測されたせん断剛性の最大値に近いという趣旨であろう。その意味で，後者は実験値の整理の際などによく現れる。解析の立場からはそれほど厳密に区別する必要がないので，本書では G_0 と表現している。

せん断に関する挙動では間隙水の扱いが重要である．すなわち，載荷中に間隙水の排水を許容する（排水条件）のと許容しない（非排水条件）では，挙動が全く異なる．図4.6に応力－ひずみ関係の例を示すが，排水条件下ではひずみ硬化を示し次第に耐力が上がっていくのに対して，非排水条件下では劣化現象が発生している．前者は繰り返されるたびに土が密になっていくためであり，後者は過剰間隙水圧が発生し有効応力が減少するためである．後者の状態でさらに載荷を続けると，液状化に至る．

実務で行われている状況については6章で説明する．

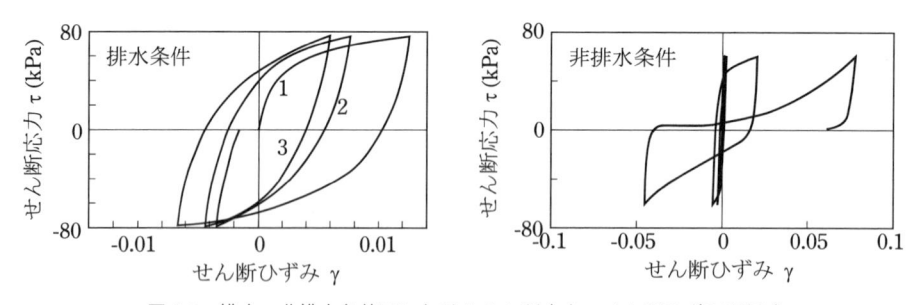

図4.6 排水，非排水条件下におけるせん断応力－せん断ひずみ関係 [4]

4.3.2 体積変化に関する非線形挙動

図4.7は間隙比 e と拘束圧の関係を示したものである．粘土，砂とも同じ挙動をしており，これらは図4.7(c)のようにモデル化されることが多い．ここで，直線 A→B→D の過程は非可逆的で，通常，正規圧密過程と呼ばれる挙動である．これに対して，B 点で除荷する過程は膨潤過程（過圧密状態）と呼ばれ，その後の再載荷を含め，再び正規圧密曲線に戻るまでは可逆的変形である．ここで，図を左向きに90度回転させ，間隙比を体積ひずみと考えれば，よく見る応力－ひずみ関係と同じ形状をしており，正規圧密過程は非線形，膨潤過程は弾性状態に対応していることがわかる．圧密の問題では拘束圧が次第に増える現象を扱うので，過圧密，正規圧密の両方の挙動が必要であるが，地震応答解析の分野では拘束圧が増えることはほとんどないので，弾性領域に相当する膨潤過程しか考慮しないのも一般的である．なお，図4.7(c)の λ を圧縮指数，κ を膨潤指数と呼ぶ．

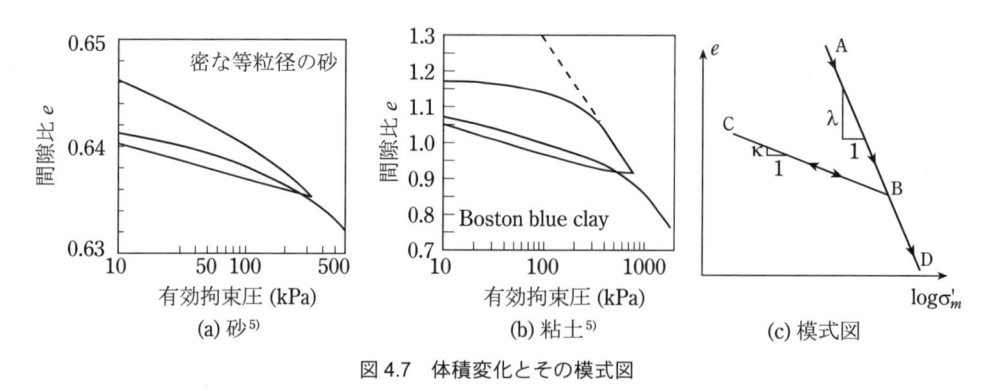

図4.7 体積変化とその模式図

ここで，体積ひずみ ε_v と間隙比 e との増分値に関する関係は次のように表される．

$$d\varepsilon_v = -\frac{de}{1+e} \tag{4.13}$$

右辺に負の符号がついているのは，間隙比 e が大きくなるときは体積が大きくなるが，体

積ひずみは圧縮時（体積が減る時）を正と定義しているからである．次に，図4.7の直線の関係は増分関係で書くと次のように表される．

$$de = -\mu d(\log \sigma'_m) = \frac{-\mu}{\sigma'_m} \cdot \frac{d\sigma'_m}{\ln(10)} \approx \frac{-\mu}{\sigma'_m} \cdot \frac{d\sigma'_m}{2.3} \tag{4.14}$$

ここで μ は図4.7の直線の傾き（膨潤指数または圧縮指数）である．この式を式(4.13)に代入すると，次式が得られる．

$$d\varepsilon_v \approx \frac{\mu d\sigma'_m}{2.3(1+e)\sigma'_m} \tag{4.15}$$

または，書き直すと次式が得られる．

$$d\sigma'_m \approx \frac{2.3(1+e)\sigma'_m}{\mu} d\varepsilon_v \tag{4.16}$$

すなわち，増分形で表した有効拘束圧と体積ひずみ関係の比例定数は拘束圧に比例している．

なお，液状化解析（本書の対象外）を行う際には，この関係の使用には注意が必要である．というのは，この直線をそのまま延長し，拘束圧が0に限りなく近づくと，間隙比は無限大になってしまうからである．これに対して，実験を行うと当然であるが有限値に近づく．どこに近づくかは興味のあるところであるが，実験によると[6]間隙比は最小間隙比の近くまで小さくなることが示されている．この点が圧密現象の解析とは大きく異なる点である．圧密解析では有効応力がほとんど0になることは考えられない．

このような欠点を補い，間隙比が有限値に収束するモデルも提案されている．例えば，文献[7]では式

$$d\sigma'_m = \left\{ \frac{\sigma'_m}{c} + \frac{\sigma'_{m0}/c}{\exp\left[(\varepsilon_{vc0}+\varepsilon_{vd})/c - 1\right]} \right\} d\varepsilon_{vc} \tag{4.17}$$

を提案している．ここで，ε_{vc0} は σ'_m が0になるときの圧密変形による体積ひずみ，ε_{vd} はダイレイタンシーによる体積ひずみ，c は膨潤曲線の形状を制御するためのパラメータである．計算例を図4.8に示すが，このモデルでは拘束圧が少し高いところではほとんど直線で圧密解析と整合性があり，拘束圧がかなり小さくなって一定値に収束するようになる．

しかし，本書で対象としている全応力地震応答解析では有効拘束圧がほとんど0になるようなケースは考えられないので，式(4.16)は十分使える式である．

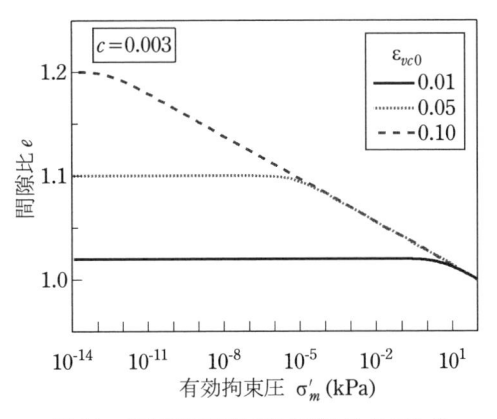

図4.8　有限値に収束する体積変化モデル[7]

4.4 運動方程式

地盤の振動を表現する支配微分方程式は，波動方程式と呼ばれたり，運動方程式と呼ばれたりしている．基本的には両者は同じものであるが，その誘導方法により見かけや式が異なる．

まず，振動する系の一番簡単なモデルである，図 4.9(a) の 1 自由度（1 質点）の系を考える．力の釣合から，次の釣合式が得られる．

$$m\ddot{u} + c\dot{u} + ku = -m\ddot{u}_g \tag{4.18}$$

ここで，m は質量，c は減衰係数，k はばね定数（剛性），u は変位，u_g は基礎の変位で，ドットは時間に関する微分を表している．この式は，例えて言えば地表から上に出ている構造物が振動する様子を表していることから，振動方程式と呼ばれる．

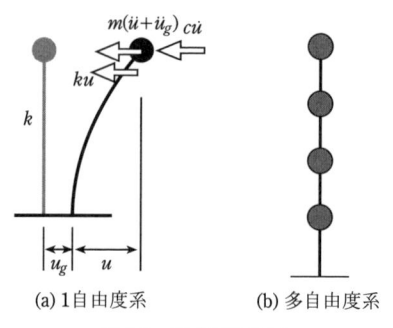

図 4.9 質点系モデル
(a) 1自由度系　(b) 多自由度系

式(4.18)は両辺を m で除すことによって次のように書くことができる．

$$\ddot{u} + 2h\omega_0 \dot{u} + \omega_0^2 u = -\ddot{u}_g \tag{4.19}$$

ここで，

$$\omega_0 = \sqrt{\frac{k}{m}}, \quad h = \frac{c}{2\sqrt{km}} \tag{4.20}$$

である．ω_0 はこの系の固有円振動数で，これより，この系の固有周期 T と固有振動数 f はそれぞれ次のように求めることができる．

$$T = \frac{2\pi}{\omega_0}, \quad f = \frac{1}{T} = \frac{\omega_0}{2\pi} \tag{4.21}$$

また，h は減衰定数と呼ばれる．この固有周期が 1.2.4 節で述べた共振が発生する周期である．

ここで示したのは地上から突出している構造物に関する式であった．次に物体中を伝わる波動を考える．一次元状態では，微小要素に作用する力は図 1.13 に示されており，力の釣合式は式(1.6)で表されている．再掲すると次のようになる．

$$\frac{d\tau}{dz} = \rho \ddot{u} \tag{1.6}$$

波動の伝播を弾性状態で考える．τ–γ 関係はすでに式(4.1)で示されており，再掲する．

$$\tau = G\gamma \tag{4.1}$$

この式と，ひずみ–変位関係式

$$\gamma = \frac{du}{dz} \tag{4.22}$$

を順番に式(1.6)に代入すると，次式が得られる．

$$G\frac{\partial^2 u}{\partial z^2} = \rho\frac{\partial^2 u}{\partial t^2} \qquad (4.23)$$

ここで，G はせん断弾性係数，ρ は密度である。また，変位 u は時間 t と空間 z に関する関数であることから，偏微分表示としている。この式には変位しか含まれていない。この表現は波動方程式と呼ばれる。

式(4.23)と(4.18)は基本的には同じ式である。違うのは，式(4.23)には速度に比例する減衰項が含まれていないだけであるが，これとて，そのような項を図 1.13 に加えれば同じものとなる。もう一つの違いは，式(4.23)の変位は絶対変位であるが，式(4.18)の変位は相対変位であることである。

このように，物体中を伝わる波動という観点では波動方程式が，また，振動という扱いをするときには振動方程式が使われるが，どちらも同じものである。このことは，例えば，一次元の地盤は，図 4.9(a)を拡張し，図 4.9(b)のようにモデル化されるし，また，多層系の建築物も同様に図 4.9(b)のようにモデル化される。すなわち，一次元地盤の地震動の伝播と構造物の振動とは同じことである。

なお，図 4.9(b)のような多自由度系でも固有値解析を行えば，1 自由度系の重ね合わせにより振動を表現することができる。これについては，ほとんどの振動に関するテキストにも載っていることから本書では説明しない。

多次元状態になると，波動方程式と振動の式の違いはほとんどなくなる。簡単のために，図 4.10 に示す二次元状態の微小要素（幅 dx，高さ dy）に作用する x 軸方向に作用する力を示す。ここでは，一般力学に従い，引っ張りを正にした書き方となっている。要素に作用する力は釣り合っている必要があるので，これらを全部加えると次の釣合式が得られる。

$$d\sigma_x dy + d\tau_{yx} dx - \rho\ddot{u}_x dx dy = 0 \quad \text{または} \quad \frac{d\sigma_x}{dx} + \frac{d\tau_{yx}}{dy} - \rho\ddot{u}_x = 0 \qquad (4.24)$$

これに，応力 – ひずみ関係とひずみ – 変位関係式を適用すると，式(4.23)と同じ式が得られる。図 4.10 のような微小要素は図 4.1 にも書かれているが，図 4.10 では微小要素内に作用する物体力を考えている点が異なっており，これを 0 とすれば図 4.1 と同じになる。また，物体力が無くても応力の空間的な変動を考えるときには，図 4.10 のような応力の釣合を考える。

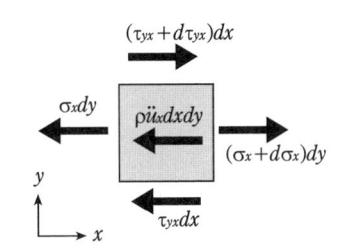

図 4.10 微小要素に x 方向に作用する力

三次元状態では，さらに紙面と平行する面に作用するせん断応力の変化も考慮する必要がある。これらも考慮して三つの軸方向の釣合を書くと次のようになる。

$$\frac{d\sigma_x}{dx} + \frac{d\tau_{xy}}{dy} + \frac{d\tau_{zx}}{dz} - \rho\ddot{u}_x = 0$$

$$\frac{d\tau_{xy}}{dx} + \frac{d\sigma_y}{dy} + \frac{d\tau_{yz}}{dz} - \rho\ddot{u}_y = 0 \qquad (4.25)$$

$$\frac{d\tau_{zx}}{dx} + \frac{d\tau_{yz}}{dy} + \frac{d\sigma_z}{dz} - \rho\ddot{u}_z = 0$$

これが支配微分方程式である．なお，式(4.25)ではせん断応力の，$\tau_{yx}=\tau_{xy}$，$\tau_{yz}=\tau_{zy}$，$\tau_{zx}=\tau_{xz}$ の関係を利用して式を整理している．これを例えば有限要素法で離散化すると，

$$[m]\{\ddot{u}\}+[c]\{\dot{u}\}+[k]\{u\}=\{0\} \qquad (4.26)$$

が得られる．これは，振動方程式でもあり，波動方程式でもある．これらを総称して本書では運動方程式と呼んでいる．ここで，$[m]$，$[c]$，$[k]$ はそれぞれ質量マトリックス，減衰マトリックス，剛性マトリックスである．

式(4.18)と(4.26)の違いは，形式的にはマトリックス表示されているかいないかの違いである．そこで，本書ではマトリックス表示は，説明上必要なとき以外は用いないこととする．

ところで，式(4.25)から式(4.26)を導く際に，式(4.25)には含まれていない項を入れた．それは，減衰項 $[c]\{\dot{u}\}$ である．この関係は，図 1.13 と図 4.9(a)，または式(4.23)と式(4.18)の関係に似ている．これは，図 4.9(a)では減衰のイメージがわかりやすかったことに起因している．例えば水中で振動する場合には，質点が水中を移動しようとすると，周辺の水から抵抗を受け，減衰力が作用するというイメージはよくわかる．しかし，図 1.13 や図 4.10 ではそのイメージは沸きにくい．これは，前者の減衰は外部減衰と呼び，系の外部に対する相対速度により抵抗が発揮されるのに対して，実際には内部減衰と呼ばれ，材料間の相対変位により減衰が発揮される機構に相当するからである．これら，減衰に関する議論は，11 章で論じる．

一次元の運動方程式の時にも議論したが，式(4.25)の変位は，不動点に対する変位，すなわち，絶対変位といわれるものである．絶対変位を，基盤の変位 u_b と基盤からの相対変位 u_r に分ける．

$$u = u_b + u_r \qquad (4.27)$$

すると，式(4.26)は次のようになる．

$$[m]\{\ddot{u}_r\}+[c]\{\dot{u}_r\}+[k]\{u_r\}=-[m]\{\ddot{u}_b\} \qquad (4.28)$$

ここで，u_b は考えている系から見ると剛体変位なので，剛性項では

$$[k]\{u_b\}=\{0\} \qquad (4.29)$$

となる．また，減衰項では，減衰が内部減衰であれば同様に剛体速度に関しては $\{0\}$ になる．したがって，減衰項と復元力項の絶対変位に関する項は式から除かれている．外部減衰ではこの項は残るが，例えば，先の例では水中で振動しているときでもその水が基盤とともに移動しているとすればやはり無視できる．また，空中で振動しているようなときにはその値は絶対値として小さいので，やはりこの項は無視できる．したがって，どの場合でも式(4.28)は使える式であり，本書でもこの式を運動方程式として扱う．すると，添え字を一々付けるのは煩雑であるので，以後，本書では一貫して，相対変位を u，基盤（または相対変位の基準となる位置）の変位を u_g と表す．すると，式(4.28)は次のようになる．

$$[m]\{\ddot{u}\}+[c]\{\dot{u}\}+[k]\{u\}=-[m]\{\ddot{u}_g\} \qquad (4.30)$$

または，マトリックス表示をしないとすれば，次のように表される．

$$m\ddot{u}+c\dot{u}+ku=-m\ddot{u}_g \qquad (4.31)$$

これが，本書で用いる運動方程式である。

なお，現実の運用では外部減衰が問題となることがある。これについては，11章のRayleigh減衰のところで論じる。

ところで，地震応答解析のプログラムを使うときには，加速度，速度，変位の出力方法に注意が必要である。一般に，加速度は絶対加速度，変位は相対変位が用いられる。ここで，絶対は不動点に対するという意味，相対は基盤に対するという意味である。これに対して，速度は，振動の教科書などでは相対速度の微分である相対速度が用いられているが，地震動の分野では絶対速度が用いられる。加速度，変位はそれぞれ絶対，相対が使われるので間違えることはないが，単に速度と書かれているときにはどちらかわからない。

構造物に作用する慣性力は絶対加速度と質量の積なので，加速度を絶対加速度で表示するというのは力学的には意味がある。また，地震計で観測されるのは絶対加速度である。これに対して，変位はいつでも相対的なものであり，基準点に対する変位が重要であり，絶対変位はほとんど意味がない。例えば地震時の地表の変位を知るのに，基盤からの相対変位はわかりやすいが，これに地球が地震時に動いた変位を加えても何の意味もない。速度はこの中間にあり，扱いが難しい。先にも述べたように，運動方程式が相対変位で記述されているので，これをそのまま出力すれば相対変位出力である。一方，加速度記録が得られているだけの時にはこれを積分すれば，絶対速度となる。速度が重視されるのは，例えば大規模・長周期構造物に与える被害の指標としてなどである。この場合には絶対速度に意味がある。応答スペクトルは相対速度で出力されるがこれは例外的な扱いである。しかし，多くのプログラムでは相対速度を出力しているので，結果を利用する際には注意が必要である。

本書では基本的には相対速度を用いることにし，絶対速度が必要なときには，絶対速度と記述することにする。ちなみに，図1.5は絶対速度である。

参考文献

1) Lambe, T. W. and Whitman, R. V. (1969): Soil mechanics, SI version, John Wiley & Sons
2) Tatsuoka, F. and Shibuya, S. (1992): Deformation characteristics of soils and rocks from field and laboratory tests, 生産技術研究所報告，東京大学，第37巻，第1号, pp. 1-136
3) Ishihara, K. (1982): Evaluation of soil properties for use in earthquake response analysis, Proc., Int. Symp. on Numerical Models in Geomechanics, Zurich, pp. 237-259
4) Towhata, I. (1989): Models for cyclic loading, Mechanics of granular materials, Report of ISSMFE Technical Committee on Mechanics of Granular materials, ISSMFE, pp. 80-90
5) 吉国洋（1982）：土の圧縮と圧密，土質工学ハンドブック，土質工学会, pp. 147-221
6) 海野寿康，風間基樹，渦岡良介，仙頭紀明（2006）：同一繰返しせん断履歴における乾燥砂と飽和砂の体積収集量の関係，土木学会論文集C, Vol. 62, pp. 757-766
7) 大矢陽介，吉田望，菅野高弘（2009）：載荷履歴の影響を考慮した砂の体積変化特性モデル，構造工学論文集, Vol.55A, pp. 405-414

第5章 地盤調査の方法

　地盤材料は，後に 6.5 節で述べるように，試料を採取して試験室に持って帰ると性質が変わってしまうことが多い。したがって，可能な限り原位置で力学特性を調査するのが好ましい。とはいっても，図 4.5 に示したように，ひずみの大きいところの試験は原位置では困難であるが，最低限弾性係数については原位置における調査（原位置調査）で求めるのがよい。

　力学特性を把握するための原位置調査には次のようなものがある。
① 標準貫入試験
② コーン貫入試験
③ PS 検層
④ スウェーデン式サウンディング
⑤ 表面波探査
⑥ MWD 法

　このうち，必ずといって行われるのが標準貫入試験である。また，波動の伝播速度の計測に最近では PS 検層も行われるようになった。これに比べて，他の方法は日本ではそれほど一般的ではない。

5.1 標準貫入試験

　標準貫入試験は日本で最も普通に行われている試験である。この試験では，図 5.1 に示すような装置で計測され，質量 63.5kg のおもりを 75cm 落下させノッキングヘッドに当てることによってロッドの先端のサンプラーを地中に貫入させるが，この際，30cm 貫入させるのに必要な回数を N 値として出力する。他の試験法と比較すると，標準貫入試験用サンプラーの中に試料が残るので，土質がわかるのが特徴である。日本では地層構成が複雑なので，試料から土質が確認できるというのは大きな利点ともいえる。

　計測される N 値は地盤の破壊に関係する量であることは感覚的に理解できるが，それでは力学特性とどのように関係しているのかというと，直接的な証明はできていない。そのため，N 値は何を計測しているのかわからないという批判がある。しかし，一方ではこれまで非常に多くの実験が行われており，力学的な多くの量との関係式が得られている。それらの式は本書でもいくつも紹介するが，計算に必要な量が試験から求められていないときには便利なものである。しかし，一方では誤差も小さいとはいえず，その使用は慎重に行う必要がある。

5.1.1 エネルギー補正

　N 値を求める試験は標準貫入試験と呼ばれているが，国によって試験法はかなりバラバラである。そのために，例えば日本のデータを海外にそのまま適用する，逆に海外のデータをそのまま日本に適用するのは問題があることがある。その最も大きなものはヘッドの

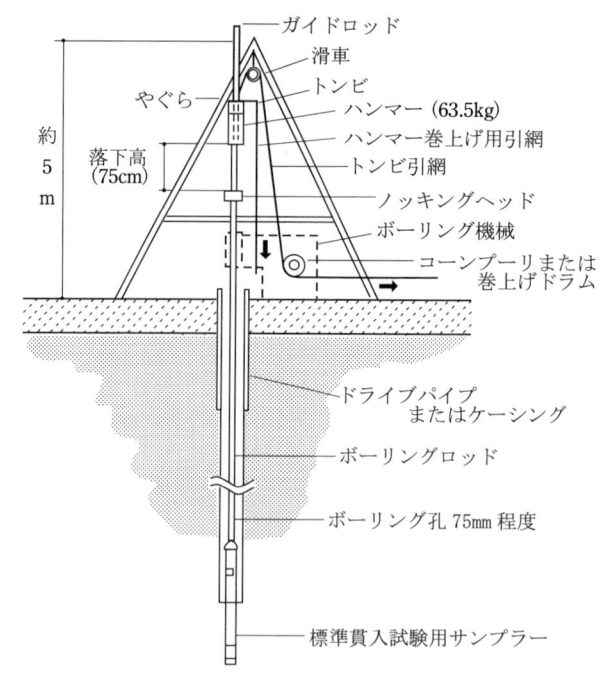

図5.1 標準貫入試験概略図[4]

落下する際のエネルギーがどれだけ先端に伝わるかという問題である。また，ヘッドの先端が尖っていなければ同じ深さまで貫入するのにより大きいエネルギーが必要となるので，N値も大きくなる。

表5.1は日本とアメリカの代表的な標準貫入試験の方法に基づくエネルギー伝達率である[1]。アメリカにおける研究ではセーフティ[i]とコーンプーリー[ii]を用いたエネルギー効率60%が標準的に使われる方法となっている。一方，日本ではドーナツとコーンプーリーを用いた方法が一般的であり，最近では自動的に重りを落とすような装置も多用されるようになっている。エネルギー効率は直接N値に影響し，効率の比でN値が増減する。したがって，アメリカのデータを用いて得られた実験式を日本で適用する場合にはN値を$67/60 \approx 1.12$倍大きく評価して用いるべきであるが，実務ではこのような変換までは考慮されることは少ないようである。N値を小さめに評価していれば剛性や強度は小さく評価され，多くのケースでは安全側の評価になる。または，10%程度は誤差のうちという考えもある。

しかし，逆のケースでは問題になる。国によってはエネルギー効率が表5.1に示された値よりも低く，したがって，日本のN値に比べ大きく評価されることがある。例えば，フィリピンとトルコではN値は日本のN値に比べて2倍程度大きな値となった事例がある[2,3]。これは，単にエネルギー効率の問題だけではなく，サンプラー先端が尖っていない（きちんとメインテナンスをしていない）などの不備も原因している。また，監督者がいるとき

---

[i] セーフティは上からハンマーで叩く方式。ドーナツはロッドを囲むようなドーナツ状のハンマーでロッドの途中にあるノッキングヘッドに打ち付ける方式である。ハンマーとロッドの摩擦は前者の方が少ない。自由落下はトンビと呼ばれる治具で一旦ハンマーを止め，それを外すことでロープの摩擦が発生しない方式。

[ii] ロープをコーンプーリーに2回ほど巻き付け，コーンプーリーの回転と摩擦を利用してロープを引き上げる。落とすときにロープの摩擦でエネルギーが減少する可能性がある。

表 5.1 標準貫入試験におけるエネルギー効率 [1]

国	ハンマーの形状	落下方法	エネルギー効率（%）
日本	ドーナツ	自由落下	78
アメリカ	ドーナツ*	コーンプーリー	67
	セーフティ*	コーンプーリー	60
	ドーナツ	コーンプーリー	45

注）*が標準的な方法

といないときで N 値が異なるというのもよく聞く話で，著者も体験している。

N 値が 2 倍も大きくなれば，せん断強度や弾性係数は相当に大きく評価されることになり，設計では危険側の評価となってしまう。海外のデータを使う際にはこのようなことにも注意が必要であろう。

5.1.2 拘束圧補正

材料が同じでも N 値が同じとは限らない。それは，拘束圧が大きくなると N 値も大きくなるからである。したがって，ケースによっては同じ拘束圧のデータに変換する必要がある。日本では次の三つの方法がよく用いられる。

以下に示す式を用いれば，異なる深さの N 値に変換することは簡単である。なお，実務では，液状化の指針を適用する際には拘束圧の補正は指針に示されているので，その際には用いられるが，それ以外の場合には行われないことも普通である。エネルギー補正と同様，実務ではこの辺の扱いは割とルーズであり，厳密な議論をしたいときには，原論文をあたってみるなどの努力も必要である。

(1) Meyerhof の式

Meyerhof は N 値と相対密度 D_r の関係として次の式を提案した [5]。

$$N = 1.7 D_r^2 (\sigma'_m + 10) \tag{5.1}$$

ただし，この式は拘束圧の単位が lb/in² (ポンドとインチ) で提案されているので，式(5.1)はどんな単位系でも成立する式ではない。そこで，式(5.1)を SI 単位に変更すると，次の式となる。

$$N = \frac{D_r^2 (\sigma'_m/98 + 0.7)}{441} \quad または \quad D_r = 21\sqrt{\frac{N}{\sigma'_m/98 + 0.7}} \tag{5.2}$$

一方，液状化強度 R は相対密度と密接な関係がある。例えば龍岡ら [6] は次の式を提案している。

$$R = 0.0042 D_r \tag{5.3}$$

つまり，相対密度が同じであれば液状化強度が同じになる。すなわち，式(5.2)は異なる拘束圧下では同じ液状化強度を与える N 値が異なることを意味している。そこで，基準となる拘束圧を 98kPa とすれば，次の変換式が得られる。

$$N_c = \frac{1.7N}{\sigma'_m/98 + 0.7} \tag{5.4}$$

が得られる。ここで，原位置では拘束圧を求めるのは非常に困難である。そこで，有効拘束圧の代わりに有効上載圧を用いることにすれば，次式が得られる。

$$N_c = \frac{1.7N}{\sigma'_v/98 + 0.7} \tag{5.5}$$

この N_c は有効上載圧 98kPa における N 値である。

この式は元々応力の単位が lb/in² で，それを kgf/cm² の単位系に変換したものが長く日本で用いられてきたが，式(5.4), (5.5)はこれを SI 単位系に書き直したものである。98 という数字はその際の変換係数で，はじめに（本書を読む際の注意事項）で述べたように，100 を用いて変換されることも多い。この式は，例えば道路橋示方書[7]の液状化強度評価法で用いられているが，その際には 100 が用いられている。

(2) Liao らの式

Liao らはいくつかの拘束圧の補正式を眺め，それらと同じ程度の精度でより簡単な補正式として以下の式を提案した[8]。

$$N_c = \sqrt{\frac{98}{\sigma'_v}} \cdot N \tag{5.6}$$

この式は，有効上載圧 98kPa に対応する N 値が得られるように補正するものである。この式は建築基礎構造設計指針[9]の液状化強度評価法で用いられている。

(3) 井合らの式

井合らは，既往の N 値の拘束圧依存性に関するデータを集め，港湾の施設の液状化判定[10]の対象となるような材料についてその傾向を眺め，次の式を提案した[11]。

$$N|_{65} = \frac{N - 0.019(\sigma'_v - 65)}{0.0041(\sigma'_v - 65) + 1.0} \tag{5.7}$$

この式は港湾施設の液状化判定に用いられており，有効上載圧 65kPa の N 値（$N|_{65}$）に変換するものである。基準となる拘束圧が他の指針と異なるが，これは，港湾の指針では地下水面付近の N 値で液状化判定することに対応しているためである。

5.2 PS 検層

波動を発生させ，その伝播する時間から実体波の速度を求めるのが PS 検層である。これは，現状では最も精度良く弾性係数を計測する方法である。

波動の伝播速度と土の質量がわかると弾性係数を求めることができる。すなわち，S 波速度 V_s と P 波速度 V_p から対応する弾性係数が次のように計算できる。

$$\begin{aligned} G_0 &= \rho V_s^2 \\ B &= K + \frac{4}{3}G_0 + \frac{K_w}{n} = \rho V_p^2 \end{aligned} \tag{5.8}$$

ここで，ρ は土の密度（飽和しているときは土粒子と間隙水の合計），G_0 はせん断弾性係数，K は土骨格の体積弾性係数，K_w は水の体積弾性係数，n は間隙率，B は全応力で表した一次元膨潤係数である。地下水がない状態では K_w/n の項は不要で，表 4.1 に示す B と同じになる。

式からわかるように，V_p には水の影響が入っているのに対して，V_s は土骨格のみが影響している。これは，間隙水は体積変化には抵抗するが，せん断変形には抵抗しないからである。

次に，ポアソン比 ν は次式で求めることができる。

$$\nu = \left\{1 - 2\left(\frac{V_s}{V_p}\right)^2\right\} \bigg/ \left\{2 - 2\left(\frac{V_s}{V_p}\right)^2\right\} \tag{5.9}$$

ここでもポアソン比は地下水位以下の層の場合，土骨格と水の混合体の値であり，地下水位以下の層では 0.45 程度以上の値となるのが普通である。地下水位より下でポアソン比がこれより小さい場合には，土は相当な不飽和状態にある。

よく用いられる PS 検層には図 5.2 に示す三つの方法がある。これらは波動の発信源，受信源や計測の方法が異なる。このうち，日本ではダウンホール法とサスペンション法が一般的である。クロスホール法は，図 4.5 に見られるように，原位置でより大きいひずみの計測が可能という特徴があるが，ボーリング孔が二つ必要ということに加え，日本では地層の変化が激しく近接のボーリング孔の間でも均質な地盤と限らないことからほとんど使用されない。この他に，発信源を地下，受信器を地表におくアップホール法もあるが，ほとんど使用されない。

ダウンホール法による計測結果を図 5.3 に示す。この方法では，地表で振動を起こし，図 5.3(a)に示されるように，各受信点（深さ）で波動を記録している。受信器は一つなので，深さを変えて計測が行われる。また，振動を起こすのはかけやで板を叩くことが多いので板叩き法とも呼ばれる。計測で得られた到達時間を読み取り，深さとの関係を描くと図 5.3(b)のような図（走時曲線）が得られる。それをいくつかの直線で表すと，その勾配が波動の伝播速度となる。波動の到達時間を手作業で読み取り，また，直線を引く際に少しの乱れは無視する，いわゆる鉛筆をなめるような操作も行われるので，あまり細かい速度の差は表示されず，それなりの区間で同じ波動伝播速度を設定することが一般的である。

一方，サスペンション法では振動の発信器と二つの受信器を備えた治具（サスペンションゾンデ）を地中に入れ，発信器で高い振動数の振動（数百 Hz）を発生させ，これを二つの受信器で検知し，図 5.4 に示すように，その到達時間から波動の伝播速度を計算する。この方法は，発信器と二つの受信器は地下水の中に設置されるので，地下水より上では用いることができない。また，ボーリングの孔壁が乱れると誤差が多くなるといわれている。

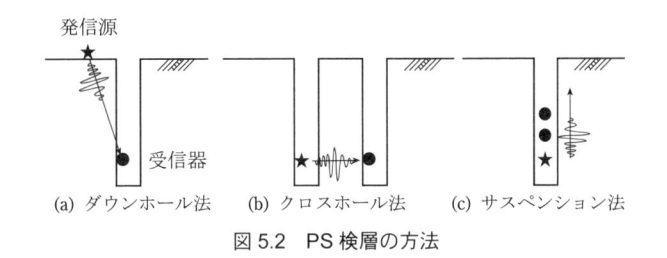

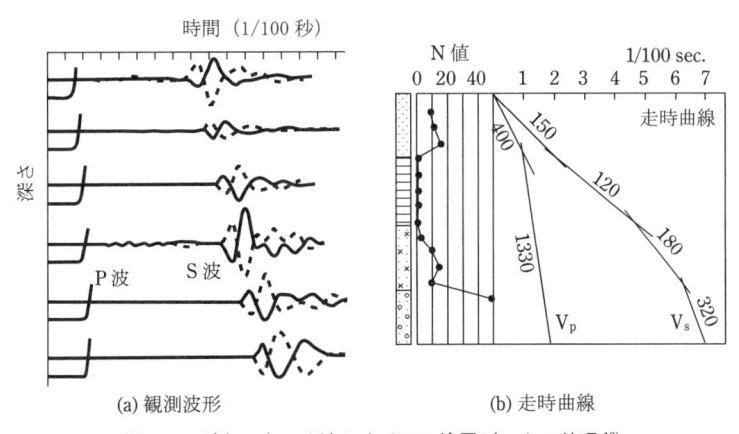

図 5.2　PS 検層の方法

図 5.3　ダウンホール法による PS 検層データの整理[12]

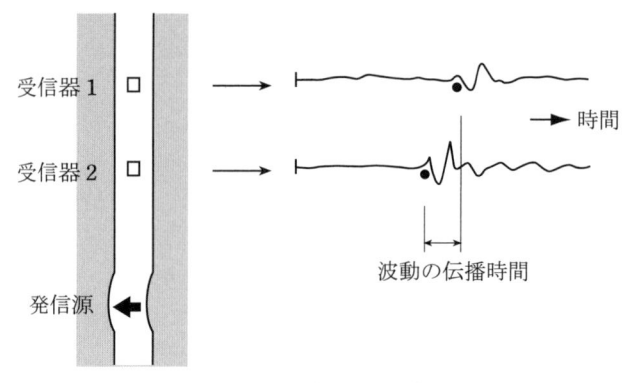

図 5.4　サスペンション法による波動の到達時間 [13]

　二つの方法はそれぞれ特徴がある．例えば，図 5.5 は二つの方法を比較したものである．サスペンション法の速度はかなり分散しているが，ダウンホール法による速度はかなりの区間で同じ速度を示しており，ほぼサスペンション法の平均値を示している．また，後に示す図 5.7 にも同様の比較がある．一方，図 5.5 には N 値も示されている．N 値の変化とサスペンション法による S 波速度は同じように変化していることから，サスペンション法が局所的な S 波速度を精度よくとらえていることがわかる．なお，最近ではサスペンション法を行っても層内でその値を平均化したものが出力として報告されることがある．その場合には，精度はダウンホール法と変わらなくなる．

　しかし，地震応答解析に用いるのにどちらがよいかということになると問題は難しくなる．後に 12.3.4 項で示すが，どちらの方法にも欠点があり，一概にどちらがよいということはできない．すなわち，サスペンション法では調査をしたボーリング孔位置では精度よいが，水平方向に同じように地盤が広がっているとは限らない．地盤は鉛直方向のみならず水平方向にも力学特性は分散しており，完全な水平成層（水平方向に全く特性が変わらない地盤）は現実にはないので，我々が地震応答解析を行うとしてもそこで得られるのは地盤の応答の代表値である．特に一次元解析では 12.2 節に示すように，力学特性の変化は解析結果に大きく影響する．地盤の平均的な応答を求めるという観点では，ダウンホール法が好ましい可能性もある．しかし，このような議論はサイトごとに異なるので，データから地盤をモデル化する際には両手法の特徴を考えた上で行う必要がある．

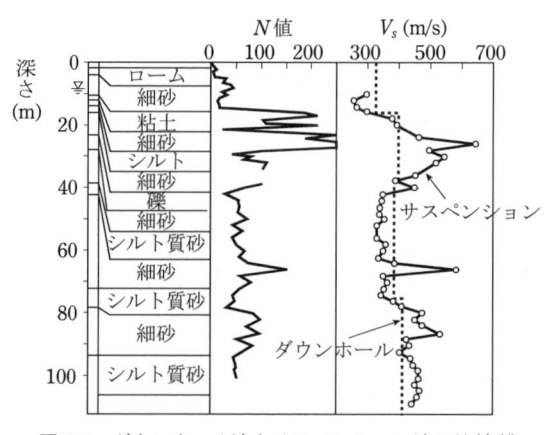

図 5.5　ダウンホール法とサスペンション法の比較 [14]

また，後で詳細なチェックができるように，生のデータを残しておくということも大事である。ダウンホール法であれば走時曲線や観測波の時刻歴を残しておく，ダウンホール法で平均化された値が報告されているときには生の計測値も残しておくなどが将来詳細な検討をする必要が出たときに必要なデータになる。

PS 検層を行う，または 7.1 節に示すように N 値から波動の伝播速度を求めるなどして，波動の伝播速度から弾性係数を求めることは，地震応答解析では非常に重要である。弾性係数は 6 章に述べる室内試験でも求められそうであるが，6.5 節で理由を示すようにその方法は用いられない。

5.3 その他の方法

日本では，地盤の力学特性を調査するには PS 検層，標準貫入試験，不撹乱試料による室内試験などが一般的であったが，最近では，MWD（Measurement while drilling）法という名前で代表されるように，ボーリングをする際に抵抗力を計測するような方法も用いられるようになった。さらに，簡易な住宅などではスウェーデン式サウンディングも行われるようになった。また，海外ではコーン貫入試験なども行われる。

色々な試験法が使われるようになると，当然，それを基にした実験式なども現れ，用いられるようになる。この際，S 波速度との関係を求めようとする場合[15]と，N 値の関係を求め[16][17]，さらに N 値と V_s の関係を使って V_s を求める方法がある。後者では誤差が二重に重なっている，平均値ではなく，N 値を使って設計するために安全側の配慮をした式になっているなどの可能性があるので，使用に際しては原論文をあたってみるなどの検討も必要であろう。

5.4 沖積層と洪積層

地震応答解析で扱うような表層の地盤を，日本では沖積層，洪積層と分類して呼ぶことがある。沖積層は新しい地盤で比較的軟弱，洪積層は古い地盤で良い地盤というイメージである。

図 5.6 に示すように，この，沖積，洪積という用語は地質年代の沖積世（1 万年前から現在），洪積世（約 165 万年前から 1 万年前）に堆積した地盤というイメージである。この元になったのは，ドイツ語の Alluvium，Diluvium という言葉で，今でも，土質を表すのに，As（沖積砂，Alluvial sand），Dc（洪積粘土，Diluvial clay），Ag（沖積礫，Alluvial gravel）などの記号で用いられる。しかし，この使い方は厳密には正しくない[18]。

沖積，洪積という用語は，本来堆積の方法を表したもので，沖積は河川による堆積，洪積は洪水による堆積を表した用語であり[18]，ヨーロッパでは時代区分と対応するところもある。しかし，堆積条件と地質年代が同じというわけではないので，世界的には沖積，洪積の呼び名はほとんど通用しない。日本人の書いた論文などでは，沖積，洪積の英語訳として Alluvium，Diluvium が使われることもあるが，海外の技術者のほとんどはわからない。これに代わる，世界的に通用する用語として，地質年代の完新世（Holocene），更新世（Pleistocene）があり，英語論文ではこれを使うべきである。なお，完新世は沖積世，更新世は洪積世とほぼ同義である。

最近では，日本でも沖積，洪積の代わりに，完新世，更新世を使う研究者も現れ，将来的にはこちらが主流になる可能性がある。ただ，沖積，洪積の用語は長く使われてきたこ

とから，急速には完新世，更新世の用語に代わらない．その意味で，両方の用語を知っておくと便利である．

なお，この際，沖積＝完新世というわけではないことに注意が必要である．完新世と更新世の分かれ目は，1万年前である．しかし，通常，沖積層といわれる地盤が形成されるのは，最後の氷河期が終わった，1.8〜2万年前以降である．したがって，完新世，更新世の用語を使うと，沖積層，洪積層の分類と一対一対応しない地層が現れる．例えば，東京では7号地層がこれに相当する．なお，人によっては完新世と更新世の分かれ目を沖積と洪積の分かれ目としている[18]．

既往の文献では，ほとんどが旧来の区分である，沖積，洪積という呼び名をしているので，本書でもその使い方を踏襲し，沖積，洪積の呼び名を用いることにする．

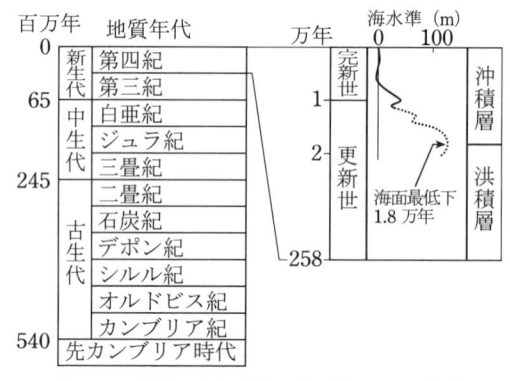

図 5.6 地質年代と沖積・洪積層の区分 [18] [19]

5.5 地層の連続性

解析時には，一つの柱状図に基づき，地盤をいつかの地層に分類してモデル化する．しかし，このモデル化が正しいものという保証はない．地盤は水平成層とは限らないし，ボーリング柱状図で得られたように地盤が明瞭な境界で区切られているという保証もない．残念ながら，通常の実務ではごく少数のボーリングしか行われないので，調べることもできない．

ここでは，非常に詳細に行われた地盤調査の結果を紹介し，実際の地盤の状況を見ることにする．なお，これらの地盤の不整形の影響は，散乱の減衰として考慮することもある．また，モデル化がまずいととんでもない応答となることもある．これらについては，本書の後で節を立て，ケーススタディとして紹介する．

ここでは，東京湾埋立地で行われた詳細な調査結果の一部を紹介する[20]．図 5.7 には調査地点の地層構成を示す．このサイトでは比較的近距離でいくつかのボーリングが行われている．深いところでも層序はつけることができるが，必ずしも水平成層とはいえないことがわかる．特に，旧海底面より上では埋立ということもあり，場所により土質はかなり異なっている．

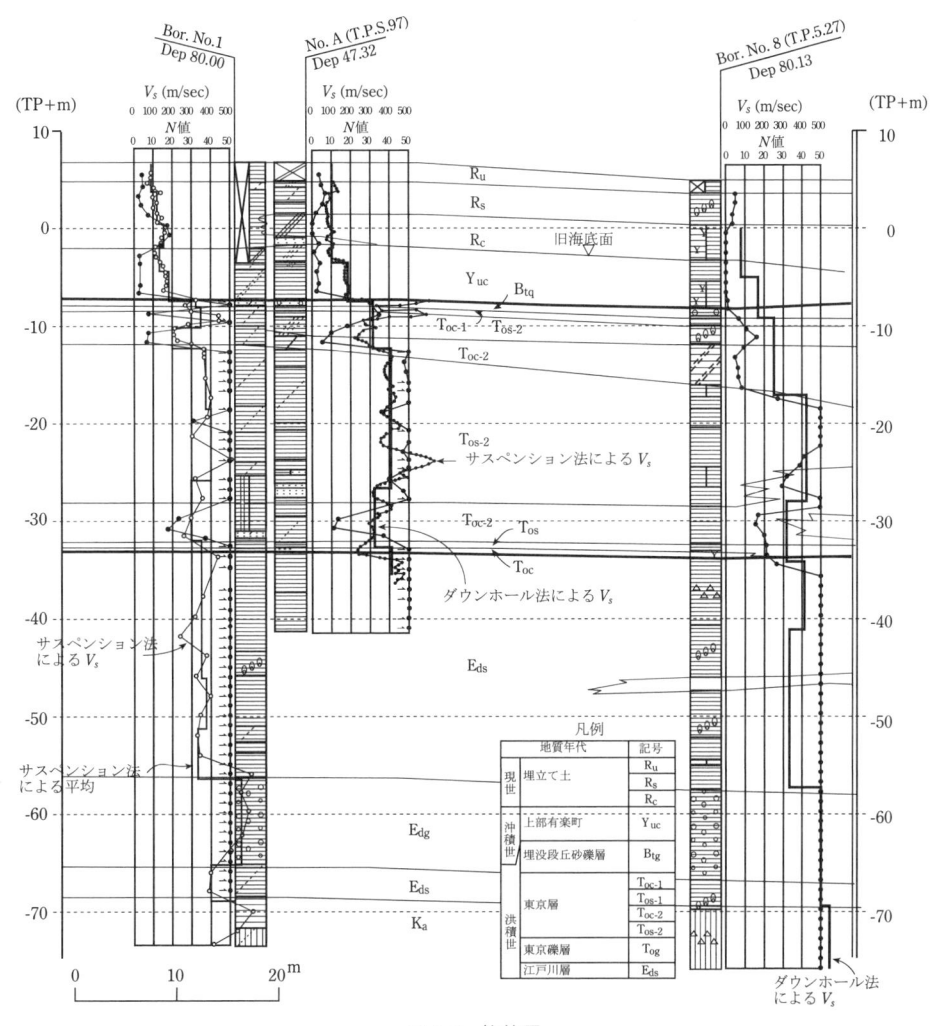

図 5.7 柱状図

 このサイトでは GL-20m まで，連続して試料が採取され，繰返しせん断試験が行われている．図 5.8 は埋土の深さ方向に異なる試料の繰返しせん断試験（6.3 節参照）の結果である．せん断剛性は深くなるほど大きくなる傾向があるのに対して，減衰定数はほぼ同じである．せん断剛性が異なるのは拘束圧依存性によるものであろう．最大せん断剛性で無次元化したものが図 5.8(b) に示されている．全体に同じ傾向を示しており，G/G_0-γ 関係に対する拘束圧の影響は見られないようである．

 これに対して図 5.9 では，自然堆積地盤である洪積砂層と洪積シルト層の境界付近の詳細な結果が示されている．まず図 5.9(a) の粒度分布を見ると，深い方が細粒分は少なくなり，深さ方向に徐々に変化しており，不整合面はない．また，図 5.9(b) の繰返しせん断特性を見ても大きくは変わらない．すなわち，地盤の堆積物が急に変わったというわけではないが，土質分類をする際にどこかで線を引かなければならなかったという状況がこの位置での層分割に反映している．

 もちろん，不整合面が現れることもある．ここでは示さないが，同じ論文では埋土と旧海底面は明瞭に粒度分布も力学特性も異なっていることが示されている．

(a) 繰返しせん断特性

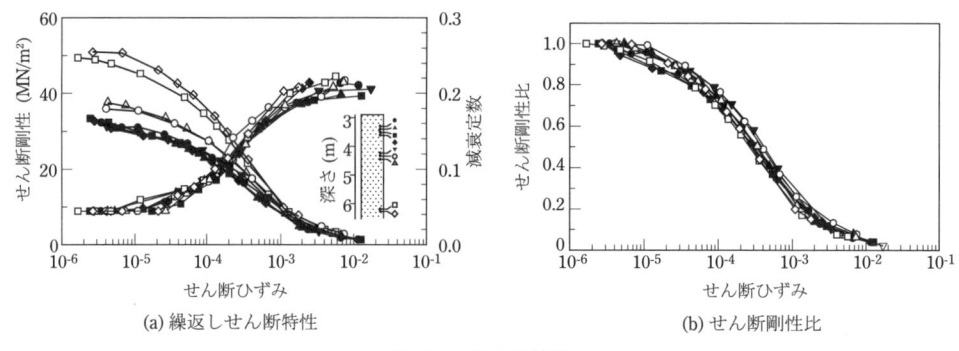

(b) せん断剛性比

図 5.8　埋土の特性

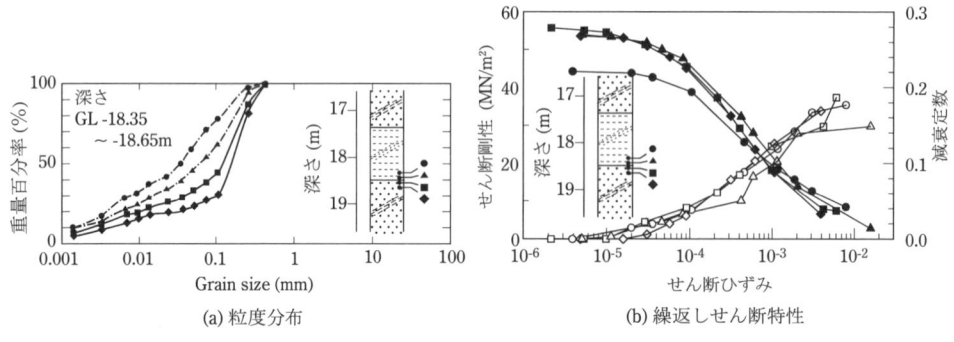

(a) 粒度分布

(b) 繰返しせん断特性

図 5.9　砂とシルトの境界

参考文献

1) 土質工学会（1982）：土質調査法（第 2 回改訂版），869pp.
2) Seed, H. B., Tokimatsu, K., Harder, L. F. and Chung, R. M. (1985): Influence of SPT procedure in soil liquefaction resistance evaluations, J. of GT, Vol. III, No. 12, ASCE, pp. 1425-1435
3) 基礎地盤コンサルタンツ（1990）：1990 年 7 月 16 日ルソン地震調査報告書，87pp.
4) 規矩大義，澤田純男，安田進，吉田望（2002）：1999 年トルコ・コジャエリ地震の被害域アダパザルにおける地盤調査，第 11 回日本地震工学シンポジウム，pp. 43-46
5) Meyerhof, G. G. (1957): Discussion, Proc. 4th Int. Conf. on Soil Mechanics and Foundation Engineering, Vol. 3, p. 110
6) 龍岡文夫，岩崎敏男，常田賢一，安田進，広瀬誠，今井常雄，今野政志（1978）：A method for estimating undrained cyclic strength of sandy soils using standard penetration N-value，土質工学会論文報告集，Vol. 18, No. 3, pp. 43-58
7) 日本道路協会（2002）：道路橋示方書・同解説 V 耐震設計編
8) Liao, S. S. C. and Whitman, R. V. (1986): Overburden Correlation factors for SPT in sand, J. GE, ASCE, Vol. 112, No. 3, pp. 373-377
9) 日本建築学会（2001）：建築基礎構造設計指針，2001 改訂，486pp.
10) 運輸省港湾局監修（1999）：港湾の施設の技術上の基準・同解説（上巻），日本港湾協会
11) 井合進，小泉勝彦，土田肇（1986）：粒度と N 値による新しい液状化予測法，港湾技術研究報告，第 25 巻，第 3 号，pp. 125-234
12) 酒井運雄（1985）：耐震地盤調査の計画と管理，鹿島出版会
13) Ishihara, K. (1996): Soil behavior in Earthquake Geotechnics, Oxford Engineering Science Series 46, Oxford Science Publications
14) 国生剛治（1992）：地盤の動的特性，講座・地盤と構造物の動的相互作用の解析法，土と基礎，Vol. 40, No. 4, pp. 76-84

15) Robertson, P. K., Campanella, R. G., Gillespie, D. and Rice, A. (1986): Seismic CPT to measure in situ shear wave velocity, Journal of Geotechnical Engineering, Vol. 112, No. 8, 1986, pp. 791-803
16) 山田清臣, 鎌尾彰司, 吉野広司, 増田幸政 (1992): 標準貫入試験の N 値とコーン貫入試験の q_c との相関性, 土と基礎, 第 40 巻, 8 号, pp. 5-10
17) 稲田倍穂 (1960): スウェーデン式サウンディング試験結果の使用について, 土と基礎, Vol. 8, No. 1, pp. 13-18
18) 洪積層編集委員会 (1998): ジオテクノート 8　洪積層, 地盤工学会, 98pp.
19) 国立天文台編 (2009): 理科年表, 平成 21・22 年度, 丸善
20) Masuda, T., Yasuda, S., Yoshida, N. and Sato, M. (2001): Field investigations and laboratory soil tests on heterogeneous nature of alluvial deposits, Soils and Foundations, Vol. 41, No. 4, pp. 1-16

第6章　室内試験とその整理方法

　前章では，弾性係数を求める方法として，原位置調査を述べた。しかし，地震応答解析を行う上で必要な非線形特性は原位置試験では求められないので，室内試験で求める必要がある。

　室内試験には，間隙比，粒径加積曲線，塑性指数や液性指数などを求める物理試験と，内部摩擦角や粘着力のような強度定数や応力-ひずみ関係を求める力学試験がある。ここでは，主として地震応答解析に必要な応力-ひずみ関係を求める方法について説明する。その方法は，鋼材やコンクリートなどの一般の構造用材料の試験法とは全く異なるもので，土独特のものである。

6.1　試料採取

　試料採取の方法は例えば文献[1]に詳しく説明されている。ここでは，実務でよく現れる方法について説明する。

　土の力学特性を求めるには，まず原位置から対象となる土を採取する必要がある。6.5節に詳細に述べるように，この段階で試料が乱されると力学特性が大きく変わってしまう。試料採取方法は，土の種類や条件によりいくつかの方法がある。

　最も単純なのは板厚が薄い円筒状のサンプラーを地盤中に押し込み中に試料を入れる方法で，シンウォールサンプラーと呼ばれている。軟弱な粘土や細粒分の多い砂に適した方法である。

　土の粒径が大きくなったり，地盤が固くなったりすると，シンウォールサンプラーを地盤に押し込むのが困難になることから，二重管，三重管サンプラーが用いられる。二重管サンプラーは外側の管を回転させ土を切削しながら内側の管を地盤に押し込み試料を採取する方法，三重管サンプラーは外側の管を回転することは同じであるが，内側の管のさらに内側にあるライナーに試料を詰める方法である。二重管サンプラーはやや硬質な粘土で，三重管サンプラーは硬質な粘土や砂でも適用できるとされている。

　これらの試料は，チューブの中に試料が採取されるので，チューブ試料と呼ばれる。また，原位置から採取することから，一般には不撹乱試料として扱われる。しかし，後に示すように，特に砂ではこれらは乱れている。砂で，より高度な不撹乱試料を採取する方法として，凍結サンプリング法がある[2]。液体窒素を通す管を地中に入れ，管の周りから水を排水させながら地盤を凍結する方法で，高度な不撹乱試料を得ることができるが，砂にしか適用できないこと，コストがかかることから，実務ではあまり用いられない。

　より安価に不撹乱試料を採取する方法も開発されている。例えば文献[3]では，高濃度潤滑剤を用いて切削を行う事により不撹乱試料を採取する方法が示されており，凍結サンプリングに適さない細粒分の多い地盤，不飽和地盤などにも適用が可能とされている。しかし，多くの土に共通に用いることのできる安価な方法はまだ確立されているとは言い難く，今後の開発が望まれるところである。

地表近くではブロックサンプリングも使われる。この方法では，サンプリング面上面まで掘削して，そこにサンプラーを押し込むことによって試料を採取する。これまでに示したサンプラーでは小さいサイズの試料を採取したのに対して，ブロックサンプリングでは大きいサイズの試料の採取も可能である。

6.2 物理試験

　土の物理的な性質を求めるために行われる試験で，一般的な土の性質を知ることができる。このうち，地震応答解析に多く用いられる試験には，粒度試験や液性限界，塑性限界試験がある。

　粒度試験は，土の中に，粘土，シルト，砂，礫などがどの程度の割合で含まれているかを求める試験である。シルトより粒径が小さい砂（粒径 0.075mm 以下）の割合を細粒分含有率といい，F_c（%）で表す。細粒分含有率は液状化に対する土の抵抗を表す指標として用いられているが，土質分類を行う際にも重要である。例えば，一般の土は単一の粒径で構成されることはあり得ないので，これを元に分類する。例えば，砂分が多ければ砂質土，粘土分が多ければ粘性土というような分け方をする。ここで，砂質土は，$F_c<50\%$で砂分（粒径 0.075～2mm）が礫分より多いもの，粘性土は$F_c \geq 50\%$で粘土粒子が主体のもの，などのように定義される。また，砂質土や粘性土は一般には単に砂，粘土と呼ばれることもある。

　もう一つよく使われるのが，塑性指数で，I_p で表される。塑性指数は液性状態と塑性状態の境界の含水比として定義される液性限界 w_L と，塑性状態と半固体状態との境界を表す含水として定義される塑性限界 w_P より，次式で求められる。

$$I_p = w_L - w_P \tag{6.1}$$

一般的には I_p が小さければ砂の性質が，大きければ粘土としての性質が強くなる。その境界は 30 前後である。

6.3　土の変形特性を求めるための繰返し試験（繰返しせん断試験）

　地震のような繰返し力に対する挙動は繰返しせん断特性と呼ばれる。挙動は，除荷，再載荷を繰返し，単調載荷の時と比べるとかなり複雑で，これらを完全に表現することは不可能といえる。

　土の繰返しせん断特性は，「土の変形特性を求めるための繰返し試験」[4] により求められている。この試験は用いる試験機によって繰返し三軸試験，繰返し中空ねじり試験などと名前が付けられているが，これらを総称した繰返しせん断試験という呼び名が一般的で，さらに，古くからの呼び名である動的変形特性試験もよく用いられる。動的変形特性試験は「動的」の名称がついているが，動的な載荷が行われるわけではない。土質力学では，繰返しを表す意味で動的の名前を（対応して単調載荷を表す意味で静的の名前を）用いることも多かったが，現在では本来の方法である，繰返しと表現する方向に動いている。しかし，「動的」の使い方に親しんでいる人が多く，実務でも動的変形特性試験と呼ばれることが多いこと，古い文献では動的変形特性試験として使われていることが一般的であったことから，現状ではこの名称を無視するわけにはいかない。

　繰返しせん断試験は試料に一定せん断応力振幅の載荷を行い，ひずみ，剛性や減衰を求める試験である。具体的なデータは後に示すとして，まず，よく用いられる試験法を示す。

　この試験の方法やデータの整理法は，地盤工学会により規定されている[4]が，そこでは

色々な方法が示されている。その中でも一般に多く用いられる方法を模式的に図 6.1 に示す。この試験では図 6.1(a)に示すようにせん断応力振幅を設定した繰返し載荷を行う。応力振幅一定で 11 サイクルの載荷を行い，そのうちの 10 サイクル目の履歴曲線（応力－ひずみ関係）を取り出すと，例えば，図 6.1(b)のようになっている。この履歴曲線の除荷点を結んだ線（割線）の勾配をせん断剛性 G として求める。この剛性はせん断定数，割線剛性など色々な名前で呼ばれる。次に，1 サイクルの載荷により吸収される塑性変形に伴うエネルギーに対応する履歴曲線の面積 S とひずみエネルギー $W=\tau_d\gamma_d/2$（図の斜線の三角形の面積。τ_d と γ_d は除荷点のせん断応力とせん断ひずみ）より減衰定数 h を次式で求める。

$$h = \frac{1}{4\pi}\frac{S}{W} \tag{6.2}$$

減衰定数は減衰比とも呼ばれる。なお，減衰定数と減衰係数は，前者が臨界減衰定数に対する比を表すのに対して後者は速度にかける比例定数であり定義が異なるので，減衰係数と呼ばれることはない。

　式(6.2)で減衰定数を求める際に 4π で割っているのは，このようにして求めた減衰定数が，速度比例減衰の減衰定数と同じ定義とするためである。例えば正弦波加振を受ける 1 自由度の系を考え，応力－ひずみ関係を弾性として速度比例減衰で減衰定数 h を設定したときと，速度比例減衰がなく応力－ひずみ関係の非線形で減衰定数 h を設定したときの増幅比などの応答は同じとなる。このように設定することによって，例えば上部構造で減衰何%というような表現で使われる減衰と履歴減衰を同じ土俵で論じることができるという便利さがある。

　実験ではせん断応力振幅が小さい方から実験を行い，次第に振幅を大きくしていく。このような試験方法をステージテストと呼ぶ。ステージテストを行えば，一つの試料で小さい振幅から大きい振幅までの試験を一つの試料で行うことができるので，実務では便利である。

　このようにして求めた G と h をひずみ振幅の関数として図 6.1 のように表現する。

　ここで G と h は別々の図に書くこともできるが，図のように同じ図に描き，左がせん断剛性，右が減衰定数の座標軸というような書き方もよく用いられる。また，横軸はひずみであるが，対数軸で表現される。これは，土はひずみが小さいところから非線形化が始まるので，線形軸で書くとひずみの小さいところの非線形性が見えないからである。

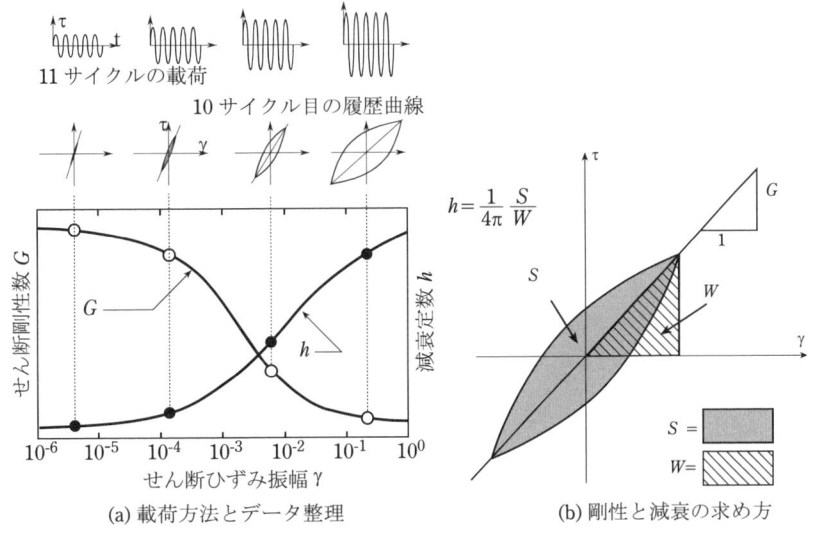

図 6.1　繰返しせん断試験の模式図

さて，図を見ると，せん断ひずみが大きくなるとせん断剛性は小さく，減衰定数は大きくなる。これは図6.1に履歴曲線を模式的に示したように，ひずみが大きくなると非線形化のために材料は劣化し，また，履歴曲線の囲む面積が大きくなるからである。なお，減衰定数の最大値は，履歴曲線が剛完全塑性[i]の履歴曲線になるときで，その値は $2/\pi$（≈63.7%）である。

なお，砂の試料では非排水条件で載荷すれば，ひずみが大きくなると過剰間隙水圧が発生する。そこで，ステージテストでは一定応力振幅の載荷を行う間では非排水条件であるが，次のステージの載荷を始める前に過剰間隙水圧を消散させる。ステージテストは，一つの試料で広範囲なひずみ領域ができるという意味で優れた試験法である。しかし，一方では，過去の載荷履歴が蓄積されていくという問題がある。ステージテストに対して，常に新しい試料を用意する方法をフレッシュテストという。両者の違いは6.7.2項で論じる。

粘性土に対する実験でもステージ間では過剰間隙水圧を消散させるが，完全に消散させるには時間がかかるため，実務では適当なところで消散を止め，次のステージに移るというのがよく行われる。

6.4 試験装置

前節では繰返しせん断試験の基本的な方法を説明した。ここでは，これらを求めるための試験装置について説明する。

6.4.1 三軸試験

繰返しせん断試験は三軸試験装置を用いて行われることが最も一般的である（以下，三軸試験と呼ぶ）。図6.2に三軸試験の力学的な挙動を示す。この試験では図6.2(a)に示すような円柱形の試料を用いる。試料は水で飽和させ，ゴムスリーブでカバーすることによって水や空気の出入りがない状態（非排水条件）で載荷が行われる。この試料には側方からは応力σ_r（側圧）が加えられ試験の間一定に保たれる。また，軸方向には一定軸応力σ_aに加え繰返し軸応力（軸圧）σ_dが加えられる。図6.2(b)にはこのような載荷を受けた際の試料の応力状態をモールの円で表現している。初期応力は$\sigma_r=\sigma_a$で原位置の有効上載圧または有効拘束圧に等しくなるように設定するのが普通であるが，100kPa（昔の試験では1kgf/cm^2=98kPa）のようによく使われる応力に設定する時もある。初期応力状態は等方であるので，図6.2(b)では点（モールの円の半径が0）で表されている。軸圧を変化させると側圧は一定なので，元の点が固定で軸応力が変化した分だけ軸応力対応点が移動し，モールの円は大きくなる。このとき，軸圧と側圧の差を軸差応力と呼び，σ_dと表す。σ_dはモールの円の直径である。σ_dを大きくしていく（圧縮していく）と応力空間で対応する点は右に移動する。一方，σ_dを小さくしていく（圧縮力を小さくしていく。伸張側と呼ばれる）と応力空間で対応する点は左に移動する。すなわち，応力振幅σ_dで載荷するとモールの円は図6.2(b)の二つの円を両極端とし，σ_dが0の時にはモールの円は点になるので，モールの円はその間を行き来するような変化を示す。なお，本書では他の部分との整合を取るために記号σ'_mとσ_dを用いているが，多くの論文ではpとqが用いられている。

---

[i] 弾性係数が無限大で，塑性時の応力−ひずみ関係の勾配が0のバイリニアモデル。

図 6.2 三軸試験の載荷方向

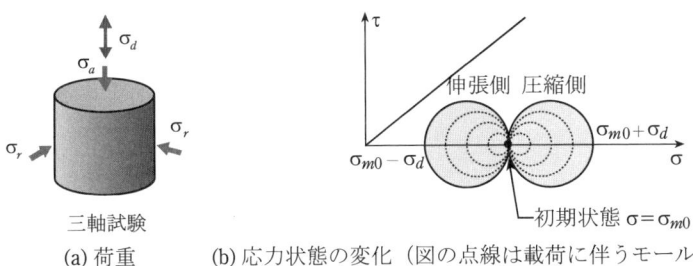

(a) 荷重　(b) 応力状態の変化（図の点線は載荷に伴うモールの円の変化）

ところで，この実験では加えているのは側圧と軸圧だけである。このような応力を作用させてもモールの円の半径が 0 ではないことからせん断応力も同時に作用している。最大のせん断応力はモールの円上で軸差応力点から 90 度ずれているので，実際の試料では 45 度ずれた方向に発生している。その大きさはモールの円の半径である。すなわち，せん断応力 τ_d は

$$\tau_d = \sigma_d/2 \tag{6.3}$$

で求めることができる。一方，せん断ひずみ γ は，次のようにして求めることができる。軸ひずみ ε_a と側方ひずみ ε_r が発生したとする。すると，体積ひずみは $\varepsilon_v = \varepsilon_a + 2\varepsilon_r$ となる。試料が水で飽和されており，その体積弾性係数が非常に大きいと体積変化はほとんど起こらない。そこで，$\varepsilon_v = 0$ を仮定すれば側方ひずみ ε_r は次式で求めることができる。

$$\varepsilon_r = (\varepsilon_v - \varepsilon_a)/2 \approx -\varepsilon_a/2 \tag{6.4}$$

せん断ひずみ γ はこの二つのひずみの差として求められ，次のようになる。

$$\gamma = \varepsilon_a - \varepsilon_r \approx 1.5\varepsilon_a \tag{6.5}$$

なお，式の誘導に際しては，ひずみに関するモールの円を描くと，その半径は式(6.5)の半分の値であること，4.1 節で述べたように，工学で用いられるひずみはテンソルひずみの倍であることを考慮する必要がある。

ここで，水平成層地盤に S 波が作用したときの地盤の変形を考えると，図 6.3(a)のようである。すなわち，地盤は繰返しせん断応力を受けるが，鉛直方向に作用する応力 σ_v は一定である。また，側方では軸ひずみが発生しない（$\varepsilon_h = 0$）。これを単純せん断といい，このような応力状態を再現させるような試験機もある。図 6.3(b)に代表的な方法を示すが，直方体の試験体ではコーナーにヒンジを付けた四角形の試験装置を平行四辺形に変形させ，円中型の試験体ではドーナツ型の薄い摩擦のない板を積み重ねた試験装置を水平方向にずらせる。

これと比べると，三軸試験ではせん断応力を与えると同時に拘束圧も変化している。ここで，土の特性が拘束圧に依存することは既に述べた。したがって，三軸試験は実際の土の挙動を忠実に反映していないということになる。ただし，例えば，基礎の直下の地盤で基礎がロッキング振動する際には三軸試験と同様な応力状態が再現されるがこれは例外である。

(a) 地震時の土の挙動　(b) 単純せん断試験の載荷方法

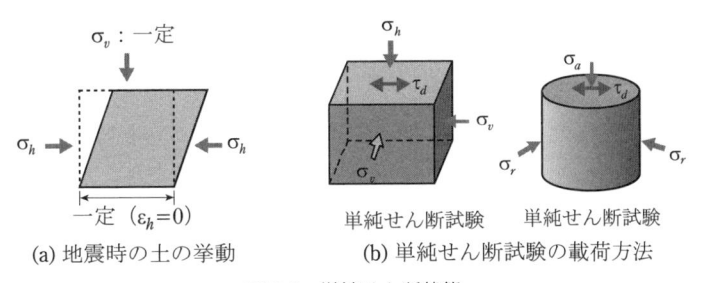

図 6.3　単純せん断状態

なお，1サイクルの載荷を考えると，圧縮側と伸張側の影響はキャンセルし合うと考えれば，全体的な挙動はおおむね表現されていると考えることもできるが，図6.4に示されるように，ひずみは伸張側に蓄積するなど，非対称な挙動が現れることも事実である。

三軸試験のこのような欠点を改良する試験法として図6.3(b)に示した単純せん断試験装置も開発されているが，拘束圧の評価（検出）が難しいためストレスパスを描くことができないことと，隅角部で応力，ひずみが不均質になることが欠点として挙げられ，実務に用いるには難しいところもあり，実務ではほとんど用いられていない。

これに代わって用いられるようになってきたのが，次に示す中空ねじり試験である。

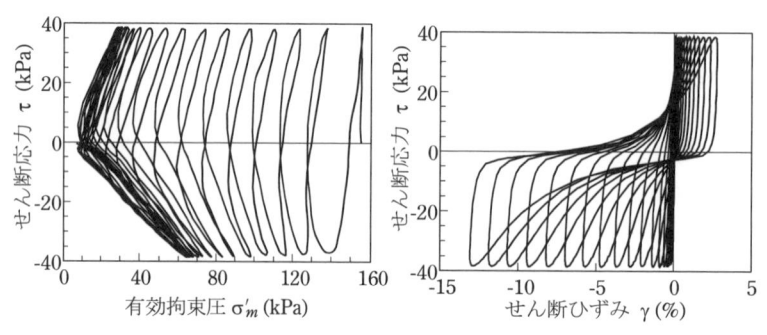

図6.4 三軸試験による非排水繰返し載荷試験結果

6.4.2 中空ねじり試験

中空ねじり試験では，図6.5(a)に示すような円筒形の試料を用いる。この試験法では側圧と軸応力を一定に保ちながら，ねじることによってせん断変形を生じさせるものである。拘束圧を一定に保ち，さらに，軸ひずみを生じないよう載荷を行っているので，三軸試験よりは図6.3の状態に近い試験法ということができる。したがって，研究者の間ではよく用いられるようになってきている。なお，中空ねじり試験では半径方向（厚さ方向）にせん断ひずみが変化している点が実地盤と異なっている。その影響がなるべく小さくなるように円筒の厚さはなるべく薄い方がよいが，一方では薄くすると試料の作製が困難になる。試料の厚みは両方の条件を考えながら決められている。

なお，厳密な議論をすると，三軸試験の際にも水の体積弾性係数は非常に大きくほぼ等体積条件が満足されるとした。ところで，軸ひずみを0とし，等体積とすると，側方のひずみも発生しないことになる。しかし，側方では応力を与えているので，ひずみを制御することはできない。その意味では，中空ねじり試験では側方変位が生じないというわけではない。それでも三軸試験よりは実現象に近いことは間違いない。

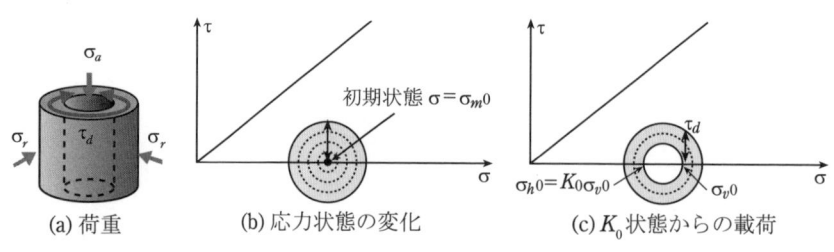

図6.5 中空ねじり試験の載荷方向（図の点線は載荷に伴うモールの円の変化）
(a) 荷重　(b) 応力状態の変化　(c) K_0状態からの載荷

このほかに，せん断を与える試験法には一面せん断試験などがある．しかし，応力状態が図 6.3 に示されるような状態からはかなり離れていることもあり，繰返しせん断特性を求めるには使われていない．

6.5 試料採取時や試験時の乱れ

図 6.6 は横軸に原位置で計測したせん断弾性係数 G_{0F}，縦軸に G_{0F} と室内試験のせん断弾性係数 G_{0L} の比を示したものである．G_{0F} と G_{0L} が同じになるとすれば，縦軸の値は 1.0 になり，すべてのデータが横一列に並ぶはずであるが，得られたデータは非常に分散している．一般的な傾向として原位置せん断弾性係数 G_{0F} が大きいと室内試験せん断弾性係数 G_{0L} が小さく，逆に G_{0F} が小さいと G_{0L} が大きい．土試料は原位置で採取される時や運搬時に乱れる．そのため原位置せん断弾性係数 G_{0F} が大きい場合には，室内弾性係数 G_{0L} が小さくなる．一方，G_{0F} が小さいということは試料が緩い状態にあり，試料採取時や運搬時に密実化されると，弾性係数が大きくなると考えられている．また，試料採取時に発生する応力解放も影響すると考えられている．同様な傾向は文献 [5] でも示されている．

原位置における試料採取で非常に乱れのない試料を採取できる（その代わり非常に費用が高い）方法として知られている凍結試料（図の■）では G_{0F}/G_{0L} はかなりの範囲で 1.0 に近い値となっており，上に述べた試料採取時や運搬時の乱れが図 6.6 のような差を生んだことは明らかであろう．

また，図 6.6 ではデータのばらつきは非常に大きい．多くの工学的な問題では中心を通るような実験式を用いることも一般的であるが，このばらつきを平均するような線は誤差が多すぎて実用にはならない．

同様なデータは図 6.7 にも示されている（一部のデータは図 6.6 にも含まれている）．ここでも，同じような傾向が示されているが，粘性土では原位置の弾性係数が室内試験の 2 倍以上になるケースも多く，また，0.5 倍より小さいデータはあまりない．これは，粘性土では室内試験の弾性係数が原位置より小さくなるデータが多いことを示している．この傾向は，図 6.6 に見られるものと同じである．粘性土では乱れによる密実化は起こりにくいのであろう．

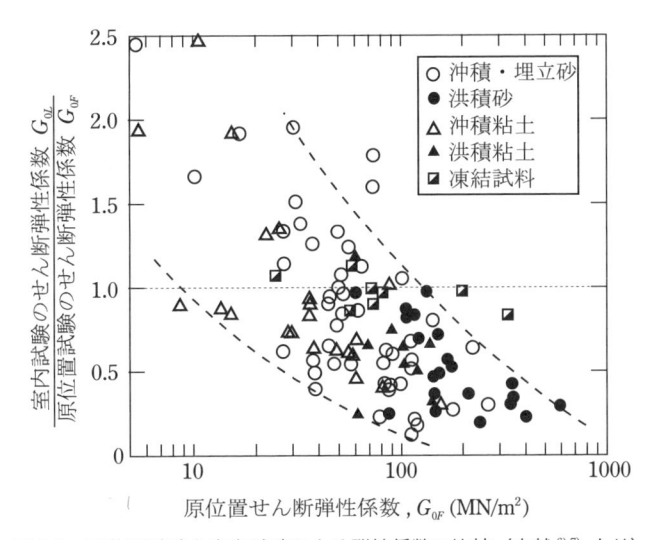

図 6.6 原位置試験と室内試験による弾性係数の比較（文献 [6][7] より）

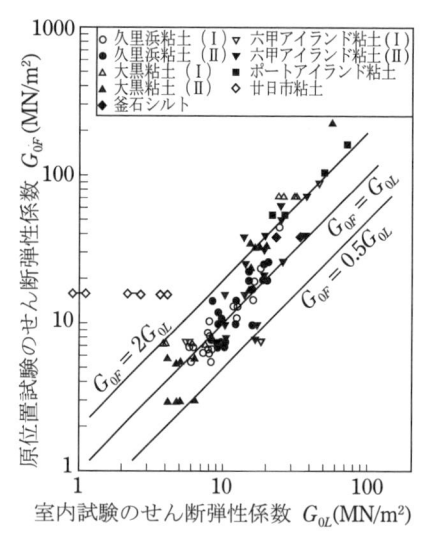

図6.7 粘性土の原位置試験と室内試験による弾性係数の比較[8]

弾性係数に影響があるのなら，非線形特性でも差があるのが当然である．例えば，図6.8は高度な不撹乱試料が採取できる凍結試料とチューブ試料や空中落下により作製した試料の比較[9]である．凍結試料の微小ひずみ時のせん断剛性は図6.6でも示したように，原位置のせん断剛性とほぼ同じである．一方，チューブ試料や再構成試料の剛性はこれに比べて非常に小さい．

しかし，図6.8(b)のように両者をそれぞれの微小ひずみ時の弾性係数で無次元化したせん断剛性比 G/G_0 を縦軸にすると，すべての実験結果が一つの曲線上に乗る．すなわち，原位置のせん断剛性 G_F と室内試験のせん断剛性 G_L は，次の式で関係づけられる．

$$G_F = \frac{G_{0F}}{G_{0L}} G_L \tag{6.6}$$

ここで，添え字 0 は微小ひずみ時の値である．このことから，室内試験の結果は，通常は室内試験の微小ひずみ時の剛性で正規化して，最大値が 1.0 になるような図で描くのが普通である．これに，原位置のせん断弾性係数を掛けて原位置のせん断剛性を求めるわけである．この方法は文献[10]でも示されている．なお，この非線形は G/G_0-γ 関係と書くのが正確であるが，本書では特に意識するところ以外は省略して G-γ 関係と書くことがある．

ところで，すべての実験で式(6.6)の関係が成り立つわけではない．例えば，文献[11], [12]では必ずしも一つの曲線に乗らない事例が示されている．図6.9にその一例を示す．原位

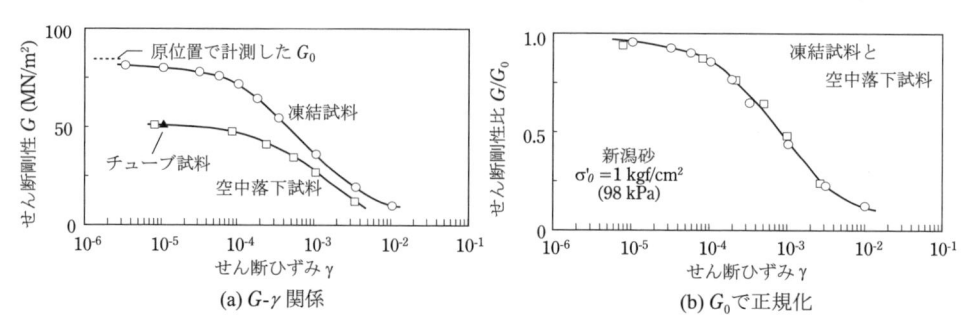

図6.8 原位置と室内試験の補正[9]

置と室内試験の挙動の違いはサンプリング方法によって異なり，文献[13]ではその傾向を図 6.10 のようにまとめている。また，文献[5]でも補正係数をまとめている。図 6.10 に従うと，式(6.6)に示されるのは，高度な不撹乱試料の結果ということになるが，同じチューブ試料でも，図 6.8 と図 6.9 で補正係数が異なることからわかるように，図 6.10 の曲線も絶対というわけではなく，幅を持っているということができる。したがって，実務者にとっては用いるべき補正係数を推測するのは不可能に近い。そこで，式(6.6)による補正を行うのみとするのが実務で一般的に行われる方法である。

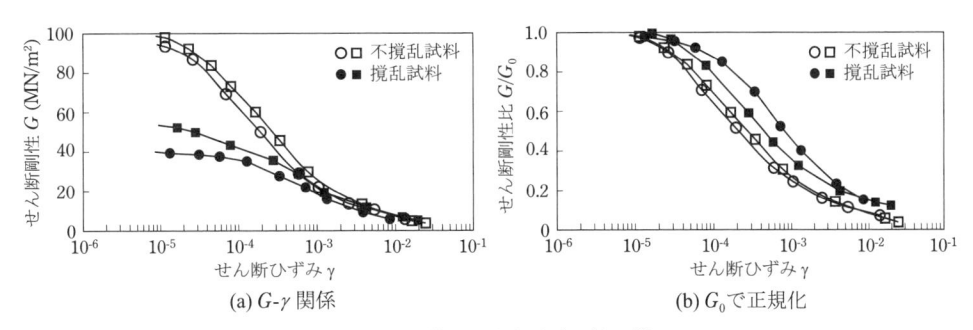

(a) $G\text{-}\gamma$ 関係　　(b) G_0 で正規化

図 6.9　原位置と室内試験の補正[11]

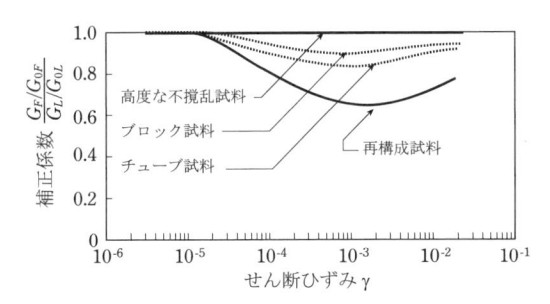

図 6.10　サンプリング法の違いによる補正係数の違い[13]

　一方，粘性土も，図 6.6 では乱れの影響が存在することは明らかであるが，乱れに関する研究は必ずしも多いとはいえない。それは，文献[14]で，「沖積粘土では室内試験結果と原位置試験結果は比較的良く対応している」と報告されているように，乱れの影響が少ないと考えられているからである。しかし，同時に「洪積粘土のようにせん断剛性が大きくなると，室内試験の値が小さくなる」ことを指摘しており，図 6.6 はその実証といえる。また，文献[1]でも乱れのあることが示されている。

　なお，室内試験と原位置で弾性係数が異なるのは，室内試験ではベディングエラーと呼ばれる供試体端部に形成されるゆるみ領域なども原因となる。これらを含め，文献[15]には剛性に関する多くの実験がまとめられている。一方，せん断剛性に関する報告はかなりあるが，減衰特性に与える乱れの影響に関する研究は皆無である。ここまでに示した剛性の補正方法は同じひずみに対するせん断応力の値を補正する方法といえるが，そうすれば減衰定数は変わらないことになるというのがその理由であろう。つまり，履歴曲線の面積の変化までを扱う研究はないということができる。

6.6 実験値の整理

繰返しせん断試験を行うと，結果は G-γ 関係と h-γ 関係で得られるが，これらは点列である。以下，このデータの与え方を表形式と呼ぶことにする。表形式では点の数だけデータがあるわけで，整理したりする際には不便であり，もっと少数の指標で表す方が便利である。このためには実験値を数式で表すのが便利である。また，式で表すと，係数のオーダーから力学特性が把握できるなどのメリットもある。

6.6.1 Hardin-Drnevich モデル

Hardin と Drnevich は自分たちの行った粘土から砂までの幅広い材料に対する実験結果を整理する方法として次の式を示した[16]。

$$\tau = \frac{\gamma}{\dfrac{1}{G_0} + \dfrac{\gamma}{\tau_f}} = \frac{G_0 \gamma}{1 + \dfrac{\gamma}{\gamma_r}} \tag{6.7}$$

この式は双曲線モデル (hyperbolic model)[17] と呼ばれる。ここで，G_0 はせん断弾性係数，τ_f はせん断強度である。この関係を図示すると，図 6.11 のようになる。すなわち，式(6.7)は初期剛性が G_0 でせん断応力が τ_f に漸近するような双曲線である。ここで，初期勾配と $\tau = \tau_f$ の交点のひずみ

$$\gamma_r = \tau_f / G_0 \tag{6.8}$$

は基準ひずみと呼ばれる。γ_r は，完全弾塑性モデルであれば降伏ひずみに相当する量である。

式(6.7)の両辺を $G_0 \gamma$ で除すと，繰返しせん断特性の形式の表現として次式が得られる。

$$\frac{G}{G_0} = \frac{1}{1 + \gamma/\gamma_r} \tag{6.9}$$

式(6.7), (6.9)に $\gamma = \gamma_r$ を代入すると，次のようになる。

$$\tau = \tau_f / 2, \quad G/G_0 = 0.5 \tag{6.10}$$

すなわち，基準ひずみは G/G_0-γ 関係の $G/G_0 = 0.5$ の時のひずみとして読み取ることができる。このことから，基準ひずみは $\gamma_{0.5}$ と書かれる時もある。

図 6.11 でもわかるように，このモデルは基準ひずみを超えるとせん断応力はそれほど急にはせん断強度に近づかない。したがって，基準ひずみを超える領域ではせん断強度を過小評価する傾向が強い。これについては，8.2.3 項で再度論じる。

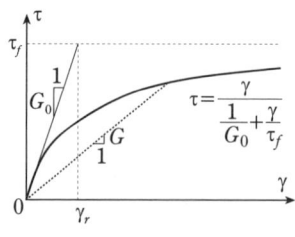

図 6.11 双曲線モデル

次に，Hardin と Drnevich は，減衰特性については，次の式を提案した。

$$h = h_{max} \left(1 - \frac{G}{G_0}\right) = h_{max} \left(\frac{\gamma/\gamma_r}{1 + \gamma/\gamma_r}\right) \tag{6.11}$$

ここで，h_{max} は最大減衰定数である。

この実験式は，γ_r，h_{max} という二つのパラメータで繰返しせん断特性を表現でき，実験値との適合性も高いので，実験値の整理方法として多用されており，Hardin-Drnevich モデル，H-D モデルと呼ばれる。

ところで，式(6.11)では小さいひずみでは減衰定数はほとんど 0 であるが，6.7.4 項で述べるように実験では小さいとはいえ 0 ではない減衰定数があることも多い。この場合には，小さいひずみで減衰が h_{min} となるように修正する必要がある。これには二つの方法がある。

$$h = \max\left(h_{max}\left(1 - \frac{G}{G_0}\right), h_{min}\right) \tag{6.12}$$

$$h = (h_{max} - h_{min})\left(1 - \frac{G}{G_0}\right) + h_{min} \tag{6.13}$$

ここで，式(6.12)は元の式(6.11)はいじらず，h が h_{min} より小さいときに h_{min} に置き換えるという考え方，一方，式(6.13)はすべてのひずみ域で h と G/G_0 が直線関係にあると設定するものである。

実験で得られた表形式の繰返しせん断特性からパラメータの値を求めるには，最小自乗法が用いられる。この場合，関係が線形である方が最小自乗法の式の展開が楽なので，式(6.9)を次のように変換する。

$$\frac{G}{G_0} = 1 - \frac{G}{G_0}\frac{\gamma}{\gamma_r} = 1 - \frac{1}{\gamma_r} \cdot \frac{G\gamma}{G_0} \tag{6.14}$$

これで，G/G_0 と $G\gamma/G_0$ の関係が直線関係となる。これに最小自乗法を適用すると，基準ひずみは次のように求められる。

$$\gamma_r = \frac{\sum (G\gamma/G_0)^2}{\sum (G\gamma/G_0)(1 - G/G_0)} \tag{6.15}$$

ここで，Σ は対応するデータに対する和である。なお，整理時には必ずしもすべてのデータを使う必要はなく，実験値を G/G_0 と $G\gamma/G_0$ の関係に直してグラフを描き，直線的に見える部分のみを使うという考えもある。

同様に，最大減衰定数 h_{max} は式(6.11)に最小自乗法を適用すると，次式が得られる。

$$h_{max} = \frac{\sum h(1 - G/G_0)}{\sum (1 - G/G_0)^2} \tag{6.16}$$

実務では h と G/G_0 の関係を作図し，直線に見える方を式(6.12)と式(6.13)のどちらかを使うことになるが，式(6.12)が使われることが多いようである。

式(6.14)で $\tau = G\gamma$，$\tau_f = G_0\gamma_r$ の関係を代入すると次式となる。

$$\frac{G}{G_0} = 1 - \frac{\tau}{\tau_f} \tag{6.17}$$

この式もまた，双曲線モデルの直線表示の一例である。

6.6.2 GHE モデル

澁谷ら[18]はセメンテーションのある硬・軟岩（c-ϕ 材）と室内で作製した礫・砂およびカオリン粘土（ϕ 材）に関する単調載荷実験結果を集め，割線ヤング係数 E_{sec} の弾性ヤング係数 E_{max} に対する比 E_{sec}/E_{max} と，軸差ひずみ ε とその基準ひずみ ε_r の比 $\varepsilon/\varepsilon_r$ の関係の Kondner の提案した双曲線モデル[17]

$$\frac{E_{sec}}{E_{max}} = \frac{1}{1/c_1 + (1/c_2)\varepsilon/\varepsilon_r} \tag{6.18}$$

に対する適用性を検討した．ここで，$c_1=c_2=1$ と置くと，前項式(6.7)で示した双曲線と同じ形になる．この関係は，式(6.17)を誘導したのと同様，軸差応力 q とその最大値 q_{max} の比 q/q_{max} の関係に変換すると次式のように表される．

$$\frac{E_{sec}}{E_{max}} = c_1 - \frac{c_1}{c_2}\frac{q}{q_{max}} \tag{6.19}$$

この式は，式(6.17)と同じ形式の直線式であり，パラメータ c_1, c_2 は図 6.12(b)に示すように，E_{sec}/E_{max} 軸，q/q_{max} 軸における切片の値である．彼らは，図 6.12(a)に示されるように，$c_1=c_2=1$ とおいた通常の双曲線モデルではどのデータも表現できなかったとし，特に微小ひずみ（≈0.1%以下）での実測関係とは異なることを述べている．

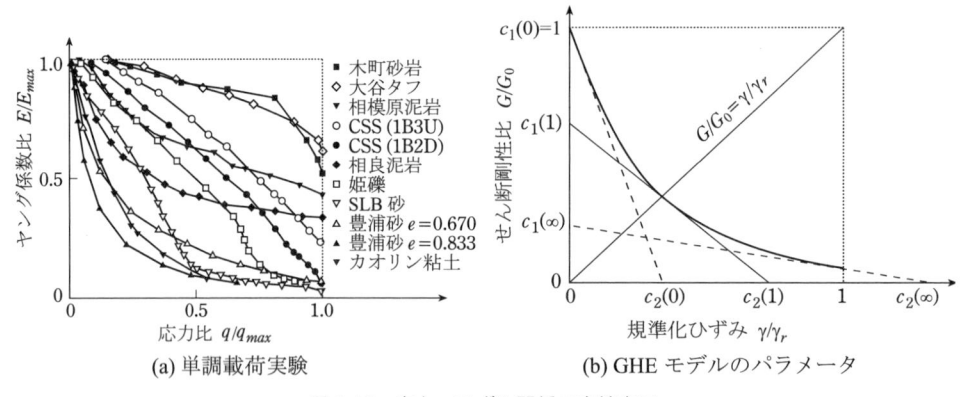

図 6.12 応力－ひずみ関係の直線表示

式(6.19)は，応力－ひずみ関係の形式で表現すると次のようにも書けるので，双曲線の形状をしていることがわかる．

$$\frac{q}{q_{max}} = \frac{\varepsilon/\varepsilon_r}{1/c_1 + (1/c_2)\varepsilon/\varepsilon_r} \tag{6.20}$$

龍岡ら[15]は，係数 c_1, c_2 を一定値としたのでは広いひずみ領域に適用できないとして，これらをひずみの関数として表現する方法を提案した．このモデルは双曲線モデルを一般化した式であることから，GHE モデル（generalized hyperbolic equation model）と呼ばれている．以下では，これらをせん断応力とせん断ひずみの関係にして論じる．すると，GHE モデルは次式として表現できる．

$$\frac{G}{G_0} = c_1 - \frac{c_1}{c_2}\frac{\tau}{\tau_f}, \quad \frac{\tau}{\tau_f} = \frac{\gamma/\gamma_r}{1/c_1 + (1/c_2)\gamma/\gamma_r} \tag{6.21}$$

c_1, c_2 は規準化ひずみ $x=\gamma/\gamma_r$ の関数として次のように表現される．

$$\begin{aligned} c_1(x) &= \frac{c_1(0)+c_1(\infty)}{2} + \frac{c_1(0)-c_1(\infty)}{2}\cos\left\{\frac{\pi}{\alpha/x+1}\right\} \\ c_2(x) &= \frac{c_2(0)+c_2(\infty)}{2} + \frac{c_2(0)-c_2(\infty)}{2}\cos\left\{\frac{\pi}{\beta/x+1}\right\} \end{aligned} \tag{6.22}$$

これにより，新たに $c_1(0)$, $c_1(\infty)$, $c_2(0)$, $c_2(\infty)$, α, β の 6 個のパラメータが必要となり，元の双曲線モデルのパラメータと加え，8 個のパラメータでモデルが表現されることになる．これらの，新しい 6 個のパラメータは次のようにして求められる．

① まず，図6.12(b)に示されるように，実験値の両端の接線と縦軸，横軸との切片として $c_1(0)$, $c_1(\infty)$, $c_2(0)$, $c_2(\infty)$ を求めることができる。
② 実験値の $G/G_0=\tau/\tau_f$ 位置の接線の縦軸，横軸との切片の値 $c_1(1)$, $c_2(1)$ を求める。これより α, β の値を求める。なお，この条件は，$G/G_0=\tau/\tau_f$ 位置の接線の勾配を与える作業と同じであるが，接線の各軸に対する切片で与える方が楽である。すなわち，式(6.22)に $x=1$ を代入して α, β について解くと次式が得られる。

$$\alpha = \frac{\pi}{\cos^{-1}\dfrac{c_1(1)-\dfrac{c_1(0)+c_1(\infty)}{2}}{\dfrac{c_1(0)-c_1(\infty)}{2}}}-1, \quad \beta = \frac{\pi}{\cos^{-1}\dfrac{c_2(1)-\dfrac{c_2(0)+c_2(\infty)}{2}}{\dfrac{c_2(0)-c_2(\infty)}{2}}}-1 \qquad (6.23)$$

このモデルは，単調載荷実験をターゲットにしているため，h-γ 関係モデルはない。具体的な応力-ひずみ関係が与えられたときに，それらをなるべくフィットする数式モデルを与えようという発想なので，例えば，砂であればどの程度の値の範囲かなどということに関するデータは蓄積されていないようである。

最後に，このモデルを使うためには，せん断強度 τ_f を決める必要がある。文献[19]では，モール・クーロンの破壊基準から決めることを示唆しているが，図7.34で示すように，最終的には応力点はモール・クーロンの破壊基準に近づくが，ダイレイタンシーのためにその前に耐力が低下するなどの現象が現れるので，単純には決められない。

6.6.3　H-D モデルと GHE モデルの違い

これまでに示した，H-D モデルと GHE モデルでは，前者では双曲線でよく説明できるといい，後者では双曲線では全く説明できないとしており，大きな差がある。これは，対象としているひずみ領域が異なると考えると納得できる。

次の 6.7 節で示すように，現在行われている繰返しせん断試験では有効な最大ひずみはおおよそ 10^{-3} よりやや大きいところまでである。先に説明した Hardin と Drnevich の実験でも最大ひずみは 10^{-3} 程度である。しかし，澁谷ら[18]が指摘しているように，既往モデルが説明できないのは，10^{-3} 程度以下のひずみである。すなわち，Hardin と Drnevich の研究や既存の繰返しせん断試験では比較的小さいひずみを対象としているのに対して，GHE モデルでは小さいひずみから破壊状態に至る大きいひずみまでを対象としていることである。このことは，式(6.8)はモデル上の基準ひずみとせん断強度の関係を表しているが，この式で基準ひずみから求まるせん断強度は実材料のせん断強度ではないということを表している。

もう一つの違いは，実験法に起因するものである。GHE モデルは単調載荷実験による応力-ひずみ関係をモデル化することを前提としている。しかし，繰返しせん断試験における G-γ 関係は単調載荷試験の結果と同じというわけではない。これについても 6.7 節で記述する。

6.6.4　拘束圧依存性の考慮

7.1.6 項で示すように，せん断弾性係数は拘束圧の 0.5 乗程度の値に比例する。また，砂であればモール・クーロンの破壊条件を用いるとすれば，せん断強度は拘束圧に比例するし，粘土であれば強度は拘束圧には依存しない。ということは，繰返しせん断特性も拘束圧によって変化するということになる。

6.6.1 項で示したように，H-D モデルは実験値へのフィッティングが良いので，その関係がおおむね成立するとすれば，拘束圧に依存する繰返しせん断特性の変化は次のように

して変換することができる[20]。

$$\frac{G}{G_{max}} = \left(\frac{G}{G_{max}}\right)_0 \frac{B + \gamma A \sigma_{vo}'^{m-n}}{B + \gamma A \sigma_v'^{m-n}}, \quad h = h_0 \frac{1 - \frac{G}{G_{max}}}{1 - \left(\frac{G}{G_{max}}\right)_0} \quad (6.24)$$

ここで，添え字0がついているものは補正前の特性である。式では係数A, Bと指数m, nが用いられているが，これらはせん断弾性係数とせん断強度の拘束圧依存性を次の式で表したときの係数とべきである。

$$G_{max} = A\sigma_v'^m$$
$$\tau_{max} = B\sigma_v'^n \quad (6.25)$$

ここで，せん断弾性係数の拘束圧依存性は7.1.6項で示しており，おおよそ0.5程度の値である。また，せん断強度については，次のように決めることができる。

$$\text{砂}: B = \tan\phi, \quad m = 1$$
$$\text{粘土}: B = \tau_f, \quad m = 0 \quad (6.26)$$

6.7 繰返しせん断試験の適用性と限界

繰返しせん断試験は，実務ではほとんどこれ以外にないというほどよく用いられる試験法であるが，あくまでもある方法に基づいた載荷方法である指標を出力しているだけである。昔はそれほど大きいひずみ域までの応答になることがなかったことから，その適用性の限界が問題になることは少なかった。しかし，日本では特に1995年兵庫県南部地震を契機としてレベル2地震動という考えが土木分野で導入され，地震応答解析に用いられる入力地震動が大きくなり，適用性の限界を考えておく必要が出てきた。本来は新しい試験法が用いられるべきかもしれず，そのような動きもないわけではないが，実務に採用されるには議論も必要であろうし，時間もかかるので，早急に変わることはない。したがって，技術者は繰返しせん断試験の限界と適用性を十分理解した上で，適切に使っていく必要がある。

6.7.1 要求されるひずみ領域と試験機の精度

解析に際しては発生するであろう最大ひずみまでの地盤材料の力学特性を把握し，適切にモデル化することが必要である。このうち，大ひずみ時の挙動については別に項を改めて，6.7.5，6.7.6項で論じる。

やや古いデータになるが，図6.13はアンケートによる信頼できる最小ひずみを示している[21]。アンケートは試験を行っているほとんどの調査機関に対して行われ，約半数の回答を得ている。

剛性，減衰の両方についてその範囲は1×10^{-6}〜1×10^{-4}と二桁の範囲に広がっているのは驚きである。それでも，データは5×10^{-6}〜5×10^{-5}の範囲に多くのデータがあり，おおむね1×10^{-5}程度が信頼できる最小ひずみということができよう。なお，最近では小さいひずみも精度よく計測する方法も開発されてはいる[22]が，実務に用いられるようにはなっていない。

次に，図6.14には最大ひずみに関するアンケート結果[21]が示されている。(a)には過去に経験した最大ひずみ，(b)には将来必要と考えられる最大ひずみが示されている。どちらのケースでも最大ひずみは1%程度までが多く，それ以上のデータはほとんどない。ただし，どちらのケースでも20%までのデータがあるのは驚きである。なお，このアンケート

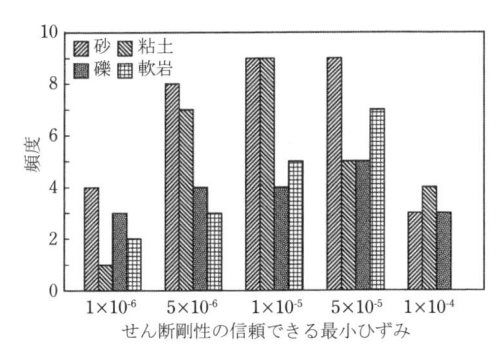

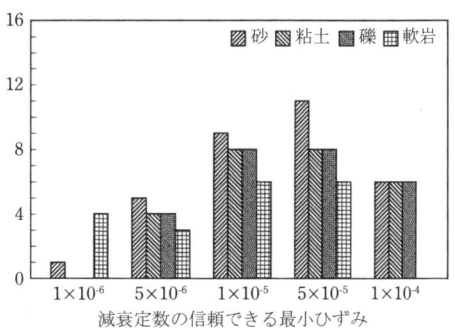

図 6.13　信頼できる最小ひずみ

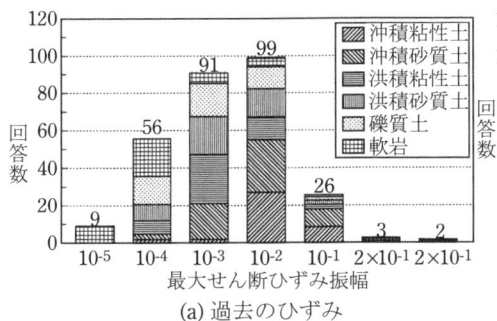

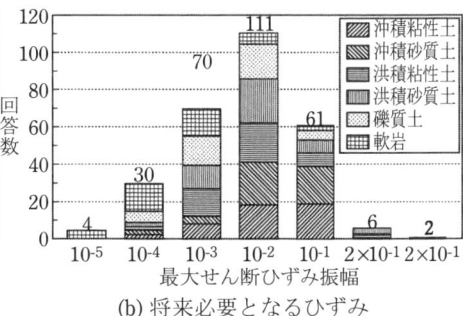

図 6.14　解析上必要なひずみ
(a) 過去のひずみ
(b) 将来必要となるひずみ

の後に 1995 年兵庫県南部地震が発生し，設計用地震動が大きくなっているので，現在では要求される最大ひずみはもっと大きくなっている．著者の経験でも最近では数%のひずみはごく当然のように現れている．

6.7.2　間隙水の影響と繰返しせん断試験の適用性

繰返しせん断試験は，昔は排水条件で行われていた．しかし，地震の継続時間は短いことから，土要素から水が排水する時間がないとして，最近は非排水条件で行われるのが普通である．図 4.6 に示したように，排水条件と非排水条件では大ひずみ領域では応力－ひずみ関係は全く異なる．この差が現れるひずみに関しては液状化に関する研究が参考になる．文献 [23] では，過剰間隙水圧が発生するのは 3×10^{-4} 程度が目安として示されている．このひずみは砂の基準ひずみと同程度のひずみである．

繰返しせん断試験で排水条件の違いの影響は図 6.15 [24] でも見ることができる．ここで，逆載荷とは通常の三軸試験では圧縮側から載荷を始めるが，これを伸張側から載荷を始めたという意味である．実験の範囲ではせん断剛性には若干の違いが見られるが目立つほどのものではないのに対し，減衰定数には大きな違いが見られる．すなわち，排水試験ではひずみが大きいところで減衰が非常に大きくなるのに対して，非排水試験ではひずみ 10^{-3} 程度付近から上に凸な曲線になり，頭打ちがあるように見える．この原因は上でも述べた過剰間隙水圧の発生によるものであることは明瞭であろう．

なお，ステージテストでは，非排水条件といわれているが，6.3 節に示したようにステージ間で過剰間隙水圧を消散させる．したがって，試料は次第に密になっているので，次に示すように，また後に図 6.31 に示すように得られた結果が同じ条件下の応力－ひずみ関係とは言い難い面もあるが，慣例的にそのように理解されている．

ステージテストのもう一つの問題は，振幅が大きくなるに従って過去の履歴が影響することである。図 6.16 はステージテストとフレッシュテストを比較した例であるが[25]，減衰特性にはほとんど差がなく，せん断剛性は過剰間隙水圧の発生が大きくなければほとんど差がない。差が現れるようになるのは，先に述べた過剰間隙水圧の発生時期とほぼ一致している。また，ステージテストの G-γ 関係が上にあるのは過剰間隙水圧をステージ間で排水するために試料が次第に密になったためである。

次に，大ひずみ時の減衰特性を考える。例えば，図 6.15 に典型的に見えるように，非排水条件下の実験では最大減衰定数は 25%程度の値であるのに対して，排水条件下の実験では 30%以上にもなる。これは，図 6.17 でより明瞭に見ることができる。

排水条件下の実験では履歴曲線は紡錘型であり，履歴曲線の面積（減衰定数）は非線形挙動とともに大きくなる。一方，非排水条件下の試験では図 6.17(b)に見られるように，ひずみが小さい間（A〜C の状態）は同様な挙動を示すが，ひずみが大きくなると応力-ひずみ関係は逆 S 字型となり，減衰定数も小さくなる。このため，図 6.17(a)では，C 点から D 点と減衰定数が減少している。

ひずみ振幅が大きくなって過剰間隙水圧が発生すると，もう一つの問題が生じる。それは，繰り返すたびに過剰間隙水圧が発生するので，発生するせん断ひずみが大きくなることである。図 6.18 (a)は図 6.17 のステージ D の全 11 サイクルの応力-ひずみ関係を描いたものであるが，繰り返すたびに左側すなわち，伸張側に履歴曲線が移動していく現象が見て取れる。図 4.4 や図 4.6 と比較してみて，繰り返すたびにひずみが大きくなる現象は過剰間隙水圧の発生に伴う材料の劣化によるものであることは明らかである。実はこの現象はもう少し前から発生している。図 6.18(b), (c)にはステージ C と B の応力-ひずみ関係が示されているが，ステージ C でも同様に繰り返すたびにひずみ振幅が大きくなってい

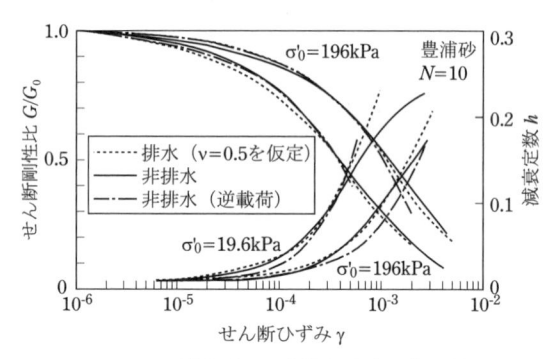

図 6.15 排水試験と非排水試験の違い[24]

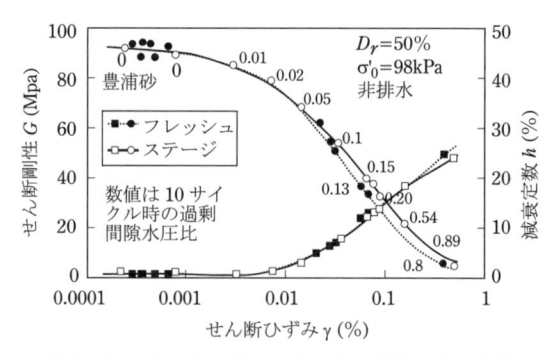

図 6.16 フレッシュテストとステージテストの比較

(a) 繰返しせん断特性
(b) 応力-ひずみ関係

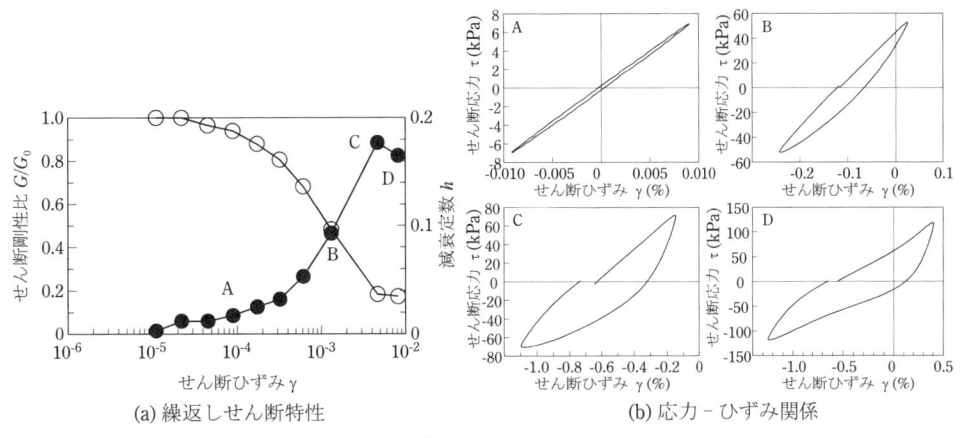

図 6.17　大ひずみにおける減衰定数の減少

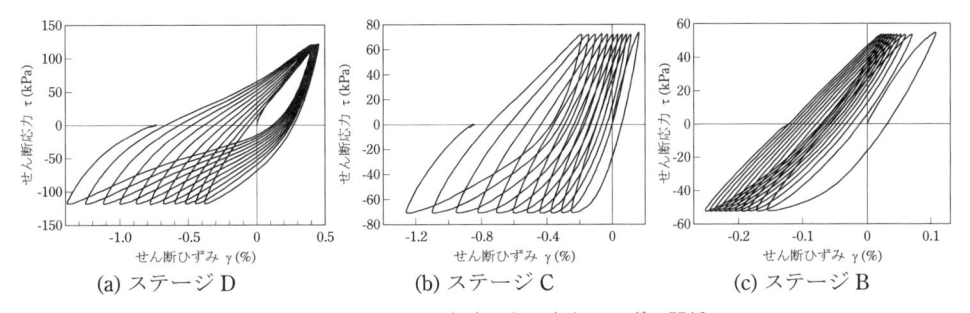

(a) ステージ D
(b) ステージ C
(c) ステージ B

図 6.18　図 6.17 の実験の際の応力-ひずみ関係

く現象が観察される。一方，ステージ B では履歴曲線が左（伸張側）に移動はしているが，両ひずみ振幅が次第に大きくなる現象はあまり見られない。

　そもそも現行の繰返しせん断試験で行われている 10 サイクルの載荷というのは，この程度繰り返せば履歴曲線が定常化しているということが前提にあるように思われる。繰り返すたびに振幅が広がっていくと，何サイクル目の履歴曲線から繰返しせん断特性を計算するのかとか，せん断応力振幅の値により得られる繰返しせん断特性に差が生じることが考えられ，もはや，指標を得るための客観的な試験とはいえないのではなかろうか。そのような意味で，現行の繰返しせん断試験の限界はステージ B とステージ C の間程度，ひずみ振幅で見ると 10^{-3} を少し超える程度と見るのが妥当であろう。また，一方向にドリフトするというのがまずいという意味ではステージ B でも都合が悪いことになる。

　さらにせん断応力振幅を増やすとひずみ振幅が大きくなり，履歴曲線が非定常になり 10 サイクルの載荷を行うことができなくなる。しかし，この場合でも形式的に繰返しせん断特性を計算することは可能である。例えば，10 サイクルの代わりに 3 サイクル程度の載荷しか行わないとか，各サイクルの履歴曲線を用いて繰返しせん断特性を計算することである。後者ではせん断応力振幅は一定でもひずみ振幅が大きくなり，G の値は減少していくので，G-γ 関係の図を見ている限りわからない（例えば図 6.28 のように τ-γ 関係に直してみるとわかる）。このような処理が常に行われるわけではないが，あまりに大きいひずみ領域までデータがある際にはこのような処理が行われている可能性がある。

　なお，ここで示したのは砂質土に対するものである。粘性土でも繰返し載荷を行うたびに過剰間隙水圧は発生するが，その量は小さく，また，剛性劣化に与える影響も小さいので，繰返しせん断試験の適用範囲はもっと大きい。

6.7.3　ひずみ速度の影響

前項では過剰間隙水圧の発生に関係してひずみが大きくなったときの問題を述べたが，ひずみが大きくなると，他の問題も発生することがある。先に述べたように，繰返しせん断試験は 0.1Hz 程度の載荷速度で，応力制御で行われることが多い。すると，二つの問題が発生する可能性がある。

一つは，剛性が低いと少しの応力変化でもひずみの発生量が大きくなり，試験機の載荷能力が追いついていかない可能性があることである[26]。図 6.19 は多くの実験におけるひずみ両振幅と，低剛性領域に必要なひずみ速度の関係を求めたものであるが，ひずみ振幅が大きくなると試験機の能力が要求されるようになることがわかる。この結果，せん断応力の時刻歴で見ると，せん断応力が 0 の付近で正弦波からずれる現象として現れる。

もう一つの問題は，試験機では応力制御といいながら，発信器から必要な応力の信号だけを出していると，試験機の能力が追いつかなくて，せん断応力振幅が所定の値より小さくなることである。発信器で要求される応力と実際の発生した応力の比較を行って補正するようなシステムであれば，この現象が起こる可能性は少なくなる。

これまでは，地盤材料では応力－ひずみ関係のひずみ速度依存性はないという前提で話を進めてきた。図 6.20 は粘土の振動数依存性に関する実験[27]であるが，広範囲の振動数にわたって振動数依存性がほとんどないことが示されており，振動数依存性がないと考える根拠となっている。しかし，対象となった実験のひずみ振幅は非常に小さく，数％のひ

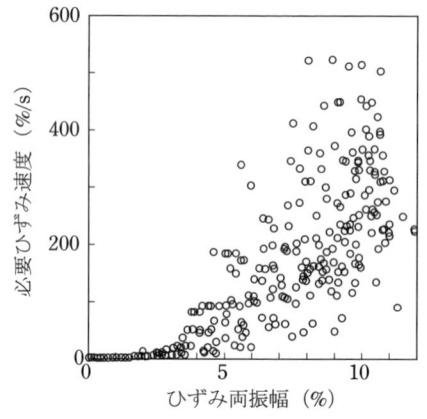

図 6.19　両振幅と必要な載荷速度の関係[26]

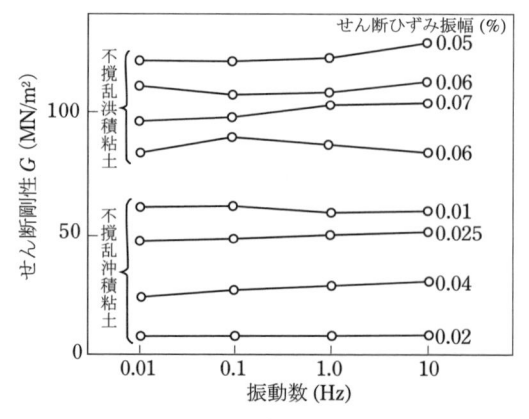

図 6.20　せん断剛性の振動数依存性[27]

ずみはこの100倍程度である。さらに，図は振動数で表現しているが，ひずみ速度で考えると，図6.19に見られるように，局部的には非常に速くなる可能性がある。

ひずみ速度依存性はコンクリートや鋼材などの構造用材料に一般的に見られる現象であり[28]，土のみが例外というのも考えにくい。しかし，この辺の挙動は研究事例が少なく[29]，ほとんどわかっていないのが現状で，実務ではひずみ依存性はないと考えて計算を行うしかない。

6.7.4 減衰特性

多くの繰返しせん断試験の結果を眺めてみると，減衰定数はひずみが小さいところでも2～4%程度あることも多い。もし，ひずみが小さい領域で弾性的な挙動をするのであれば，減衰定数は0になるはずであり，力学的に釈然としないところである。

この原因ははっきりしないが，接触型変位計の摩擦，ピストンとセル室キャップの摩擦などの影響によるとの見解がある[30]。また，ベディングエラーと呼ばれる，試料の端部で乱れる現象により小さいひずみ域での減衰が0にならないという報告[31]もある。その他色々な可能性が文献[22]に示されている。この文献には小さいひずみを精度良く計測できるピックアップ（LDT, local deformation transducer）を用いた結果が図6.21に示されているが，確かに減衰定数は非常に小さい。

また，図6.22は中空ねじり試験と共振柱試験による減衰特性を比較したものである[32]が，両方の方法でひずみが計測されている部分を見ると，減衰特性に大きな差があるが，これは，共振柱試験が数千回の繰返し載荷であるのに対して中空ねじり試験では10回の繰返しであることが原因と考えられている[33]。また，6.7.1項に示したように，ひずみが10^{-5}ないしは5×10^{-5}以上が小さいひずみ域の減衰定数の精度が保証できる範囲という意見もある。

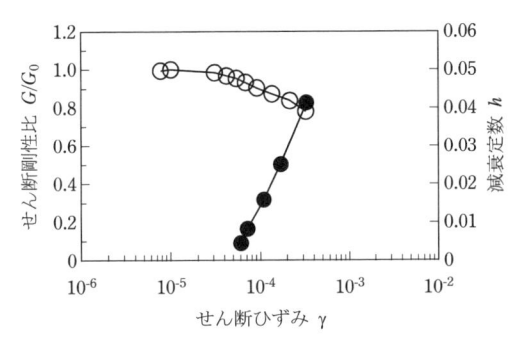

図6.21 小さいひずみを精度良く計測

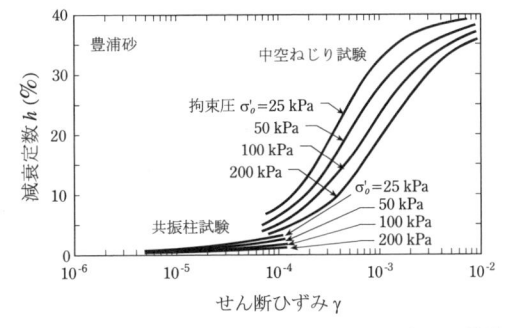

図6.22 共振柱試験と中空ねじり試験の減衰の比較[32]

一方では，最近のデータを見ると，小ひずみ域では減衰定数がほとんど 0 の試験結果も見るようになった（例えば図 6.18，図 7.11 など）。最近は，セル内にロードセルを入れたり，非接触変位計を用いたりして摩擦の影響を除くような試験法が行われるようになったことが理由であるが，一方では，ゼロとは思えないデータが相変わらず出ている試験結果も多く存在する。

さらに，試験機の影響とは考えにくいデータもある。例えば，図 6.23 は火山砕屑物の実験結果[34]であるが，10^{-4} 程度のひずみで 10%程度もの減衰があり，試験機の影響とは考えにくい。このほか，図 6.24 のように，泥岩の小ひずみ時の減衰が 3〜4%[35] という報告もある。文献[36]では堆積軟岩（泥岩）では試料採取時にヘヤークラックが発生し，初期剛性が異常に低い現象があることを述べているが，この場合には小ひずみ時の減衰定数が 0 にはならないことがある。

図 6.25 は各種材料のせん断弾性係数とせん断ひずみ 10^{-4} 時の減衰定数の比較[37] である。各材料で見ると弾性定数が大きくなると減衰定数が小さくなる現象が見られるが，全体で見ると弾性定数には依存せずに，数%のオーダーの減衰定数が見られている。また，図には示されていないが，軟岩では低拘束圧下で大きな減衰定数を示すことも述べられており，減衰定数は過去の載荷履歴にも影響される可能性もある。7.2.11 項に関連する記述があるので参照されたい。

ただ，実務にあたっては，小さいひずみ時の減衰特性は，大地震に対する解析には影響しないことが多いので，それほど気にする必要はない。また，小さいひずみ域における減衰は，一般の解析で考慮しない散乱の減衰（11.3 節参照）と同じオーダーであるので，補完しあっているという指摘もある[38]。

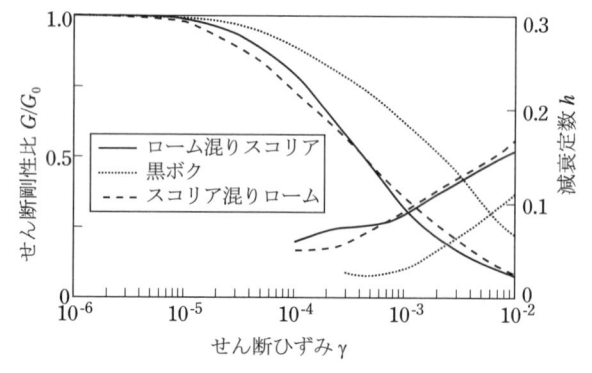

図 6.23　火山性土の繰返しせん断特性

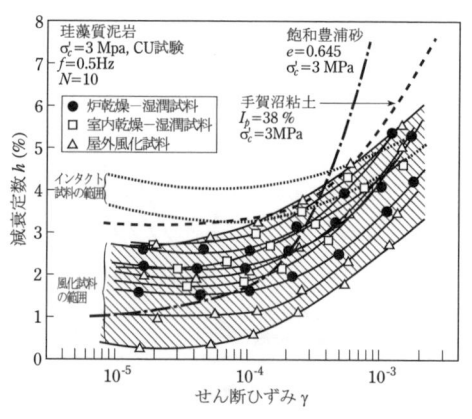

図 6.24　泥岩の減衰特性[35]

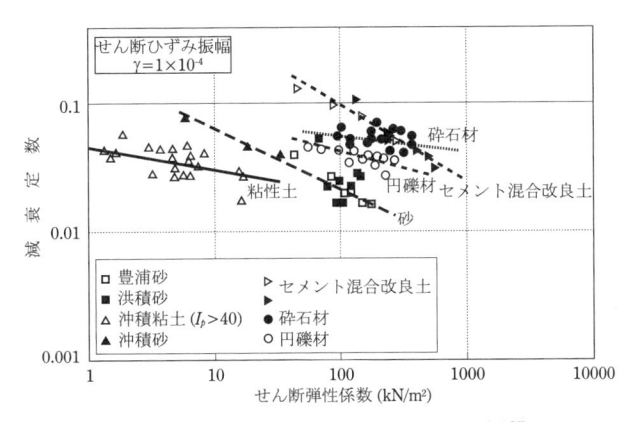

図 6.25 せん断弾性係数と減衰定数の関係[37]

むしろ，実務者にとっては小さいひずみ域での誤差が大きいひずみ域にも影響しているのかどうかが重要である．これに関するデータはほとんどない．また，12.4.4 項に示すように，減衰特性そのものが解析ではあまり重要ではないことも多い．したがって，この誤差を深く考える必要はない．

6.7.5 繰返しせん断特性とせん断強度

G を割線剛性とすれば，せん断応力 τ は式(4.1)で示したように，次式で表せる．

$$\tau = G\gamma \tag{4.1}$$

これからわかるように，G-γ 関係は応力－ひずみ関係そのものである．しかし，実務ではこのことがしばしば忘れられている．

さて，簡単のために，一次元状態を考え，単純せん断変形に議論を限るとする．すると，せん断強度 τ_f はモール・クーロンの破壊条件

$$\tau_f = c + \sigma'_v \tan\phi \tag{6.27}$$

で表される．ここで c は粘着力，ϕ は内部摩擦角である．例えば，粘土では $\phi=0$ とモデル化されることが多く，せん断強度は拘束圧に依存しない．一方，砂では $c=0$ とモデル化されるので，拘束圧に比例している．なお，多次元状態では式(6.27)は

$$\tau_f = c + \sigma'_m \sin\phi \tag{6.28}$$

と表される．

ところで，6.5 節で述べたように，室内試験で得られる G-γ 関係は乱れの影響などのため，原位置の状況を完全には再現しないので，原位置の G は式(6.6)で述べたように G/G_0-γ 関係から求められる．このことは，応力－ひずみ関係がせん断弾性係数に比例するということを示している．すなわち，せん断応力はせん断弾性係数に比例して変化するわけである．少なくとも，せん断強度付近の挙動を考えたときにはこのような現象が正しくないことは明らかである．

6.6 節で述べたように，現行の繰返しせん断試験では破壊に至るような大きなひずみまでのデータを求めているわけではないので，この現象と，せん断強度が弾性係数には比例しないこと（粘性土では一定，砂では拘束圧に比例）とは矛盾がないのかもしれない．この辺のところは，繰返しせん断試験が破壊に至るような大ひずみまでを調べることができない試験法であることから，調べることはできない．

しかし，繰返しせん断特性が拘束圧に依存することは，7.2 節で示されていることからわかるように，拘束圧依存性は適切に考慮して実験値を補正しておくことも必要であろう．

これについては，7.2 節，6.6 節に関連する記述がある。

ところで，7.2 節で示す実験式では繰返しせん断特性を一つ，ないしは少数の関係で代表することが多い。しかし，せん断強度との関係を考えるとき，この整理方法は問題になることがある。例えば，図 6.26(a)は 7.2 節で示す実験式の一つで，図の○の実験データに対して中央を通るような式を提案している。ここで，図 6.26(a)の右側に最大ひずみ付近のデータの最大値，最小値と提案モデルの G/G_0 を引き出し，その間隔を比例的に大きくしたものが示されている。これを見ると，データは，おおよそ倍・半分の範囲にばらついていることがわかる。また，図 6.26(b)には，図 6.26(a)で原論文図に G-γ 関係の上限と下限を示す線（点線）を入れているが，それに相当する応力 - ひずみ関係が示されている。強度付近のみならず，大きいひずみ領域で差は大きい。1.3 節で示したように，大地震では地表の最大加速度は弱層のせん断強度に依存する。先に述べたように，実際にせん断強度の付近で実データがどのようになっているかわからないが，1%というひずみは，相当大きなひずみであり，図 6.26(b)からもわかるように，かなりせん断強度に近いところまでの挙動が表現できている。このことは，データと倍・半分の誤差がある実験式は，地表の最大加速度を倍・半分の範囲で変化させる可能性があることを示唆している。最大加速度が倍・半分違って満足する技術者はあまりいないのではないだろうか。

これからわかるように，実験式は単純なものがよいのではなく，繰返しせん断特性に影響を与える影響をなるべく考慮して整理されたものがよい。また，もし，整理をしてなおかつ，倍・半分の誤差があるような実験式であれば，使う際には技術者は十分な注意を払うべきであろう。G/G_0-γ 関係で見ると大ひずみ時には縦軸の値そのものが小さいことから，そこで少々ずれていても何となく合っているように見える。しかし，図 6.27 のように応力 - ひずみ関係を描いてみれば，モデルの適用性ははっきりする。倍・半分も離れたデータを使おうとする技術者はあまりいないのではなかろうか。

同じようなことは，他の事例でも発生する。例えば，7.1.1 項にその事例がある。

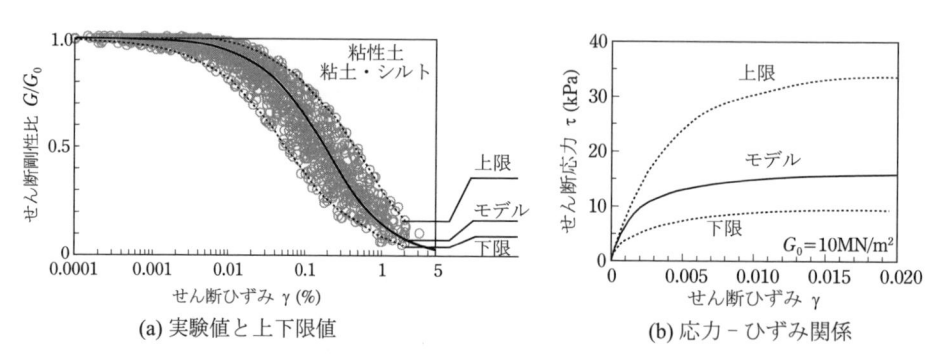

(a) 実験値と上下限値

(b) 応力 - ひずみ関係

図 6.26　G-γ 関係の実験値の整理

6.7.6　大ひずみ時の挙動予測

6.7.2 項で述べたように，砂であれば，繰返しせん断試験で得られる最大ひずみは 10^{-3} を少し超える程度である。粘土ではもう少し大きいひずみまで試験可能であるが，それでも最大ひずみが数十%以上ということは考えられない。したがって，これよりひずみが大きいところを解析に使おうとすると，データを外挿する必要がある。外挿はデータの補間法としては最も精度が悪いものであるので，なるべく避けるべきであるが，この状況では致し方ない。しかし，使う際には，注意深く行う必要がある。

まずい例を挙げてみよう。図 6.27(a)は 7.2.1 項で示す沖積粘土に対する経験式[39]であり，

10^{-2} まで（①まで）のデータが示されている。一方，図 6.27(b)は $G_0=10\mathrm{MN/m^2}$ と設定し，G/G_0-γ 関係より応力 – ひずみ関係を作図したものである。ここで，①点は一つひずみの小さい点より応力が小さくなっている。繰返しせん断試験ではせん断応力を次第に大きくしながら実験をするので，せん断応力が小さくなっているというのは異常である。この実験式のデータは表 7.5 に示されているが，そのうち最後の二つの点は括弧でくくって示されており，実験値ではなくこれを外挿したデータであることが示されている。この補間は繰返しせん断特性の図に基づいて行われたと考えられる。確かに図 6.27(a)ではこれまでのデータを延長してそれほど問題なさそうであるが，図 6.27(b)で見れば補間がおかしいのは明らかである。

次に，図 6.27(a)の②はデータのない区間で G/G_0 と h が一定という補間法である。これは，後に述べる全応力解析では最もよく用いられる解析プログラムである SHAKE[40] で用いられている補間法である。しかし，これを応力 – ひずみ関係表示すると，図 6.27(b)のように原点を通る直線となる。これも，異常な補間といわざるを得ない。

G/G_0 を一定とする補間はこの論文に限ったことではない。図 6.28 は文献[41]に示される豊浦砂のデータを応力 – ひずみ関係に直したものであるが，途中でせん断応力が減少し，その後急激に増加するなど，通常期待されるものと異なる挙動が見える。これが起こる理由は次のようなものと著者は考える。6.7.2 項で述べた試験法の適用範囲の問題から実際に繰返しせん断試験ができるのは 10^{-3} より少し大きいひずみまでである。しかし，実用に供する表を提供しようとすれば，もう少し大きいひずみ，例えば 1%を超える程度まではデータが欲しい。すると，外挿せざるを得なくなるわけである。この際，6.7.5 項でも論じたが従来，繰返しせん断特性がいわゆる G-γ，h-γ 関係で表現されてきたため，より重要な応力 – ひずみ関係を見るという習慣がなく，G-γ 関係上で連続に見えるように外挿したものであろう。8.2.3 項で事例を用いて説明するが，大ひずみ領域では G の値は絶対値として小さいので実

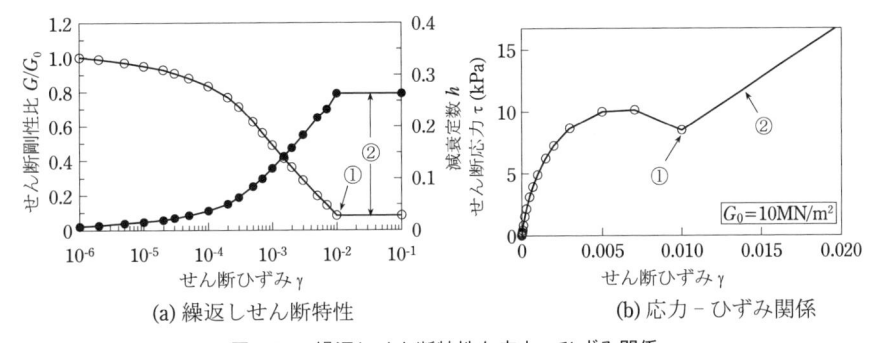

(a) 繰返しせん断特性

(b) 応力 – ひずみ関係

図 6.27 繰返しせん断特性と応力 – ひずみ関係

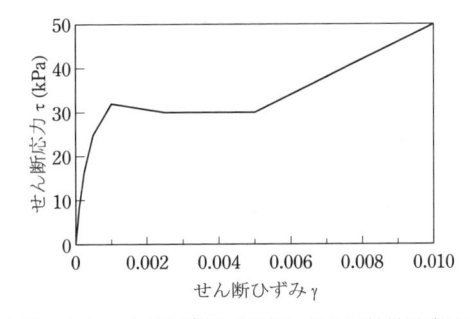

図 6.28 応力 – ひずみ関係（繰返しせん断特性は表 7.10）

際にかなり大きい誤差があっても図上で全く目立たないので，注意が必要である．

では，どのような補間が適切なのだろうか．データがない以上，適切な判断することは難しい．しかし，色々な知識を総合することによって少しでもよい補間法ができる可能性がある．

図 6.29 は緩く作られた豊浦砂試料の単調載荷試験と繰返し載荷試験の結果を比較したものである．大局的に見て，両者は一致しているといえる．しかし，繰返し載荷試験の結果はひずみが 10^{-2} 付近でかなり飛んでいるが，これは，前に説明した過剰間隙水圧の発生に伴うものである．また，3%程度から大きいひずみでは，繰返し試験のせん断応力は単調載荷のせん断応力より小さくなっている．

強非線形時の挙動を精度よく追跡するためには，せん断強度付近の挙動が再現できるようなデータを与えることは必須である．しかし，せん断強度付近に至るような大きなひずみまでの繰返しせん断試験が行われることはほとんどない．繰返しせん断試験のデータがない領域では，厳密にいえばデータがないのであるから結果を信頼することはできない．しかし，実務では，そのようなひずみ領域に至るような結果も欲しいことがしばしばあることも事実である．そこで，ここでは，そのような場合に対する外挿法について考えてみる．外挿であるから精度は保証できないので，あくまで目安として使うためと割り切って使っていただきたい．

せん断強度については 7.3 節で述べるが，図 7.33 に示すように，粘土ではかなり大きいひずみまで単調に増加する，イメージに乗りやすい応力 - ひずみ関係が得られている．また，試験も大きいひずみまで行うことが可能である．そこで，例えば 5%のひずみ付近でせん断強度にかなり近づいたせん断応力（例えばせん断強度の 95%）に点を一つ取り，その後せん断強度に漸近するような応力 - ひずみ関係を用いれば，当たらずといえども遠からずの応力 - ひずみ関係が得られると考えられる．

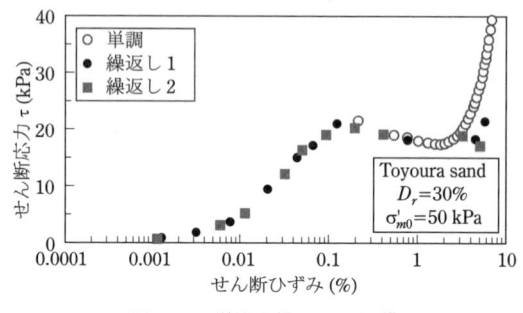

図 6.29 単調と繰返しの例 [42]

一方，砂では現在の繰返しせん断試験の限界が 0.1〜0.5%程度であることはこれまでにしばしば述べたところである．これは，過剰間隙水圧の発生による，材料の劣化が原因であった．ということは，同じひずみでも過去の履歴によって挙動が異なるわけである．繰返しの効果については次節で論じるが，そのため，砂では外挿補間は困難である．そこで，大胆に実験で求まった位置から完全塑性挙動(せん断応力一定でひずみが大きくなる現象)を仮定する方法もある．ところで，液状化の定義としてよく用いられるのは三軸試験の両ひずみ振幅 5%であるが，これをせん断ひずみ（片ひずみ）に換算すると，3.75%になる．液状化した後の挙動まで全応力解析で追跡しようというのは無理がある．また，過剰間隙水圧の発生を考えなければ，剛性を大きめに評価しているので，ひずみは小さくなる．したがって，例えば，特に強い根拠はないが，液状化の定義の約半分，2%以下が何とか全応

力解析が使える範囲で，それより最大ひずみが大きくなれば，有効応力解析に移行するべきである．なお，この全応力解析が適用できる最大ひずみはまだ研究段階で将来の研究によっては変わる可能性がある．

なお，これらの設定で注意すべきなのは，せん断応力を小さく評価すると，上限加速度が小さくなり，最大加速度を過小評価する可能性がある（その代わり，せん断ひずみを大きく評価する）ことである．逆に，せん断応力を大きく評価すると，最大加速度は過大評価される可能性がある．

大ひずみ域の繰返しせん断特性については，色々問題が多く，今後の課題である[43]．

6.7.7 繰返し数の影響

ここでは，二つの観点から繰返し数の影響を検討する．

繰返しせん断特性試験では，10サイクル目の履歴曲線から剛性と減衰を計算している．ところで図6.30は1，2，10サイクル目の剛性と減衰を比較したものである[31]．図中の数字は各ステージで発生した過剰間隙水圧を示している．過剰間隙水圧は10^{-4}程度のひずみから発生し始め，同時に繰り返すたびに剛性や減衰が変わるようになる．さらに，10サイクル目が1サイクル目よりひずみも大きくなっている．ひずみは1サイクル，2サイクル目で大きく変化しているが，その後収束している．また，ひずみが0.2%で過剰間隙水圧比が0.35となっており，この後急激に液状化に至ることが推定される．

図6.31には，単調載荷試験と繰返し載荷試験のG-γ関係から求めた応力-ひずみ関係が比較されている[31]．繰返し載荷試験では単調載荷試験より大きな応力が得られている．これまで，砂は繰返し力を受けると劣化すると説明してきたが，図の結果はこれと矛盾しているように見える．

これは，材料の問題ではなく，試験法の問題である．現在の試験法では，各ステージでは非排水試験をするが，次のステージに移る前にそのステージで蓄積した過剰間隙水圧を消散させている．このことは，次のステージでは，試料はより密になっていることを意味している．砂の密度が高くなれば，抵抗力は高くなり，これが繰返し載荷試験で大きなせん断応力となっている理由である．

この問題は過剰間隙水圧が発生しなければ生じないので，計算に用いる地震力が小さい頃は問題にならなかった．しかし，地震力が大きくなると注意しなければいけない事項となる．

次に，図6.32には図6.31より大きいひずみ領域までの排水条件，非排水条件の二つの単調載荷試験と繰返し載荷試験の結果の応力-ひずみ関係が比較されている[44]．この実験

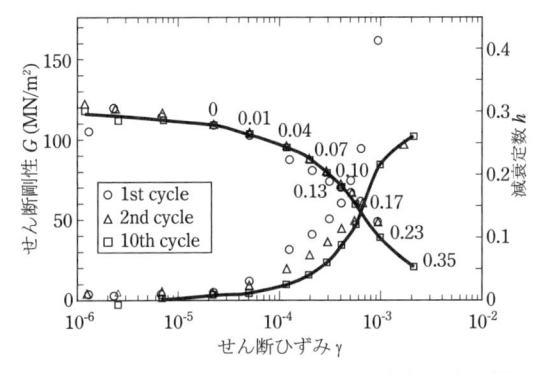

図6.30 繰返し数による繰返しせん断特性の違い[31]

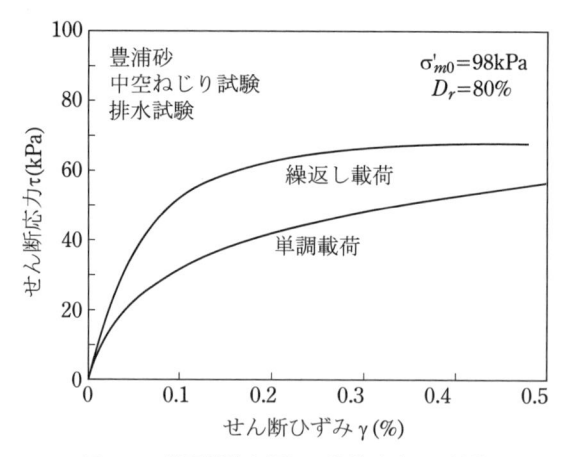

図 6.31 単調載荷と繰返し載荷試験の比較 [31]

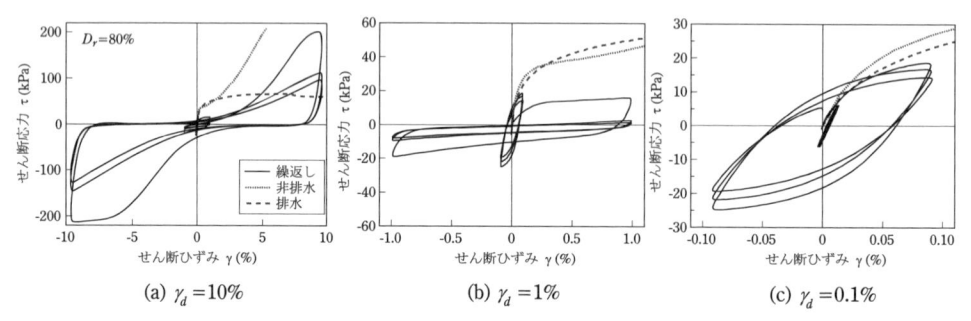

図 6.32 単調載荷と繰返し載荷 [44]

(a) $\gamma_d = 10\%$
(b) $\gamma_d = 1\%$
(c) $\gamma_d = 0.1\%$

では繰返し載荷試験ではステージ間の過剰間隙水圧の消散は行わず，ひずみ振幅制御でひずみを10倍ずつ大きくしている。図では左からひずみ振幅γ_dの大きい試験結果が示されているが，図6.32(a)の$\gamma_d=10\%$の実験ではひずみ振幅1%から10倍に増やした1サイクル目でも，単調載荷時の曲線には戻らない。このことは，(b)のひずみ振幅が1%の時でも同様である。しかし，(c)に示すひずみ振幅0.1%のケースでは繰返し載荷時のせん断応力は多少低いが，ほぼ単調載荷の応力‐ひずみ関係と同じ結果である。少し小さいのはこのステージまでの過剰間隙水圧の蓄積が影響しているからである。

これらの結果は実は重大な問題を提起している。応力‐ひずみ関係のモデル化については8章で述べるが，この際にはG-γ関係は単調載荷時の応力‐ひずみ関係を表しているということが暗に仮定されている。しかし，図6.31，図6.32の結果は0.1%を超えるようなひずみ域ではこの仮定はあたらないことを示唆している。この問題は今後の研究課題であり，実務の立場としては，ある程度は無視せざるを得ないところと考えるしかない。

6.7.8 初期応力状態とその解析に与える影響

地盤には地震前にも応力が作用し，解析の立場からはこれを初期応力と呼ぶ。初期応力の求め方については後に9.6節で議論するので，ここではその影響について考えてみる。

初期応力のうちで最も重要なものは，初期拘束圧である。これは，地盤材料の剛性や強度は有効応力の原理に基づき初期応力によって決まるからである。これに次いで重要なのが初期せん断応力である。これは，初期せん断が存在すると，見かけ上のせん断強度が減少するからである。初期せん断には初期軸差応力と初期せん断応力がある。後者は斜面の

解析などでは重要なことになるのに対して，前者は水平地盤でも存在している．

初期軸差応力は静止土圧係数 K_0 から求めることができる．原位置における値は例えば孔内水平載荷試験を用いれば求めることができるし，砂では凍結試料を用いた測定も行われた事例がある[45]が，実務では行われることはほとんどないので，経験に頼ることになる．一般に，正規圧密粘土では 0.5 程度，過圧密粘土ではそれより大きいこと，砂質土は締固め度の大きいほど大きい傾向があるが，0.6 程度のことが多いとされている[46]．また，砂地盤では次の式から推定することもある[46]．この式は Jaky（ヤーキー）の式と呼ばれている．

$$K_0 = 1 - \sin\phi' \tag{6.29}$$

ここで，ϕ' は有効応力に関する内部摩擦角である．ちなみに $\phi' = 30°$，$40°$ に対してはそれぞれ 0.5，0.36 となる．

いずれの方法でも静止土圧係数はおおよそ 0.5 に近い値となることから，実務では特に検討されずに 0.5 が用いられることが多い．ところで，図 6.33 は $K_0=0.5$ に対するモールの円と内部摩擦角 ϕ を 30°，40° に対するモール・クーロンの破壊条件を示したものである．特に，$\phi = 30°$ ではモールの円は破壊条件にずいぶん近い．これだけ初期せん断応力があると，これ以後地震を受けた際の応力 − ひずみ関係も影響が出るのではないかと推測される．

図 6.34(a)は K_0 が繰返しせん断特性に与える影響を調べたものである[47]．これによれば，$K_0=1$ と 0.5 で特性はほとんど変わらず，この記述と矛盾している様にも見える．しかし，これにはトリックがある．図 6.34(b)はこの実験の際の応力 − ひずみ関係の例であるが，$K_0=1$ の際には応力 − ひずみ関係は原点を中心とした定常化した履歴曲線となっているが，$K_0=0.5$ の際には次第に右にずれていく．6.7.2 項でも述べたが，これだけ応力 − ひずみ関係が異なっていても繰返しせん断特性が同じというのは，10 サイクル目の履歴曲線の形状にのみ着目し，その履歴曲線が載荷前の状態に対してどこにあるかということが着目されなかった結果である．

軸差応力とせん断応力の違いが地震時の応力 − ひずみ関係に与える影響はよくわかって

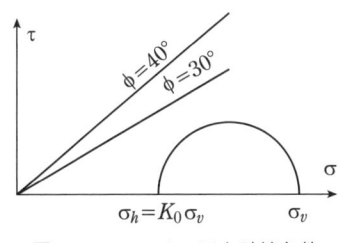

図 6.33 モールの円と破壊条件

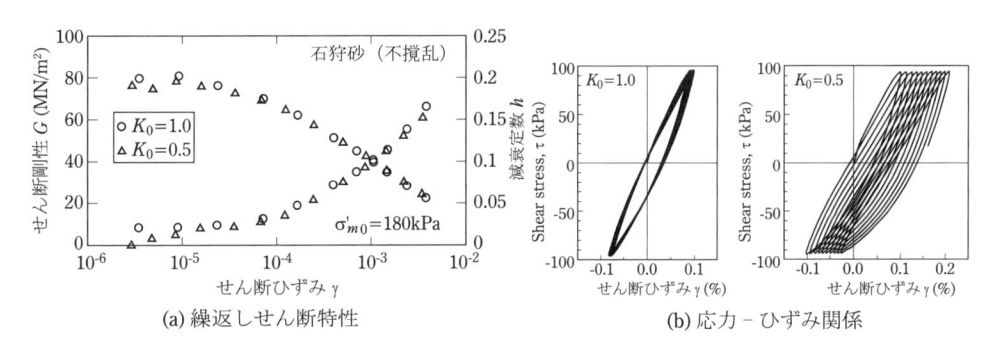

(a) 繰返しせん断特性

(b) 応力 − ひずみ関係

図 6.34 異方圧密状態における変形特性

いないところもあるが，せん断変形の影響が等方的に発生するとして，この原因について考えてみよう．簡単のために，水平成層とし，初期状態として等方応力状態（$\sigma_h=\sigma_v$）とK_0圧密状態（$\sigma_h=K_0\sigma_v$）を考え，そこに地震の力に相当する水平面内のせん断応力 τ が作用した時を考える．

図 6.35 は初期応力状態とその後の挙動を簡単なモデルで見たものである．(a)は初期等方応力状態からの載荷で，よく知られているものである．この場合，水平面に作用する応力を表す点は図のA点であり，せん断応力が作用するとこの点は上下に移動する．そして，破壊はモールの円がモール・クーロンの破壊条件に接する（点B）時に発生するので，水平面内の最大のせん断応力 τ_{max} はB点を通るモールの円のC点で発揮される．せん断応力振幅 τ_d 一定の載荷を行うと応力-ひずみ関係は右側の塗りつぶし部分に相当する履歴曲線となり，この間，モールの円は塗りつぶされた部分を変化する．

これに対して，図 6.35(b)は K_0 応力状態である．この場合には初期のモールの円は点ではなく，広がりを持っており，水平面に作用する応力に対応する点はAである．したがって，(a)と比べると，立ち上がり剛性は小さい．次に，水平面にせん断応力を作用させると，初期せん断が作用しているため，最初の載荷時の曲線は図 6.35(a)のD点から始まる部分と同じになる．応力点は上下に移動するので，モールの円が破壊点に至ったときの水平面のせん断応力 τ_{max} はC点であり，その値も(a)より小さい．

ところで，前と同じ条件で繰返しせん断応力 τ_d を作用させると，モールの円の動く範囲はドーナツ型の領域のみとなる．また，除荷時の剛性は弾性剛性と同じであるので，得られる履歴曲線は，原点からはずいぶん右に移動した部分となる．しかし，図 6.35(a)，(b)の履歴曲線（塗りつぶした部分）は全く同じものとなる．これが，K_0 応力状態の繰返しせん断特性が等方応力状態のそれと同じようになる理由である．

この，繰返し載荷を受けると，履歴曲線は等方応力状態の特性と同じになるという現象は多くのことを説明する．先に述べたように，初期せん断がある状態でせん断応力を受けたときの立ち上がり剛性は初期剛性（弾性剛性）より小さいが，PS検層で計測しているのは弾性剛性であるということもこれで説明できる．すなわち，地盤は常に小さい振動を受けているので，PS検層程度のひずみであれば過去に何度も同じ程度のひずみ履歴を受けているので，ほぼ弾性挙動をしていると考えてよい．

また，自然堆積地盤では過去に多くの地震を受けているであろうから，その挙動はやはり等方応力状態のそれと同じようなものであろう．著者は，初期せん断のことを全く考えていない，SHAKE に代表される等価線形化解析がこれまで成功してきた理由の一つはこれと考えている．数値計算でも，過去の大きな地震を受けた後で小さい地震を受けるときの挙動は等方応力状態のものと同じであること，同じ程度の地震を数回受けると次第に等方応力状態の結果と同じになることが示されている[48]．

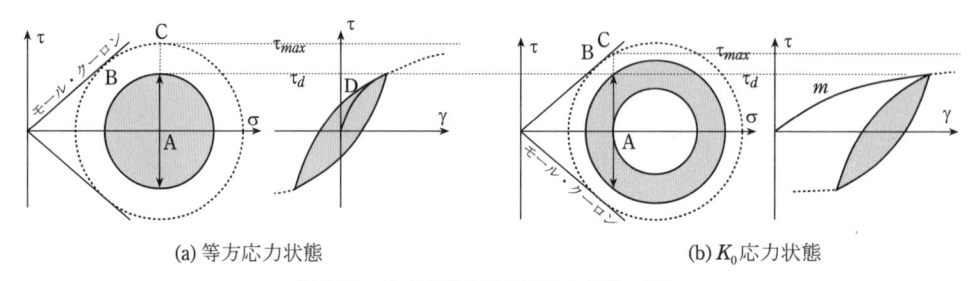

(a) 等方応力状態　　　　　　　　(b) K_0 応力状態

図 6.35　異方圧密と等方圧密の挙動の違い

しかし，一方では，過去にせん断応力の履歴を受けていない地盤もある。例えば埋め立て地や造成地がそれである。この種の地盤の解析では，初期応力の設定は重要である。著者は，これが埋め立て地盤で地盤災害が大きい理由の一つと考えている。

なお，初期状態の設定については，さらに，9.6 節に記述したので併せて参考にされたい。

参考文献

1) 地盤工学会地盤調査法改訂編集委員会（2004）：地盤調査の方法と解説，地盤工学会
2) 時松孝次，大原淳良（1990）：凍結サンプリング，講座 地盤の熱的問題，土と基礎，Vol. 38, No. 11, pp. 61-68
3) 酒井運雄，金子進，湯川浩則（2006）：高品質砂礫試料の採取（GP サンプリング），基礎工，第 34 巻，第 9 号，pp. 44-47
4) 地盤工学会（2009）：地盤材料試験の方法と解説－二分冊の2－，pp.730-789
5) Kokusho, T (1987): In-situ dynamic soil properties and their evaluation, Proc. 8th Asian Regional Conference of SMFE, Kyoto, Vol. II, pp. 215-240
6) 安田進，山口勇（1984）：室内および原位置で求めた動的せん断定数，砂質土および砂地盤の変形・破壊強度の評価－室内試験法および試験結果の解釈と適用－に関するシンポジウム発表論文集，土質工学会，pp. 115-118
7) 時松孝次（1989）：室内試験，原位置試験及び地震記録から求めた土の動的性質，第2回構造物と地盤の動的相互作用シンポジウム，pp. 11-16
8) 善功企，山崎浩之，梅原靖文（1987）：地震応答解析のための土の動的特性に関する実験的研究，港湾技術研修報告，Vol. 26, No. 1, pp. 71-113
9) Tokimatsu, K. and Hosaka, Y. (1986): Effects of sample disturbance on dynamic properties of sand, Soils and Foundations, Vol. 26, No. 1, pp.53-64
10) 岩崎敏男，龍岡文夫，高木義和（1980）：地盤の動的変形特性に関する実験的研究（II），土木研究所報告 153 号の 2
11) 片山幾夫，福井史朗，佐藤正行，牧原依夫，時松孝次（1986）：密な砂の不撹乱試料と撹乱試料の動的変形特性の比較，第 21 回土質工学研究発表会講演集，pp. 583-584
12) Hatanaka, M., Suzuki, Y., Kawasaki, T. and Endo, M. (1988): Cyclic undrained shear properties of high quality undisturbed Tokyo gravel, Soils and Foundations, Vol. 28, No. 4, pp. 57-68
13) Ishihara, K. (1996): Soil behavior in Earthquake Geotechnics, Oxford Engineering Science Series 46, Oxford Science Publications
14) 粘性土の動的性質に関する研究委員会（1995）：現況報告部会報告 粘性土の動的性質，粘性土の動的性質に関するシンポジウム発表論文集，地盤工学会，pp. 98-114
15) Tatsuoka, F. and Shibuya, S. (1992): Deformation characteristics of soils and rocks from field and laboratory tests, 生産技術研究所報告, 東京大学, 第 37 巻, 第 1 号, pp. 1-136 (Report of the Institute of Industrial Science, the University of Tokyo, Vol. 37, No. 1, pp. 1-136)
16) Hardin, B. O. and Drnevich, V. P. (1972): Shear modulus and damping in soils: design equations and curves, Proc. of the American Society of civil engineers, Vol. 98, No. SM7, pp. 667-692
17) Kondner, R. L. (1963): Hyperbolic Stress-strain Response; Cohesive Soils, Proc. ASCE, SM1, pp. 115-143
18) 澁谷啓，龍岡文夫，安部文洋，金有性，朴春植（1991）：地盤材料の広い範囲のひずみでの応力・ひずみ関係，第 26 回土質工学研究発表会平成 3 年度発表講演集, pp. 533-536
19) 室野剛隆（1990）：強震時の非線形動的相互作用を考慮した杭基礎の耐震設計法に関する研究，鉄道総研報告，特別第 32 号
20) 吉田望，辻野修一，石原研而（1990）：地盤の一次元非線形解析における土のせん断応力－せん断ひずみ関係のモデル化，日本建築学会大会学術講演梗概集（中国），pp.1639-1640
21) 地盤および土構造物の動的問題における地盤材料の変形特性－試験法・調査法および結果の適用－に関する国内シンポジウム発表論文集，土質工学会，1994

22) 佐藤剛司, 龍岡文夫, 木幡行宏 (1994)：繰返し三軸試験における測定精度の諸問題, 地盤および土構造物の動的問題における地盤材料の変形特性－試験法・調査法および結果の適用－に関する国内シンポジウム発表論文集, pp. 153-156

23) 液状化対策工法編集委員会 (2004)：液状化対策工法, 地盤工学・実務シリーズ18, 地盤工学会, 513pp.[p.81]

24) Kokusho, T. (1980): Cyclic Triaxial Test of Dynamic Soil Properties for Wide Strain Range, Soils and Foundations, Vol. 20, No. 2, pp. 45-60

25) 安田進, 長瀬英生, 小田真也, 木辻浩二 (1994)：ステージ載荷が動的変形特性に与える影響, 地盤および土構造物の動的問題における地盤材料の変形特性－試験法・調査法および結果の適用－に関する国内シンポジウム発表論文集, pp. 127-132

26) 百瀬忍, 中島敬祐, 土谷尚 (1996)：繰返し三軸圧縮試験機の性能評価について, 第31回土質工学研究発表会, pp. 977-978

27) 原昭夫 (1973)：地盤の動力学的性質とその応用 その1. 地盤の動力学的性質（ストレン・レイト, レベルによる粘性土の力学的性質の変化）, 第2回地盤震動シンポジウム資料集, 日本建築学会, pp.33-39

28) 岩井哲, 吉田望, 中村武, 若林実 (1982)：構造部材の挙動に及ぼす載荷速度の影響に関する実験的研究 その1 コンクリートと鋼材の応力－歪関係に及ぼす歪速度の影響, 日本建築学会論文報告集, No. 314, pp. 102-111

29) Boulanger, R. W. and Idriss, I. M. (2006): Liquefaction susceptibility criteria for silts and clays, Journal of Geotechnical and Geoenvironmental Engineering, Vol. 132, No. 11, pp. 1413-1426

30) 国生剛治 (1982)：土の動的変形特性と地盤の非線形震動応答, 電力中央研究所報告, 総合報告 No. 301

31) 山下聡 (1992)：砂の繰返し載荷試験結果に及ぼす諸因子の影響と試験結果の適用に関する研究, 北海道大学学位論文, 258pp.

32) Tatsuoka, F., Iwasaki, T. and Tagami, Y. (1978): Hysteretic damping of sands under cyclic loading and its relation to shear modulus, Soils and Foundations, Vol. 18, No. 2, pp. 25-40

33) 岩崎敏男, 龍岡文夫, 高木義和 (1980)：地盤の動的変形特性に関する実験的研究（II）, 土木研究所報告153号の2

34) Satoh, T., Horike, M., Takeuchi, Y., Uetake, T. and Suzuki, H. (1997): Nonlinear behavior of scoria soil sediments evaluated from borehole record in eastern Shizuoka prefecture Japan, Earthquake Engineering and Structural Dynamics, Vol. 26, pp. 781-795

35) 西好一, 工藤康二, 石黒健, 西剛整 (1986)：風化泥岩の動的変形特性, 第21回土質工学研究発表会, pp.1019-1022

36) 福元俊一, 吉田望, 佐原守 (2009)：堆積軟岩の動的変形特性, 日本地震工学会論文集, 第9巻, 第1号, pp. 46-64

37) 国生剛治 (1982)：土の動的変形特性と地盤の非線形震動応答, 電力中央研究所総合報告, No. 301

38) 吉田望 (1994)：実用プログラムSHAKEの適用性, 軟弱地盤における地震動増幅シンポジウム発表論文集, 土質工学会, pp. 14-31

39) 岩崎敏男, 常田賢一, 吉田清一 (1979)：沖積粘性土の動的変形特性－せん断剛性率のヒズミ依存性－, 土木研究所資料, 第1504号, 建設省土木研究所

40) Schnabel, P. B., Lysmer, J. and Seed, H. B. (1972): SHAKE A Computer program for earthquake response analysis of horizontally layered sites, Report No. EERC72-12, University of California, Berkeley

41) 運輸省鉄道局監修, 鉄道総合技術研究所編 (1999)：鉄道構造物等設計標準・同解説 耐震設計, 丸善

42) 規矩大義, 吉田望 (1998)：大ひずみ領域まで考慮した豊浦砂の動的変形特性試験, 第33回地盤工学研究発表会講演集, pp. 869-870

43) 吉田望, 三上武子 (2010)：時代の要請に応える土の繰返しせん断変形特性試験の確立を, 地盤工学会誌, Vol. 8, No. 2, pp. 1-5

44) 吉田望, 三上武子, 澤田純男, 規矩大義 (2005)：地盤の地震応答解析のための土の動的変形特性試験の提案, 第40回地盤工学研究発表会講演集, pp. 459-460

45) Hatanaka, M. and Suzuki, Y. (1995): Two methods for the determination of lateral stress in sand, Soils and Foundations, Vol. 35, No. 2, pp. 77-84
46) 土質工学用語辞典編集委員会 (1985)：土質工学用語辞典，土質工学会，訂正第 2 刷，648pp.
47) 山下聡，土岐祥介 (1994)：初期応力の相違が砂の繰返し変形特性に及ぼす影響，地盤および土構造物の動的問題における地盤材料の変形特性－試験法・調査法および結果の適用－に関する国内シンポジウム発表論文集，pp. 163-168
48) Yoshida, N. (1996): Initial stress effect on response of level ground, Proc., 11th World Conference on Earthquake Engineering, Acapulco, Mexico, Paper No. 1023

第7章 地震応答解析に用いる力学特性の求め方

解析に用いる力学特性は，弾性係数は原位置試験，非線形特性は乱れの少ない試料を原位置で採取し，室内試験で求めるのが最善の方法である。しかしながら，実務では必ずしもそうはいかない。繰返しせん断試験は，実務の感覚からすれば高価な試験である。また，乱れの少ない試料を採取するための凍結サンプリングとなると途方もなく多くの費用がかかるし，適用できる材料も限られている。したがって，実務では，詳細な調査は行われないことも多い。また，予備試験の結果を使って解析をする場合などもある。

この章では過去の文献に示される実験データなどを紹介する。なお，既往の実験結果を使う際には，なるべく同じ材料の結果を使う，拘束圧や塑性指数など変形特性に敏感に影響を与えるものはなるべく揃えるといった注意が必要である。また，一般に実験式はかなりばらついていることが普通であるので，その分，解析結果に誤差が含まれているということを認識しておく必要がある。これについては，12.2節で論じる。

7.1 弾性的性質

標準貫入試験で求められるN値を用いた実験式は多い。しかし，原位置でせん断弾性係数G_0を求めることは困難であり，代わりに，S波速度V_sを求めている。V_sとG_0の間には式(5.8)で示した

$$G_0 = \rho V_s^2 \tag{5.8}$$

という関係があるので，どちらへの変換も簡単に行うことができる。ここで，ρは土の密度であり，ボーリング調査では計測されていることも多い。

7.1.1 今井らの式

N値から波動伝播速度を求める研究の先駆けとなったのは，今井の研究[1]である。彼は，ダウンホール法で得られたS波速度V_s，P波速度V_pと種々の量の関係を求めている。このうち，V_sとN値の間には相関関係があるとして，すべてのデータについて

$$V_s = 91.0 N^{0.337} \quad (r=0.889) \ [\text{m/s}] \tag{7.1}$$

を示した。ここでrは相関係数である。さらに，土質と年代ごとに分けられたデータについて図7.1のような関係を示している。すなわち，

$$\begin{aligned} V_s &= 102 N^{0.292} & \text{沖積粘土（Ac）} \\ V_s &= 80.6 N^{0.331} & \text{沖積砂（As）} \\ V_s &= 114 N^{0.294} & \text{洪積粘土（Dc）} \\ V_s &= 97.2 N^{0.323} & \text{洪積砂（Ds）} \end{aligned} \quad [\text{m/s}] \tag{7.2}$$

ここで，図7.1中の点線は著者が加えたもので，式(7.2)のV_sの倍と半分の線である。すると，これらの経験式は，倍・半分の範囲には入っていることがわかる。しかし，最大で倍・半分程度の誤差があることも事実である。せん断弾性係数はV_sの二乗に比例するので，せ

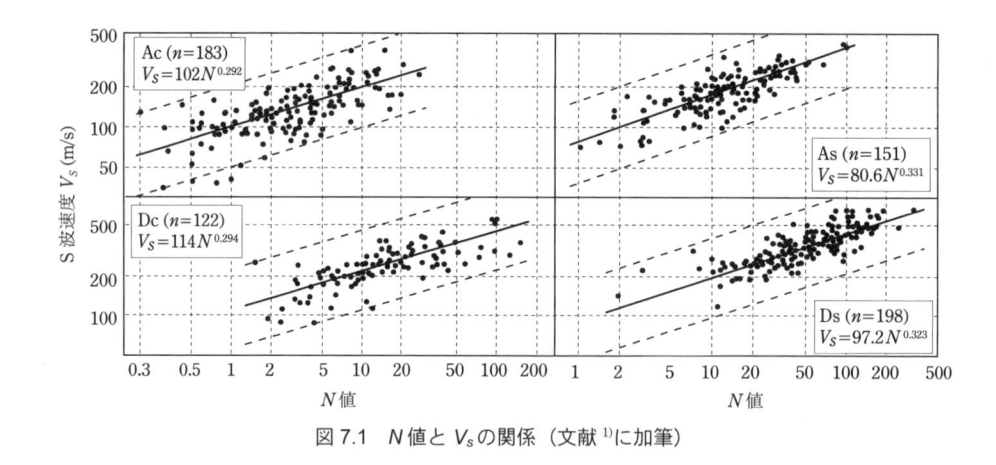

図7.1 N値とVsの関係（文献1)に加筆）

ん断弾性係数は1/4～4倍の範囲にばらつくことになる。弾性係数の評価はせん断強度の強度に直接結びつき，せん断強度は1.3節で述べたように，地表の最大加速度に結びつく。したがって，最大加速度にもこの程度の差が生じる可能性があることを示唆している。

彼らは，その後，より多くの土について調査を行い，S波速度V_sを求め，さらに，式(5.8)の関係を用いて，せん断弾性係数を求める式も提案した[2]。これを表7.1に示す。ここでrは相関係数であるが，S波速度とせん断弾性係数でそれほど差がない。このことは密度の計測精度がかなり高いことを示している。

表7.1 S波速度・せん断弾性係数とN値の関係

土　質	$V_s = AN^m$ [m/s]			$G_0 = BN^n$ [MN/m²]		
	A	m	r	B	n	r
埋土（粘性土）	98.4	0.248	0.574	15.4	0.557	0.582
埋土（砂，砂礫）	91.7	0.257	0.647	14.2	0.500	0.647
沖積粘土	107	0.274	0.721	17.6	0.607	0.715
沖積泥炭	63.6	0.453	0.771	5.37	1.08	0.768
沖積砂	87.8	0.292	0.690	12.5	0.611	0.671
沖積砂礫	75.4	0.351	0.791	8.25	0.767	0.788
ローム，しらす	131	0.153	0.314	22.4	0.383	0.497
第三紀層（砂，粘土）	109	0.319	0.717	20.4	0.668	0.682
洪積粘土	128	0.257	0.712	25.1	0.555	0.712
洪積砂	110	0.285	0.714	17.7	0.631	0.729
洪積砂礫	136	0.246	0.550	31.9	0.528	0.552

注）rは相関係数

なお，この研究で用いているのはダウンホール法によるV_sであるが，ダウンホール法は5.2節で示したように，N値の変化を詳細に反映していない可能性がある。例えばサスペンション法によるV_sを用いると誤差はもっと小さくなる可能性がある。また，5.2節ではダウンホール法は平均的な値を示すということを説明したが，そうであれば，この式の精度はもっと良い可能性もある。さらに，5.1節で述べたように，N値には拘束圧依存性があるが，この論文ではこれに対する補正もされていない。これ以降に示す経験式もほとんどが拘束圧依存性を考慮していない。

7.1.2 道路橋示方書の式

今井の研究[1]では N 値と V_s の相関は全体的には式(7.2)で表現できるが，材料や年代で分類するとすべてのデータが式(7.2)で N 値 1〜500 の間にばらついているわけではなく，存在する範囲が限られている．それで，その存在する範囲ごとにデータをまとめると，式(7.2)や図 7.1 のようになるということである．これに対して，道路橋示方書[3]では前項の今井の式を元にしてさらに単純化した式を示した．

$$V_s = 100 N^{1/3} \quad \text{粘性土}$$
$$V_s = 80 N^{1/3} \quad \text{砂質土} \tag{7.3}$$

実務では，地盤を沖積，洪積に分類することは困難な事も多いので，この式がよく用いられるようである．式(7.2)と式(7.3)を比較して図 7.2 に示すが，式(7.3)は砂質土に対しては沖積土を対象としてまとめられ，対象の N 値は粘土では 1〜25，砂では 1〜50 程度である．

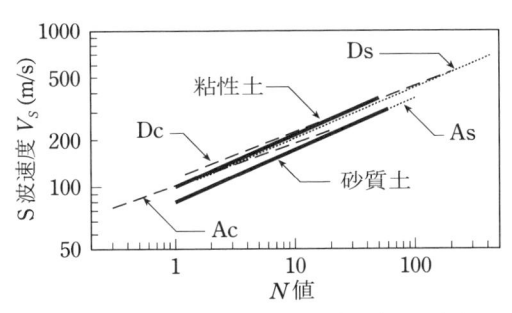

図 7.2 今井の式と道路橋示方書の式の比較[4]
（ローマ字と細い線は式(7.2)，漢字と太い線は式(7.3)）

7.1.3 港湾関係で使われる式

文献[5]では，埋立地の液状化対策などで使える式として，色々な文献から集めた式を紹介している．代表的なものとして次式がある．

$$G_0 = 144 N^{0.68} \quad \text{砂質土 [6]} \tag{7.4}$$
$$G_0 = 170 q_u \quad \text{粘性土 [7]} \tag{7.5}$$

ここで，q_u は一軸圧縮強度である．粘性土では弾性係数は強度との相関が強いとされ，特に北米ではよく用いられている．さらに，拘束圧依存性として次式が示されている[7][8]．

$$V_s = V_{s0} \left(\frac{\sigma'_v}{\sigma'_{v0}} \right)^B \tag{7.6}$$

ここで，V_{s0} と V_s は施工前後の S 波速度，σ'_{v0} と σ'_v は施工前後の有効上載圧，B はべきで，砂質土で 0.25，粘性土で 0.5 である．S 波速度と弾性係数の関係が式(5.8)で表されることから，せん断弾性係数は砂質土では有効上載圧の 0.5 乗に比例し，粘性土では 1 乗に比例することになる．なお，塑性指数 I_p が 30 以下では砂質土，30 より大きいと粘性土のべきを用いる．

さらに，港湾でよく用いられる材料に対して表 7.2 の値が示されている．

表 7.2 各種材料の S 波速度

材　　料	V_s (m/s)
マウンド捨石	300
裏込め	225
ケーソン	2000

この他，港湾の施設の技術上の指針（1989年版）[9] では，次の式も紹介されている。

$$G_0 = 98(285 - 2I_p)\sigma'_m \qquad (I_p \geq 30)$$

$$G_0 = 9.90 \frac{(1.6I_p + 185)(2.973 - e)^2}{1+e} \sigma'^{0.5}_m \qquad (I_p < 30)$$

$$G_0 = 6929 \frac{(2.17 - e)^2}{1+e} \sigma'^{0.5}_m \qquad \text{（丸い砂粒子の砂質土）} \qquad (7.7)$$

$$G_0 = 3267 \frac{(2.973 - e)^2}{1+e} \sigma'^{0.5}_m \qquad \text{（角ばった砂粒子の砂質土）}$$

7.1.4 建築でよく引用される式

太田ら[10] は多くのデータから実験式を作るに際し，N値，深さ，地質年代（堆積年代），土質の4つのパラメータに基づいて分類した。ここで，データにはN値や深さのように通常の尺度で測れるもの（間隔尺度）と，地質年代や土質のように同じか違うかでしか区別できないもの（名義尺度）があるので，通常の統計手法では整理できない。そこで，新しい整理法を提案し，300個の計測データを整理した。データの範囲はV_sで50〜630m/s，N値で2〜200，深さで1〜80mである。結果はどのパラメータを選ぶかにより異なり，相関係数も異なる。このうち，相関係数が最も高かったのは，すべてのパラメータを用いて表現した式で，次のようになる。

$$V_s = 68.79 N^{0.171} H^{0.199} EF \qquad (r=0.856) \qquad (7.8)$$

ここで，Hは深さ（m）であり，E，Fはそれぞれ地質年代と土質による影響係数で，それぞれ表7.3のように表されている。

また，これらの要因から深さの要因を除いた式は次のようになる。

$$V_s = 93.10 N^{0.249} EF \qquad (r=0.787) \qquad (7.9)$$

この式に対応するEとFの値も表7.3に示されている。式(7.8)は建築関係の図書で引用されることが多い。例えば，文献[11] で引用されている。

表7.3 パラメータの値

式(7.8)				式(7.9)			
地質年代	E	土質	F	地質年代	E	土質	F
沖積	1.000	粘土	1.000	沖積	1.000	粘土	1.000
洪積	1.303	細砂	1.086	洪積	1.448	細砂	1.056
		中砂	1.066			中砂	1.013
		粗砂	1.135			粗砂	1.039
		砂礫	1.153			砂礫	1.069
		礫	1.448			礫	1.221

7.1.5 岩崎らの式

岩崎ら[12] は東京，川崎，神戸の沿岸地区におけるボーリング調査の結果より，PS検層によるS波速度とN値の関係を最小自乗法で求め次の式を示した。

$$V_s = 103 N^{0.211} \qquad \text{沖積砂質土（As）} \qquad (N=4\sim30)$$

$$V_s = 143 N^{0.0777} \qquad \text{沖積粘性土（Ac）} \qquad (N=1\sim7)$$

$$V_s = 205 N^{0.125} \qquad \text{洪積砂質土（Ds）} \qquad (N=5\sim500)$$

$$V_s = 172 N^{0.183} \qquad \text{洪積粘性土（Dc）} \qquad (N=5\sim200)$$

ここで、括弧内は図7.3におけるN値の範囲である。また、彼らは、弾性波速度計算時のひずみ振幅は地表近くで10^{-5}のオーダー、GL-50m以深では10^{-8}のオーダーであることを報告している。他の式と比べるとべきが小さいのが特徴である。

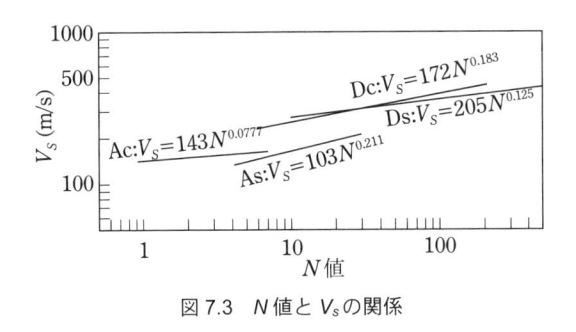

図7.3 N値とV_sの関係

7.1.6 室内試験に基づく式

6.5節で示したように、室内試験で計測される弾性係数は乱れの影響を受けているので、弾性係数は原位置弾性係数に比べ倍・半分程度より大きいことがある。一方、N値から予測する式はおおむね倍・半分の範囲に入っている。その意味では、N値から推測する方が少しではあるが、精度が良いということができよう。ただし、解析で倍・半分の精度が十分というわけではないことは当然である。なお、精度の問題は解析をする技術者が責任を持つ問題であり、実験式の問題として捉えるべきではないという考えもある。

例えば、振動台実験や遠心力載荷実験のような実験では試料は作られたばかりであるので、室内試験の結果も有効であろう。同じ意味では、埋立地も新しい地盤であることを考えると適用性がある可能性がある。

室内試験に限らず、経験式は時代とともに多く提案されている。**表7.4**にこれらをまとめて示す。この表は文献13)を元にしたものである。ここで、文献13)はひずみ10^{-5}を基準としてまとめられた文献14)にデータを付け加えたものであるが、ここではさらにいくつかのデータを加えている。また、**図7.12**にもデータがある。

弾性係数は間隙比と拘束圧の関数として与えられるので、一般に次のように表すことができる。

$$G_0 = A f(e) \sigma_m'^n \tag{7.10}$$

間隙の影響は、相対密度D_rで表現する方法と間隙比eで表現する方法があるが、きれいな砂ではeに依存する方が妥当と考えられている15)。また、$f(e)$の中には$2.17-e$がよく現れる。最初の論文の形式を踏襲した結果とも考えられるが、一方では、砂ではeが2以上になるとS波を通さなくなるという報告16)とも整合しているように思われる。

なお、これらの式を使う場合には、試験法とひずみの範囲に注目する必要がある。

例えば、文献17)では、同じ試料では超音波パルス法と単純せん断法では後者のAの値が半分と報告しているように、昔は静的な試験では小さいひずみ域の挙動を精度良く捉えることは難しかった。そのため、昔は共振柱試験もよく用いられていた。しかし、最近では計測法も進歩し、10^{-6}レベルの挙動も捉えられるようになっている。ただし、一方では6.7.4項で述べたように、多くの試験者は、ひずみが10^{-5}ないしは5×10^{-5}以上が小さいひずみ域の減衰定数の精度が保証できる範囲であると考えているという報告18)があるように、研究レベルはさておき、実務レベルでは非常に小さいひずみ領域では精度は信頼性に乏しい可能性がある。

表7.4 せん断弾性係数の実験式

	文献番号	著者	A	$f(e)$	n	試料	試験法	備考
砂	20	Hardinら	7000	$(2.17-e)^2/(1+e)$	0.5	粒子の丸いオタワ砂	共振	$\gamma \leq 10^{-4}$
			3300	$(2.97-e)^2/(1+e)$	0.5	粒子の角張った石英砂		
	17	柴田ら	42000	$0.67-e/(1+e)$	0.5	3種のきれいな砂	パルス	
	21	岩崎ら	9000	$(2.17-e)^2/(1+e)$	0.38	11種のきれいな砂	共振	$\gamma=10^{-6}$
	22	国生	8400	$(2.17-e)^2/(1+e)$	0.5	豊浦砂	三軸	
	23	Yuら	7000	$(2.17-e)^2/(1+e)$	0.5	3種のきれいな砂	共振	
	24	Lo Prestiら	9014	$e^{-1.3}$	0.45	豊浦砂	中空共振	
	25	沼田ら	29718	$(0.79-e)/(1+e)$	0.55	不撹乱まさ土	三軸	凍結試料
	26	阿曽沼ら	10276	$e^{-2.46}$	0.52	不撹乱しらす	三軸	
	27	Saxenaら	3062	$1/(0.3+0.7e^2)$	0.574	モンテレー砂	共振	$\gamma=10^{-5}$
	28	Hardinら	31.5	$(32.17-14.8e)^2/(1+e)$	0.5	オタワ砂,$\sigma'_m > 95.75$	共振	$\gamma=2.5\times10^{-4}$
			23.15	$(22.52-10.6e)^2/(1+e)$	0.5	オタワ砂,$\sigma'_m < 95.75$		
粘土	28	Hardinら	3300	$(2.97-e)^2/(1+e)$	0.5	カオリナイトなど	共振	過圧密言及
	29	Marcusonら	4500	$(2.97-e)^2/(1+e)$	0.5	カオリナイト,$I_p=35$	共振	過圧密と時間効果言及
			450	$(4.4-e)^2/(1+e)$	0.5	ベントナイト,$I_p=60$		
	30	善ら	2000~4000	$(2.97-e)^2/(1+e)$	0.5	撹乱粘土,$I_p=0~50$	共振	AはI_pに依存
	31	国生ら	141	$(7.32-e)^2/(1+e)$	0.6	不撹乱粘土:$I_p=40~85$	共振	過圧密言及
有機質土	32	石原ら	0.236	$(91.5-e)^2/(1+e)$	0.65	不撹乱有機質土	共振	ブロック試料
礫質土	33	Prange	7230	$(2.97-e)^2/(1+e)$	0.38	バラスト:$D_{50}=40$mm,$U_c=3.0$	共振	
	34	国生ら	13000	$(2.17-e)^2/(1+e)$	0.55	採石:$D_{50}=30$mm,$U_c=10$	三軸	
			8400	$(2.17-e)^2/(1+e)$	0.6	丸礫:$D_{50}=10$mm,$U_c=2.0$		
	35	田中ら	3080	$(2.17-e)^2/(1+e)$	0.6	礫:$D_{50}=10$mm,$U_c=2.0$	三軸	
	36	後藤ら	1200	$(2.17-e)^2/(1+e)$	0.85	礫:$D_{50}=10.7$mm,$U_c=13.8$	三軸	
	37	西尾ら	9360	$(2.17-e)^2/(1+e)$	0.44	不撹乱礫:$D_{50}=10.7$mm,$U_c=13.8$	三軸	
	26	阿曽沼ら	2488	$e^{-0.56}$	0.68	火山灰土:$D_{50}=6.6$mm,$U_c=6.0$	三軸	
	38	田中ら	2056	$(2.17-e)^2/(1+e)$	0.62	礫分25%	三軸	調整試料
			3079	$(2.17-e)^2/(1+e)$	0.6	礫分50%		
	39	西ら	2393	$(2.17-e)^2/(1+e)$	0.66			

注)試験法 共振=共振柱試験,三軸=繰返し三軸試験,中空=繰返し中空ねじり試験

図7.4はせん断剛性の拘束圧依存性のべきnがひずみとともにどの程度変化するかを見たものである[19]。ひずみが10^{-6}程度ではべきの値は0.5より小さく,ひずみが10^{-5}～10^{-4}程度になって0.5に近づき,さらにひずみが大きくなるとべきも大きくなっていく傾向がある。実験でどの程度のひずみをターゲットにしているかによってもべきの値,そしてAの値も異なってくる。さらに,礫材料では試料のサイズも影響する。

べきの値については実務では$n=0.5$を使うことが多い。しかし,図7.4に見られるように,この値はひずみが10^{-5}～10^{-4}程度の状態に対応しており,必ずしも弾性の状態と対応しているわけではないことに注意が必要である。

そこで,もう一つ,別の検討をしてみる。式(7.3)によれば,V_sはN値の1/3乗に比例しているので,式(5.8)よりせん断弾性係数は拘束圧の2/3乗に比例する。式(7.3)では拘束圧補正は行われていないので,Liaoの式(5.6)を見ると,N_cが同じであればNは上載圧の1/2

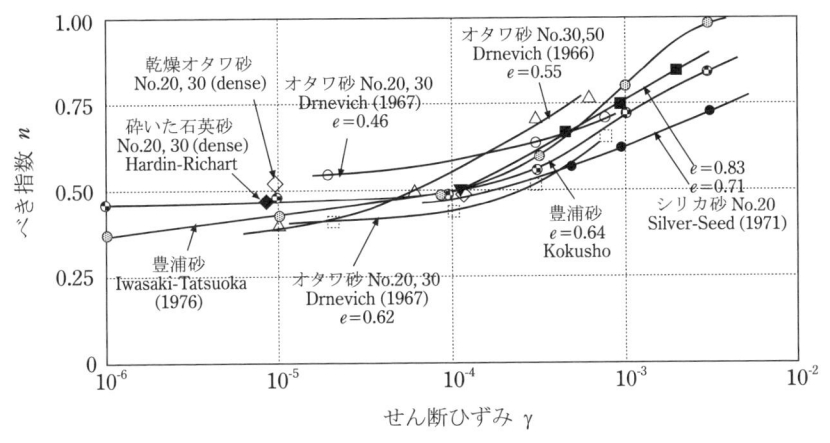

図7.4 せん断剛性のべきの拘束圧依存性[19]

乗に比例する。したがって，せん断弾性係数は拘束圧の 1/3 乗に比例することになる。図 7.4 を見ると，この値はひずみの小さい領域と整合しているようにも見える。実際のべきは両者の中間程度かもしれない。

7.2 非線形特性

先に述べたように，非線形特性は，繰返しせん断試験によって得られ，その結果は，G-γ, h-γ関係として整理される。ここでは，設計などでよく使われる式や，各種材料の実験結果などを示す。なお，適用時の注意は 6.7 節で示した。

実際の式を紹介する前に，一般的な評価方法を示す。図 7.5 に繰返しせん断試験結果の例を示す。図では L，M で表した二つの結果が示されている。6.5 節で述べたように，左側の縦軸（せん断剛性比）は計測されたせん断剛性を微小ひずみ時のせん断剛性で除して無次元化しており，最大値は 1 である。なお，実験の整理によってはデータの最大値は 1 ではないことがある。例えば，H-D モデルでフィットをよりよくする，データの最小ひずみが少し大きいなどがその理由となる。また，右側は減衰定数である。減衰定数は図のように実数で書かれる時と，%で書かれる時がある。また，最大値は実験値によって大きく異なっていることが普通である。さらに，左の軸と最大値を揃える目的で最大値を 1 にしている時もある。

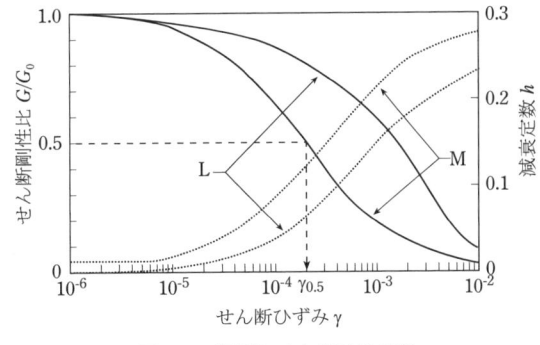

図7.5 繰返しせん断特性の例

二つの曲線 L と M では，L の G/G_0 が大きい．この場合には大きなひずみになっても剛性が小さくならないことから，M に比べて非線形化が起こりにくいと読める．また，この結果，減衰定数は L が M より小さいのが一般的である．

$G/G_0=0.5$ に対応する G/G_0-γ 曲線のひずみは $\gamma_{0.5}$ として使われることが多い．また，H-D モデル（6.6節），双曲線モデル（8.2.3項）や R-O モデル（8.2.4項）で用いられる基準ひずみに対応していることから，γ_r と書かれる時がある．

減衰は，小さいひずみ領域でほとんど 0 になっているケースと，2～4% の値があることがある（6.7.4項）．また，最大減衰定数は最近のデータでは 0.1～0.25 程度の間にある．しかし，砂で排水試験が行われるともっと大きくなることがあるが，0.3 より大きくなることはあまりない．7.2.12項で実験式を比べているので参照されたい．

7.2.1 土研の式

国土交通省土木研究所で行われた実験を指し，沖積粘土[40)41)]，洪積粘土[42)]，砂[43)] についての結果が別々に報告されている．また，文献[44)] にはこれらがまとめて示されている．

(1) 沖積粘性土

千鳥町（川崎市），木曽川下流および浮島沖（川崎市）で採取した不撹乱試料を原位置有効上載圧で圧密した後に行った繰返し三軸試験の結果をまとめたもので，せん断剛性比のひずみ依存性は式(7.11)，(7.12)で与えられる．

$$\frac{G}{G_0}=\left[A\cdot\sigma_m'^{B}\right]_{\gamma=\gamma_i} \qquad (10^{-6}\leq\gamma\leq 5\times10^{-4}) \tag{7.11}$$

$$\frac{G}{G_0}=\left[A\cdot\sigma_m'^{B}\right]_{\gamma=5\times10^{-4}}\cdot[K]_{\gamma=\gamma_i} \qquad (5\times10^{-4}\leq\gamma\leq 2\times10^{-2}) \tag{7.12}$$

ここで，σ_m' は平均有効主応力（kPa），A，B，K の値は表7.5(a)に示される．二つの式のうち，式(7.11)はひずみが 5×10^{-4} 以下に対する式であり，これより大きいひずみでは式(7.12)を適用し，5×10^{-4} の値に対して比例的に低下させるものである．また，拘束圧依存性を考慮しているのが特徴である．これらの関係を図示すると，図7.6 のようになる．

一方，減衰定数については，データ数も少ないことから実験値の平均曲線を使うこととし，図7.6 に示す曲線を与えており，これを表にすると，表7.5(b)となる．

表7.5 繰返しせん断特性を決めるための係数（文献[40)] を修正）

(a) G-γ関係					(b) h-γ関係			
γ	A	B	γ	K	γ	h	γ	h
2×10^{-6}	0.979	0.00258	5×10^{-4}	1.000	10^{-6}	(0.02)	5×10^{-4}	0.073
5×10^{-6}	0.896	0.0160	10^{-3}	0.831	2×10^{-6}	(0.023)	10^{-3}	0.092
10^{-5}	0.826	0.0275	2×10^{-3}	0.655	5×10^{-6}	(0.028)	2×10^{-3}	0.110
2×10^{-5}	0.740	0.0443	5×10^{-3}	0.431	10^{-5}	(0.032)	5×10^{-3}	0.140
5×10^{-5}	0.617	0.0727	10^{-2}	0.282	2×10^{-5}	(0.036)	10^{-2}	0.161
10^{-4}	0.515	0.101	2×10^{-2}	0.170	5×10^{-5}	0.044	2×10^{-2}	0.176
2×10^{-4}	0.431	0.129	5×10^{-2}	(0.06)	10^{-4}	0.051	5×10^{-2}	0.192
5×10^{-4}	0.301	0.185	10^{-1}	(0.03)	2×10^{-4}	0.057	10^{-1}	0.200

注1) 括弧は推定値
注2) 原論文では B の一部が負の値になっているが，計算結果，図などは正の値を元にしているし，拘束圧に逆比例するのは力学的に自然ではないので，ここでは正の値を示している．

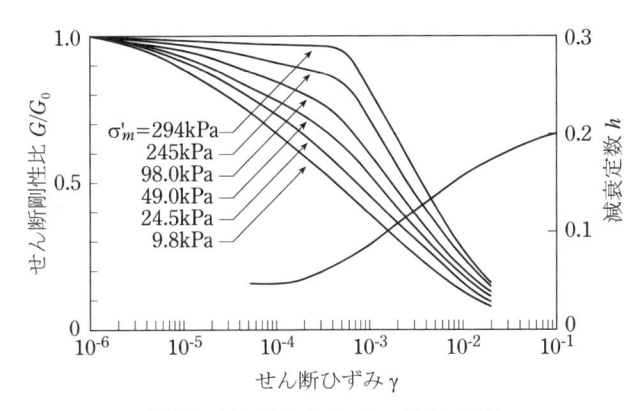

図 7.6 沖積粘性土の繰返しせん断特性

(2) 洪積粘性土

名古屋市金城埠頭でサンプリングした低～中塑性の粘土で，N 値 15～35，$V_s \approx 300$m/s に対する実験結果をまとめたもので図 7.7 に示されている。試験は，共振柱試験と繰返しねじり試験（低振動数試験として示されている）が行われている。初期拘束圧は原位置のそれに合わせ，初期主応力の比は 1:2 としている。図 7.7 には豊浦砂の結果も示されているが，初期拘束圧の高い（196kPa）豊浦砂とせん断剛性比はよく似ている。また，せん断剛性比は共振柱試験とねじり試験で異なるが，ねじり試験の結果を 1.1 倍すると共振柱試験の結果とよく一致するようになる事から，これを使うことが勧められている。

減衰定数は，実験値の平均的な値が用いられている。

この図から代表的な結果を読み取ると，表 7.6 のようになる[44]。

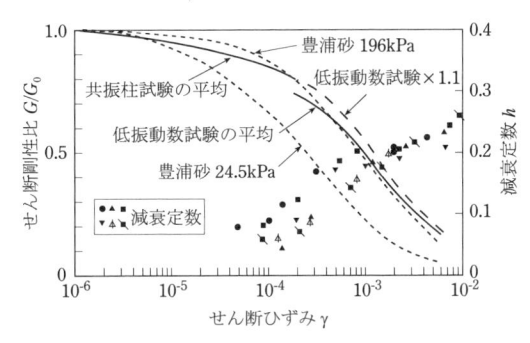

図 7.7 洪積粘性土の繰返しせん断特性

表 7.6 洪積粘性土の繰返しせん断特性

γ	G/G_0	h (%)	γ	G/G_0	h (%)
10^{-6}	1.000	0.7	5×10^{-4}	0.627	8.4
2×10^{-6}	0.990	0.9	7×10^{-4}	0.563	9.9
5×10^{-6}	0.970	1.3	10^{-3}	0.491	11.9
10^{-5}	0.950	1.6	1.5×10^{-3}	0.415	14.2
2×10^{-5}	0.928	1.9	2×10^{-3}	0.362	15.8
3×10^{-5}	0.908	2.3	3×10^{-3}	0.288	18.3
5×10^{-5}	0.880	2.8	5×10^{-3}	0.200	21.7
10^{-4}	0.834	3.7	7×10^{-3}	0.145	23.3
2×10^{-4}	0.769	5.0	10^{-2}	0.085	26.4
3×10^{-4}	0.715	6.3			

(3) 沖積砂質土

豊浦砂に関する繰返し中空ねじり試験の結果は，間隙比の影響をあまり受けないが，拘束圧依存性はあるとして，次の式のように整理できるとした。

$$\frac{G}{G_{\gamma=10^{-6}}} = \left(\frac{G}{G_{\gamma=10^{-6}}}\right)_{p=98\text{kPa}} \left(\frac{\sigma'_m}{98}\right)^{m(\gamma)-m(10^{-6})} \tag{7.13}$$

ここで，σ'_m は有効拘束圧である。式(7.13)に基づきせん断剛性比を決めるには基準拘束圧（98kPa）のせん断剛性比とべき $m(\gamma)-m(10^{-6})$ が必要である。このうち，べきの一部 $m(\gamma)$ は図7.4の豊浦砂のデータで示されている。さらに同じ図で $\gamma=10^{-6}$ における m の値を読み取り，差分として $m(\gamma)-m(10^{-6})$ を計算すると表7.7のようになる[44]。この表には基準拘束圧に対するせん断剛性比も示されている。

表7.7 沖積砂質土の繰返しせん断特性

γ	G/G_0	$m(\gamma)-m(10^{-6})$	γ	G/G_0	$m(\gamma)-m(10^{-6})$
10^{-6}	1.000	0.000	2×10^{-4}	0.689	0.156
2×10^{-6}	0.989	0.018	3×10^{-4}	0.606	0.190
5×10^{-6}	0.978	0.028	5×10^{-4}	0.500	0.260
10^{-5}	0.959	0.040	10^{-3}	0.356	0.350
2×10^{-5}	0.928	0.058	2×10^{-3}	0.228	0.422
3×10^{-5}	0.905	0.064	3×10^{-3}	0.170	0.448
5×10^{-5}	0.867	0.080	5×10^{-3}	0.108	0.476
10^{-4}	0.789	0.116	10^{-2}	0.058	0.480

G/G_0 は，平均有効主応力 98kPa における値

また，豊浦砂以外の砂に関する実験結果をまとめると，多少の細粒分を含む砂を含め，図7.8に示されるようにほぼ同様な傾向となることも示されている。したがって，沖積砂質土のせん断剛性比のひずみ依存性はおおむね式(7.13)で表すことができる。

次に減衰特性は次のように表される[44]。

$$h = 0.3(1 - G/G_0) \tag{7.14}$$

これらを，代表的な拘束圧について計算すると，図7.9のようになる。図より，拘束圧が大きくなると剛性比が大きくなり，減衰が小さくなる，すなわち，非線形化しにくくなることがわかる。

なお，この実験は，排水条件で行われているが，本書で示すこれ以外のほとんどの試験が非排水条件で行われているのに対して大きな違いがある。これについては 6.7.2 項で論

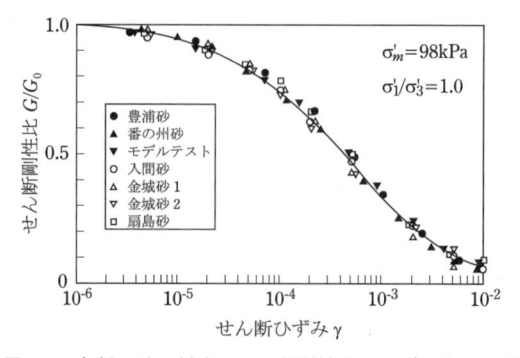

図7.8 各種の砂に対するせん断剛性比のひずみ依存性[43]

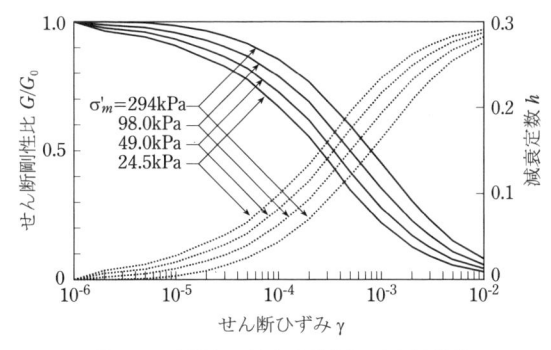

図7.9 砂質土に対する繰返しせん断特性

じているが，図6.15に示したように，せん断剛性には大きな差はない。しかし，ひずみの大きい領域の減衰定数はかなり違っており，非排水条件の減衰は小さい。これは，後に示す図7.31でも見ることができる。

(4) 洪積砂質土，礫質土

文献[44]では洪積砂質土については，国生・佐々木の報告[45]を引用しつつも，その結果が豊浦砂に類似しているとの理由から，沖積砂質土の関係を適用してもよいとしている。また，礫質土については，文献[44]の発行時点（1982年）では適当な実験データがないので，洪積砂質土のデータを用いることを勧めている。ただし，状況に応じて試料を採取して繰返しせん断試験を行う必要性を指摘している。

7.2.2 港湾の施設の技術上の基準

港湾の施設の技術上の基準[46]の1989年版ではG-γ関係を，せん断ひずみ振幅γと塑性指数I_pの関数として，次のように表している。

$$\frac{G}{G_{max}} = \bar{A}(I_p,\gamma)\left(\frac{\sigma'_m}{98}\right)^{n(I_p,\gamma)} \tag{7.15}$$

ここで，$\bar{A}(I_p,\gamma)$および指数部$n(I_p,\gamma)$の値は表7.8で与えられている。

一方，減衰特性は表7.9のように与えられている。この指針では，減衰特性については，拘束圧の影響は明瞭でないとして考慮されていない。

1999年版ではこの記述は解説からは削除されているが，簡易推定法として文献[47]が挙げられ，同じ式が示されている。この結果は善らによるものである[48]。ここで，砂はI_pがNP〜9.4未満の係数を適用すればよい。なお，砂とI_pの関係は一意的ではなく，例えば粘土混じり砂のような材料では砂ではあるが，I_pは大きい。著者の経験では砂でもI_pが20以上の事例もあった。また，7.1.3項では$I_p=30$が粘性土と砂質土の式を使い分ける境界としている。

図7.10には，これらの表に基づいた計算値が示されている。表7.8で，I_pが30以上では$n(I_p,\gamma)$が0となっているが，これは拘束圧依存性を考慮しないという意味である。一般に粘性土ではI_pが30〜40より大きい領域では拘束圧依存性が見られず，これより小さい領域では拘束圧依存性が現れる。

先に示した土研の式と比べると，せん断剛性比は似たような形状であるが，減衰定数はひずみの大きいところでかなりの差がある。これは6.7.2項で述べた排水条件の違いに起因するものであろう。また，減衰が幅を持ってばらついていることも，土研の式では減衰は材料による違いがそれほど見られないとして画一的な値を与えているのと対照的である。

表7.8　$\bar{A}(I_p,\gamma)$ および $n(I_p,\gamma)$ の値

せん断ひずみ振幅 γ	塑性指数 I_p					
	NP〜9.4未満		9.4〜30未満		30以上	
	$\bar{A}(I_p,\gamma)$	$n(I_p,\gamma)$	$\bar{A}(I_p,\gamma)$	$n(I_p,\gamma)$	$\bar{A}(I_p,\gamma)$	$n(I_p,\gamma)$
10^{-6}	1.	0.	1.	0.	1.	0.
10^{-5}	0.93	0.01	0.96	0.	0.97	0.
5×10^{-5}	0.83	0.03	0.91	0.01	0.93	0.
10^{-4}	0.75	0.05	0.84	0.02	0.89	0.
2.5×10^{-4}	0.56	0.10	0.74	0.05	0.82	0.
5×10^{-4}	0.43	0.16	0.59	0.09	0.70	0.
10^{-3}	0.30	0.22	0.45	0.16	0.58	0.
2.5×10^{-3}	0.15	0.30	0.26	0.22	0.40	0.
5×10^{-3}	-	-	0.12	0.26	0.25	0.
10^{-2}	-	-	-	-	0.18	0.

表7.9　減衰定数の値

せん断ひずみ振幅 γ	塑性指数 $I_p<30$			塑性指数 $I_p\geq30$		
	平均	最大	最小	平均	最大	最小
10^{-6}	0.026	0.040	0.015	0.025	0.050	0.010
10^{-5}	0.030	0.040	0.018	0.030	0.054	0.010
5×10^{-5}	0.033	0.042	0.020	0.034	0.062	0.014
10^{-4}	0.037	0.048	0.026	0.038	0.070	0.018
2.5×10^{-4}	0.055	0.068	0.040	0.050	0.088	0.030
5×10^{-4}	0.080	0.098	0.060	0.066	0.108	0.042
10^{-3}	0.120	0.145	0.092	0.086	0.133	0.056
2.5×10^{-3}	0.174	0.200	0.148	0.118	0.174	0.080
5×10^{-3}	0.200	0.222	0.178	0.144	0.208	0.100
10^{-2}	0.220	0.240	0.200	0.175	-	0.125

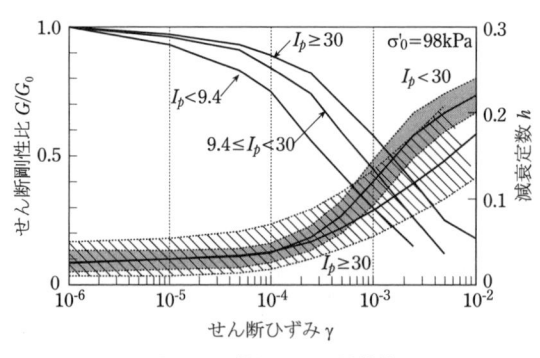

図7.10　繰返しせん断特性

7.2.3 鉄道構造物

文献[49]では，実験データのないケースに備えいくつかの繰返し三軸試験の結果を紹介している。すなわち，粒度調整砕石，豊浦砂，稲城砂，岩手ロームについて簡易に設定する場合の繰返しせん断特性として表7.10を示している。また，これを図示すると図7.11となる。

他の結果と比べると，豊浦砂の小さいひずみで減衰定数が0.005と小さいこと，大きいひずみ域での減衰が0.3近くで大きいことが挙げられる。また，ひずみが0.01における減衰が0.005における値より小さくなっていることも特徴として挙げることができよう（図6.17参照）。また，一つの値が示されるのみで，拘束圧依存性やI_p依存性などは考慮されていない。

せん断弾性係数の拘束圧依存性について，砕石は0.52乗，豊浦砂と稲城砂は0.56乗，岩手ロームは0.46乗に比例するとしているが，比例定数は図で示されるのみで，数値としては示されていない。図7.12に対象となった図を示す。

表7.10 繰返しせん断特性

ひずみ	調整砕石		豊浦砂		稲城砂		岩手ローム	
	G/G_0	h	G/G_0	h	G/G_0	h	G/G_0	h
1×10^{-6}	1.00	0.02	1.00	0.005	1.00	0.03	1.00	0.02
1×10^{-5}	0.99	0.024	0.99	0.007	0.98	0.032	0.98	0.02
5×10^{-5}	0.90	0.045	0.89	0.036	0.90	0.041	0.85	0.02
1×10^{-4}	0.82	0.058	0.80	0.064	0.80	0.051	0.77	0.023
2.5×10^{-4}	0.64	0.077	0.66	0.114	0.59	0.069	0.65	0.025
5×10^{-4}	0.48	0.093	0.50	0.174	0.40	0.09	0.55	0.04
1×10^{-3}	0.32	0.111	0.32	0.235	0.27	0.115	0.46	0.071
2.5×10^{-3}	0.15	0.126	0.12	0.284	0.16	0.151	0.32	0.12
5×10^{-3}	0.05	0.124	0.06	0.29	0.10	0.172	0.20	0.151
1×10^{-2}	(0.06)	(0.122)	0.05	0.282	0.07	0.18	0.12	0.145

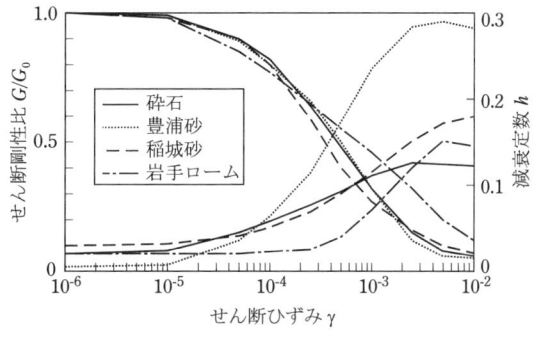

図7.11 繰返しせん断特性

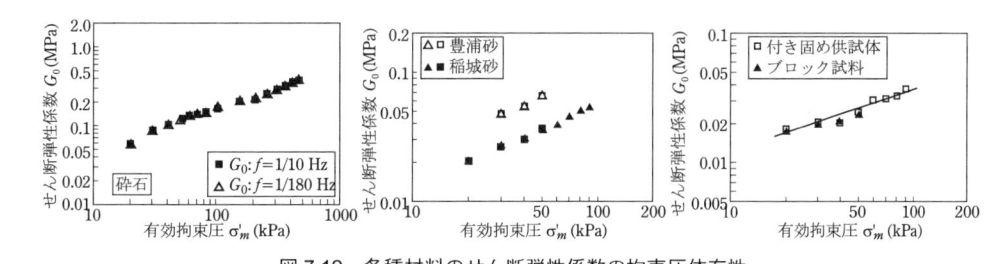

図7.12 各種材料のせん断弾性係数の拘束圧依存性

7.2.4 建築基準法関係

建設省告示[50]では，砂と粘土に関する繰返しせん断特性として表 7.11 を示していた。これを図示すると，図 7.13 となる。著者がフィッティングを行ったところ，8.2.4 項で示す Ramberg-Osgood モデルで，パラメータの値を表 7.12 のように設定すると，図上でほとんど一致する程度の値となった（ただし，最小減衰定数は 0.02）。なお，この告示は 2006 年には廃止になっており，ここで示す繰返しせん断特性も過去の遺物といえる。しかし，昔の論文には現れるので，ここで示しておくことにした。

著者は，このように一つの曲線ですべての挙動を代表させる方法には懐疑的である。これについては，6.7.5 項を参照されたい。

表 7.11 繰返しせん断特性の値

	砂						粘土				
γ	G/G_0	h	γ	G/G_0	h	γ	G/G_0	h	γ	G/G_0	h
0.00001	1.000	0.02	0.002	0.23	0.218	0.00001	1.000	0.02	0.002	0.377	0.163
0.00002	0.979	0.02	0.003	0.183	0.231	0.00002	0.99	0.02	0.003	0.311	0.181
0.00003	0.962	0.02	0.004	0.155	0.239	0.00003	0.983	0.02	0.004	0.269	0.192
0.00004	0.942	0.02	0.005	0.137	0.244	0.00004	0.975	0.02	0.005	0.24	0.199
0.00005	0.922	0.022	0.006	0.123	0.248	0.00005	0.966	0.02	0.006	0.219	0.205
0.00006	0.901	0.028	0.007	0.112	0.251	0.00006	0.957	0.02	0.007	0.202	0.209
0.00007	0.881	0.034	0.008	0.104	0.254	0.00007	0.948	0.02	0.008	0.188	0.213
0.00008	0.861	0.039	0.009	0.097	0.256	0.00008	0.939	0.02	0.009	0.176	0.216
0.00009	0.842	0.045	0.01	0.091	0.257	0.00009	0.93	0.02	0.01	0.167	0.218
0.0001	0.823	0.05	0.02	0.06	0.266	0.0001	0.92	0.021	0.02	0.114	0.232
0.0002	0.678	0.091	0.03	0.047	0.27	0.0002	0.834	0.044	0.03	0.091	0.238
0.0003	0.583	0.118	0.04	0.04	0.272	0.0003	0.763	0.062	0.04	0.077	0.242
0.0004	0.517	0.137	0.05	0.035	0.273	0.0004	0.706	0.077	0.05	0.068	0.244
0.0005	0.468	0.151	0.06	0.031	0.274	0.0005	0.659	0.089	0.06	0.062	0.246
0.0006	0.429	0.162	0.07	0.028	0.275	0.0006	0.62	0.1	0.07	0.056	0.247
0.0007	0.398	0.17	0.08	0.026	0.276	0.0007	0.587	0.108	0.08	0.052	0.248
0.0008	0.373	0.177	0.09	0.024	0.276	0.0008	0.558	0.116	0.09	0.049	0.249
0.0009	0.351	0.184	0.1	0.023	0.277	0.0009	0.533	0.122	0.1	0.023	0.250
0.001	0.333	0.189				0.001	0.511	0.128			

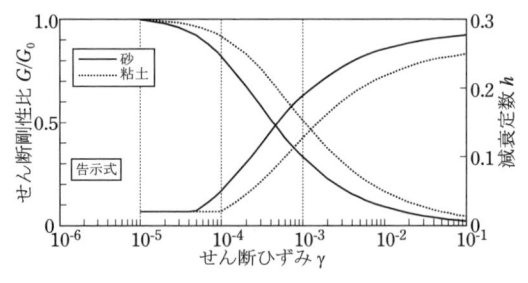

図 7.13 繰返しせん断特性

表 7.12 Ramberg-Osgood モデルのパラメータの値

	α	β	γ_r	h_{max}
砂	2.64	2.62	0.000432	0.26213
粘土	3.07	2.4	0.00106	0.285

7.2.5 電力中央研究所の研究

電力中央研究所では，多くの材料の繰返しせん断特性を求めてきている。ここでは，そのうち代表的なものを示す。

(1) 沖積粘性土

シンウォールサンプラーにより採取した不撹乱粘性土（手賀沼沖積粘性土）に三軸試験機で繰返し載荷をした結果をまとめている[31)51)]。まず，せん断剛性が深さによって異なる（拘束圧依存性がある）ことを示し，粘土については塑性指数 $I_p=40$ 以上では拘束圧依存性はほとんどなく，塑性指数の影響が大きいことを示している。また，過圧密，長期圧密履歴はせん断剛性に大きく影響を与えないことも示している。この研究では具体的な実験式は与えられていないが，代表的な G/G_0 に対するひずみを塑性指数の関数としてひずみ軸を対数表示とするグラフで示している。これは二つの直線で表されており，折れ曲がり点（コーナー点）の座標を読み取ると，表 7.13 のようになる。このうち，$G/G_0=0.5$ に対応するひずみは，基準ひずみに相当している。そして，そのひずみ値は，善らの結果[30)]と比べると大きいがグラフの形状は同じである。

表 7.13 コーナー点の値

	第1点		第2点		第3点	
G/G_0	I_p	γ	I_p	γ	I_p	γ
0.125	0	0.00526	50	0.0301	110	0.0664
0.25	0	0.00181	54	0.0122	110	0.0209
0.5	0	0.00068	45	0.00322	110	0.00491
0.75	0	0.00021	40	0.00087	110	0.00093

(2) 砂と砂礫

茨城県・東海村の JPDR 原子力発電所近くの地盤から採取した実験をまとめたものである[39)]。砂はトリプルチューブによる不撹乱試料，砂礫は撹乱試料である。

このうち，砂に関する繰返しせん断特性を図 7.14 に示す。全体的に見て，豊浦砂とほぼ同様の特性となっている。また，礫については，図 7.15 に代表的な特性を示すが，豊浦砂に比べ非線形化が小さいひずみから始まること，小さいひずみ時の減衰が大きいこと，しかし大ひずみの減衰は小さいことが述べられている。

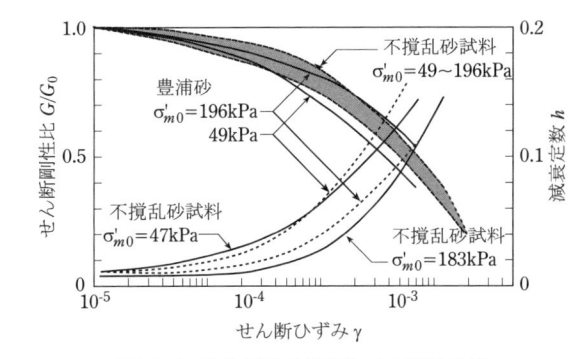

図 7.14 砂に対する繰返しせん断特性[39)]

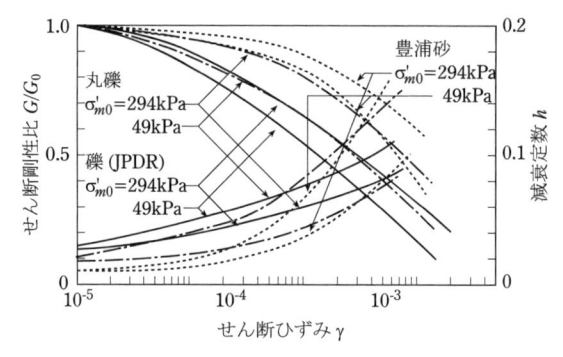

図 7.15　砂礫に対する繰返しせん断特性 [39]

(3) ネバダ砂の特性

ネバダ砂は，アメリカの砂で，アメリカの NSF がスポンサーとなって行われた液状化解析手法の精度を評価するプロジェクト（VELACS）[52]の際にも用いられた砂である。図 7.16 で示すのは，この際用いられた試料と同じ性質を持っている材料である。密な砂（$D_r=90 \sim 95\%$）と緩い砂（$D_r=50 \sim 60\%$）に関する実験が行われており [53]，繰返しせん断特性には密度の影響はほとんどないことが指摘されている。既往のデータと比べると，減衰が非常に大きいのが特徴である。

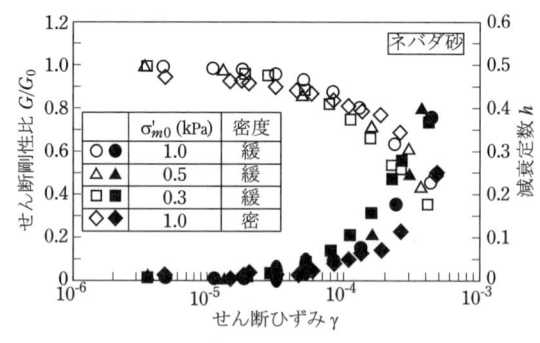

図 7.16　ネバダ砂の繰返しせん断特性

7.2.6　Seed & Idriss の実験整理

Seed（シード）と Idriss（イドリス）は多くの実験結果を整理している [54]。

砂については，図 7.17 に示すように，既往のデータの範囲とその平均的な値を示している。また，拘束圧，内部摩擦角，乾燥砂と飽和砂，静止土圧係数 K_0 の影響などを論じている。拘束圧の影響についてはこれまでのデータとほぼ同様の傾向である。すなわち，内部摩擦角が大きくなると非線形化が遅くなる（せん断剛性比が大きく，減衰定数が小さくなる），K_0 の影響は小さいが $K_0=1$ のとき最も非線形化が遅くなる，などの傾向を得ている。後者は初期せん断の影響が入らないためであろう。

次に，粘土では，試料の乱れの影響などが大きく，また，原位置で大きなひずみまで計測する技術がないので，正確な決定は困難であるとしている。ここで，試料の乱れとは 6.5 節で示した原位置の弾性係数と室内試験のせん断剛性が一致しないということを意味している。その中で，サンフランシスコ Bay mud やユニオン Bay clay などのデータを集め，それらの平均的な値として図 7.18 を示している。ここで，せん断剛性比は 3×10^{-6} における

値を基準としているので，これより小さいひずみでは 1 より大きい値となっている。なお，このせん断剛性比のデータはこれまでに示した粘土のデータに比べるとせん断剛性比が非常に小さい。例えば，図 7.17 と比べても小さい値である。このため，昔から日本の研究者はデータを作図する際に桁を間違えた可能性があると思ってきたが，真偽のほどは不明である。この事情からこのデータを使う際には注意が必要である。

なお，これらの図の平均曲線を読み取った結果を表 7.14 に示す。

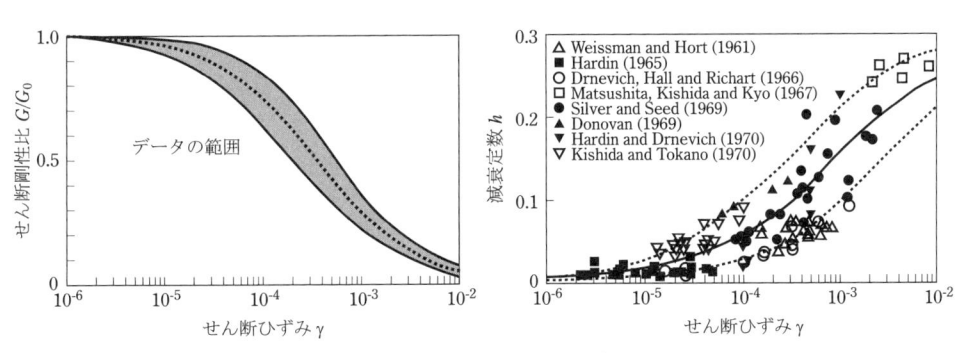

図 7.17 砂の繰返しせん断特性

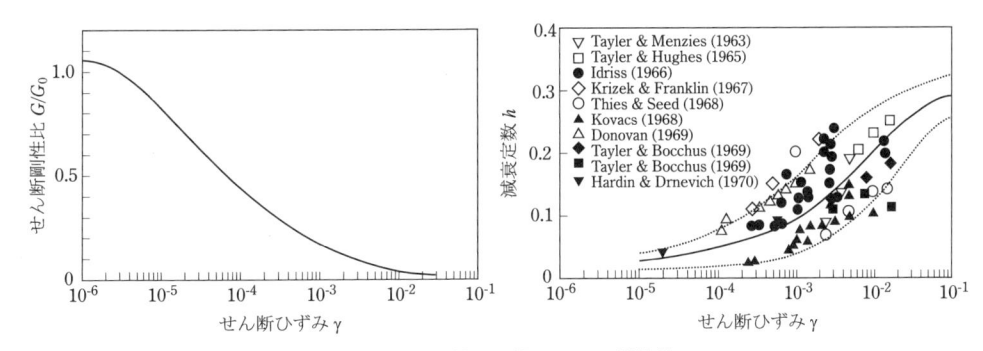

図 7.18 飽和粘土の繰返しせん断特性

表 7.14 図 7.17，図 7.18 のデータのデジタル値

γ	砂		粘土	
	G/G_0	h	$G/G_{\gamma=3\times10^{-6}}$	h
1.0×10^{-6}	1.00	0.008	1.056	–
3.16×10^{-6}	0.988	0.011	0.991	–
1.0×10^{-5}	0.962	0.018	0.823	0.028
3.16×10^{-5}	0.890	0.036	0.628	0.037
1.0×10^{-4}	0.747	0.059	0.445	0.050
3.16×10^{-4}	0.524	0.099	0.290	0.068
1.0×10^{-3}	0.290	0.158	0.172	0.094
3.16×10^{-3}	0.137	0.210	0.092	0.141
1.0×10^{-2}	0.053	0.247	0.037	0.203
3.16×10^{-2}	–	–	0.021	0.261
1.0×10^{-1}	–	–	–	0.291

7.2.7 安田らの式

安田らは北海道から九州までの国内 13 カ所から採取した 103 個の不撹乱試料に関する動的変形試験を基に，次の式を提案している[55]。

$$\frac{G}{G_{max}} = (A_1 + A_2 \log D_{50}) \left(\frac{\sigma'_m}{98}\right)^{(B_1 + B_2 \log D_{50})}$$

$$h = (C_1 + C_2 \log D_{50}) \left(\frac{\sigma'_m}{98}\right)^{(D_1 + D_2 \log D_{50})} \quad (7.16)$$

なお，この式は，$19.6 \leq \sigma'_m \leq 294 \mathrm{kPa}$，$0.002 \leq D_{50} \leq 1\mathrm{mm}$ のデータを元に決められているので，この条件に合わないケースは適用外となる。式の指数部を決めるための係数は，表 7.15 に示されている。

この式の適用範囲は粘土から粗砂までのかなり広い範囲で，そのすべてに同じ式が適用できるという意味で実務者には便利な式である。最小のひずみは 10^{-4} であるが，これより小さいひずみに対しては，10^{-6} 程度でせん断剛性比が 1 になり，減衰定数は 0 ないしは 0.02（2%）程度の値になるとして補間することが可能であろう。代表的な土について計算した結果を図 7.19 に示す。

表 7.15 式(7.16)の係数

γ	A_1	A_2	B_1	B_2
10^{-4}	0.827	-0.044	0.056	0.026
3×10^{-4}	0.670	-0.068	0.184	0.086
10^{-3}	0.387	-0.099	0.277	0.130
3×10^{-3}	0.189	-0.089	0.315	0.147
10^{-2}	0.061	-0.054	0.365	0.167
3×10^{-2}	0.041	-0.019	0.403	0.183

γ	C_1	C_2	D_1	D_2
10^{-4}	0.035	0.005	-0.559	-0.258
10^{-3}	0.136	0.036	-0.375	-0.173
10^{-2}	0.234	0.037	0.0	0.

ただし，$B_1=B_2=D_1=D_2=0$ （$D_{50}\leq 0.007\mathrm{mm}$）

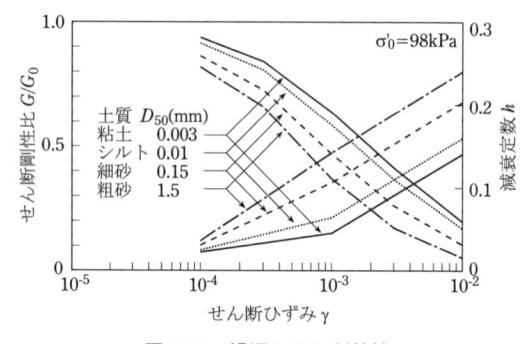

図 7.19 繰返しせん断特性

7.2.8 Vucetic らの整理

Vucetic と Dobry[56]は過去の 16 の繰返しせん断特性に関する研究論文をまとめ，繰返しせん断特性に大きく影響を与えるのは塑性指数 I_p であるとして，これをパラメータとして実験データをまとめ，図 7.20 を示した。この関係は砂から粘土まで幅広い材料に適用可能で，特に北米の研究でよく使われるが，日本のデータとは合わないところもある。例えば，$I_p=0\sim15$ は砂に相当するが，すでに見たような拘束圧依存性は考慮されていない。また，ひずみ 10^{-2} レベルの剛性は，他のデータと比べて非常に小さい。さらに，7.3 節に示す強度との関係で見ても，塑性指数だけで決めるのは無理がある。

表 7.16 に図 7.20 を読み取ったデジタル値を示す。

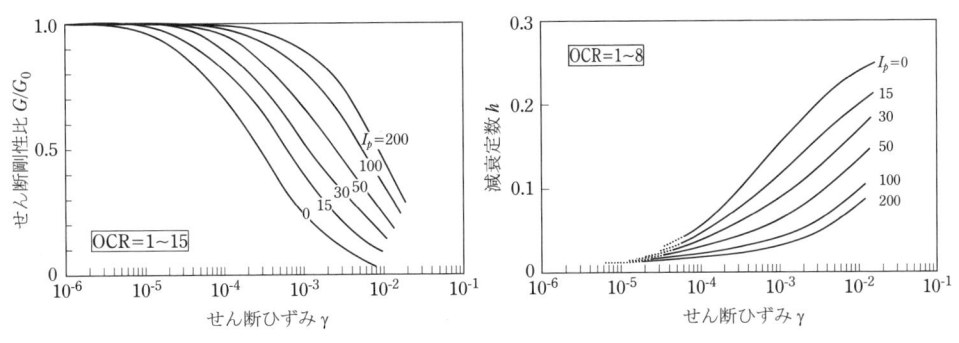

図 7.20 塑性指数をパラメータとした繰返しせん断特性 [56]

表 7.16 繰返しせん断特性のデジタル値

I_p	200		100		50		30		15		0	
γ	G/G_0	h	G/G_0	h	G/G_0	h	G/G_0	h	G/G_0	h	G/G_0	h
1×10^{-6}	1.000		1.000		1.000		1.000		1.000		1.000	
3.16×10^{-6}	1.000		1.000		1.000		0.999		0.998		0.996	
1×10^{-5}	0.999	0.012	0.997	0.015	0.995		0.980		0.964		0.991	
3.16×10^{-5}	0.997	0.014	0.998	0.017	0.991	0.020	0.981	0.023	0.932	0.026	0.871	0.031
1×10^{-4}	0.991	0.018	0.979	0.023	0.955	0.031	0.892	0.038	0.815	0.047	0.703	0.056
3.16×10^{-4}	0.965	0.023	0.922	0.030	0.840	0.044	0.742	0.061	0.639	0.078	0.475	0.100
1×10^{-3}	0.893	0.032	0.811	0.042	0.666	0.063	0.522	0.089	0.400	0.116	0.241	0.153
3.16×10^{-3}	0.743	0.049	0.619	0.063	0.453	0.094	0.327	0.125	0.207	0.159	0.105	0.202
1×10^{-2}	0.457	0.081	0.355	0.099	0.239	0.134	0.153	0.170	0.088	0.199	0.018	0.240
1.65×10^{-2}	0.323	0.097	0.240	0.117		0.154		0.190		0.215		0.251

7.2.9 古山田らの整理

古山田ら[57]は，東京，神奈川，大阪など全国45地点の167の原位置不撹乱試料を用いた繰返し三軸試験や中空ねじり試験の実験データ（初期応力は有効上載圧で等方圧密）を集めこれを6.6節に示したHardin-Drnevichモデルに整理した．すなわち，

$$\frac{G}{G_0} = \frac{1}{1+\gamma/\gamma_{0.5}}, \quad h = h_{max}\left(1-\frac{G}{G_0}\right) \tag{7.17}$$

ここで，$\gamma_{0.5}$は6.6節で示した基準ひずみと同じ定義であるが，G/G_0が0.5の位置のひずみであることを強調した表示である．また，h_{max}は最大減衰定数である．

彼らは，材料ごとおよび全データに対するフィッティングの結果を示しており，その結果を表7.17のように示した．このうち，全データによる平均値を砂質土と粘性土に対する提案モデルとして図7.21のように示した．図には7.2.4項に示したモデル（告示として示す）も示されているが，かなり差があり，モデル地盤に対する事例解析で応答結果にかなりの差があることも示した．

表 7.17　試料の諸元と繰返しせん断特性のモデルパラメータ

地点	地層	土質	拘束圧 (kPa)	e	I_p (%)	F_c (%)	V_s (m/s)	$\gamma_{0.5}$	h_{max}
東京	沖積層 (有楽町層)	粘性土	92	1.77	30.6	82.1	150	0.0019	0.16
		砂質土	74	0.89	—	17.2	190	0.0009	0.21
	洪積層 (東京層)	ローム	48	3.71	44.7	96.1	190	0.0019	0.14
		粘性土	174	1.45	37.4	91.5	270	0.0020	0.13
		砂質土	167	0.91	—	10.4	370	0.0009	0.21
神奈川	沖積層	粘性土	150	1.54	33.8	90.1	180	0.0019	0.15
		砂質土	122	0.88	—	20.1	200	0.0008	0.21
	洪積層 (上総層)	粘性土	265	1.45	54.2	77.2	280	0.0021	0.21
		砂質土	311	0.95	—	18.1	330	0.0013	0.23
大阪	沖積層	粘性土	166	1.39	33.5	94.9	160	0.0014	0.19
		砂質土	119	0.50	—	13.7	200	0.0008	0.19
	洪積層 (大阪層群)	粘性土	379	1.30	55.7	98.3	260	0.0016	0.17
		砂質土	332	0.60	—	15.7	340	0.0016	0.21
全データ平均値		粘性土	205	1.66	39.8	30.2	210	0.0018	0.17
		砂質土	193	0.86	—	15.6	290	0.0010	0.21

注）拘束圧，間隙比 e，塑性指数 I_p，細粒分含有率 F_c，S 波速度 V_s は平均値

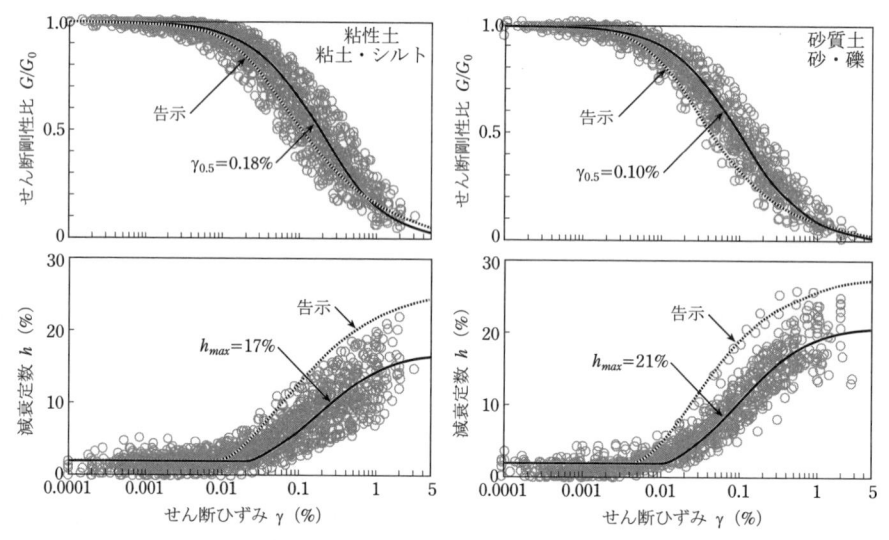

図 7.21　繰返しせん断特性のまとめ[57]

7.2.10　今津・福武の整理

今津と福武は，23 の文献に示される実験データを集めて，各種材料の繰返しせん断変形特性の存在範囲を図 7.22 に示した[58]。また，これらより，次の実験式を導いた[59]。

$$\frac{G}{G_{max}} = \frac{1}{1+a(\gamma)^b}, \quad h = c(\gamma)^d \tag{7.18}$$

ここで，係数 a〜d は表 7.18 で示されている[58]。ここで，μ は平均値，σ は標準偏差である。

表 7.18 繰返しせん断特性を決めるためのパラメータ

		a	b	c	d
砂	$\mu+\sigma$	1419		456.7	
	μ	729.7	0.89	338.0	0.47
	$\mu-\sigma$	375.4		250.1	
粘性土	$\mu+\sigma$	381.3		56.97	
	μ	179.1	0.79	46.84	0.27
	$\mu-\sigma$	84.02		38.49	
砂礫	$\mu+\sigma$	640.0		90.97	
	μ	392.8	0.75	75.36	0.30
	$\mu-\sigma$	241.3		62.38	

なお，この結果のうち，砂の減衰特性はせん断ひずみ 10^{-2} （1%）で 0.3 以上となっているが，これは大きすぎるように見える．文献[60]では文献[22]の結果を参考にして，図 7.23 を示している．著者の実感としても図 7.23 が実際に近い．これは，最近の実験が非排水条件下で行われており（6.7.2 項参照），ひずみが大きくなると有効応力が減少するために履歴曲線の形状が液状化時のものに近づき減衰定数が大きくならないからである．

なお，図 7.22，図 7.23 はあくまで一般的な範囲を示しているものであり，すべてのデータがこの範囲に含まれるというわけではない事に注意が必要である．なお，他のデータとの比較は 7.2.12 項に示した．

図 7.22 によれば，せん断剛性は砂礫が左側，粘土が右側にある．これは，砂礫，砂，粘性土の順番で塑性化しやすいことを表している．また，減衰特性は，砂，砂礫，粘性土の順に小さくなっている．この傾向は他の研究でも認められており，土の一般的な性質である．

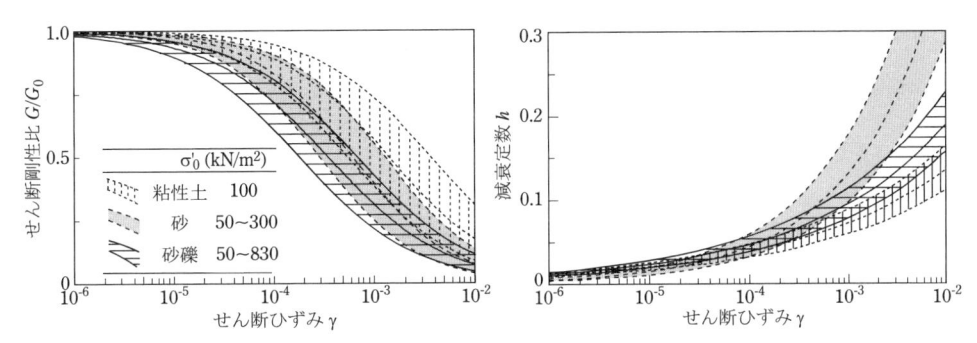

図 7.22 各種材料の繰返しせん断特性[58]

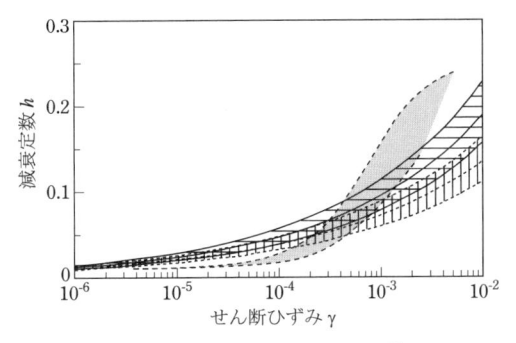

図 7.23 各種材料の減衰特性[22]

7.2.11 福元らの整理

最近では，従来は工学的基盤に相当するとされる，軟岩も非線形の影響があるとされるようになってきた[61)62)]。しかし，軟岩の繰返しせん断特性のデータは非常に少ない（例えば文献[63)]）。また，その力学特性もあまり知られていない。

福元らは，堆積軟岩に関するデータを集めて，基本的な特性を調べた[64)]。まず，図7.24は綱島台（横浜市港北区）の地盤から採取された固結シルトに対する単調載荷実験の結果である。載荷の際には途中で小さい除荷を何度か行い，除荷時の剛性も計測している。図7.24(a)は同じ試験であるが，ひずみの計測方法が異なっており，図で局所変位測定として示したのは，供試体の中央部の微小な変位を計測できる装置を用いた計測である。これに対して外部変位計として示したのは，一般に用いられることの多い供試体の両端面の変位を計測する方法である。同じ供試体に対する試験にもかかわらず，二つの計測されたひずみには大きな差があるが，これは，ベディングエラーのために，外部変位計ではひずみを大きく計測しているからである。具体的には，小さな亀裂が発生していると考えられる。外部変位計の応力-ひずみ関係は下に凸な形状をしているが，これは亀裂が閉じる現象である。

次に，図7.24(b)は試料採取時の問題を扱っており，(a)で示した局所変位測定の応力-ひずみ関係から，繰返しせん断特性の表現にもよく用いられるせん断剛性比とひずみの関係で表現している。ここでは，ダイヤモンドコアカッターを用いて採取した試料（ダイヤ試料）と，不撹乱試料の採取によく用いられることの多い，チューブサンプラーを用いて採取した試料（チューブ試料）を比較している。なお，(a)で示した応力-ひずみ関係は(b)でダイヤ試料として示されているものである。チューブ試料はダイヤ試料に比べると，剛性は一旦低下し，その後回復し，さらに急激に剛性が低下する，異常な曲線となっているが，これは，供試体の内部に微細な亀裂が入っているためと説明できる。また，剛性が低下するひずみもチューブ試料は大きいが，これも亀裂が閉じることによるひずみが含まれていると考えれば納得できる。ちなみにダイヤ試料を用いればすべて良い試料が得られるわけではなく，原論文でもダイヤ試料であるが，亀裂の存在が推測されるデータがあることが報告されている。ただし，この亀裂が元の状態でも存在していたのか，採取時に発生したものかは不明である。

次に彼らは，過去の堆積軟岩の繰返しせん断試験結果を71例集め，その統計的な性質を調べた。すると，繰返しせん断特性は塑性指数の影響を受けるが，拘束圧の影響はそれほど無いことがわかった。この結果に基づき，塑性指数で分類して繰返しせん断特性をモデル化することを考えた。

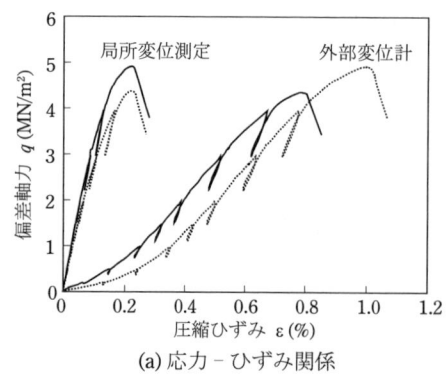

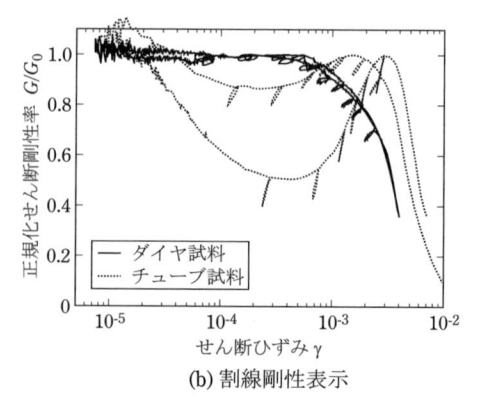

(a) 応力-ひずみ関係

(b) 割線剛性表示

図7.24 微細な亀裂の影響

ところで，先に述べたように，堆積軟岩では微小な亀裂の存在が変形特性に影響を与える。すると，繰返しせん断特性でも同じことが起こっている可能性がある。例えば，図 7.25 は I_p が 20～40 の結果をまとめたものであるがデータはかなりの範囲でばらついている。また，図には点線で，図 7.24(b)に示したダイヤ試料の結果も併せて示されている。すると，繰返しせん断試験結果の一番上のデータ（図の■）は単調載荷試験の結果とかなり良い一致をしていることがわかる。そこで，彼らは，このデータは微細な亀裂などの乱れの少ない試料の結果と考えこれを次のようにモデル化した。

まず，G-γ 関係は Ramberg-Osgood モデル（8.2.4 項参照）を用いると次式で表される。

$$1 = \frac{G}{G_0}\left[1 + \alpha\left(\frac{G}{G_0}\cdot\frac{\gamma}{\gamma_r}\right)^{\beta-1}\right] \tag{7.19}$$

ここで，α, β, γ_r がパラメータである。次に，h-γ 関係は Hardin と Drnevich の方法（6.6.1 項）に従い，次式のように設定する。

$$h = h_{\max}\left(1 - \frac{G}{G_0}\right) + h_0 \tag{7.20}$$

ここで，h_{max} は最大の減衰定数，h_0 は最小の減衰定数である。なお，Ramberg-Osgood モデルに Masing 則（8.2.2 項参照）を適用すると，この式と同じような式が導かれ，その際の最大減衰定数は β の関数として表現できる（式(8.10)参照）がここで定義している h_{max} はこれとは別の，独立したパラメータである。同じような操作を分類された塑性指数ごとに行い，パラメータの値を決めると，表 7.19 のようになる。また，これらの関係を図 7.26 に示す。

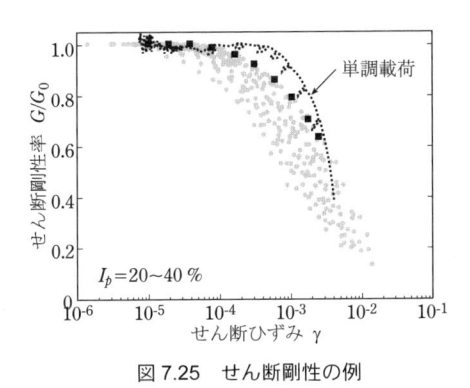

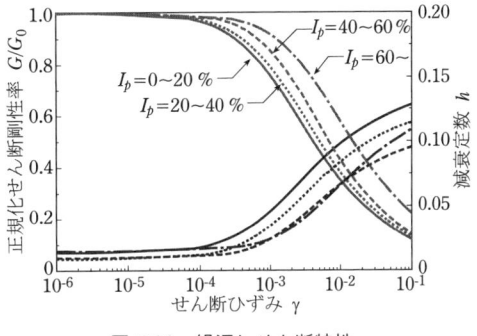

図 7.25　せん断剛性の例

図 7.26　繰返しせん断特性

表 7.19　パラメータ一覧

関係	パラメータ	塑性指数 I_p (%)			
		0～20	20～40	40～60	60～
G/G_0-γ 関係 式(8.19)	α	2.1905	2.2262	2.4508	2.2505
	β	2.1313	2.1546	2.2933	2.1703
	γ_r	0.00410	0.00485	0.00645	0.0145
h-γ 関係 式(8.20)	h_0	0.014	0.009	0.010	0.015
	h_{max}	0.130	0.122	0.100	0.121

以下は，著者の独断である。図 7.25 で単調載荷試験の結果と繰返しせん断試験の一番剛性の高い結果はよく一致していると述べたが，詳細に見ると，ひずみが 10^{-4}～10^{-3} 付近では繰返しせん断試験結果の剛性は小さく，10^{-2} を超えるひずみでは繰返しせん断試験結果の

剛性は大きい。これは，亀裂が存在していると考えれば説明ができそうである。問題はこの亀裂がどこから来たのかということであり，原位置で既に存在した，試料採取時に起こった，または繰返し載荷中に発生したのいずれかが考えられるが，断定することはできない。ただし，試料採取時に起こったとすれば，図7.24(b)のチューブ試料と同じような挙動となるが，そうではないことから，繰返し載荷中に起こった可能性が強いと考えている。

7.2.12 若松らの整理

若松・吉田らは関東地域の繰返しせん断試験の結果を400以上集め，地質年代や堆積環境に着目して表7.20に示す26に土質を分類した[65]。図7.27に各分類の平均値を示すが，特に粘性土では大きな差がある。次に，図7.28に埋土（Bc, Bs），沖積土（Ac, As），洪積土（Dc, Ds）に分けてそれぞれの平均を求めた。二つの図より粘性土，砂質土を問わず，埋土，沖積土，洪積土の順に塑性化が起こりにくくなり，年代効果が現れていることがわかる。個々の分類で見ると繰返しせん断特性のばらつきが大きいが，図7.28のように大きく分類すると，差が小さく見える。また，図7.29には，これまでの実験の整理でも用いられてきた塑性指数と拘束圧の影響を見たものである。粘性土では塑性指数が大きい（$I_p \geq 30$）と拘束圧の影響は小さく，一方，塑性指数が小さい（$I_p < 30$）場合，砂質土では拘束圧の影響が大きい。また，粘性土では塑性指数の影響も大きい。図7.30は得られたデータの最大・最小と平均値・標準偏差の範囲を今津らのデータ[58]と比較したものである。標準偏差の範囲と今津らの範囲はほとんど重なっている。一方，図7.31は土研のデータ[43]と比較したものである。拘束圧の範囲が異なるが，せん断剛性比はほぼ同じような値である。これに対して減衰定数には大きな差があるが，これは排水試験と非排水試験の違いである。最後に，図7.32には善らのデータ[48]との比較を示しているが，善らのデータのせ

表7.20 地質年代，堆積環境を考慮した分類

地質年代			関東地方における地層名の例	堆積環境（微地形区分）	土質・岩質	記号	試料数
造成			埋土・盛土・表土		粘性土	1-Bc	10
					砂質土	2-Bs	14
完新世	後期	沖積層	砂丘砂	風成（砂丘）	砂質土	3-As	2
			有楽町層上部	海浜・浅海成（砂州など）	砂質土	4-As	15
					砂礫・礫	5-Ag	0
				汽水成（三角州）	粘性土	6-Ac	5
					砂質土	7-As	20
				河成（河床・自然堤防・扇状地・谷底低地），後背湿地成（後背湿地・沼沢）	腐植土	8-Ap	5
					粘性土	9-Ac	29
					砂質土	10-As	27
					砂礫・礫	11-Ag	0
	前期		有楽町層下部	海成（一部河成）	粘性土	12-Ac	107
					砂質土	13-As	32
					砂礫・礫	14-Ag	0
更新世	末期		七号地層，戸田層，伊刈層，八潮層など	海成	粘性土	15-Ac	18
					砂質土	16-As	4
	後期	洪積層	関東ローム層，立川ローム層，武蔵野ローム層，下末吉，ローム，立川礫層，武蔵野礫層，凝灰質粘土層（渋谷粘土層，板橋粘土層，池袋粘土層，大宮層など），火山灰	降下火山灰	関東ローム	17-Lm	14
					粘性土	18-Dc	7
					砂質土	19-Ds	0
					砂礫・礫	20-Dg	0
	中期		多摩ローム層，常総粘土層，茨城粘土層，下末吉層，東京層，東京礫層，相模層群，成田層群，下総層群とその相当層（江戸川層，舎人層，相模層，埼玉層など）	降下火山灰	関東ローム	21-Lm	0
					粘性土	22-Dc	75
					砂質土	23-Ds	93
					砂礫・礫	24-Dg	1
	前期		上総層群		固結粘性土・泥岩	25-Dc	4
鮮新世		第三紀層	三浦層群		砂質・礫質岩	26-Dsg	0

ん断剛性比は小さい。これは港湾のデータということで柔らかい材料が多かったためであろう。

これらより，地質年代や堆積環境ごとで整理することで，より精度の高い実験式が得られる可能性がある。

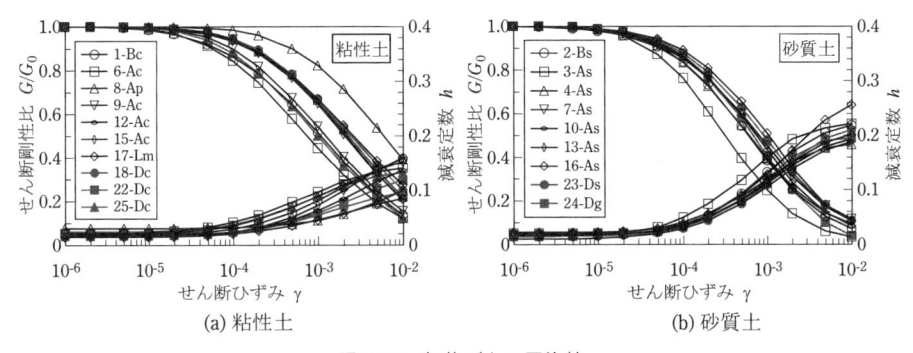

図 7.27 年代ごとの平均値

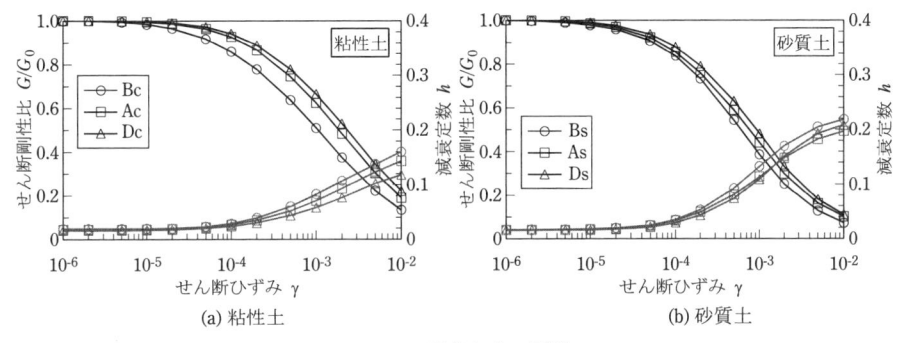

図 7.28 堆積年代の影響

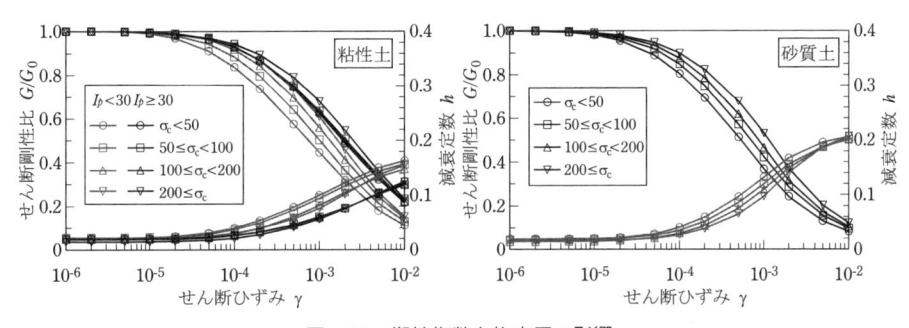

図 7.29 塑性指数と拘束圧の影響

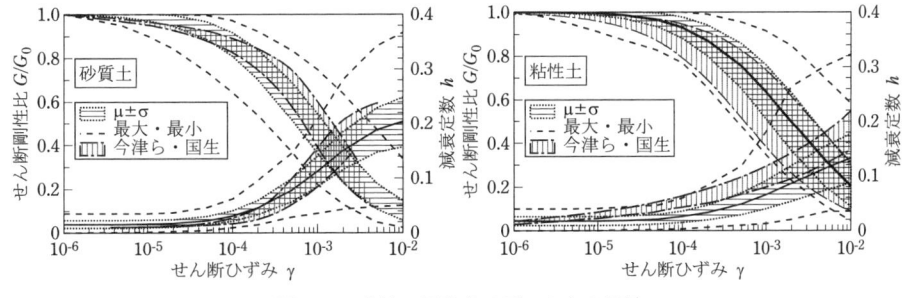

図 7.30 今津・国生らのデータとの比較

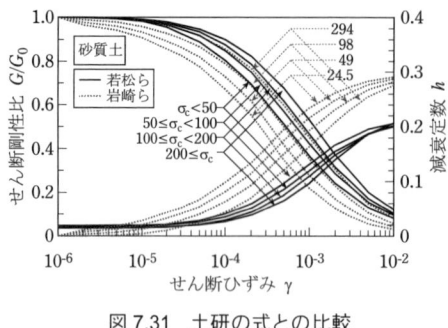

図 7.31　土研の式との比較 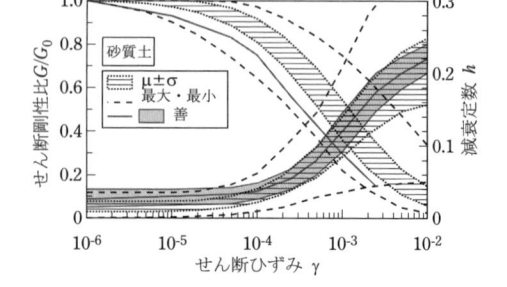　　　　　　図 7.32　港湾の式との比較

7.2.13　その他の整理

繰返しせん断試験の結果は，過去にもまとめられたことがある。例えば，Woods [66] は繰返しせん断試験の方法をまとめ，各試験法で行われた文献を紹介している。Richart [67] は実験値を Hardin-Drnevich モデルおよび Ramberg-Osgood モデルで表現した結果を示している。国生 [14]，石原 [68] はいくつかの実験結果をまとめて，その傾向を示している。また，地盤工学会 [69] でもまとめている。

7.3　せん断強度特性

特に大地震では，地盤の非線形特性を設定するのに，前節で示した繰返しせん断特性だけでは不十分であることがある。それは地震動が大きくなると，せん断強度に至るが，繰返しせん断試験ではその状態までの実験が行われないからである（6.7 節の議論も参照）。もう一つ，せん断強度が重要なのは，1.3 節で示したように，これが上限加速度と対応しているからである。

ただし，繰返しせん断試験の適用範囲を超えるひずみ域での挙動はかなり複雑である。例として図 7.33 と図 7.34 は粘土と砂に関する三軸試験機による圧縮試験の結果を，軸差応力の半分をせん断応力 τ，軸ひずみの 1.5 倍をせん断ひずみ γ としてせん断応力－せん断ひずみ関係にして示している。粘土では徐々に剛性が低下していき，強度に至る単純な形状の応力－ひずみ関係が得られている。一方，砂ではかなり複雑で，拘束圧によって挙動が大きく異なる。しかし，応力経路を書いてみると，これらは最終的にはモール・クーロンの破壊条件に沿うように挙動していることがわかる。すなわち，せん断強度を表現するには，従来からよく知られているモール・クーロンの破壊条件に従い，粘土では粘着力 c，砂では内部摩擦角 ϕ で設定するのが妥当ということがわかる。ただし，これを一次元の応力－ひずみ関係に表現しようとすると，図 7.34 のように複雑な形状となり，その表現は容易ではない。

なお，応力－ひずみ関係のためのせん断強度として見た場合には，従来の研究では破壊時のひずみにふれていないので，その意味では不十分なデータである。この辺は，単調載荷のデータが繰返し載荷にも使えるのかという問題もあり，単純ではない。これについては 6.7.6 項で詳細に論じているので，この節では，せん断強度に関する実験式を紹介するにとどめる。

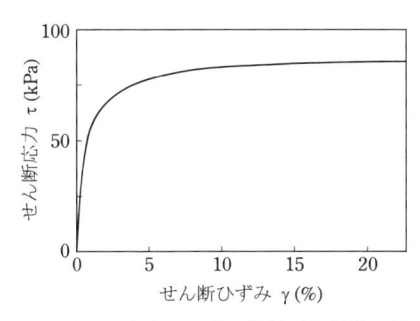

図 7.33 粘土の応力－ひずみ関係（文献[70]を修正）

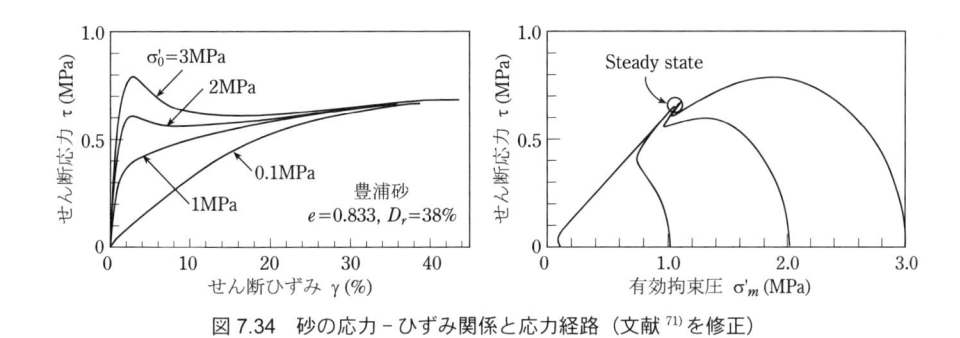

図 7.34 砂の応力－ひずみ関係と応力経路（文献[71]を修正）

7.3.1 砂のせん断強度

砂の内部摩擦角に対する実験式として日本でよく使われてきたのは大崎の式[72]である。この式は東京の沖積層，段丘層，東京層の砂質土を集めて一面せん断試験を行い得られた図 7.35 の関係式から直線式を得たもので，次のように表される。

$$\phi = 15 + \sqrt{20N} \quad [度] \tag{7.21}$$

また，表 7.21 に，N 値に応じた砂の相対密度と内部摩擦角の範囲も示されている。なお，この表に示される相対密度は Terzaghi が示したもの[73]で，これに計測された内部摩擦角の範囲を割り当てたものである。

なお，これに類似の式として，旧道路橋示方書[74]では

$$\phi = 15 + \sqrt{15N} \quad [度] \tag{7.22}$$

が示されていたが，これは実験式ではなく，設計用配慮から下限値を与える式として示されている。このように，設計指針で示される値は，設計的配慮が行われている可能性もあり，実際の現象を代表しているとはいえないこともあるので，地震応答解析で使うには注意が必要である。

ところで，これに対して，N 値から内部摩擦角を決めるのに懐疑的な意見もある。文献[75]では，田中[76]，西垣[77]らによる新しい研究を引用し（図 7.36），内部摩擦角は 35～45 度の間にばらつき，N 値とは相関がそれほどないことを示している。特に，N 値の小さいところでは大崎の式(7.21)の内部摩擦角の過小評価が著しい。田中[76]は N 値の関数として表した実験式が N 値の小さいところで内部摩擦角を過小評価する理由は，N 値の拘束圧依存性が考慮されていないためであるとしている。また，西垣ら[77]も，内部摩擦角は有効拘束圧（上載圧）とも相関しているとともに，過去の応力履歴の影響を受けていることを指摘している。

先に示した大崎の式[72]は実務では多く用いられてきたが，緩い砂では内部摩擦角が 20 度以下のデータも多い。大崎の式は一面せん断試験で行われているので，一般的な方法で

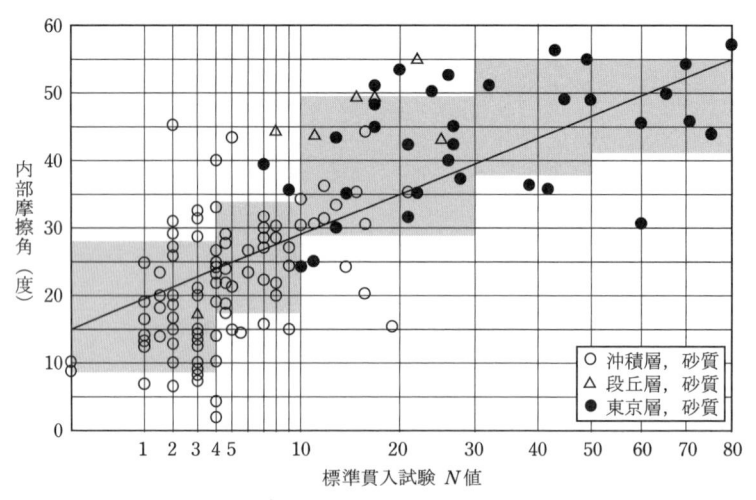

図 7.35 内部摩擦角と N 値の関係 [74]

表 7.21 砂の N 値,相対密度と内部摩擦角の関係

N 値		0～4	4～10	10～30	30～50	50～
相対密度		非常に緩い	緩い	中位	密	非常に密
内部摩擦角 (度)	平均値	18.3	25.9	39.0	46.4	47.9
	範囲	9～28	18～34	29～49	38～55	41～55

はないということ,当時の実験ではダイレイタンシーを適切に評価していない,拘束圧依存性が考慮されていないなどが原因と考えられるが,著者は断定するだけのデータを持ち合わせていない。ただ,最近の研究を見ると,地震応答解析の実務に用いる値としては信頼性が低いと評価せざるを得ない。

なお,式(7.22)は道路橋示方書2002年版[78]では削除され,代わって,次式が示されている。

$$\phi = 4.8 \ln N_1 + 21 \quad (N > 5) \quad [度] \tag{7.23}$$

ここで,N_1は有効上載圧の補正をした N 値であり,

$$N_1 = \frac{170N}{\sigma'_v + 70} \tag{7.24}$$

である。なお,式(7.24)は,以前に示した式(5.4)と同じものであるが,重力の加速度が 9.8 と10m/s²との違いがある。また,特にN_1が 20 以下では内部摩擦角の値は大きく変動する

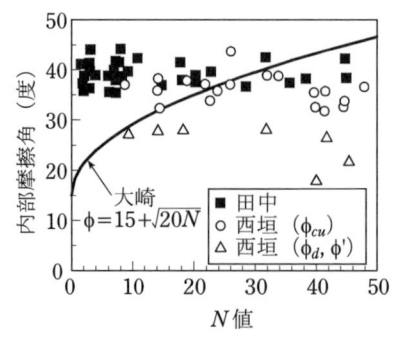

図 7.36 N 値と内部摩擦角の関係（文献[75]から書き起こした）

ので，それを考慮する重要性が述べられている．

この他にも N 値から内部摩擦角を推定する方法が，設計指針で示されていることもある．例えば文献[79)]では以下を示している．

$$\phi = \min\left\{1.85\left(\frac{N}{\sigma_v'/98+0.7}\right)^{0.6}+26,\ 0.5N+24\right\} \quad [度] \tag{7.25}$$

その他，文献[80)81)82)83)]などに幾つかの実験式が示されているので，必要に応じて参考にされたい．

先に述べたように，設計指針に示される内部摩擦角の経験式は地震応答解析のためではなく，支持力問題や土圧計算のために提案されている式であるということに注意が必要である．この場合，多くの土を集めると，データがばらついてくる．また，内部摩擦角を小さく設定するということは，設計上は安全側の処置ということになるため，これまで問題にされてこなかったのかもしれない．しかし，1.3 節で述べたように，地震応答解析ではせん断強度を過小評価すると最大加速度や計測震度などを過小評価することになるので，なるべく正しい内部摩擦角を設定する必要がある．なお，N 値との相関が完全に否定されるわけではない．既往の実験式では N 値の拘束圧依存性を考慮していないのが過小評価の原因であったので，これを考慮すれば新たな関係が得られる可能性がある．すでに示した式(7.23)，(7.25)はそのような式である．また，拘束圧依存性も考慮した実験式の例として畑中らによる式[84)]を挙げる．

$$\phi = 20 + \sqrt{20N_1} \pm 3 \quad [度] \tag{7.26}$$

ここで，N_1 は有効上載圧を考慮した式(5.6)で示した補正 N 値である．N_1 を用いることで拘束圧依存性が考慮されているし，図 7.37 に示されるように誤差の範囲も示されているので，丁寧な実験式といえよう．ただし，図 7.37 に示されるように，内部摩擦角の最小値は 30 を少し下回るのみで，20 度に至るようなデータはないことに注意が必要である．また，図には砂とシラスのデータが示されているが，シラスのデータは式の範囲から外れており，その意味では適用できる材料にも注意が必要である．

これまでに述べたように，内部摩擦角に対する実験式は多いが，地震応答解析に用いるのであれば，最低限 N 値の拘束圧依存性を考慮した実験式を用いるのが好ましい．さらに，なるべく同じ材料を用いた実験式を用いることも重要であろう．

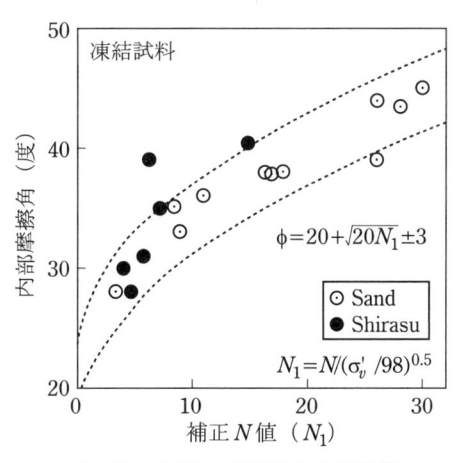

図 7.37 N 値と内部摩擦角の関係[84)]

7.3.2 粘性土のせん断強度

粘性土では，強度を求める実験は一軸圧縮試験によることが多いので，得られる強度は一軸圧縮強度 q_u である。試料の側圧が 0 であることを考えると，せん断強度（粘着力）c は

$$c = q_u/2 \tag{7.27}$$

で求めることができる。試験法の都合から，実験式も q_u を求めるものが多いが以下では粘着力に変換することはせず，そのままの形で紹介する。なお，一軸圧縮強度は N 値との関係で見るとばらつきが多いのでなるべく実験式を使わず，実測することを勧めている文献が多いことは心にとめておく必要がある。

強度を求める式で，最も著名な式の一つは Terzaghi と Peck によるもの [73] であり，次式で表される。

$$q_u = 12.5N \tag{7.28}$$

また，日本では大崎らが次式 [72] を示している。

$$q_u = 40 + 5N \tag{7.29}$$

同様の式は他にも幾つか示されている。例えば，旧道路橋示方書 [74] では

$$c = (6\sim10)N \tag{7.30}$$

の範囲を示していた（2002 年度版 [78] では削除されている）。

竹中ら [85] は大阪の天満粘土について，自動落下法による計測を用いると N 値の計測時のばらつきが小さくなること，さらに三軸試験のデータが一軸圧縮試験の強度の上限に位置するので乱れの影響が少ないことを指摘し，良いデータを用いた q_u が式(7.28)よりかなり大きいことを示した。さらに，奥村は港湾における計測データと比較すると，既往の式は強度を過小評価することを示した [86]。彼のデータと上記の式の関係を比較して図 7.38 に示す [82]。これらより，式(7.28)，(7.29)はデータの下限値になることがわかる。文献 [85][86] のデータは，おおむね次のように表される [82]。

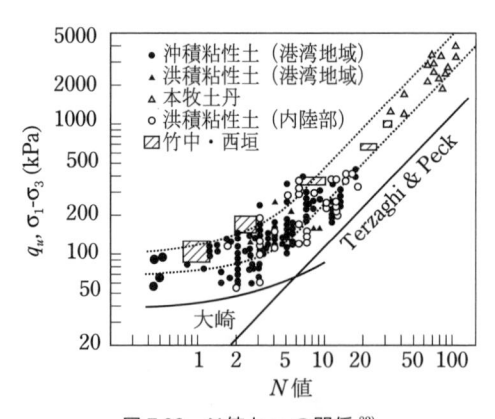

$$q_u = (25\sim50)N \quad \text{[kPa]} \tag{7.31}$$

図 7.38 N 値と q_u の関係 [82]

7.4 その他の諸量

地震応答解析に必要なその他の量のうち重要なものに単位体積重量がある。単位体積重量は不撹乱試料の採取，ボーリング調査の際の密度検層などを行えば得られる。しかし，実務では行わない時もあり，既往の整理されたデータに頼ることになる。これらの値は設計指針に代表値が示されていることも多い。以下では二つを紹介する。

表7.22 は文献[74),87)] などの結果をまとめて，文献[88)] に示されるものである．土質分類に応じた値が示されている．この表には平均粒径や細粒分含有率も示されている．ただし，細粒分含有率については誤差も大きい[89)]．これらは全応力解析では使うことは少ないが液状化解析では用いることがある．地下水面の上下で値が異なるのは，間隙水の重量が異なるからである．なお，地下水面より上でも土は乾燥状態にあるわけではないので，γ_{t1} は乾燥単位体積重量とは異なっていると考えるのが妥当であろう．

表7.23 は文献[79)] に示されるもので，砂質土と粘性土の分類のみであるが，N 値に応じた値が示されている．ここで，水中単位体積重量は飽和単位体積重量から浮力を考慮して水の単位体積重量（$10kN/m^3$）を引いたものとなっている．しかし，表層近くでは地下水が一時的に上昇しても地下水面以下の地盤は完全に飽和状態にはならず，不飽和状態である．これを考慮し，道路橋示方書では土圧の算定時には 9 を引くように，また，港湾の基準では裏込材料では 5～8 の値を引くような指示がある[75)]．しかし，地震応答解析では無条件に 10 を引いていることが多い．

表7.22 土質分類と単位体積重量，平均粒径，細粒分含有率の代表

土質分類	地下水面下の単位体積重量 γ_{t2} (kN/m^3)	地下水面上の単位体積重量 γ_{t1} (kN/m^3)	平均粒径 D_{50} (mm)	細粒分含有率 F_c (%)
表土	17	15	0.02	≈100
粘土	15	14		100
シルト	17.5	15.5	0.025	90
砂質シルト	18	16	0.04	70
シルト質細砂	18	16	0.07	≈50
微細砂または シルト混じり細砂	18.5	16.5	0.1	20
細砂	19.5	17.5	0.15	10
中砂	20	18	0.35	5
粗砂	20	18	0.6	0
砂礫	21	19	2.0	0

表7.23 土の単位体積重量

	N 値	単位体積重量 (kN/m^3) 飽和	単位体積重量 (kN/m^3) 水中
砂質土	50以上	20	10
砂質土	30～50	19	9
砂質土	10～30	18	8
砂質土	10未満	17	7
粘性土	30以上	19	9
粘性土	20～30	17	7
粘性土	10～20	15～17	5～7
粘性土	10未満	14～16	4～6

参考文献

1) Imai, T. (1977): P- and S-wave velocities of the ground in Japan, Proc., 9th ISSMFE, Tokyo, Vol. 2, pp. 257-260
2) Imai, T. and Tonouchi, K. (1982): Correlation of N value with S-wave velocity, Proc., 2nd European

Symposium on Penetration Testing, Amsterdam, pp. 67-72
3) 日本道路協会 (1985)：道路橋示方書・同解説，Ⅴ 耐震設計編，(社)日本道路協会
4) 日本道路協会 (2002)：道路橋示方書・同解説，Ⅴ 耐震設計編，(社)日本道路協会
5) 運輸省港湾局監修 (1997)：埋立地の液状化対策ハンドブック (改訂版)，沿岸開発技術研究センター
6) Imai, T. and Tonouchi, K (1982).: Correlation of N value with S wave velocity and shear modulus, Proc., 2nd ESOPT
7) 善功企，山崎浩之，梅原靖文 (1987)：地震応答解析のための土の動的特性に関する実験的研究，港湾技術研修報告，Vol. 26，No. 1，pp. 71-113
8) 上部達生，土田肇，倉田栄一 (1983)：大型混成式防波堤の強震記録に基づく水－構造物連成系の地震応答解析，港湾技術研究所報告，Vol. 22，No. 2，p.312
9) 運輸省港湾局監修 (1999)：港湾の施設の技術上の基準・同解説 (上巻)，日本港湾協会
10) Ohta, Y. and Goto, N. (1978): Empirical shear wave velocity equations in terms of characteristics soil indexes, Earthquake Engineering & Structural Dynamics, Vol. 6, No. 2, pp. 167-187
11) 国土交通省建築研究所 (2001)：改正建築基準法の構造関係規定の技術的背景，ぎょうせい
12) 岩崎敏男，龍岡文夫，佐伯光昭 (1977)：N 値とひずみレベルを考慮した S 波速度 V_s の関係例，第 12 回土質工学研究発表会，pp.477-480
13) 地盤の動的解析－基礎理論から応用まで－編集委員会 (2007)：地盤の動的解析－基礎理論から応用まで－，地盤工学・基礎理論シリーズ 2，地盤工学会，152pp.
14) Kokusho, T. (1987): In-situ dynamic soil properties and their evaluations, Proc. of the 8th Asian Regional Conference on Soil Mechanics and Foundation Engineering, Vol.2, pp.215-240
15) 足立紀尚，龍岡文夫 (1986)：新体系土木工学 18，土の力学 Ⅲ－圧密・せん断・動的解析－，技法堂出版，339pp. (p.214)
16) Iida, K. (1939): Velocity of elastic waves in a granular substance, Bull. Earthquake Res. Inst., Vol. 17, pp. 189-199
17) 柴田徹，Soelarno, D. S. (1975)：繰返し載荷を受ける砂質土の応力・ひずみ特性，土木学会論文集，No.239，pp.57-65
18) 地盤および土構造物の動的問題における地盤材料の変形特性－試験法・調査法および結果の適用－に関する国内シンポジウム発表論文集，土質工学会，1994
19) Kokusho, T. (1980): Triaxial test of dynamic soil properties for wide strain range, Soils and Foundations, Vol. 20, No. 2, pp. 45-60
20) Hardin, B. O. and Richart, F. E. (1963): Elastic wave velocities in granular soils, Journal of the Soil Mechanics and Foundations Division, ASCE, Vol.89, No.SM1, pp.33-65
21) Iwasaki, T., Tatsuoka, F. and Takagi, Y. (1978): Shear moduli of sands under cyclic torsional shear loading, Soils and Foundations, Vol.18, No.1, pp.39-56
22) Kokusho, T. (1980): Cyclic triaxial test of dynamic soil properties for wide strain range, Soils and Foundations, Vol.20, No.2, pp.45-60
23) Yu, P. and Richart, F. E. (1984): Stress ratio effects on shear modulus of dry sands, Journal of Geotechnical Engineering Division, ASCE, Vol.110, GT3, pp.331-345
24) Lo Presti, D. C., Jamiolkowski, M., Pallara, O. Cavallaro, A and Pedroni, S. (1997): Shear modulus and damping of soils, Geotechnique, Vol.47, No.3, pp.603-617
25) 沼田淳紀，須田嘉彦，国生剛治，吉田保夫，諏訪正博，佐藤正行 (2000)：まさ土の初期せん断剛性推定式の検討，土木学会第 55 回年次学術講演会講演概要集，pp.144-145
26) 阿曽沼剛，三浦清一，八木一善，田中洋行 (2002)：火山性粗粒土の動的変形特性とその評価法，土木学会論文集，No.708，Ⅲ-59，pp.161-173
27) Saxena, A. K. and Reddy, K. R. (1989): Dynamic moduli and damping ratios for Monterey No.0 sand by resonant column tests, Soils and Foundations, Vol. 29, No. 2, pp. 37-51
28) Hardin, B. O. and Black, W. L. (1968) : Vibration modulus of normally consolidated clay, Journal of the Soil Mechanics and Foundations Division, ASCE, Vol.94, No.SM2, pp.353-369
29) Marcuson, W. F. and Wahls, H. E. (1972): Time effects on dynamic shear modulus of clays, Journal of the Soil Mechanics and Foundations Division, ASCE, Vol.98, No.SM12, pp.1359-1373

30) Zen, K., Umehara, Y. and Hamada, K. (1978): Laboratory tests and in-situ seismic survey on vibratory shear modulus of clayey soils with various plasticities, 第 5 回日本地震工学シンポジウム講演集, pp. 721-728

31) Kokusho, T., Yoshida, Y. and Esashi, Y. (1982): Dynamic properties of soft clay for wide strain range, Soils and Foundations, Vol.22, No.4, pp.1-18

32) 石原研而, 国生剛治, 堤千花, 石田寛和 (2003): 高有機質土の動的変形特性に関する研究, 土木学会第 58 回年次学術講演会講演概要集, 第 3 部, pp.167-168

33) Prange, B (1981): Resonant column testing of railroad ballast, Proc. of the 10th International Conference on Soil Mechanics and Foundation Engineering, Stockholm, Vo.1,

34) Kokusho, T., and Esashi, Y. (1981): Cyclic triaxial test on sands and coarse materials, Proc. of the 10th International Conference on Soil Mechanics and Foundation Engineering, Stockholm, Vo.1, pp.673-676

35) 田中幸久, 工藤康二, 吉田保夫, 池見元宣 (1987): 砂礫の力学的特性に関する研究－室内再調整試料の動的強度・変形特性－, 電力中央研究所報告, 研究報告 U87019, pp.1-47

36) Goto, S., Shamoto, Y. and Tamaoki, S. (1987): Dynamic properties of undisturbed gravel samples obtained by the in situ freezing method, Proc. of the 8th Asian Regional Conference on Soil Mechanics and Foundation Engineering, Kyoto, pp.233-236

37) 西尾伸也, 玉置克之, 町田泰法 (1985): 大型三軸試験装置による砕石の動的変形特性, 第 20 回土質工学研究発表会発表講演集, pp.603-604

38) 田中幸久, 工藤康二, 国生剛治, 加藤宗明, 加藤朝郎, 長崎清 (1985): 砂礫材料の動的変形特性について, 第 20 回土質工学研究発表会講演集, pp. 599-602

39) 西好一, 吉田保夫, 沢田義博, 岩楯敏広, 国生剛治, 花田和史 (1983): JPDR（動力試験炉）を対象とした構造物－地盤系の動特性(2)室内試験による砂および砂礫の静的・動的物性と地盤モデル, 電力中央研究所報告, 研究報告 383002, 電力中央研究所, 44pp.

40) 岩崎敏男, 常田賢一, 吉田清一 (1979): 沖積粘性土の動的変形特性－せん断剛性率のヒズミ依存性－, 土木研究所資料, 第 1504 号, 建設省土木研究所

41) 岩崎敏男, 常田賢一, 吉田清一 (1980): 沖積粘性土の動的変形・強度特性について, 第 15 回土質工学研究発表会, pp. 625-628

42) 横田耕一郎, 龍岡文夫 (1982): 不撹乱洪積粘土のせん断変形係数について, 土木学会第 32 回年次学術講演概要集, 第 3 部, pp.257-258

43) 岩崎, 龍岡, 高木 (1980): 地盤の動的変形特性に関する実験的研究（II）, 土木研究所報告 153 号の 2 ; 足立, 龍岡, 新体系土木工学 18, 技法堂出版, 1986

44) 建設省土木研究所 (1982): 地盤地震時応答特性の数値解析法－SHAKE : DESRA－, 土研資料第 1778 号

45) 国生剛治, 佐々木正美 (1980): 繰返し三軸試験による不撹乱洪積砂の動的物性試験, 第 15 回土質工学研究発表会, pp.537-540

46) 運輸省港湾局監修 (1989): 港湾の施設の技術上の基準・同解説（上巻）, 日本港湾協会

47) 運輸省港湾局監修 (1997): 埋立地の液状化対策ハンドブック（改訂版）, 沿岸開発技術研究センター

48) 善功企, 山崎浩之, 梅原靖文 (1987): 地震応答解析のための土の動的特性に関する実験的研究, 港湾技術研究所報告, Vol.26, No.1, pp. 41-113

49) 運輸省鉄道局監修, 鉄道総合技術研究所編 (1999): 鉄道構造物等設計標準・同解説 耐震設計, 丸善

50) 平成 12 年建築基準法告示 1457 号別表

51) 国生剛治, 吉田保夫, 西好一, 江刺靖行 (1982): 沖積粘性土の広いひずみ範囲での動的特性, 電力中央研究所報告, 研究報告 381027, 電力中央研究所, 54pp.

52) Arulanandan, K. and Scott, R. F. ed. (1993): Proc. Verification of Numerical Procedures for the Analysis of Soil Liquefaction Problems, Davis, California, Balkema

53) 金谷守, 栃木均, 河井正 (1999): 人工島防波護岸の耐震性に関する研究（その 4）DEM-FEM カップリング解析手法（SEAWALL-2D）による防波護岸の地震時変形解析, 電力中央研究所報告, U98025

54) Seed, H. B. and Idriss, I. M. (1970): Soil moduli and damping Factors for dynamic response analyses,

Report No. EERC70-10, Earthquake Engineering Research Center, University of California, Berkeley, 40pp.

55) 安田進，山口勇（1985）：種々の不撹乱土における動的変形特性，第 20 回土質工学研究発表会講演集，pp.539-542
56) Vucetic, M., and Dobry, R. (1991): Effect of soil plasticity on cyclic response, J. Geotech. Engrg., ASCE, Vol. 117, No. 1, pp. 89-107.
57) 古山田耕司，宮本裕司，三浦賢治（2003）：多地点での原位置採取試料から評価した表層地盤の非線形特性，第 38 回地盤工学会研究発表会， pp. 2077-2078
58) 今津雅紀，福武毅芳（1986）：砂礫材料の動的変形特性，第 21 回土質工学研究発表会講演集，pp. 509-512
59) 今津雅紀，福武毅芳（1986）：動的変形特性のデータ処理に関する一考察，第 21 回土質工学研究発表会，pp. 533-536
60) 土質工学会（1992）：わかりやすい土質力学原論［第 1 回改訂版］
61) 吉田望（2001）：レベル 2 地震動評価における基盤の非線形挙動の影響，第 1 回日本地震工学研究発表会・討論会梗概集，p. 37
62) 藤川智，林康裕，福武毅芳（2000）：工学的基盤の非線形性が表層地震応答に与える影響についての検討，日本建築学会大会学術講演梗概集（東北），pp. 297-298
63) 西好一，江刺靖行，国生剛治（1985）：振動載荷時における軟岩の動的強度－変形特性，電力中央研究所研究報告，383050
64) 福元俊一，吉田望，佐原守（2009）：堆積軟岩の動的変形特性，日本地震工学会論文集，第 9 巻，第 1 号，pp. 46-64
65) 若松加寿江，吉田望，三上武子（2010）：地質年代・堆積環境を考慮した土の繰返し変形特性の支配要因の検討，地盤工学ジャーナル，Vol. 15, No. 3, pp. 463-478
66) Woods, R. D. (1991): Field and laboratory determination of soil properties at low and high strains, SOA paper, Proc. Second Int. Conf. on Recent Advances in Geotechnical Earthquake Engineering and Soil Dynamics, St. Louis, pp.1727-1741.
67) Richart, Jr., F. E. (1977): Dynamic stress-strain relationships for soils, S-O-A Paper, Proc. of 9th ICSMFE, Tokyo, Vol. 3, pp. 605-612.
68) Ishihara, K (1982).: Evaluation of soil properties for use in earthquake response analysis, Proc., International Symposium on Numerical Models in Geomechanics, Zurich, pp. 237-259
69) 地盤の動的解析－基礎理論から応用まで－編集委員会（2007）：地盤の動的解析－基礎理論から応用まで－，地盤工学・基礎理論シリーズ 2，地盤工学会，152pp.
70) 粘性土の動的性質に関する研究委員会編（1995）：粘性土の動的性質に関するシンポジウム発表論文集，地盤工学会
71) Ishihara, K. (1996): Soil behavior in Earthquake Geotechnics, Oxford Engineering Science Series 46, Oxford Science Publications
72) 北沢五郎，北山謙三郎，鈴木好一，大河原春雄，大崎順彦（1959）：東京地盤図，技報堂
73) Terzaghi, K. and Peck, R. B. (1948): Soil mechanics in engineering practice, John Wiley & Sons, 566pp.
74) 日本道路協会（1996）：道路橋示方書・同解説Ⅰ 共通編，（社）日本道路協会
75) 沓沢貞雄，森田悠紀雄（1991）：設計基準と土質定数，講座・基礎設計における基準の背景と用い方，土と基礎，Vol. 39, No. 12, pp. 63-67
76) 田中洋行（1990）：港湾構造物の設計における N 値の考え方と利用例，基礎工，Vol. 18, No. 3, pp 77-81
77) 西垣好彦（1980）：砂地盤における N 値，サウンディングシンポジウム発表論文集，pp. 109-114
78) 日本道路協会（2002）：道路橋示方書・同解説 Ⅰ共通編，Ⅳ下部構造編，567pp.；日本道路協会（2002）：道路橋示方書・同解説 Ⅴ 耐震設計編
79) 運輸省鉄道局監修，鉄道総合技術研究所編（1997）：鉄道構造物等設計標準・同解説 基礎構造物・抗土圧構造物，丸善，557pp.
80) 石原公明（1997）：N 値と c，ϕ などの土質定数，基礎工，Vol. 25, No. 12, pp. 31-38
81) 土質工学会事業普及委員会（1976）：N 値及び c と ϕ の考え方，土質工学会，110pp.
82) 地盤工学会（1997）：地盤調査法，訂正第 4 刷，648pp.

83) 土質工学会編（1988）：設計における強度定数－c, ϕ, N 値－, 土質基礎工学ライブラリ 32, 土質工学会, 279pp.
84) Hatanaka, M. and Uchida, A. (1996): Empirical correlation between penetration resistance and internal friction angle of sandy soils, Soils and Foundations, Vol. 36, No. 4, pp. 1-9
85) 竹中準之介, 西垣好彦（1974）：標準貫入試験に関する基礎的研究（Ⅲ）, 第 9 回土質工学研究発表会, pp. 14-15
86) 奥村樹郎（1982）：港湾構造物の設計における N 値の考え方と利用例, 基礎工, Vol. 10, No. 6, pp. 57-62
87) 安田進（1988）：液状化の調査から対策工まで, 鹿島出版会, 243pp.
88) 液状化対策工法, 地盤工学・実務シリーズ 18, 地盤工学会, 2004, 513pp.
89) 吉田望, 若松加寿江（2010）：液状化判定のための砂の統計的性質, 第 45 回地盤工学研究発表会, pp. 337-338

第8章　力学特性のモデル化

　この章では，力学特性のモデル化の方法を示す．実務では詳細な解析をしようとすればするほど，多くの入力データをユーザーが設定する必要がある．そのためには，色々なパラメータの意味を知っておく必要がある．

8.1　弾性係数のモデル化

　すでに述べたように，弾性係数は拘束圧に依存している．したがって，弾性係数を設定するにしても，拘束圧に依存させる必要がある．ただし，全応力解析では，地震中の拘束圧変化に伴う弾性係数の変化を考慮しないのであれば，定数として設定することもできる．

8.1.1　せん断弾性係数

　7.1.6項で示したように，室内実験の結果によれば，せん断弾性係数は次のように表される．

$$G_0 = Af(e)\sigma_m'^n \tag{7.10}$$

そして，係数 A，関数 $f(e)$，およびべき n は表7.4や図7.4に示されている．しかし，これらの図表は室内試験で得られたものであるので，試料の乱れの影響などを受けており，原位置の値とは異なることはすでに示したとおりである．

　したがって，弾性係数は，多くの場合，原位置で求めた値を用いるので，式(7.10)のような形状には関係ない．すなわち，$Af(e)$ にせん断弾性係数を割り当て，$n=0$ と入力するわけである．

　しかし，有効応力も可能な解析プログラムを使うときや，拘束圧依存性を考慮する解析を行う場合には，A や $f(e)$ が重要なことは当然であるが，べき n の評価が重要である．それは，9.3節に示すように，地表近くでは拘束圧依存性（弾性係数の深さ方向の変化）が加速度に大きく影響するので，考慮した方が良いというときである．もう一つは，構成モデルの入力でべきが必要なときである．

　後者は少し説明が必要である．地盤の解析では，ある範囲の部分が同じ力学特性であるとして同じモデル化することが多い．この場合，式(7.10)の $Af(e)$ を一つの定数として設定し，さらに n を与えることになる．この n は室内試験の結果を参考にすれば0.5程度の値となることが想定される．しかしながら，実フィールドで見ると，全く違う様相が見えることがある．

　図8.1は，東京湾周辺の埋立地の柱状図である[1]．このほか，図1.11や図5.5に示した柱状図でも見られる傾向であるが，多くの柱状図ではPS検層で得られたS波速度は深さ方向にほぼ一定であり，N値も深さ方向に大きくなっていくという傾向は見えない．唯一の例外はタイプE地盤で，表層付近では深さ方向に N 値も V_s も大きくなっている．著者の経験でも，同じ層で深さ方向に N 値が増加するとか V_s が増加するという事例はそれほど多くはない．また，式(7.8)で見ても深さ H に対するべきは0.199で深さ方向の依存性は小さい．

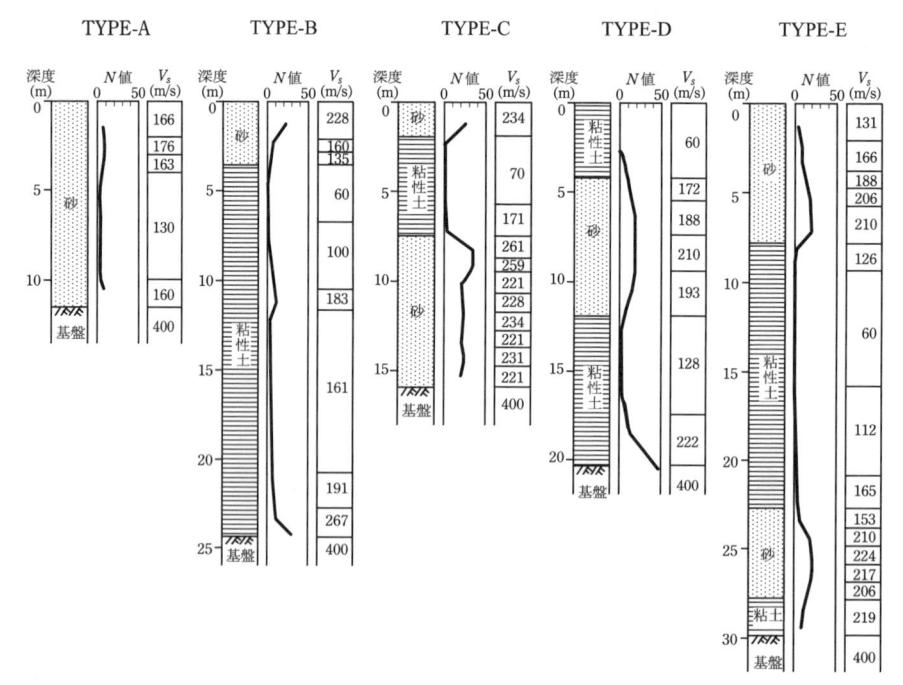

図 8.1　柱状図の例

　図 8.1 の事例から拘束圧依存性のべきを計算すると，ほとんど 0 となり，室内試験では拘束圧の 0.5 乗程度に比例する結果を示している（7.1.6 項参照）のとは大きく異なっている。この違いがどこから来るのか，はっきりとした原因はわからない。要因として考えられそうなのは，ダウンホール法では平均的な値を出力するケースが多く，ある程度の層厚に対して V_s を一定とする傾向がある，同じ層といっても堆積するのに時間がかかるので，その影響があるなどが考えられる。しかし，サスペンション法によるデータも同じ傾向を示すこと，堆積効果（年代効果[2]）があるとすれば下の層では圧密が進んでいるので，弾性係数は大きいはず，などの反論も用意でき，これらの要因が差を生じさせているとは考えにくい。このように，原因はよくわからないが，一方では深さ方向の弾性係数の変化は少ないという観測事実も疑うことはできない。

　一次元の地震応答解析では，この事実はそれほど問題とならない。それは，深さ方向の各層について弾性係数を入力するのが一般的な入力方法であるからである。しかし，多次元解析では注意が必要である。それは，多次元解析では，要素をグループ化し，それについて例えば式(7.10)の係数 $Af(e)$ やべき n を入力するからである。一方，要素の初期応力は自重解析などで求められるので，初期の弾性係数の深さ方向の変化はべき n に依存することになり，現実と合わないことになる。深いところでは拘束圧の変化に伴う弾性係数の変化はそれほどないが，浅いところではかなり変化するので，技術者は，簡単な計算でその影響を確かめておくなどの注意が必要である。

8.1.2　体積弾性係数とポアソン比

　一次元解析専用のプログラムでは，せん断変形のみを扱うので，この項の説明は全く不要なことがある。しかし，多次元解析では必要となる。

　体積変化に関しては，多くのモデルは，式(4.2)ないしはこれを増分型で表した次式を用いている。

$$d\sigma'_m = K_0 \sigma'^n_m \cdot d\varepsilon_v \tag{8.1}$$

この式は増分弾性と呼ばれる。

全応力解析では，この方法ではなく，せん断弾性と同様に，定数を入力することも多い。ここでは，二つの観点から体積弾性係数の設定方法を示す。

土は，土粒子と間隙物質の混合体であることは本書でも再三述べている。ここで，原位置試験で体積弾性係数を計測する場合には，それほど問題は生じない。V_sとV_pより式(5.9)によりポアソン比を設定し，さらに表4.1に基づき体積弾性係数を決めることができる。

しかし，原位置でPS検層をしていないときには，V_sは例えば，N値から計算することができるが，体積弾性係数の値を求める実験式はほとんどない。

実を言うと，体積弾性係数の値は多くの地震応答解析には影響しない。それは地震時の挙動の多くではせん断変形が支配的であるからである。体積弾性係数はP波の挙動に影響するが，それが全体の挙動に影響することはあまりないということもできる。したがって，実務でも，その決定法は割とルーズである。

実務で一般的に用いられる方法は，せん断弾性係数とポアソン比より決める方法である。適当なポアソン比を設定すれば，表4.1より体積弾性係数の値を求めることができる。この場合には，水で飽和した土の場合には，水と土を分離し，土骨格の挙動のみで考えるのがよい。水と土の混合体では，水の体積弾性係数が非常に大きいので非排水条件下ではポアソン比を0.5に設定することも静的解析の分野では多く行われる。しかし，動的解析ではポアソン比を0.5と置くことはP波速度が無限大になるという矛盾をはらんでいるし，そもそも体積弾性係数を計算することができない。この辺は本書では扱っていない有効応力解析でも状況は同じで，適切なポアソン比を設定する必要がある。

実務でよく行われる方法は，土骨格に関してポアソン比を1/3に設定する方法である。これは，次のような理由による。まず，原位置では軟弱な地盤では静止土圧係数が0.5程度の値になることが多いので，0.5と設定する。次に，弾性材料で側方変位を拘束して圧縮すると側方に応力が生じるが，これが圧縮応力の半分，すなわち，静止土圧係数が0.5になるポアソン比を求めると1/3になるというわけである。

しかし，これには大きな間違いがある。確かにポアソン比1/3の弾性材料に軸圧をかけたときには側圧は軸圧の0.5倍になる。しかし，軸圧と側圧が異なると，軸差応力によるせん断応力が発生しているので，せん断に伴う非線形挙動も発生していることになる。非線形挙動が起こると，せん断剛性は小さくなる。ということは非線形を考慮した場合には，弾性状態に対するポアソン比はもっと小さいことになる。どの程度小さいかは，応力の程度によって異なるので一意的な値を与えることはできない。

図8.2はポアソン比を計測した実験を集めたもの[3)4)5)]であり，いずれも拘束圧との関係として示されている。実験法も異なり，Ladeらは三軸試験，国生らは低ひずみまで計測できるようにした三軸試験，中川らは弾性波速度を計測したものである。

Ladeら[3)]は，Santa Monica Beach砂（$D_{50}=0.27$mm）の$D_r=20$%の緩詰の試料と$D_r=90$%の密詰の試料を用いて，拘束圧を一定にした幾つかの応力経路の除荷過程のひずみからポアソン比を求め，データのばらつきはあるが，拘束圧依存性はないこと，密な砂と緩い砂のポアソン比の平均値と標準偏差が次式で表されることを示した。

$$\begin{aligned}\nu &= 0.26 \pm 0.06 \quad \text{緩い砂}\\ \nu &= 0.15 \pm 0.08 \quad \text{密な砂}\end{aligned} \tag{8.2}$$

国生[4)]は高感度ギャップセンサーとセル室に設置したロードセルを用いて10^{-6}程度からの小さいひずみまで求まるように改良した三軸試験機を用い，豊浦砂で非排水条件下の試験

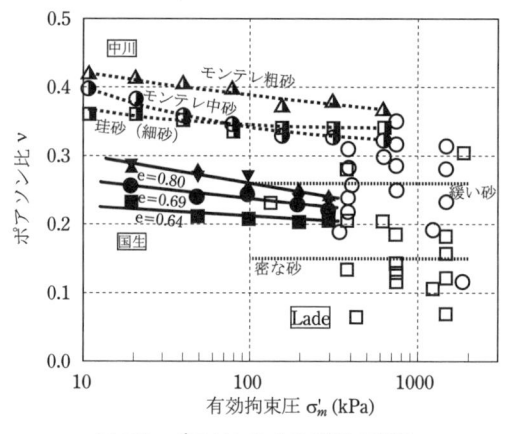

図 8.2 ポアソン比と拘束圧の関係

から得られた G と排水条件下の試験で得られたヤング係数 E を用いて，ポアソン比を計算した．その結果ポアソン比は 0.2～0.3 の間にあり，拘束圧に依存していることを指摘している．

中川ら[5]は三軸試験機の上下にパルスを発生・受信できる治具を組み込み，乾燥砂の P 波，S 波速度を検出し，これよりポアソン比を求めている．

これら，三つのデータから，一般的な性質として，拘束圧依存性はあるが，100kPa を超える拘束圧では依存性は小さくなることがわかる．絶対値では，中川らの実験が 0.3 を超えるポアソン比を示しているのに対して，他の実験は 0.3 以下の値である．この原因はよくわからないが，パルスと三軸試験では計測しているひずみが異なるなどの可能性がある．とすれば，これまでのせん断変形に対する議論が繰返しせん断試験ベースで行われていることから 0.3 以下のデータを用いることが一貫性のあるデータの用い方と考えることができる．また，0.3 以下の値ということであれば，ポアソン比を 1/3 に設定するのが不都合であることを述べた記述とも整合している．

これより，ポアソン比は 0.2～0.3 の間に設定するのがよい．これでもデータの幅は広いが，先に述べたように，体積弾性係数の値は地震応答解析の結果にそれほど大きく影響しないので，悩む必要はないであろう．しかし，不安があれば，その程度をパラメータスタディにより把握しておくことも重要である．

有効応力に基づいて体積弾性係数を求める場合には，もう一つ問題がある．それは，体積弾性係数を決める際の式(8.1)の拘束圧に対するべきと，せん断弾性係数を決める際の式(7.10)の拘束圧に対するべきが同じではない可能性があることである．両者が同じであれば，図 8.2 のようなポアソン比の拘束圧依存性は発生しないはずであるので，異なるというのが自然な考えとなる．これに対して，多くの構成モデルでは次の二つのいずれかが用いられる．

① 体積変化とせん断弾性係数の拘束圧依存のべきは同じ
② 式(8.1)のべきは 1.0 を用いる．

ここで，前者は数学的な取り扱いが楽で，これまでに述べたように適当なポアソン比を設定すれば体積弾性係数は計算できる．一方，後者は体積変化に対しては $e\text{-}\log\sigma'_m$ 関係が直線で表現されるということから導ける関係であり（式(4.16)参照），ポアソン比は拘束圧に依存することになる．

両者は全く違っているようであるが，必ずしもそうはいえない．図 8.3 に示す例では拘

図8.3 ポアソン比の変化

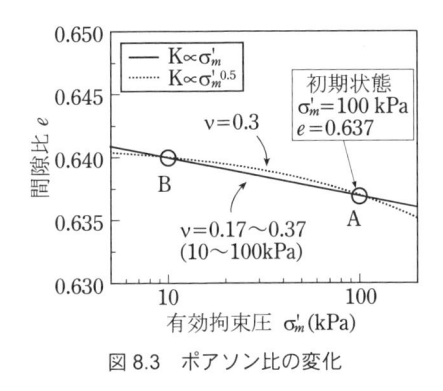

束圧100kPaで二つの方法で設定したe-logσ'_m空間上の点が同じ（A点）とする。さらに、ポアソン比を0.3と設定してこの空間上の体積変化特性を表すと図の点線となる。ここで、この曲線の10kPa位置で二つの状態点が同じように（B点）設定すると、べきが1の定式化は図の実線（直線）となり、ポアソン比が0.17～0.37と変化する。拘束圧10～100kPaの間で見ると両者はほとんど同じ体積変化挙動をしている。全応力解析では拘束圧の変化はそれほど大きくないので、この程度一致していれば十分といえよう。すなわち、これまでの方法で述べたポアソン比から体積弾性係数を求め、代表的な深さの拘束圧に対して係数K_0を決定してもよい。

土骨格の体積弾性係数が求まれば、土全体の体積弾性係数K_tは次のようにして求められる。

$$K_t = K + K_w/n \tag{8.3}$$

ここで、K_wは水の体積弾性係数、nは間隙率（$=e/(1+e)$）である。解析に用いる飽和した土の体積弾性係数を求めるにはさらにこれら二つの値が必要である。ここで、間隙が完全に水で飽和しているとすれば、$K_w=2.22\times10^6$であるが、土では完全に飽和していることはまず考えられないので、実際に用いるべき値はこれより小さい値である。また、nは実験で計測するしかない。

PS検層でP波速度を計算していなければ、体積弾性係数を求める作業はかなり大変である。先に述べたように、水平動を扱うのであれば、体積弾性係数の値は地震応答解析ではあまり結果に影響を与えない。これらを考慮すると、例えば、実測で得られるV_pが1300～1400m/s程度が多いことを前提として全応力レベルで設定しておくというのも実用的な方法であろう。

8.2 一次元解析に用いられる非線形モデル

ここでは、せん断変形特性に関するモデルを示す。一次元専用の解析では、水平面内のτ_{xy}-γ_{xy}関係のみが考慮されるのが一般的である。したがって、側圧は意識されないので、実験式を使う場合には、有効拘束圧σ'_m依存性を有効上載圧σ'_v依存性と置き換えたりすることも行われる。また、せん断の向きが水平面で一定であることから、応力やひずみの方向を表す添え字をつけずに単にτ-γ関係と表現することも一般的である。本書でもそのような記述をしている。

一次元では多くのモデルが提案されているが、日本で比較的よく使うモデルや、名前を聞くモデルに限定して説明する。まず、8.2.1項では繰返しせん断特性とモデルの関係について説明し、その後、一次元モデルに共通する履歴法則を8.2.2項で説明する。個々の

モデルの説明はその後に行う．

8.2.1　繰返しせん断特性と数式モデルの関係

　図 8.4(a)には繰返しせん断試験の結果を示す．この実験では全部で 9 ステージの載荷が行われている．このうち，最初の 7 ステージの応力 - ひずみ関係を示したのが図 8.4(b)である．しかし，実験データの整理の際には，履歴曲線の絶対位置は考慮されず，除荷点を結ぶ割線剛性とひずみ振幅から剛性と減衰が計算される．これは，各履歴曲線の中心を原点に移動させた図 8.4(c)のように図を描き直したことに相当する．

　三軸試験では 6.7 節で述べたように，伸張側にひずみが蓄積する傾向があり，後に示す地震応答解析の SHAKE や FLUSH では図 8.4(c)のイメージでないと解析できないという事情があるので，この処理は実験整理の都合上の方便として受け入れられてきた．しかし，6.7.8 項で示した初期せん断などの影響が入らないという問題もあり，将来は問題となるであろう．

　一方，解析では応力 - ひずみ関係を図 8.5(a)のようにモデル化することが一般的である．まず，応力 - ひずみ関係は単調載荷を受けるときの関係と，そこから除荷が起こった後の関係に分けられる．ここで，単調載荷を受ける際の曲線は骨格曲線（skeleton curve, backbone curve）と呼ばれる．したがって，状態点は載荷の最初には骨格曲線に沿って移動する．ここで，荷重の向きや変位の向きが変わる（図の A 点）と，状態点は骨格曲線から外れるが，この現象を除荷という．また，除荷曲線から，再度荷重や変位の向きが変わること（図の B 点）を再載荷という．しかし，地震応答の際には荷重の繰返しも多いし，最初の除荷を除けば，除荷と再載荷を区別することが困難になる．そこで，両者を併せて履歴曲線と呼んでいる．すなわち，応力 - ひずみ関係は骨格曲線と履歴曲線により構成される．

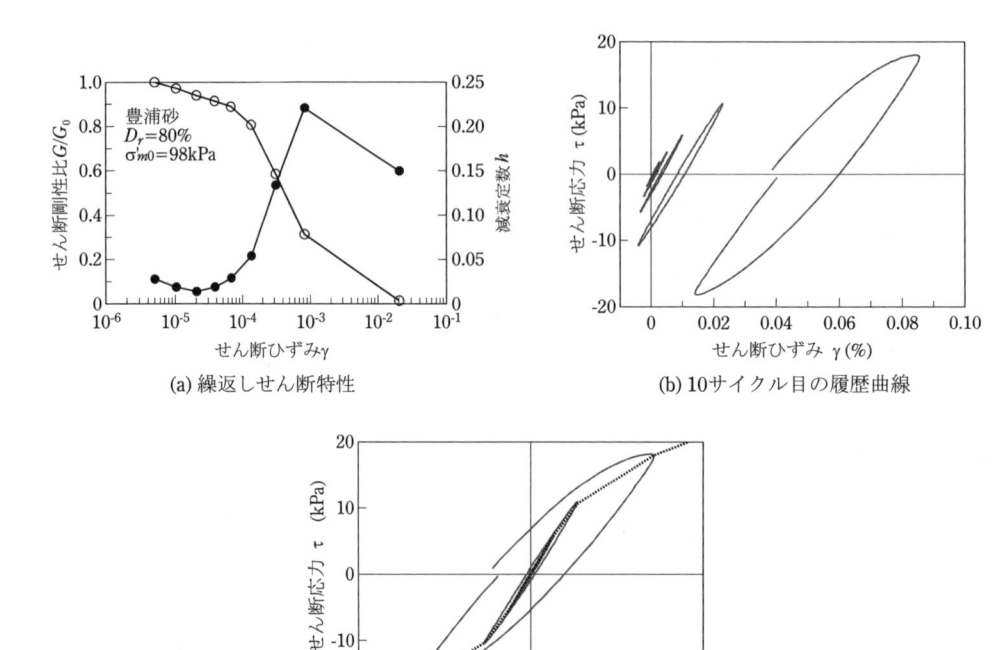

(a) 繰返しせん断特性

(b) 10サイクル目の履歴曲線

(c) 応力 - ひずみ関係のための仮定

図 8.4　解析のためのモデル化

(a) 応力-ひずみ関係モデルの考え方

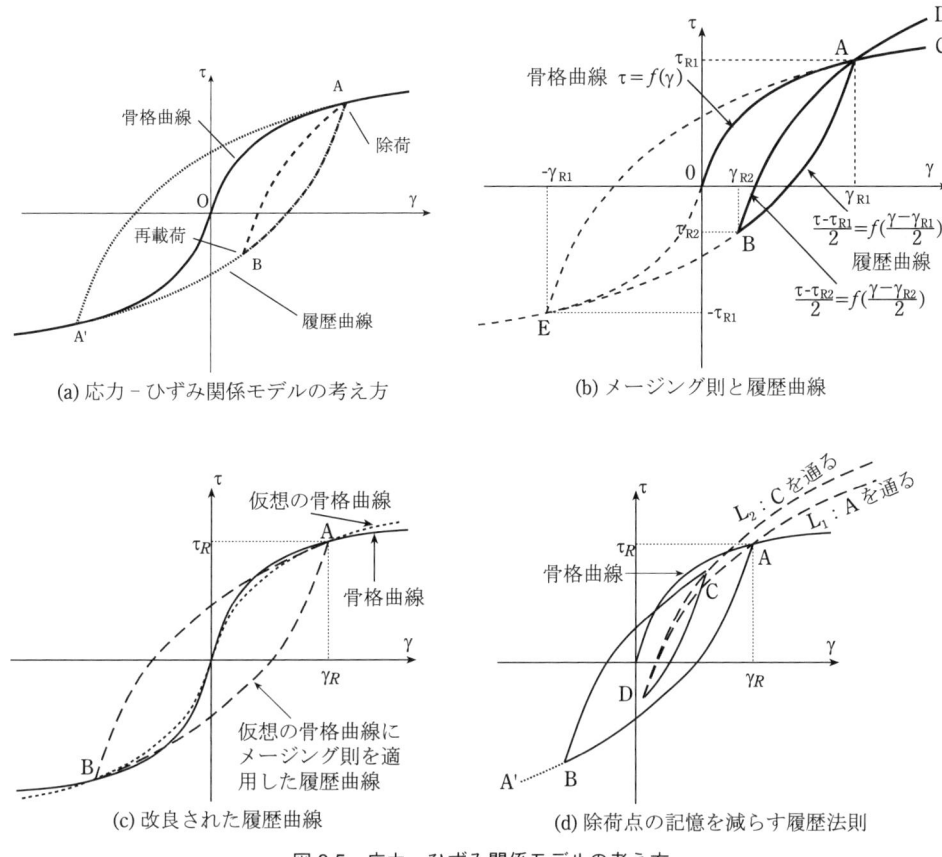

(b) メージング則と履歴曲線

(c) 改良された履歴曲線

(d) 除荷点の記憶を減らす履歴法則

図 8.5　応力-ひずみ関係モデルの考え方

さらに，せん断に関する非線形では符号が変わったからといって挙動がおかしくなることがないよう，応力-ひずみ関係は原点に関して点対称にする．すなわち，正側と負側で挙動が同じになるわけである．これに加え，A 点で除荷すると，点対称な点 A' に向かうようにモデル化することも多い．

さて，図 8.4(c)と図 8.5(a)を比べると，G-γ 関係が骨格曲線と，履歴曲線が各ステージの 10 サイクル目の挙動と対応しており，履歴曲線の面積が減衰定数 h に対応していると考えられそうである．6.7.6 項で述べたように，単調載荷と繰返し載荷の結果は必ずしも同じになるわけではない．しかし，特に実験では単調載荷の実験を行うということはなく，繰返しせん断試験で得られる G-γ 関係が単調載荷時の挙動として理解されている．

8.2.2　履歴法則

実験では G-γ，h-γ 関係は別々に定義，計算されているから，モデルでも別々に決定するのが本来である．このうち，骨格曲線は式を決めるだけであるので，特に紛れることはない．しかし，履歴曲線は，地震動は大きい波と小さい波が入り交じっているので，それらに対応させるようにモデルを決めなければならず，そのためのルールが必要である．

(1) メージング則

多くのモデルでは別々に定義することはせず，骨格曲線のみを定義し，履歴曲線はメージング (Masing) 則を用いて自動的に作っている．それを模式的に示すのが，図 8.5(b)である．

図では O→A→B→A と除荷，再載荷を行う場合の応力－ひずみ関係が描かれている．ここで，骨格曲線をひずみの関数として

$$\tau = f(\gamma) \tag{8.4}$$

と表したとき，除荷後の履歴曲線を，除荷点を (τ_R, γ_R) として

$$\frac{\tau - \tau_R}{2} = f\left(\frac{\gamma - \gamma_R}{2}\right) \tag{8.5}$$

と表現するのが Masing 則である．この意味は，骨格曲線を相似形に 2 倍の大きさに大きくし，始点を除荷点に移動したというものである．なお，元の Masing 則では相似比は 2 に限らず何をとってもよいが，ほとんどのモデルで 2 を用いている．これは，相似比を 2 とすると，A 点で除荷したら，A 点と点対称な点 E を目指す曲線となり，E 点で骨格曲線に合流するからである．ここで，E 点では接線の勾配は骨格曲線と履歴曲線で同じであるので，E 点で滑らかに履歴曲線から骨格曲線に移動することができる．

また，この法則を二つに分け，除荷時の剛性が初期剛性と等しい，履歴曲線は骨格曲線の 2 倍と分けて説明されることもある[6]．しかし，後者が成立すれば前者は自動的に成立するので，特に二つに分けて説明する必要はない．

Masing 則を用いるメリットは他にもある．それは，例えば図の B 点で再度載荷の方向を逆転させる（再載荷）と，履歴曲線は前の除荷点に向かうような曲線となることである．したがって，A 点と点対称な点 E で除荷すると，やはり A 点に戻るわけである．

ここで一つ問題が発生する．それは，A 点以降の状態点の移動に関するルールが設定されていないことである．可能性としては B→A のまま延長する（B→A→D）方法と，A 点で骨格曲線に戻ったので，骨格曲線に沿って移動する（B→A→C）の二つである．ここでは，骨格曲線に戻るケースを取り上げたが，当然，履歴曲線から履歴曲線に移る場合も同じ問題が起きる．

常識的に考えれば，後者（B→A→C）が自然である．例えば無限小の除荷，載荷が起こることを考えてみればこのことは明瞭であろう．実際，ほとんどの一次元解析専用の構成モデルがこの考えを採用している．しかし，多次元解析になると，除荷，再載荷の 1 サイクルの繰返しを経た後，除荷点と同じ応力，ひずみに戻るという保証はない（同じ状態になることが異常である）．そこで，骨格曲線に戻るときのみこのルールを採用し，履歴曲線内ではこの処理を行わないというのがよく行われる方法である．また，除荷，載荷は本来の定義である応力に基づいて行われている．

Masing 則という名称は元の骨格曲線と相似な曲線で履歴曲線を作るというのが本来の定義であるが，実用的には相似比を 2 とするという点と，状態点が前の除荷点に戻ったら前の骨格曲線（履歴曲線）の延長上を動くという点も合わせ，Masing 則ということが多い．

なお，Masing 則を用いると，ひずみが小さくなるたびに，除荷点の応力とひずみを記憶しておく必要がある．プログラムによっては記憶すべき除荷点の数の入力を要求される．著者の経験では，地震応答解析では多くても 30 以下のことが多いので，40 と設定していれば安全側である．通常のプログラムでは設定値より記憶すべき数が多くなると，直近の除荷点情報を消すなどして，プログラム上は変なことが起こらないように配慮している．除荷点を 30 も記憶するようなケースではひずみの値も非常に小さく，全体挙動にはほとんど影響しない．

なお，減衰自由振動のように振幅がどんどん小さくなるようなケースでは必要な除荷点の数も非常に多くなるので，例えば，振動が収まるまで解析しようというような際には，注意が必要である．

Masing則は，骨格曲線を決めればすべての挙動が設定できるので，モデルとしては非常に便利なものである．しかし，それは，あくまで数学的な意味であって，実挙動を表現できるかどうかということは別問題である．

図 8.6 は日本では標準的に使われる豊浦砂の繰返しせん断試験の結果である[7]．これに G-γ 関係より得られる骨格曲線に Masing 則を適用して作った減衰特性を実測値と比較したものを併せて示している．ひずみが小さい間は実験結果とよく対応しているが，ひずみが大きくなると Masing 則による減衰定数は実験値に比べ大きくなり，合わなくなってくる．図は一つの例であるが，多くの事例を見ても大きいひずみになると乖離してくることが多い．さらに，図 8.6 に示した事例では小さいひずみ領域で減衰がほぼ 0 になっているが，6.7.4 項で述べたように，小さいひずみ領域である程度の減衰があるケースでは小さいひずみ領域でも実験値との乖離は大きい．

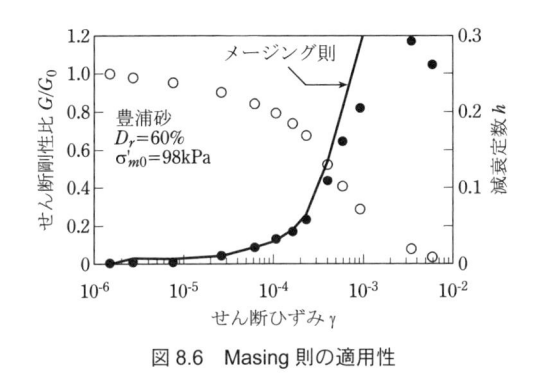

図 8.6 Masing 則の適用性

(2) 改良された履歴曲線

Masing 則の減衰特性がきちんとモデル化できないという欠点を解消するための履歴法則も提案されている．基本となるのは，著者らによるモデル化手法[8]である．

図 8.5 (c) に基本的な考えを示した．Masing 則では骨格曲線を 2 倍したものを履歴曲線としているが，この代わりに仮想の履歴曲線を設定し，それに Masing 則を適用して履歴曲線を作ることを考える．すると，この仮想曲線が満たすべき条件は最低限，次の二つである．
① 除荷点 A を通る（履歴曲線は A 点の点対称点 B を通る）
② 履歴曲線より求めた減衰定数が設定値と一致する

条件が二つなので，二つ以上のパラメータを持っている曲線であれば使うことができ，原論文では双曲線モデルと R-O モデルを用いている．双曲線モデルの最大減衰定数は理論上の最大値である $2/\pi$ なので，どのような条件を与えても使うことができ，使いやすい．この方法を用いれば，減衰特性のひずみ依存性は完全に満たす履歴曲線を作ることができる．

ただし，この条件だけでパラメータを決めると，都合の悪いことがある．例えば，双曲線モデルでは弾性定数とせん断強度がパラメータであるが，これを変更すると係数の持っている物理的な意味が失われるので，単なるパラメータとなってしまうことである．したがって，除荷時の剛性は既に弾性定数ではなくなる．また，A 点で履歴曲線から骨格曲線に移ったときには勾配は不連続である．後者は大した問題ではないが，前者は気になる技術者もいるであろう．そこで，上記二つに加え，
③ 除荷時の剛性は弾性剛性である

という条件を加えると，条件が三つになり，三つ以上のパラメータを持つモデルが必要になる．原論文では 8.2.4 項に示す R-O モデルを用いている．

A点で除荷後，A'点に至る前に除荷するなどの場合でも同じ履歴曲線を用いる。すなわち，履歴曲線は骨格曲線からの除荷が起こったときだけ計算し直すことになる。

ところで，Masing 則を用いると，ひずみ振幅が小さくなるたびに除荷点を記憶する必要がある。多次元解析になり，さらに，例えば，8.3.1(2)で示すような一次元モデルを多数使ったりするモデルでは記憶サイズは非常に多くなる。そこで，この記憶領域を節約するための履歴法則もある。図 8.5(d)で A→B→C→D と進んでさらに D 点で載荷方向を逆転させることを考える。これまでの法則によれば次は C 点を通る曲線 L_2 となる。これに対して骨格曲線からの除荷点 A を通るような履歴曲線を選ぶ方法もある。曲線の基礎となる式は何でもかまわないが双曲線モデルが使いやすいので多く使われるようである。この方法では，骨格曲線からの除荷点のみを記憶しておけばよいので，記憶領域は少なくなる。

当然ながら，異なる履歴法則を用いると，履歴曲線の形状が異なる。しかし現状ではランダムな載荷に対してどれが適切かなどを評価するためのデータは全くないので，履歴法則は数学的な扱いだけから決められているようである。

8.2.3 双曲線モデル

双曲線モデルは地震応答の分野のみならず，地盤の多くの分野でよく用いられるモデル[9]である。このモデルの骨格曲線は，6.6 節で説明した Hardin-Drnevich モデルと同じで，式 (6.7)で示したように，せん断応力 τ とせん断ひずみ γ の関係は次式で表される。

$$\tau = \frac{G_0 \gamma}{1+\gamma/\gamma_r} = \frac{G_0 \gamma}{1+G_0 \gamma/\tau_f} \tag{6.7}$$

ここで，G_0 はせん断弾性係数，τ_f はせん断強度，γ_r は基準ひずみである。図 8.7 に骨格曲線を示す。ひずみが無限大になるとせん断応力がせん断強度に漸近すること，$\gamma=\gamma_r$ で応力がせん断強度のちょうど半分になり，割線剛性が初期剛性（弾性剛性）の 1/2 になるのが特徴である。

このモデルは，パラメータが G_0, τ_f と二つしかないので，数学的な取り扱いが簡単である。

二つのパラメータの意味は自明で，弾性定数と強度である。しかし，図 8.7 からわかるように，このモデルではひずみが無限大にならないと応力がせん断強度に至らないこと，基準ひずみより大きい領域でせん断応力が大きくなるスピードが遅いという特徴がある。したがって，単純にせん断強度を設定すると，実挙動とはかけ離れたものとなる可能性がある。この場合，Duncan らのモデルの考え方[10]と同様，見かけのせん断強度を大きく設定するという方法がある。しかし，6.6 節で述べたように，大ひずみを基準にすると，小さいひずみ領域では一致が悪い。そこで，基準ひずみを基にせん断強度を計算する方が一

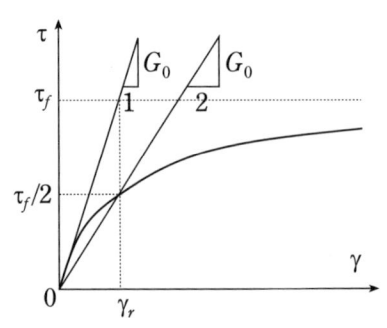

図 8.7 双曲線モデルの骨格曲線

般的である。ただし，この設定では，大ひずみ時の強度は実挙動とは異なることになる。

双曲線モデルでは，履歴曲線は Masing 則により作成する。すると，減衰特性は次式で表される。

$$h = \frac{4}{\pi}\left(1+\frac{\gamma_r}{\gamma}\right)\left[1-\frac{\gamma_r}{\gamma}\ln\left(1+\frac{\gamma}{\gamma_r}\right)\right] - \frac{2}{\pi} \tag{8.6}$$

このモデルによるフィッティング例を図 8.8 と図 8.9 に示す。材料はいずれも豊浦砂で，図 8.8 は非排水試験[7]，図 8.9 は排水試験[11] の結果をフィッティングしている。なお，応力－ひずみ関係の図では $G_0=100\text{MN/m}^2$ を仮定している。いずれも，G-γ 関係はよくフィットしているように見える。また，減衰特性は，大ひずみでは過大評価しているが，10^{-3} 程度以下のひずみではよくフィットしているように見える。しかし，前者については応力－ひずみ関係を描くと，かなり違う様相が見えてくる。いずれの図でも大きいひずみ域での予測の誤差は大きい。前にも述べたが，G-γ 関係で見ると値そのものが小さいため，誤差がないように見えるが，応力－ひずみ関係に直すと誤差が目立つようになる。そして，せん断強度は地盤の上限加速度と密接にかかわっているので，この差は最大加速度の誤差にもつながってくる。

非排水条件のケースを見ると，大ひずみでは 6.7.2 項でも述べた過剰間隙水圧の発生のためせん断強度が急激に小さくなるので，せん断応力も大きくならず，モデルはせん断応力を過大評価することになる。一方，排水試験のケースではモデルは 20%程度せん断応力を過小評価していることになる。

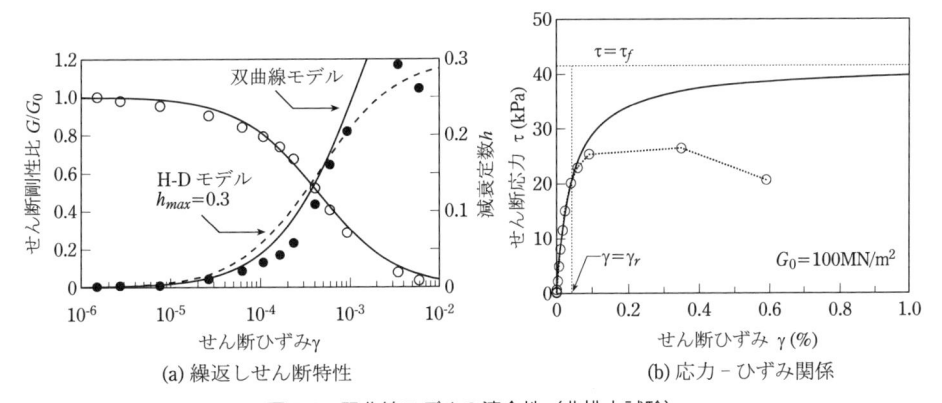

(a) 繰返しせん断特性

(b) 応力－ひずみ関係

図 8.8 双曲線モデルの適合性（非排水試験）

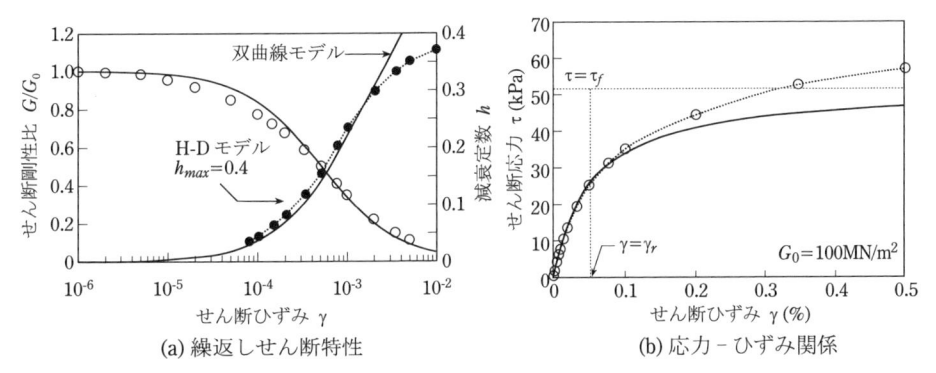

(a) 繰返しせん断特性

(b) 応力－ひずみ関係

図 8.9 双曲線モデルの適合性（排水試験）

双曲線モデルを地震応答解析に用いたのは，著者の知るところではFinn（フィン）らがDESRA（デズラ）というプログラム[12]に使ったのが最初である。しかし，日本では国生らがこのモデルをModified Hardin-Drnevichモデル（修正Hardin-Drnevichモデル）として提案した[13]。ここで，修正の意味は，HardinとDrnevichの論文[14]（6.6節参照）で提案されているせん断剛性と減衰定数のひずみ依存性のうち，後者を無視し，代わりに前者にMasing則を適用したということである。これ以後，日本では双曲線モデルのことを修正Hardin-Drnevichモデル（修正H-D，修正HDモデル）などと呼ぶことが多くなった。しかし，この呼び名は海外では通用せず，双曲線モデルが一般的である。本書では一貫して双曲線モデルの名称を用いている。

構成モデルは同じ研究者でも改良をしばしば行うことがある。そのため，元のモデル名に「修正」を冠して使われることがしばしばある。ただし，その修正の意味するところは使用者によって異なるし，同じ名前を使っていてもその意味は異なることがある。原理的なことまで興味があるのなら，このような点にまで注意した方がよい。ただ，一方では特に意識することなく，他の人が使っているからというだけで使う人もいる。

Hardin-Drnevichモデルが出てきたついでに，このモデルの減衰の適合性を見てみよう。図8.8と図8.9に点線で示したのがそれで，h_{max}は図に示される0.3と0.4と設定している。図8.8（非排水条件）では，10^{-4}付近ではモデルは減衰を過大評価しているし，10^{-3}以上のひずみでは実験の減衰特性が異常な挙動をしている（6.7.2項参照）という違いはあるものの，全体的には整合している。図8.9では排水試験の結果で，非排水試験の時に見られるような逆S時型の履歴曲線にはならないので，より大きいひずみまでよく実験値と適合している。

8.2.4 Ramberg-Osgoodモデル

Ramberg-Osgoodモデル[15]（R-Oモデル）は，アルミのような明瞭な降伏応力を持たない金属材料の挙動を表すために提案されたモデルで，これを土に流用したものである。さらに，Jennings[16]がこのモデルを繰返し載荷に適用した。履歴法則は前項で示したMasing則である。

原論文の応力-ひずみ関係をせん断応力とせん断ひずみに対して適用すると，次式となる。

$$\gamma = \frac{\tau}{G_0} + \alpha'\left(\frac{\tau}{G_0}\right)^{\beta} = \frac{\tau}{G_0} + \alpha \gamma_r \left(\frac{\tau}{\tau_f}\right)^{\beta} \tag{8.7}$$

ここで，α'とα，βはパラメータである。この式は次のように書き直すこともできる。

$$\frac{\gamma}{\gamma_r} = \frac{\tau}{\tau_f} + \alpha\left(\frac{\tau}{\tau_f}\right)^{\beta} \quad \text{または} \quad \gamma = \frac{\tau}{G_0}\left\{1 + \alpha\left(\frac{\tau}{\tau_f}\right)^{\beta-1}\right\} \tag{8.8}$$

この式は，通常のモデルとは異なり，ひずみが応力の関数となっている。そして，第1項が弾性ひずみ，第2項は応力が大きくなるとより大きくなる性質があり，非線形特性を表現している。

この式にMasing則を適用すると，次の減衰特性が得られる。

$$h = \frac{2}{\pi}\frac{\beta-1}{\beta+1}\left(1 - \frac{G}{G_0}\right) \tag{8.9}$$

ここで，

$$h_{max} = \frac{2}{\pi}\frac{\beta-1}{\beta+1} \qquad (8.10)$$

と置くと，式(8.9)式は 6.6 節で示した Hardin と Drnevich の提案[14]の減衰と一致する。本書では式(8.8)と Masing 則を適用した履歴曲線で作られるモデルを Ramberg-Osgood モデルと呼ぶことにする。

この式は G_0, τ_f, α, β と 4 つのパラメータがあるが，例えば，$\bar{\alpha} = \alpha/\tau_f^{\beta-1}$ と置くことで式(8.8)の後ろの式は

$$\gamma = \frac{\tau}{G_0}\{1 + \bar{\alpha}\tau^{\beta-1}\} \qquad (8.11)$$

と書けることからわかるように，独立なパラメータは三つであり，双曲線モデルより一つ多いだけである。パラメータの数が増えたので，双曲線モデルでは制御できなかった減衰特性を眺めた設定ができる可能性がある。また，減衰特性の式が Hardin と Drnevich の提案と同じ式になることから実験との整合も良さそうである。

本当は独立なパラメータは三つしかないのに，4 つのパラメータを使って応力－ひずみ関係を表すのは，パラメータの意味がわかりやすいからである。それは，τ_f にせん断強度という位置づけを与えると，わかりやすくなる。すると，双曲線モデルで用いてきた基準ひずみ γ_r も使えるようになる。なお，ここでは双曲線モデルやこれまでの説明との整合性から τ_f をせん断強度として使っているが，これはあくまで基準ひずみとせん断弾性係数の積として求めた値であり，双曲線モデル同様，実際のせん断強度とは異なる可能性があるし，また，異なってもよい。

図 8.10 に骨格曲線を示す。このモデルでは $\tau = \tau_f$ におけるひずみが $(1+\alpha)\gamma_r$ になることが一つの特徴である。さらに，この点と原点を通る曲線の形状が β の値により制御できるのがもう一つの特徴である。すなわち，$\beta = 1$ とすると直線，$\beta = \infty$ とすると弾性勾配とせん断応力一定（＝せん断強度）の直線で表される塑性域を持つ弾完全塑性モデルとなる。したがって，β は 1 と無限大の間の値を取り，大きくなるほど減衰定数が大きくなる。

最後の特徴として，ひずみが無限大になると応力も無限大になる。これは，実挙動とは対応していないわけであるが，実際の解析でひずみが無限大になることもないので，適用範囲を誤らなければ特に問題はない。これについてはこの節の終わり近くで論じる。

見かけ上の 4 つのパラメータのうち，G_0 と τ_f は双曲線モデルと同様に決めることができる。すると，実質的には決めることのできるパラメータは残り一つである。昔の論文では例えば，β の値をパラメータとして繰返しせん断試験を図化しターゲットと比べるような方法も示されている[17]。これはよい方法であるが，一方では判断が必要なこと，手間がかかることなどの問題がある。判断は常に必要なことではあるが，手間の少ない方法として

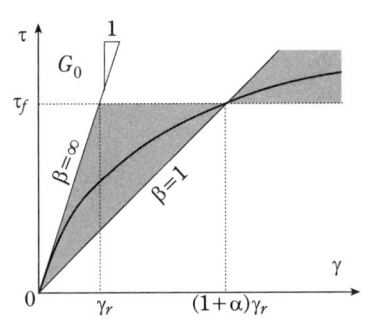

図 8.10 R-O モデルの骨格曲線

次の二つの方法がある。いずれも，基準ひずみγ_rを用いる方法である。式(8.8)に$\gamma=\gamma_r$, $\tau=\tau_f/2$を代入すると次式を得る。

$$\alpha = 2^{\beta-1} \tag{8.12}$$

これより，αとβのどちらかを決めれば他方を求めることができる。

(1) 方法1　最大減衰定数より

式(8.10)よりh_{max}を決めればβの値を次のように求めることができる。

$$\beta = \frac{2+\pi h_{max}}{2-\pi h_{max}} \tag{8.13}$$

(2) 方法2　破壊ひずみより

τ_fに対応するひずみを破壊ひずみγ_fと定義する。式(8.8)に$\tau=\tau_f$を代入すると次式を得る。

$$\gamma_f = (1+\alpha)\gamma_r \quad \text{または} \quad \alpha = \gamma_f/\gamma_r - 1 \tag{8.14}$$

ここで，τ_fは必ずしもせん断強度に限ることはなく，γ_f, τ_fはこの点を通るようにしたいという観点で決めるのが実用的であろう。また，破壊ひずみについては6.7.6項の説明が参考になる。

図8.11と図8.12に双曲線モデルと同じ試験結果のシミュレーションを示す。いずれのケースも基準ひずみγ_rと最大減衰定数h_{max}に基づきパラメータを決めている。また，弾性定数は$G_0=100\text{MN/m}^2$と設定して応力 - ひずみ関係を描いている。

図8.11の非排水試験では$h_{max}=0.3$としている。基準ひずみの前後ともGを大きく評価しているが，全体としてはよく一致しているように見える。しかし，応力 - ひずみ関係表示にすると，図8.11(b)のようにせん断応力は非常に大きく評価されていることがわかる。大地震に対する解析を行う場合には大ひずみ時の挙動が重要になるが，双曲線モデルの例と併せて，大ひずみ時の挙動はG-γ関係で評価せず，τ-γ関係で見ることが重要なことがわかる。また，減衰は実験値では大ひずみで小さくなっている事もあり，全域を合わせることは難しいが，図8.8(a)に示したH-Dモデルとほぼ同様の結果となっている。また，図8.11(a)には実験値のG-γ関係を用いたH-Dモデルの結果が△で示されているが，必ずしもR-Oモデルに比べてよい一致を示しているともいえない。

次に，図8.12の排水試験では，基準ひずみより小さいひずみでGはかなり大きく評価されている。同じ傾向は図8.11(a)でも見ることができたが，R-Oモデルは元々金属材料用に提案されたモデルであり，線形域が広いのが特徴である。しかし，図8.12(b)の応力 - ひずみ関係を見ると，小さいひずみ域のGの過大評価（すなわち，τの過大評価）の影響は

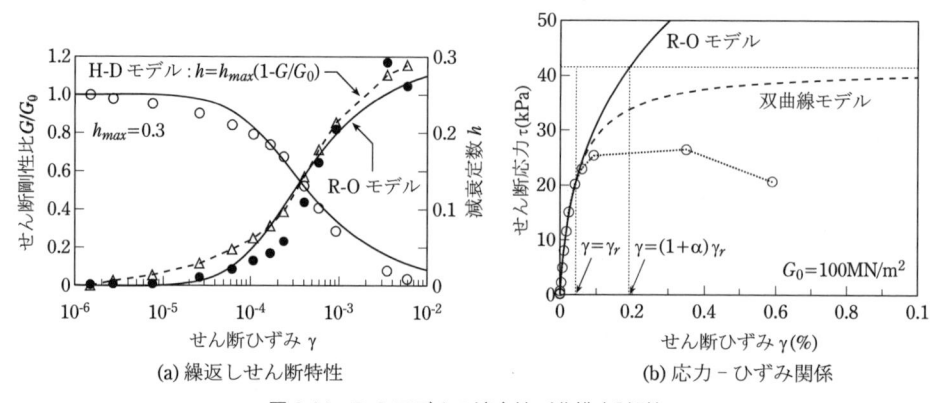

(a) 繰返しせん断特性

(b) 応力 - ひずみ関係

図8.11　R-Oモデルの適合性（非排水試験）

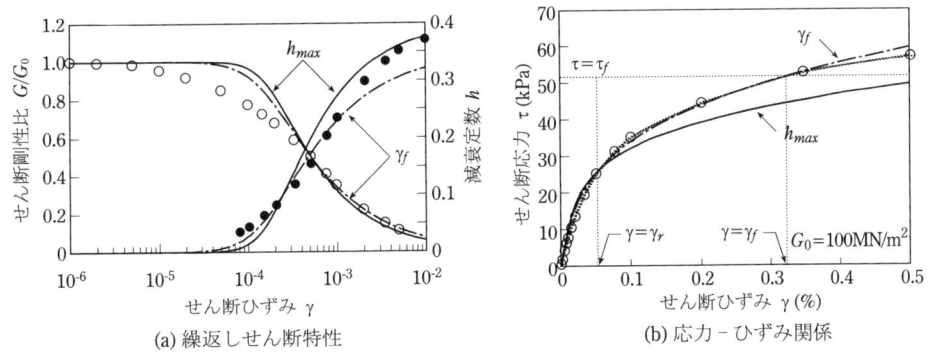

図 8.12 R-O モデルの適合性(排水試験)
(a) 繰返しせん断特性
(b) 応力-ひずみ関係

ほとんど見ることができないが,一方ではせん断応力の過小評価が目につく。この点を改良するために,上記(2)の破壊ひずみによる方法を用いることにして,$\tau=\tau_f$における実験値との交点を破壊ひずみγ_fと設定すると,応力-ひずみ関係の一致はずいぶんよくなる。しかし,一方では図 8.12(a)に見られるように減衰定数が小さくなるが,異常というほどではなく,他のモデルのシミュレーションなどと比べると受け入れられる範囲である。このように,簡単に決める方法と手をかける方法では結果に差があることも事実であり,簡単な方法でパラメータの値を推測し,それに手を加えることによりよいフィットが得られるようになる。

先にも述べたように,R-O モデルでは,ひずみが無限大になると応力も無限大になる。実際の解析ではひずみが無限大になることもないので,著者はこれを特に欠点とも思わない(8.4 節参照)が,欠点であると考える人もいる。この欠点を改良する一つの方法は,せん断応力が破壊ひずみを超えたら,せん断応力を一定にすることである。すなわち,

$$\tau=\tau_f \quad (\gamma \geq \gamma_f = (1+\alpha)\gamma_r) \tag{8.15}$$

これは,原の修正式[18]と呼ばれる。これは,前に(2)で示した方法の拡張である。

これのみならず,R-O モデルでは多くの修正が行われている[18]。日本でよく見る式としては,独立したパラメータが三つであることを強調した式(8.11)やこの式の$\beta-1$ を β と表したもの[6]などがある。これらは総称して修正 Ramberg-Osgood モデル(修正 R-O モデル)と呼ばれる。修正の意味は元の式と表現方法が違うなどである[6]。基礎式が異なれば,パラメータの値も異なるので,プログラムを使う際にはそのプログラムで使われている式に従ってパラメータを設定する必要がある。変換は一般に難しくない。

8.2.5 吉田のモデル

これまでに示した双曲線モデルでは数式を用いているため,実験結果を完全に表現することができなかった。これに対して,このモデルでは繰返しせん断特性の実験値を完全に表現しようとしているのが特徴である。モデルは大きく二つの概念から構成されている。

一つは,減衰特性を合わせようとする方法である[8]。これについては,8.2.2(2)で図 8.5 (c)を用いて説明したように,仮想の骨格曲線に Masing 則を適用して減衰定数を実験値と合わせる履歴曲線を作る方法である。先に述べたように,この方法はどのような骨格曲線モデルに対しても適用できる。

この操作で減衰特性は合わせることができた。次に,骨格曲線は実験値から補間して求めることにする[19]。すなわち,実験値の点列を(τ_i, γ_i)とし,補間を部分線形関数で行う

とすれば，応力-ひずみ関係は次のように表される．

$$\tau = \frac{\tau_i - \tau_{i-1}}{\gamma_i - \gamma_{i-1}}(\gamma - \gamma_{i-1}) + \tau_{i-1} \quad (\gamma_{i-1} \leq \gamma < \gamma_i) \tag{8.16}$$

直線が都合悪ければ，Legendre 補間，ベジェ曲線などで滑らかな補間を行うこともできるが，実用的には式(8.16)で十分である．

このモデルでは，表形式で与えられた繰返しせん断特性を完全に満たすことのできる応力-ひずみ関係を作成することができる．したがって，これまでのような実験値と計算値の比較をする必要がない．なお，モデルの性質上，データは表形式で与えなくても数式を用いてもよい．例えば，Hardin-Drnevich モデルを設定すれば，これを完全に満たす応力-ひずみ関係を作ることができる．

ところで，8.2.2(2)でも述べたが，履歴曲線に双曲線モデルを使うと，弾性剛性が変わってしまう．一方，多くのモデルでは除荷時の剛性は弾性剛性と同じとしている．図 8.13 は繰返しせん断試験を行ったときの履歴曲線から除荷時の剛性を読み取ったものを G-γ 関係と共に示したものである[20]．これによれば砂でも粘土でも除荷時の剛性は変化する．この関係は H-D モデルを若干修正した，次の式でモデル化することができる．

$$\frac{G_r}{G_0} = \frac{1 - G_{min}/G_0}{1 + \gamma/\gamma_{rr}} + \frac{G_{min}}{G_0} \tag{8.17}$$

ここで，G_r は除荷時の剛性，G_{min} はその最小値，γ_{rr} は除荷時剛性に対する基準ひずみであり，G_r が 1 と G_{min} の平均値の時のひずみである．この結果も図 8.13 に示されているが，よく説明できている．

この除荷剛性の変化は比較的小さいひずみ領域から発生していることから，過剰間隙水圧の発生による影響だけでは説明できない．ただ，この辺のデータは多くないことから，今後の研究が必要とされる部分である．

文献[20]ではこの点も考慮し，履歴曲線を Ramberg-Osgood モデルを使って除荷剛性をあわせた計算と除荷曲線に双曲線モデルを使った結果を比較し，両者にほとんど差がないことを指摘している．これは，減衰定数を設定すると，どのモデルを使っても履歴曲線の形状はそれほど変わらないことが原因であると説明されている（12.4.4 項参照）．

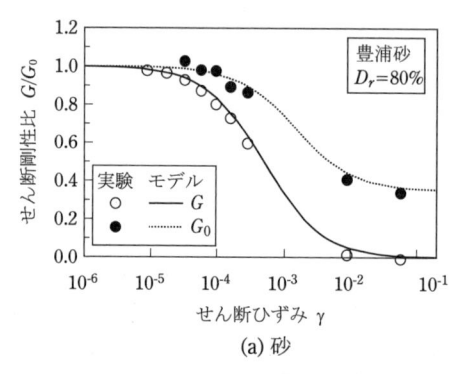

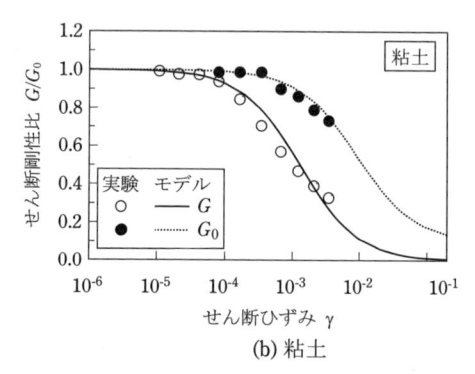

図 8.13 繰返しせん断特性と除荷時の剛性比

8.2.6 MDM モデル

MDM モデル[21]も骨格曲線と履歴曲線を表形式で入力できることでは前項で述べたモデルと同じであるが MDM（瞬間変形係数と呼ばれている）と呼ばれる除荷時の剛性（G_{MDM}）を介して骨格曲線と履歴曲線に関係を持たせようとしたのが特徴である．

HardinとDrnevichの研究[14]では減衰特性は式(6.11)で整理できる（6.6.1項参照）。

$$h = h_{max}\left(1 - \frac{G}{G_0}\right) \tag{6.11}$$

このG_0を除荷時の剛性G_{MDM}であると読み替え，G_{MDM}について解くと次式となる。

$$G_{MDM} = \frac{h_{max}G}{h_{max} - h} \tag{8.18}$$

したがって，h_{max}と除荷点のG, hを与えれば除荷時の剛性は決めることができる。履歴法則は吉田モデルと同様で，除荷剛性も制御するので，三つ以上のパラメータのあるモデルとしてRamberg-Osgoodモデルを用いている。

一方，骨格曲線にもRamberg-Osgoodモデルが用いられているが，単純にこのモデルを用いるだけでは実験に適合する曲線を得ることができない。そこで，Ramberg-Osgoodモデルの弾性剛性を除荷時剛性に置き換え，次のように表す。

$$\gamma = \frac{\tau}{G_{MDM}}\left(1 + \alpha\tau^{\beta-1}\right) \tag{8.19}$$

ここで，G_{MDM}, α, βがパラメータであるが，G_{MDM}は式(8.18)より求めることができ，その他のパラメータはR-Oモデルで述べた方法(1)により求めることができる。

この関係は図8.14で見るとわかりやすい。図の点線はG_{MDM}が異なるR-Oモデルの骨格曲線群である。このうち，ある曲線に着目すると，G_{MDM}と対応するひずみにより1点が決まる。これらの点を異なるひずみ（またはG_{MDM}）に対してつないでいくと実線のような骨格曲線ができる。除荷時にはこの骨格曲線を 8.2.5項に示した仮想の骨格曲線として履歴曲線を作成する。

このモデルでは入力した繰返しせん断特性を完全には表現できないが，高精度にフィットできる。しかし，一方ではモデルを定義するのにG-γ, h-γ関係以外に最大減衰定数h_{max}が必要である。また，除荷時剛性（MDM）は実験に裏付けられたものではなく，式(6.11)を拡張解釈したものである。さらに，このモデルのようにひずみ以外のパラメータで骨格曲線を表現すると接線剛性が求めにくいという数値計算上の問題がある。すなわち，骨格曲線をひずみとG_{MDM}の関数であることを強調し$\tau = f(\gamma, G_{MDM})$と表したとすると，その全微分は

$$d\tau = \frac{\partial f}{\partial \gamma}d\gamma + \frac{\partial f}{\partial G_{MDM}}dG_{MDM} \tag{8.20}$$

と表されるが，ひずみ増分$d\gamma$を与えたときにdG_{MDM}は単純には求まらないので，真の剛性が求まらないわけである。したがって，数値積分の際にも繰返し計算により内力と外力が釣り合うようにするイタレーション系の解法（12.4.1項も参照）を使わざるを得ない。

なお，このモデルの検証用に用いられた地震応答解析のケーススタディでは，計算に用いる繰返しせん断特性として，応力振幅一定で載荷する通常の実験とは異なり，定ひずみ

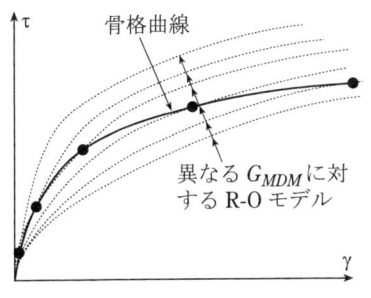

図8.14 骨格曲線のイメージ

振幅試験による 10 サイクル目の履歴曲線を用いている。両者は，低ひずみであればあまり変わらないが，ひずみ振幅が 0.1%を超えるようになると大きく異なるので，注意が必要である。応力振幅一定の実験を用いた適合性は検証されていないようである。

8.2.7 修正 GHE モデル

GHE モデルについてはすでに 6.6 節で示した。Hardin-Drnevich モデルが比較的小さいひずみ域でのフィッティングを目指しているのに対して，破壊に至るまでの大きなひずみまでをターゲットにしたのが，GHE モデルの特徴である。ただし，そうはいってもこのモデルは双曲線モデルの延長にあることから，次第に剛性が小さくなるような最も一般的な非線形の形状をターゲットにしているので，6.7.2 項で述べたように，複雑な形状をした非排水状態の砂の破壊時の挙動までをフィッティングできるわけではない。

GHE モデルは，この点を除けば，よりよくフィットできる可能性を含んだモデルである。ただし，その一方ではモデルパラメータの数が非常に多く 8 個も必要という欠点もあった。さらに，このモデルは単調載荷に対する挙動に対して提案されているもので，繰返しに対する履歴法則がない。これに対して，文献 [22] では 8.2.2(2)で示した履歴法則を用いて応力 - ひずみ関係を作成し，修正 GHE モデルと呼んだ。修正の意味は，履歴法則を加えたことである。

8.3 多次元解析に用いられる構成モデル

前節で説明した一次元解析用のモデルは，式も簡単であったし，力学的意味もわかりやすいものが多かった。しかし，多次元解析ではこのモデルを単純には適用できない。また，一つの構成モデルのように多くの解析プログラムに導入されているということもない。そこで本書では，一次元モデルを発展させた多次元解析モデルまではある程度の説明をし，本格的な弾塑性モデルについてはその概要を説明するのみにとどめる。

8.3.1 一次元解析の拡張モデル

応力やひずみはテンソルなので，大きさと方向を持っている。一次元解析では方向は正負の二つしかなかったので，このことをあまり意識する必要はなかった。しかし，多次元状態では，せん断応力も幾つかの成分がある。それを一つの指標で表すと，式(4.4)で示した相当応力しかない。ところで，この相当応力は応力の二乗平均になるので，正の量である。これが，一次元モデルの多次元化を困難にしている最大の原因である。

図 8.15 にこの問題を模式的に示す。ここでは，単純せん断を受ける要素を示している。したがって，独立なせん断応力成分は τ_{xy} のみであり，係数の違いを除けば τ_{xy} と相当応力 σ_e は同じものである。ここで，せん断応力を A→B→C→D と正負両側に変えた時と，A→B→C→E と片振りしたときを考える。それぞれに関する τ_{xy}-γ_{xy} 関係が実線と点線で示されている。ここでは C→D ではせん断応力は負の値である。しかし，これを σ_e-γ_{xy} 関係で見ると，σ_e は常に正なので，C 以降はいずれの載荷でも点線になる。すなわち，応力を見ていると，片振りと両振りが区別できないわけである。より複雑な応力状態ではこのように単純な表示ができないが，同じことが起こっている。この問題を解決するために幾つかの方法がある。

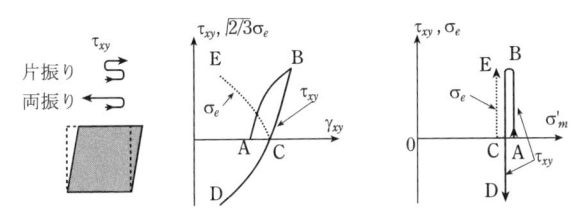

図 8.15 単純せん断に対するせん断応力と相当応力

(1) 水平面に着目する方法

これまでにも述べたように，地震時はS波による挙動が重要である。地震波が鉛直下方から伝播するとすれば，S波によって水平面内にせん断変形し，これが地盤の挙動で支配的となる。そこで，水平面内のせん断応力－せん断ひずみ関係より接線剛性Gを求め，これを式(4.6)に用いることにより応力－ひずみ関係を作ることができる[23]。式(4.6)は弾性に関する式であるが，この場合には，これを非線形の接線剛性として用いるわけである。

(2) マルチスプリングモデル

上で述べた水平面内に着目する方法は，多方向のせん断に対しては都合が悪い。マルチスプリングモデルは，単純二次元問題を対象にし，図 8.16 に模式的に示すように，x-z平面に剛壁で作られた円の中に多数のばねを配置することによって多方向のせん断挙動を表そうとしている[24]。単純二次元状態ではせん断変形は単純せん断状態（τ_{zx}と$\varepsilon_{zx}=\gamma_{zx}/2$の関係）と軸差変形（$(\sigma'_z-\sigma'_x)/2$と$(\varepsilon_z-\varepsilon_x)/2$の関係）があるので，これを$z$軸，$x$軸で表現し，中心の動きでそれぞれの成分に対応するひずみと応力に対応させようとするモデルである。

このモデルではすべてのばねが一点（初期には中心）に集まっている必要がある。ところで，多次元の地震応答解析では初期応力をあらかじめ与えることが多いが，このモデルでは任意の応力状態を作るには，非線形の方程式を解く必要があり，手間がかかるという問題がある。したがって，自重解析（初期応力が0の状態から荷重をかけ始める解析）で初期応力を求める方法が用いられる。しかし，この方法では，6.7.8項で述べた過去の履歴の影響を考慮していないという問題が発生するので，変形を過大評価する可能性がある。

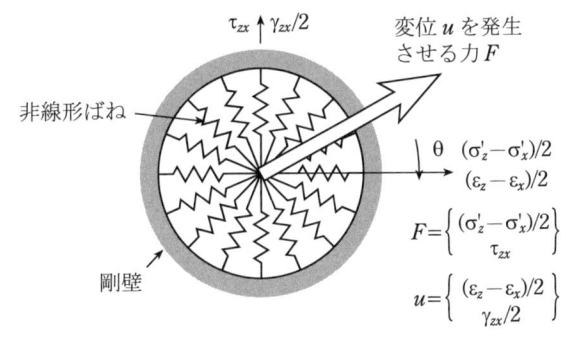

図 8.16 マルチスプリングモデル

(3) Duncan-Chang のモデルと吉田のモデル

DuncanとChangはモールの円に基づく簡単な多次元解析に適用できるモデルを示した[10]。この論文では三軸試験をイメージして最大主応力σ_1と最小主応力σ_3の差$\sigma_1-\sigma_3$で表現しているので，少し理解にくいし，繰返し載荷に適用できないので，ここではこれをτ-γ関係

に直して説明する．なお，図8.17(a)のモールの円で見られるように，軸差応力$\sigma_1-\sigma_3$はモールの円の直径であり，ここでτとして使うのは円の半径の意味である．

式(6.7)で示した双曲線モデルを用いるとすれば，応力－ひずみ関係は次のように表される．

$$\tau = \frac{G_0 \gamma}{1 + G_0 \gamma / \tau_f} \quad \text{または} \quad \gamma = \frac{\tau}{G_0(1 - \tau/\tau_f)} \tag{6.7}$$

ここで，前は応力をひずみの関数として，後ろはひずみを応力の関数として表したものである．前の式をγで微分し接線剛性G_tを求め，これに後ろの式を代入してγを消去すると次式を得る．

$$G_t = \frac{G_0}{\left(1 + \dfrac{\tau}{\tau_f(1-\tau/\tau_f)}\right)^2} \tag{8.21}$$

この式の意味は，応力を与えれば接線剛性が求まるということを表している．これを式(4.6)を増分関係に置き直した式のGのところに用いれば非線形解析が可能になる．ここで，ひずみを消去したのは，せん断弾性係数やせん断強度は解析に伴って変化するので，式(6.7)に用いるべきひずみは実際のひずみではないということにある．すなわち，ひずみはある状態からの変化量という意味しかないが，応力は条件に限らず使えるので，扱いがより単純になる．

この方法では，τがモールの円の半径であることから，終局時のモールの円の半径が必要である．Duncan-Changの原論文ではこれを三軸試験のイメージで最小主応力σ_3一定のもとでモールの円を大きくしたときの円の半径としている（図8.17(a)の点線）．すると，せん断強度は次のようになる．

$$\tau_f = \frac{c\cos\phi + \sigma_3 \sin\phi}{1 + \sin\phi} \tag{8.22}$$

なお，原論文では8.2.3項で述べた双曲線モデルの欠点を補うために，計算に用いるせん断強度を少し大きめに評価する方法も提案している．このモデルは，土の分野では非常に多く用いられてきた．

Duncan-Changモデルは使いやすいモデルであるが，単調載荷挙動のみを扱っている．吉田モデルはこのモデルをより一般化したものである[25]．Duncan-Changのモデルで用いて

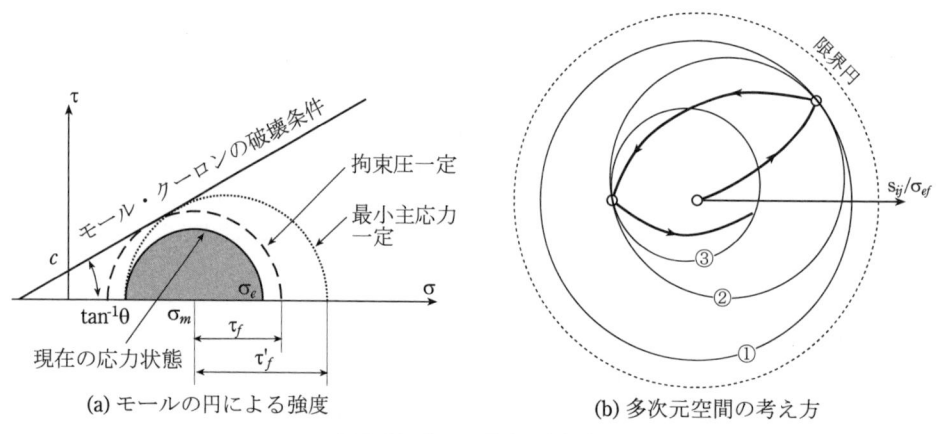

(a) モールの円による強度

(b) 多次元空間の考え方

図8.17　吉田モデルの考え方

いるモールの円の半径は相当応力と対応している。そこで、一次元のモデルを相当応力−相当ひずみ関係に書き直し、ひずみを消去すれば、どのモデルでも使うことができる。なお、せん断強度は Duncan-Chang のモデルでは σ_3 一定の仮定で導かれたが、吉田モデルではより一般的な応力変化に対応できるように、σ_m 一定の条件で導かれている。

次に、Duncan-Chang のモデルにはなかった履歴挙動は、8.2.2(2)で示した方法を用い、図 8.17(b)のように多次元空間で除荷点に接する円の半径をせん断応力と評価することにすれば Masing 則を適用したのと同じ効果になるので、多次元状態でも繰返しせん断特性を完全に満たすモデルを作ることができる。

8.3.2 弾塑性構成則

土に関する弾塑性構成則は非常に多く提案され、例えば文献 26) 27) 28) 29) 30) などにまとめたものが示されている。しかし、地震応答解析の実務で用いられるモデルはごく少数である。また、多くの解析プログラムに採用されているモデルはない。さらに、その内容は非常に難しく、本書の範囲を明らかに超えていることからここでは紹介しない。比較的簡単な説明が文献 31) に示されている他、特定の構成モデルについてはそれを用いているプログラムのマニュアルに説明があるはずなので、それらを参照されたい。また、文献 32) には実用的な適用に対する議論がある。ここでは、基本的な考え方についてのみ簡単に述べる。

弾塑性の構成則は次の 5 つの式で構成される。

① 弾性の応力−ひずみ関係：式(4.6)
② 降伏条件：通常はモール・クーロンの条件、ないしはこれを縮小したもの
③ 流動則：応力増分とひずみ増分の関係式
④ 塑性ポテンシャル：ひずみの向きを決めるための関数
⑤ 硬化則：降伏条件の変化を設定する法則

ここで、降伏条件と塑性ポテンシャルは同じ関数を使うのが一般力学の方法であるが、土ではそのように設定するとダイレイタンシー特性が全く合わないので、別のものを使う。両者を別にすると、理論的に問題が起きるケースもあるが、実用的には問題ない 32)。

図 8.18 に砂に関する弾塑性構成則のイメージがわかる模式図を示す。応力が 0 から出発してある状態に至ったとする。すると、降伏条件（降伏曲面）は原点と現在の応力点を結ぶ線として定義され、その極値としてモール・クーロンの条件がある。これに対してこの点を通るポテンシャル関数も定義でき、ひずみはこの局面に直交する方向に発生する。流動則はそのことを明瞭に記述した式で、さらに、応力状態が変わったときに降伏条件も変わるという性質を利用するとひずみ増分の大きさが決まる。

先に述べたように、非常に多くの弾塑性構成則が提案されている。しかし、一方では土では簡易なモデルである Duncan-Chang モデルが最も成功しているモデルであるという評

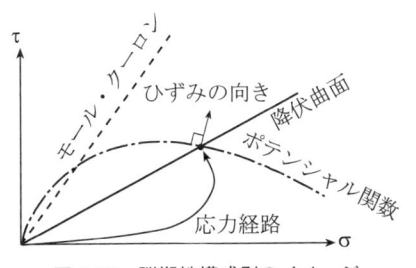

図 8.18 弾塑性構成則のイメージ

価もある[33]．難しいモデル，理論的により厳密に見えるモデルが実務の世界では必ずしもよい成果を上げていないということである[32]．

前節で示した一次元の構成モデルを拡張したモデルとの一番大きな違いは，ポテンシャル関数に係わる挙動である．簡単のために単純せん断を受ける場合を考える．すると，拡張モデルではせん断ひずみのみが発生することは式(4.6)を見れば明らかである．しかし，弾塑性構成則では，その時点のポテンシャル関数に依存してひずみ増分が決まるので，せん断変形と共に体積変化も生じる．この差は例えば盛土の解析をしたときに，拡張モデルではほとんど水平方向の変位しか発生しないが，弾塑性構成則を用いると水平変位と沈下が現れるという違いとなって現れる．ただし，マルチスプリングモデルでは弾塑性構成則と同じようなひずみの向きになるという報告がある[32]．

もう一つの違いは，一次元拡張モデルではひずみが0からの値の関数として応力が定義されているのに対して，弾塑性構成則では現在の応力状態のみから挙動が記述できるというのも実用的には大きな違いである．例えば任意の初期応力を与えた時，一次元拡張モデルではその応力に対応するひずみの値を求め，また，拘束圧が変わった時などにはその値を修正する必要があるが，弾塑性の構成モデルではその必要はない．ただし，一次元拡張モデルでも，Duncan-Chang のモデルのように応力状態で記述すれば現在の応力状態のみで記述できるようになる．

なお，弾塑性構成則でダイレイタンシーを表現するために降伏条件と塑性ポテンシャルに別の式を使うということを述べたが，そうすると，剛性マトリックスが非対称になるので，数値計算に要する時間は増える．

8.4　モデルの選択とパラメータの決め方

実務者にとってはどのモデルを用いるかということは大きな問題である．ただ，一般には技術者が自由にモデルを選べる状況にはなく，保有しているプログラムで使えるモデルという制約を受ける．一次元の解析では双曲線モデルや R-O モデルは多くのプログラムで装備されているが，吉田モデル，MDM モデルや GHE モデルを装備しているプログラムは多くはない．ここでは，色々なケースに備えてモデル選択とパラメータの決定法を考えてみる．

構成モデルには，双曲線モデルのように数式でモデルが規定されており，その係数等を決めるパラメータを入力するもの（数式モデル）と，吉田モデルのように表形式（G-γ 関係と h-γ 関係を離散化された点で与える）でデータを与えるもの（表形式モデル）がある．

実験値の再現という意味では表形式モデルが優れている．したがって，表形式のデータがあり，表形式モデルも使えるのであれば，こちらを使うべきである．これに対して数式モデルは，幾つかのパラメータは物理的に意味が明解であるという特徴がある．また，昔から使われているので，挙動の解釈がしやすいという利点もある．最近では危険度解析のように多量の計算を要するものでも地震応答解析が用いられることも増えてきた．そのような場合には，例えば拘束圧依存性を考慮して繰返しせん断特性を変えるなどの操作が必要である．この操作は，数式モデルでは比較的容易に行うことができるが，表形式モデルでは難しいので，数式モデルが使いやすい．また，大量のデータを整理して実験式を作成する際にも数式モデルが使われる．

表形式モデルでは，データを処理する必要がなく G-γ, h-γ 関係をそのまま入力するので，データの作成に悩む必要はほとんどない．これに対して数式モデルでは，モデルが実デー

タを完全に満たすことはあり得ないので，何らかの判断をしてパラメータの値を決める必要がある。

数式モデルに用いられるパラメータには物理的な意味が明瞭なパラメータと調整代のパラメータがある。例えば，G_0 や τ_f は前者，R-O モデルの α や β は後者ということができる。このうち，物理的意味が明瞭なパラメータの値をまず決め，調整用パラメータの値を次に決めるというのが基本的な考えである。

調整用パラメータの値を決める際に考えるべき一番重要なのは，解析で得られる最大ひずみより大きいひずみは決して用いられることがないということである。例えば，R-O モデルの問題としてひずみが無限大になると応力も無限大になるということが挙げられることがあるが，この観点で見るとそれは全く挙動には影響を与えない。

次に，技術者にとって重要なのは最大ひずみ（最大応力）付近の挙動であるということを考えておく必要がある。したがって，小さいひずみ域での挙動を合わせるべきか，大きいひずみ域での挙動を合わせるべきか，と悩んだら一般的には大きいひずみ域での挙動を合わせるのがよい。ただし，そのために小さいひずみ域での挙動が大幅に変化すると，大ひずみ域に至る前に挙動が変わってしまうという問題も発生する。この辺は経験が重要な部分であるが，幾つかパラメータを変えた計算を行ってみると，影響度を把握することができる。

例えば双曲線モデルではパラメータは G_0 と τ_f だけで調整用のパラメータはない。また，少数の調整用のパラメータでは満足のいく一致が得られない時もある。そのようなときには，物理的意味が明瞭なパラメータの値をいじるという操作を行ってもよい。双曲線モデルでは基準ひずみからせん断強度を予測する方法を紹介したが，これがそのような操作に当たる。ただし，この方法では，せん断強度は実材料と異なることになるので，大ひずみまでの挙動を追うことは困難になる。せん断強度のみならず，場合によっては弾性定数を変えることも許されよう。

なお，パラメータの値をいじるときには，結果に与える挙動に敏感か鈍感かなどを把握しておくと調整が楽になる。パラメータを変更した解析を行ってみれば，パラメータの感度は理解できるし，数多くの経験を重ねれば身についてくる。

8.5 複素剛性法

複素剛性法はこれまでと全く別の観点からの応力 – ひずみ関係のモデルである。このモデルは後に理論のところで述べる等価線形化法のニーズから生まれたものと考えることができる。そのニーズとは，応力 – ひずみ関係を線形として，かつ履歴曲線でエネルギーを吸収させたいというものである。実数の世界ではこの二つのニーズを満たすことはできないが，複素数を持ち込むことによって可能になった。

モデルとするのは，図 8.19 に示すばねとダッシュポットをあわせたモデルである。これらを直列につないだマックスウエル（Maxwell）モデルと並列につないだフォークト（Voigt）モデル（Kelvin モデル，Kelvin・Voigt モデルとも呼ばれる）が用いられ，どちらから出発してもほぼ同じ結果が得られるので，ここでは，フォークトモデルを用いて説明する。

ばねの弾性定数を G，ダッシュポットの粘性係数を C とする。このモデルの応力 – ひずみ関係は次のように書ける。

$$\tau = G\gamma + C\dot{\gamma} \tag{8.23}$$

このモデルの一端を正弦波で加振するが，これを複素数で表す。すると定常状態の応力と

(a) マックスウエルモデル　　(b) フォークトモデル　　(c) 応力-ひずみ関係

図 8.19　ダッシュポットモデル

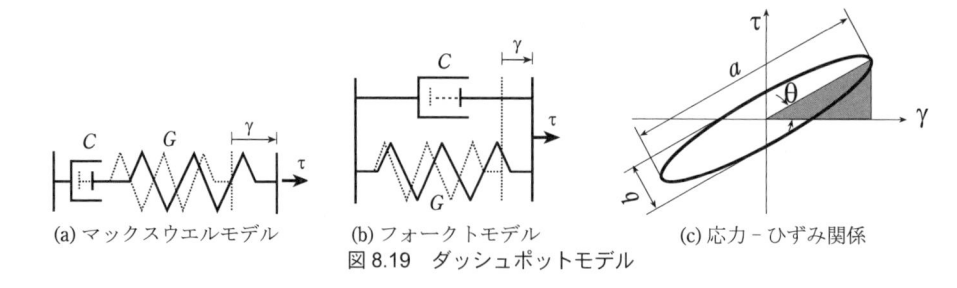

ひずみも正弦波となり，次式で表される．ここで，τ, γ と振幅 τ_0, γ_0 は複素数である．

$$\gamma = \gamma_0 e^{i\omega t}, \quad \tau = \tau_0 e^{i\omega t} \tag{8.24}$$

ここで，$e^{i\omega t}$ は　はオイラー（Euler）の公式

$$e^{i\omega t} = \cos\omega t + i\sin\omega t \tag{8.25}$$

により三角関数で表されているので，振動を表していることがわかる．三角関数ではなく指数で書くのは，式の展開が楽で，かつ実部が実現象と対応しているからである．

これを式(8.23)の応力-ひずみ関係に代入すると次のようになる．

$$\tau_0 = G\gamma_0 + i\omega C\gamma_0 = (G + i\omega C)\gamma_0 \tag{8.26}$$

さて，ダッシュポットは速度に比例して抵抗する構造要素であるので，正弦波加振すると応力-ひずみ関係は振動数に依存してしまう．しかし，**6.7.3**項で述べたように，土では応力-ひずみ関係は振動数にはあまり依存しないと考えられている．振動数に依存しない性質を表現するために，粘性係数を円振動数 ω の関数として次のように置く．

$$C = \frac{2hG}{\omega} \tag{8.27}$$

ここで，h は減衰定数である．すると，式(8.26)は次のようになる．

$$\tau_0 = G(1+2ih)\gamma_0 = \bar{G}\gamma_0 \tag{8.28}$$

ここに

$$\bar{G} = G(1+2ih) \tag{8.29}$$

を複素剛性と呼ぶ．このようにすれば複素数の τ_0 と γ_0 関係は線形となり，かつその実部のみを取ると得られる応力-ひずみ関係は図 8.19(c)に示すような楕円形となり，履歴曲線がエネルギーを吸収する非線形のモデルができる．

なお，この方法では，応力-ひずみ関係は楕円となっているので，例えば1質点系の振動系で速度比例減衰を用いたときと複素剛性を用いたときで増幅比が異なることになる．それを修正するためには，複素剛性を次のようにするのがよい[34)35)]．

$$\bar{G} = G(1-2h^2 + 2ih\sqrt{1-h^2}) \tag{8.30}$$

最近の複素剛性を用いるプログラムではこの式が用いられていることが多いようである．

複素剛性法を用いる解析ではすべてが複素数を用いて計算が行われ，出力時には実部のみが出力される．この際，τ と γ については両方を複素数の実数部を取れば図 8.19(c)のような履歴曲線が得られるが，計算の都合上，オリジナルの SHAKE のように γ のみを求め，これにそのせん断剛性を乗じてせん断応力を求めて出力しているプログラムもある．その場合には応力-ひずみ関係は図 8.19(c)の最大ひずみ点と原点を結ぶような直線となる．当然であるが，最大せん断応力やせん断応力時刻歴にも差が現れる．

参考文献

1) 佐藤正行, 安田進, 吉田望, 増田民夫 (1998): 地盤の地震時せん断応力の簡易推定法, 土木学会論文集, No. 610/III-45, pp. 83-96
2) Schmertmann, J. H. (1991): The mechanical aging of soils, J. of GT, ASCE, Vol. 117, No. 9, pp. 1288-1330
3) Lade, P. V. and Nelson, R. B. (1987): Modelling the elastic behavior of granular materials, International Journal for numerical and Analytical Methods in Geomechanics, Vol. 11, pp. 521-542
4) Kokusho, T. (1980): Cyclic Triaxial Test of Dynamic Soil Properties for Wide Strain Range, Soils and Foundations, Vol. 20, No. 2, pp. 45-60
5) Nakagawa, K., Soga, K. and Mitchell, J. K. (1997): Observation of Biot Compressional wave of the second kind in granular soils, Geotechnique
6) 足立紀尚, 龍岡文夫 (1986): 新体系土木工学 18, 土の力学 III－圧密・せん断・動的解析－, 技法堂出版, 339pp
7) 山下聡 (1992): 砂の繰返し載荷試験結果に及ぼす諸因子の影響と試験結果の適用に関する研究, 北海道大学学位論文, 258pp.
8) Ishihara, K., Yoshida, N. and Tsujino, S. (1985): Modelling of stress-strain relations of soils in cyclic loading, Proc. 5th International Conference for Numerical Method in Geomechanics, Nagoya, Vol. 1, pp. 373-380
9) Kondner, R. L. (1963): Hyperbolic Stress-strain Response; Cohesive Soils, Proc. ASCE, SM1, pp. 115-143
10) Duncan, J. M. and Chang, C. Y. (1970): Nonlinear Analysis of Stress and Strain in Soils, Proc. ASCE, Jour. of SM, Vol. 96, No. SM5, pp. 1629-1653
11) 建設省土木研究所地震防災部振動研究室 (1982): 地盤の地震時応答特性の数値解析法－SHAKE: DESRA－, 土研資料, 第 1778 号, pp. 1-47
12) Finn, W. D. L., Byrne, P. L. and Martin, G. R. (1976): Seismic response and liquefaction of sands, J. GED, ASCE, Vol. 102, No. GT8, pp. 841-856
13) 国生剛治, 桜井彰雄 (1979): MODIFIED HARDIN-DRNEVICH モデルについて, 土木学会第 33 回年次学術講演会講演概要集, 第 III 部門, pp. 1181-1184
14) Hardin, B. O. and Drnevich, V. P. (1972): Shear modulus and damping in soils: design equations and curves, Proc. of the American Society of civil engineers, Vol. 98, No. SM7, pp. 667-692
15) Ramberg, W. and Osgood, W. T. (1943): Description of stress-strain curves by three parameters, Tech Note 902, NACA
16) Jennings, P. C. (1964): Periodic Response of a General Yielding Structure, Proc. ASCE, EM2, pp. 131-163
17) 社本康広, 森信夫 (1980): Ramberg-Osgood モデルの硬質粘性土及びシルトへの適応性, 第 15 回土質工学研究発表会, pp. 597-600
18) Ishihara, K. (1982): Evaluation of soil properties for use in earthquake response analysis, International Symposium on Numerical Models in Geomechanics, Zurich, pp. 237-259
19) 石原研而, 吉田望, 辻野修一 (1984): 応力－ひずみモデルの履歴法則の改良に関する一提案, 第 39 回土木学会年次学術講演会講演概要集, 第 1 部, pp. 735-736
20) 吉田望, 澤田純男, 竹島康人, 三上武子, 澤田俊一 (2003): 履歴減衰特性が地盤の地震応答に与える影響, 土木学会地震工学論文集, 第 27 巻, Paper No. 158
21) 熊崎幾太郎, 杉山武, 上田稔, 長谷川英明 (1998): 瞬間変形係数のひずみ依存性を考慮した履歴モデル, 土木学会第 53 回年次学術講演会, 第 III 部, pp. 176-177
22) 室野剛隆 (1990): 強震時の非線形動的相互作用を考慮した杭基礎の耐震設計法に関する研究, 鉄道総研報告, 特別第 32 号
23) 福武毅芳, 大槻明 (1989): ALISS による解析, 地盤と土構造物の地震時の挙動に関するシンポジウム発表論文集, pp. 125-134
24) Towhata, I. and Ishihara, K. (1985): Modelling soil behavior under principal stress axes rotation, Proc. 5th International Conference for Numerical Method in Geomechanics, Nagoya, Vol. 1, pp. 523-530

25) 吉田望, 辻野修一 (1993): 多次元解析に用いる簡易な構成則, 第28回土質工学研究発表会平成5年度発表講演集, pp. 1221-1224
26) 講座 土と構成式入門, 土と基礎, Vol. 31 (1983)～Vol. 32 (1984)
27) Pande, G.N. and Zienkiewicz, O.C. ed. (1982), Soil Mechanics-Transient and Cyclic Loads Constitutive relations and numerical treatment, John Wiley and Sons
28) Constitutive laws of soils, Report of ISSMFE subcommittee on constitutive laws of soils and proceedings of discussion session IA XI ICSMFE, San Francisco, 1985
29) 土の弾塑性構成モデル編集委員会 (2009): 土の弾塑性構成モデル, 地盤工学・基礎理論シリーズ3
30) 構成モデルの特性が数値解析に及ぼす影響に関する研究委員会 (2001): 夏の学校テキスト, 構成モデルの特性が数値解析に及ぼす影響に関する研究委員会, 地盤工学会
31) 地盤の動的解析－基礎理論から応用まで－編集委員会 (2007): 地盤の動的解析－基礎理論から応用まで－, 地盤工学・基礎理論シリーズ2, 地盤工学会, 152pp.
32) 飛田善雄, 吉田望 (2004): 地盤材料の構成モデルの現状と課題: 展望, 土と基礎, Vol. 50, No. 8, pp. 1-6
33) Towhata, I. (1989): Models for Cyclic Loading, Mechanics of Granular Materials, Report of ISSMFE Technical Committee on Mechanics of Granular Materials, ISSMFE, Rio de Janeiro, pp. 80-90
34) Lysmer, J. (1973): Modal damping and complex stiffness, University of California Note, University of California, Berkeley
35) Desai, C. S. and Christian, J. T. (1977): Numerical methods in Geotechnical Engineering, pp. 696-699

第 9 章　空間のモデル化

　運動方程式は空間と時間に関する微分方程式であり，それぞれについて解く必要がある。このうち，時間に関する解法は次章で示すことにし，この章では地盤の幾何学的（空間的）なモデル化の基本的な考え方を示す。

9.1　解析領域のモデル化

　微分方程式の最も精度の高い解は，解析解，すなわち微分方程式を厳密に解くことであるが通常はできない。しかし，一次元の地盤を対象にした重複反射理論では可能である。これについては，10.3 節で示すことにする。

　その他はすべて近似解法であり，そのうち実務で一般的に用いられるものは有限要素法（Finite element method, FEM）である。有限要素法に関するテキストは非常にたくさんあるので，ここでは理論の詳細は説明せず，解析を進めるにあたっての最低限理解すべきことのみをイメージで示す。地震応答解析に用いる有限要素法ということでは文献[1]には初歩的な記述があり，これまでにも参考文献として挙げた文献[2]にもわかりやすい記述がある。

　有限要素法では，地盤を小さいサイズの要素に分割し，その要素の変位を節点の関数として近似式で表現し，例えばひずみエネルギー停留の原理や重み付残差法などの手法を用いて，最終的に節点に作用する力と変位の関係として表現する方法である。図 9.1(a)では四角形の要素の変形を表しているがこれを 4 つの節点に作用する力と変位で表すわけである。すなわち，

$$\{F\} = [K]\{u\} \tag{9.1}$$

ここで，$\{F\}$は節点力ベクトルで 4 つの節点で各 2 方向の座標軸成分を持っていれば，成分数は 8 となる。$\{u\}$は節点変位ベクトルでこれも 8 つの成分を持っている。三次元解析やより節点の多い要素を使ったり，節点の回転も自由度に入れたりすると，成分の数は増える。この両者を結ぶ$[K]$は要素剛性マトリックスと呼ばれている。簡単のために x 方向のみについて書くとこの関係は次のように表される。

$$\begin{Bmatrix} F_{1x} \\ F_{2x} \\ F_{3x} \\ F_{4x} \end{Bmatrix} = \begin{bmatrix} K_{x11} & K_{x12} & K_{x13} & K_{x14} \\ K_{x21} & K_{x22} & K_{x23} & K_{x24} \\ K_{x31} & K_{x32} & K_{x33} & K_{x34} \\ K_{x41} & K_{x42} & K_{x43} & K_{x44} \end{bmatrix} \begin{Bmatrix} u_{1x} \\ u_{2x} \\ u_{3x} \\ u_{4x} \end{Bmatrix} \tag{9.2}$$

有限要素法の定式化の中で，要素に作用する物体力（例えば慣性力）や表面力も節点力に変換される。

　要素剛性マトリックスは，この要素の変形のしやすさを表すものであるが，これも Gauss-Legendre（ガウス・ルジャンドル）積分という近似手法を用いて，図 9.1(a)の中に積分点として示した点の剛性より評価する。Gauss-Legendre 積分はガウス積分とも呼ばれる。積分点の数は要素の形状や要求される精度などによって異なる。多くの有限要素解析では要素は四辺形（三次元では 6 面体）で積分点は各座標軸方向に二つ（したがって二次

元解析では 4，三次元解析では 8 個）作られるのが普通であるが，9.5.4 項に示すようなロッキング（変形が生じにくくなる）現象が問題になるときには積分点を要素中央に一つしか取らないような積分法も用いられる。

このように作成された要素を，隣接された要素は節点で変位が連続し，力は各節点力の和という条件を用い解析領域全体で重ね合わせ，系全体の変位と力の関係式を作り，そこに境界条件（各節点の力または変位）を設定し，解くというのが有限要素法の定式化である。

一次元解析ではより簡単な要素が用いられる。一次元解析ではせん断変形に対する解析を行うので，図 9.1(b)に示すような変形を考えるだけでよい。そして同じ深さの節点の動きを同じとし，さらに，節点の間の変位は直線であると仮定する。すると，せん断ひずみは要素内で同じ値となる。このようなモデルは模式的に図 9.1(c)に示すようなモデルで表されるが，これをばねマスモデルと呼ぶ。ばねマスモデルでは要素の力と変位の関係は簡単で，ばね定数を K とすれば次のようになる。

$$\begin{Bmatrix} F_1 \\ F_2 \end{Bmatrix} = \begin{bmatrix} K & -K \\ -K & K \end{bmatrix} \begin{Bmatrix} u_1 \\ u_2 \end{Bmatrix} \tag{9.3}$$

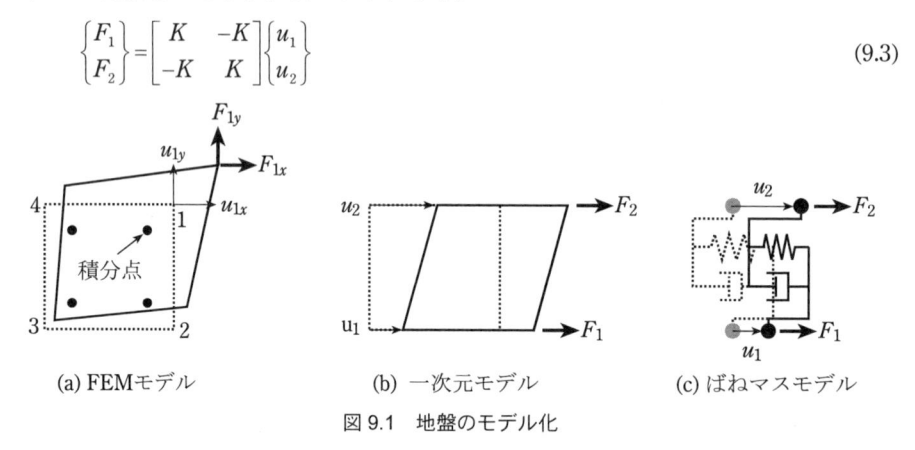

(a) FEMモデル　　(b) 一次元モデル　　(c) ばねマスモデル

図 9.1　地盤のモデル化

有限要素解析では，解析領域の決め方，そのモデル化，個々の要素のサイズの決め方，さらに境界条件の設定法などが問題となる。これらを以下で説明する。

9.2　地盤不整形

9.2.1　解析次元

地盤のモデル化手法は，図 9.2 に示す 4 つの種類がある。このうち，(a)の水平成層モデルは解析領域を水平成層（水平方向に同じ地盤が広がっている）と考え，解析領域で一つの地震応答解析を行う。サイトで複数のボーリング調査を行うが地震応答解析は一つの地盤調査を基に行うというのはこのケースになる。一方，地盤が不整形であることを認めて，

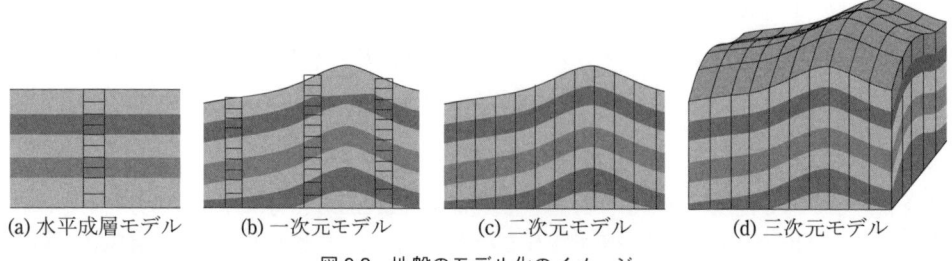

(a) 水平成層モデル　(b) 一次元モデル　(c) 二次元モデル　(d) 三次元モデル

図 9.2　地盤のモデル化のイメージ

サイト内で複数の一次元モデルで地震応答解析するのが(b)のモデル化である。これに対して(c)の二次元モデル，(d)の三次元モデルでは地盤の不整形をなるべく考慮して解析しようというモデルである。一次元モデルと二次元モデルを比べると，一次元モデルでは揺れるのに側方の地盤の制約がないが，二次元モデルでは各土柱の自由な動きを横方向に拘束する傾向があるため，一次元モデルより応答が平均化される傾向がある[3]。

実務レベルでは(a)または(b)の一次元解析が主流である。二次元解析は著しい不整形があり，一次元解析では説明できない時に用いられる。また，三次元解析は計算時間が膨大に掛かる他，解析に必要なデータを集めることにも多大な労力が掛かるので，実務で用いられることはほとんどない。

実務上の問題として，どの程度の不整形であれば多次元解析を行うべきかということがある。数値計算の事例によると，かなり水平成層に近い地盤でも一次元モデルと二次元モデルで差があるという報告もある[3]。しかし，実務ではあまりに細かい違いを反映させることは困難である。したがって，本書では地盤の不整形を扱う指針などを紹介することで，一次元解析を行ってもよい地盤の見当をつけることを勧める。

文献[4]では崖地背後地盤における不整形の影響を考えるための崖地形補正係数が示されているが，その計算例によれば，次のいずれかの条件を満たす地盤であれば，補正係数を考慮する必要はないとしている。

① 崖地の傾斜が15度より小さい，または
② 崖地の高さが4m以下，または
③ 崖地の高さの6倍以上離れた位置

また，文献[5]では，表層地盤の不整形の影響は基盤傾斜角5度以上の場合に現れるとしている。また，文献[6]では地層が傾斜している場合の検討を行い，5度程度以下の勾配では一次元解析と応答がそれほど変わらないことを示しているので，図9.3(a)は一つの条件となろう。

次に，図9.3(b)のようなケースでは護岸近くは多次元解析によらざるを得ない。背後地盤については，先に述べた文献[4]の判断が一つの基準となろう。

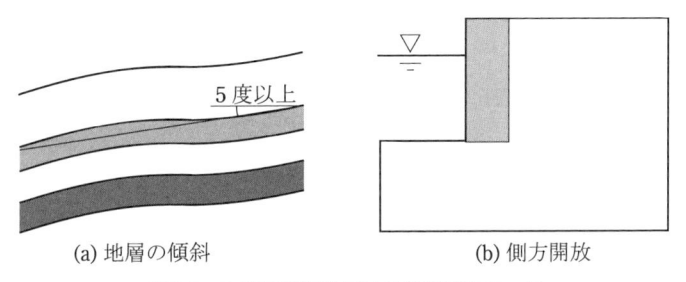

(a) 地層の傾斜　　(b) 側方開放

図9.3　二次元解析を用いる代表的なケース

9.2.2　レンズ状不整形

地層断面図を見ると，しばしば，地層がレンズ状の形状をしていることがある。図9.4は地層断面図を模式的に描いたものであるが，①の層はどの柱状図でも現れるので，傾斜しているとはいえ同じ層としてつながっている。これに対して②の層では，左右の柱状図にこれに相当する層がないので，レンズ状に描かれている。③の層も同じである。また④は②と同じような状況であるが，層厚が厚いため，右側の端は波線で地盤を分けている。ここで，③のような地盤をレンズ状の部分をターゲットに一次元解析を行うと，全体とは

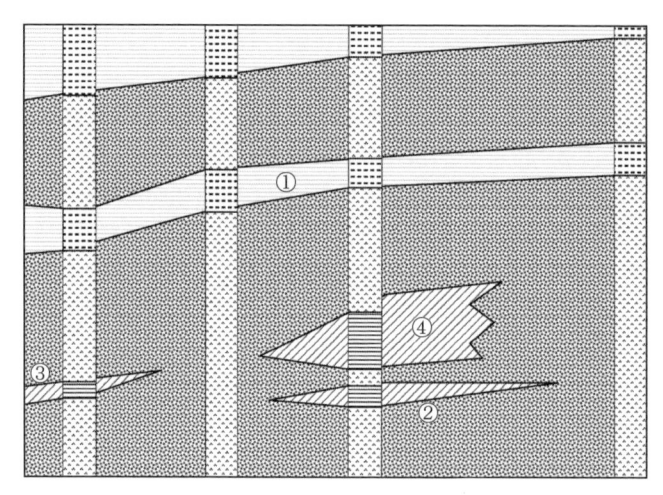

図9.4 レンズ状の不整形

異なる応答を示す可能性がある。特に問題なのは，レンズ状の部分が旧河道に相当し，腐植土や粘性土質の軟弱な地盤であるときである。1.3節で示したように軟弱地盤があると地表の応答はこの層のせん断強度に依存して小さくなる可能性がある。したがって，これをサイト全体に適用すると危険側の設計となる可能性がある。

不整形に対する研究は必ずしも多くない。文献[7]では二次元解析でもレンズ状の局所的な軟弱層の影響は地表に現れることが示されている。したがって，レンズ状の部分を含む部分を一次元解析することは問題ないが，一方ではそれがサイトを代表する波形であるとするには判断が必要であろう。場合によってはレンズ状の部分を上下どちらかの地盤と同じとして軟弱層をなくした解析を行う方が合理的である。

一次元解析では軟弱層の影響はもろに解析結果に現れるので，注意が必要である。一本の柱状図のみから計算を行う際に，軟弱層が現れたときには，サイトに広がっている層か，局所的に存在し，無視した方がよい地盤かを判断したり，設計の目から見て安全側の評価となる地盤モデルであるのかを判断したりする必要があろう。

9.3 層分割，メッシュ分割

一次元解析における層分割，有限要素法におけるメッシュ分割（以下ではこれらを単に層分割と呼ぶ）は二つの観点からの検討が必要である。一つは波動伝播を，もう一つは材料特性の変化を考慮するためである。

有限要素法のように空間を離散化する手法では，節点の間の変位は節点の変位に補間関数を乗じて求める。多くの解析プログラムでは，変位関数は直線で，したがって節点間の変位分布も線形となる。つまり，節点間では線形の変位以外の自由な変形ができないわけである。これは，節点間の変位を非常に拘束していることになり，高周波成分の波動を通すことができないことを意味している。したがって，高周波成分の波動を通すためには，節点変位が高振動数成分に対応するものになっている必要がある。波長を滑らかに表現するためには，波長の1/5～1/6程度には層の分割を小さくする必要がある。

地盤のS波速度をV_s，対象とする振動数をfとすれば，波長λは次式で表される。

$$\lambda = \frac{V_s}{f} \tag{9.4}$$

したがって，地盤が軟弱，すなわち S 波速度が小さいほど，また，考慮する振動数が高いほど層分割は小さくしなければならない。地震応答解析の結果は主として，上部構造などの構造物の設計に用いられる。その際の安全側を見ても 10～15Hz までの波動が再現できていれば十分であろう。

軟弱な地盤として，V_s=100m/s を考え，必要な上限振動数として 15Hz を想定すると，波長は

$$\lambda = 100/15 \approx 6.7\text{m} \tag{9.5}$$

となる。したがって，層の厚さは最大でも 1.3m 程度となる。ここでは弾性挙動を仮定したが，地震動が大きくなると非線形性のため，剛性は低下し，その結果 S 波速度も小さくなる。S 波速度は剛性の平方根に比例するので，剛性が 1/2 になったとすれば S 波速度は $1/\sqrt{2} = 0.707$ 倍となる。したがって波長も 0.707 倍短くなるので，要求される層分割は約 1m となる。これより，S 波速度の 1/100 程度が最大の層厚といえる。これでも，著しい非線形が起これば大きすぎる層厚であるが，著しい非線形が生じているときにはあまり高振動の波が発生しないであろうからこれ以上細かくするのは無駄と考えられる。12.3.5 項に示した例題でもこの妥当性が示されている。

多くの問題ではこの程度の層分割で十分な事が多いが，ケースによってはもっと層分割を小さくする必要がある。例えば，設備系の構造物の固有振動数はかなり大きいので，地盤の解析で得られた応答を構造物に入力し，床応答を求め，それで設備系の設計をするような場合には，より高振動数まで再現できるように層分割を小さくする必要がある。

図 9.5 は $V_s \approx 150$m/s，単位体積重量 γ_t=18kN/m^3，深さ 15m の剛基盤の地盤に El Centro 波を作用させたときの地表と基盤の加速度波形から求めた増幅比であり，15m の地盤を層厚 1, 3, 5m に分割して計算した結果が示されている。理論上の地盤の卓越振動数は 2.5Hz である。層厚 1m のケースでは卓越周期はほぼ理論値となっているが，層厚が厚くなるほど卓越振動数が大きくなっている。これは先に述べたように，層厚が厚くなるほど自由な変形が拘束されるので，変形しにくくなるため，見かけの剛性が大きくなったことが原因である。

層分割が問題になるもう一つの要因は力学特性との関係で発生する。すなわち，同じ材料の厚い層があったときに，これをいくつの層としてモデル化するかという問題である。この問題は上で述べた有限要素法のメッシュ分割とは別の問題で，いくつの要素を同じ材料としてモデル化するかという問題である。

図 9.6 は先と同じ地盤であるが，非線形特性は H-D モデル（γ_r=10^{-3}，h_{max}=0.25）で，$G_0 = 10{,}000\sigma_v'^{0.5}$ [kPa]（V_s=130～300m/s）と弾性定数が有効上載圧に依存するように設定し

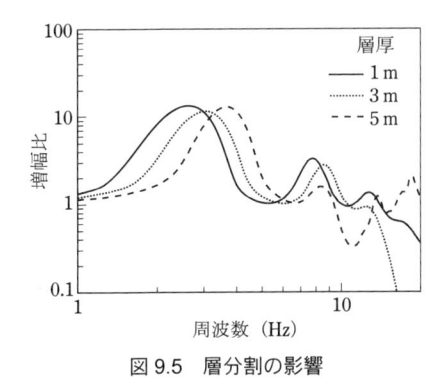

図 9.5 層分割の影響

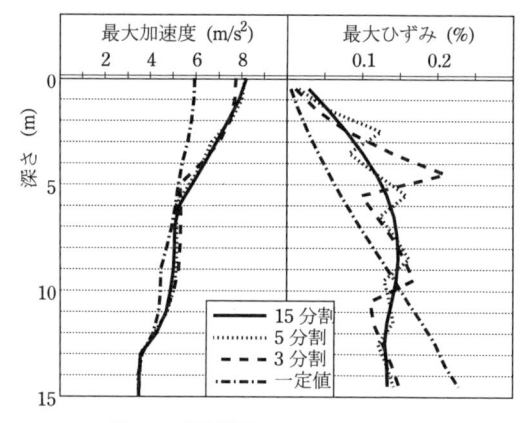

図9.6 材料特性のモデル化の影響

た。このモデルを解析するに際し，層分割を1mとするが，深さ15mを1, 3, 5, 15に均等に分割し，それぞれの層の中央で定義式に基づき弾性定数を計算したものを用いる。El Centro波の入力に対する最大応答値が示されているが，加速度波形では全層を同じ力学特性としたケースを除けばほぼ同じような応答となっている。しかし，ひずみの応答はかなり異なっている。すなわち，幾つかの層を同じ力学特性で設定したケースでは，その一番下の層のひずみが一番大きく，上に行くに従ってひずみが小さくなっている。この理由は明瞭で，下の層の慣性力が大きいからである。なお，8.1.1項で述べたように，原位置地盤の弾性定数が有効上載圧の0.5乗というように大きくは依存しないケースが多く見られるので，ここに述べた事例のようなことがいつも起こるとは限らないが，注意はしておくべきことである。

重複反射理論（10.3節）を用いた解析では，全く異なる観点からの層分割が必要である。というのは，重複反射理論では空間に関しては微分方程式の厳密解を用いているので，解析結果は層分割によらないからである。これについては10.3節で説明する。

二次元，三次元の解析では水平方向に関しても同様の考慮が必要である。しかし，一般に水平方向の解析範囲は鉛直方向に比べ長いため，このような考慮に基づいてモデルを作成すると，モデルのメッシュ数や要素数は非常に大きくなる。水平方向に伝わる波は表面波であると割り切ってしまえば，波長はより長いので，水平に細長い要素を用いることも可能であろう。

9.4 境界条件

一般の力学や物理の問題では，境界は興味の対象としている部分の挙動の影響を受けず，決まった性質を持つ部分として定義されている。しかし，地盤は下方には半無限地盤として続いているので，この境界を設定することはできない。そこで，工学的な判断に基づき人為的な境界を設定する必要がある。地盤内の解析対象領域は図9.7に示すように長方形に区切られることが一般的である。この場合，底面境界は地震波が入射してくる境界，側方境界は解析領域内の構造物の存在や領域内の不整形のために発生した水平成層からの乱れを吸収する境界ということができる。

なお，境界条件の設定は，10.3節で述べる理論の中で紹介する一次元解析で用いられる重複反射理論は，他と異なるところがある。それで，重複反射理論に対してはその理論のところで示すことにし，ここでは有限要素法，ばねマスモデルなどの離散化系に対する境

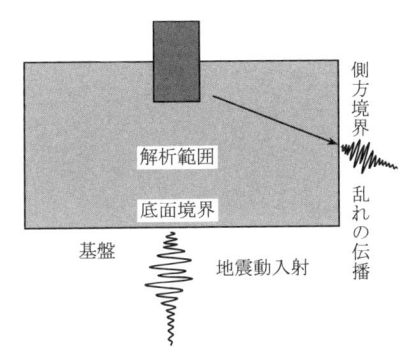

図9.7 地盤の動的解析における境界のイメージ

界条件を示す。

9.4.1 側方境界

側方で解析領域に境界を設けたといっても，単に線を引いて切り取っただけでは境界条件が正しく設定されたとはいえない。半無限の地盤から解析対象領域を切り取る際に残りの部分とは相互作用が発生する。この挙動は構造物と地盤の動的相互作用の問題として数多く研究がされている。図書もたくさん出版されているので，必要な方はそれらを勉強されたい。なお，参考のためにいくつか文献を挙げる[8)9)]が，理論的にはかなり難しい。

実務では，側方境界を設定し，その外側は水平成層地盤が無限に続いているとモデル化したとき，解析領域内で発生した水平成層地盤からの乱れが境界で反射して領域内に戻ってこないように（地下逸散減衰を考慮）設定できるような境界が要求される。ここで，解析対象地盤から十分遠く解析領域の影響を受けない地盤を自由地盤と呼ぶ。自由地盤は一次元で挙動する地盤である。

実務で多く用いられる側方境界を模式的に図 9.8 に示す。以下，それぞれについて説明する。なお，どの境界についてもいえるが，水平方向に十分な距離があれば，興味のある部分に対する境界の影響をなくすことができる。側方境界がきちんとモデル化されていないと，波動は境界で反射して解析領域に戻ってくるが，遠方に側方境界を作成すると反射した波が興味の対象領域に届く前に減衰項の影響などで吸収されてしまうからである。どの程度遠ければ反射波が途中で吸収できるかということは境界の種類，途中の材料の特性などにより異なる。一般に興味のある領域の数倍程度といわれているが，明瞭に決まったものはない。

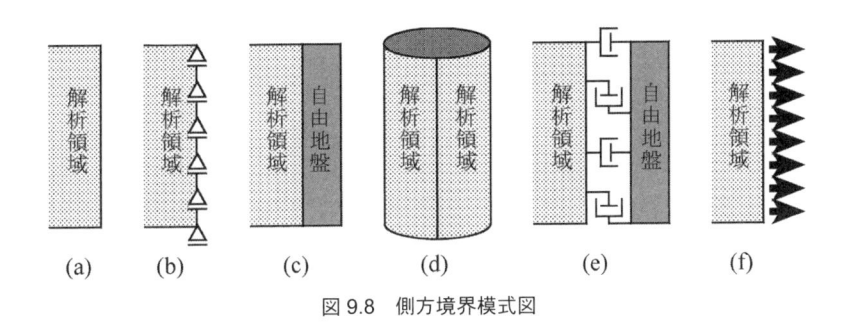

図 9.8 側方境界模式図

(a) 自由境界

側方は自由に動き得るようにモデル化する。このようにモデル化すると，解析領域側方の動きを拘束するものがないので，解析領域全体の曲げ変形や，境界から外側に広がるような変形が発生する。

(b) ローラー境界

自由境界で生じた解析領域全体としての曲げ変形は，境界部で上下動となって現れるので，境界の鉛直方向の変位を拘束しようというのがこの境界で，側方は水平方向には自由，鉛直方向の変位は発生しないモデルとなる。しかし，水平方向には側方は自由に動き得るので，解析領域が両側に広がっていくような変形が生じる。また，自由地盤でも地盤の上下方向の変位が現れるようなケース（全応力解析では希であるが，液状化を考慮した解析では普通に起こる）や，上下動が作用するケースでは不適当な境界条件となる。

(c) 側方自由地盤

先の二つのモデルでは，明らかに側方境界としてまずいところが目立つがこれを解消するために境界の側方に無理矢理自由地盤をつけるという方法がある。これにより，上記二つの境界の欠点は改良できるが，もちろん解析領域から自由地盤への遷移領域の挙動を無視しているので，完全な境界というわけではない。ただし，以下に述べるような境界を装備していないプログラムでは使える可能性がある。この境界は，境界横の一列の要素の左右の節点が同じように挙動するように変位を拘束することで設定することができる。なお，この要素の横幅は，(e)で示す Large mass 法と同じで十分広くしておくのが好ましい。

(d) 繰返し境界

解析領域の両側の側方境界の動きを同じするように設定した境界である。図 9.8(d)ではイメージが沸かないが，図 9.9 に示すように，解析対象領域と同じ領域が左右に連続してつながっているような境界である。これを，図 9.8(d)では解析領域を円筒状に丸くし，左右の境界を接合したイメージで表現している。同じモデルが繰返し現れるので，繰返し境界と呼ぶ。

例えば，二次元解析で一次元の地盤を作成するときにはこのモデル化は完全である。また，左右の境界が相対的に広がったり狭まったりするようなこともないので，見かけは非常に良い境界である。ただし，境界の影響がなくなったわけではなく，解析領域の乱れは隣接要素に伝播する。逆に隣接要素の影響が解析領域に入り込んでくる。

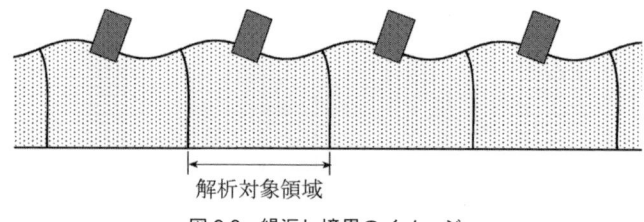

図 9.9 繰返し境界のイメージ

(e) 粘性境界

厳密な境界ではないところに境界を作り，領域内の振動のエネルギーが領域外に抜けていく，地下逸散減衰を考慮することのできる構造要素には Lysmer らによって提案されたダッシュポット[10]がある。図 9.10(a)にそのイメージを示すが，境界に平行する方向と直交する方向の二つのダッシュポットをつけることで半無限境界を表現する。ダッシュポットの粘性係数の基本は基盤の密度 ρ と波動の伝播速度の積であり，それに係数 a, b がついている。図 9.10(b)に $a=b=1$ とし，実体波が境界に入射する角度とエネルギー吸収率の関係を示すが，実体波が境界に直交して入射する場合には厳密解に一致する（完全にエネルギーを吸収する）ことが知られている。表面波が入射しても，係数 a, b を振動数の関数として正しく評価すれば，境界は完全に作用するが，すると，逐次積分法（通常の時刻歴を追いかける解析。10.1 節参照）の解析はできなくなるので，係数を 1 と設定することが多い（振動数が 0，すなわち静的なケースに相当し，標準境界と呼ぶ）。

Lysmer の提案したダッシュポットは解析領域内で発生した振動が領域外に抜けていくことを考えたものであるが，地震応答解析では領域外の部分も振動する。したがって，図 9.8(e)のように側方に自由地盤を用意し，その間をダッシュポットでつなぐように配置する。境界が鉛直方向に伸びていることを考えると，水平方向に作用するダッシュポットの境界の単位長さ当たりの粘性係数は ρV_p，一方，鉛直方向は ρV_s となる。

ところで，ダッシュポットでつなぐことによって自由地盤と解析領域の間に作用する力は両方の地盤に作用する。ということは解析領域の挙動が自由地盤に影響を与えるわけである。これが起こらないようにする方法は二つ知られている。

1) Large mass 法

自由地盤の幅を解析領域に対して十分大きく取れば，自由地盤の質量が大きくなるので，解析領域の影響は相対的に小さく無視できるようになる。自由地盤の幅として解析領域の 1000 倍程度以上あればかなりの精度が期待できる。なお，この方法では非常に細長いモデルとなるが，水平方向の波動の伝播を考えるわけではないので，自由地盤の幅はいくら大きくてもかまわない。ただし，あまり大きくするとコンピュータの有効桁数の問題から精度が落ちることがあるので，解析領域の 1000〜10000 倍程度が適当と考えている。

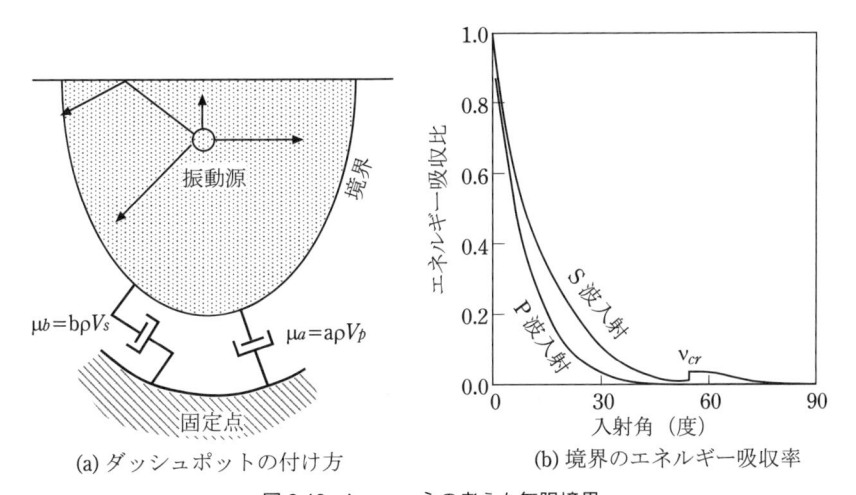

(a) ダッシュポットの付け方　　(b) 境界のエネルギー吸収率

図 9.10　Lysmer らの考えた無限境界

2) 片効きダッシュポット

解析領域と自由地盤の相対速度に基づきダッシュポットに発生する力を解析領域にだけ作用するように

$$\begin{Bmatrix} F_a \\ F_b \end{Bmatrix} = \begin{bmatrix} C & -C \\ 0 & 0 \end{bmatrix} \begin{Bmatrix} \dot{u}_a \\ \dot{u}_b \end{Bmatrix} \tag{9.6}$$

のようなダッシュポットの要素減衰マトリックスを作る。ここでFは等価節点力，$\dot{u}$は速度で，添え字aとbは解析領域，自由地盤を表している。すると自由地盤は解析領域の挙動の影響を受けなくなる。ただし，剛性マトリックスが非対称になるため，数値計算の作業が増え，計算時間は対称マトリックスの時に比べ多くかかる。

構造物と地盤の動的相互作用に関する研究では，このほかに切り欠き力を作用させる必要がある。切り欠き力とは，切り出した境界の解析領域側で作用していた力と解析領域の境界外で作用していた力は本来一体であったときには釣り合っていたはずであるが，解析領域で分けると一方が無くなるので，その分を力として作用させないといけないというものである。しかし，地盤の解析では切り欠き力を考慮しない解析も普通に行われている。これは次のような理由によると考えられる。

① 初期状態で切り出した部分については初期応力を算定した時点で釣合が考慮されており，それ以後の解析に影響を与えない。

② 相互作用で対象としているのは，境界の内外に作用する力である。しかし，側方境界の外側では，無限遠方にある自由地盤と解析領域をダッシュポットで結んでいるので，自由地盤のせん断応力（や直応力）の変化がそのまま切り欠き力となるわけではない。

また，これらを両方とも考慮したモデルに対する研究もある[11]が，上記の二つと類似の項に，さらに無視されることの多い速度に関する減衰力のやりとりが付け加えられており，これらによりかなりのエネルギー吸収が可能なことが報告されている。

(f) 多入力による方法

多入力とは同時に複数の節点に荷重を作用させることである。地盤のみを扱う解析ではこの項の記述が必要になることはほとんどないが，地盤－構造物系を扱うときには用いられることがある。地盤を専門に扱う解析プログラム以外では地盤特有の非線形性は考慮されないのが普通である。一方，杭や上部構造などの構造物系でも特有の非線形性がある。したがって複雑な問題になれば，両者を同時には解析できないことも起こり得る。多入力解析は，このような不都合を解決するための手段である。図9.11は多入力解析のモデルを示したものであるが，まず地盤のみの解析を行い，次に得られた速度と変位を地震動とともに地盤ばねの地盤側の節点を通して入力するものである。

多入力解析は，応答変位法を動的に拡張したものと考えることができる。ここでは，杭などの解析に適した方法を紹介する[12]。

運動方程式は式(4.18)で示したが，このときの変位は相対変位である。しかし，その誘導のおおもとは絶対変位である。絶対変位をu^tとすると，運動方程式は次のように書ける。

$$m\ddot{u}^t + c\dot{u}^t + ku^t = 0 \tag{9.7}$$

ここで，絶対変位を基盤の変位（剛体変位）u^Rと基盤に対する相対変位uに分離する。

$$u^t = \begin{Bmatrix} u_a^t \\ u_b^t \end{Bmatrix} = \begin{Bmatrix} u_a^R \\ u_b^R \end{Bmatrix} + \begin{Bmatrix} u_a \\ u_b \end{Bmatrix} \qquad \begin{array}{l} \text{自由点} \\ \text{加振点} \end{array} \tag{9.8}$$

剛体変位　相対変位

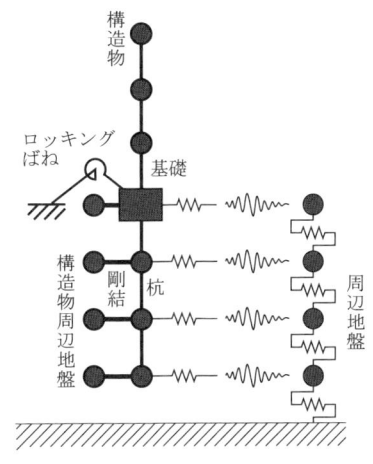

図9.11 多入力解析の例

添え字 a, b は自由点と加振点を表す。多く用いられる1入力に対するケースでは加振点の相対変位 u_b は0であるが，多入力の問題なので加振点の相対変位 u_b も0ではない。これを式(9.7)に代入すると次式を得る。

$$\begin{bmatrix} m_a & 0 \\ 0 & m_b \end{bmatrix}\begin{Bmatrix} \ddot{u}_a + \ddot{u}_a^R \\ \ddot{u}_b + \ddot{u}_b^R \end{Bmatrix} + \begin{bmatrix} c_{aa} & c_{ab} \\ c_{ba} & c_{bb} \end{bmatrix}\begin{Bmatrix} \dot{u}_a + \dot{u}_a^R \\ \dot{u}_b + \dot{u}_b^R \end{Bmatrix} + \begin{bmatrix} k_{aa} & k_{ab} \\ k_{ba} & k_{bb} \end{bmatrix}\begin{Bmatrix} u_a + u_a^R \\ u_b + u_b^R \end{Bmatrix} = \begin{Bmatrix} 0 \\ 0 \end{Bmatrix} \quad (9.9)$$

このうち，自由な点の自由度成分のみを書き下すと次のようになる。

$$m_a\ddot{u}_a + c_{aa}\dot{u}_a + k_{aa}u_a = -m_a I_a \ddot{u}_a^R - c_{ab}\dot{u}_b - k_{ab}u_b \quad (9.10)$$

ここで，I は対角マトリックスで，自由度がある成分のところは1，それ以外は0の値を持っている。

なお，剛体変位に対して0になる項は抜いている。多入力解析の支配方程式では，右辺の最後に多入力の影響を表す二つの項がある以外は通常の運動方程式と同じである。

なお，全体を同時に解く方法と，多入力解析を行う方法では理論的に結果が完全に同じになることが確認されている[13]。また，多入力解析では変位だけではなく，速度も入力しないと無視できない程度の誤差が発生することが数値解析で報告されている[14]。

(g) その他の境界

側方に向かって流れる波動を何らかの処置をして吸収しようという境界で，エネルギー伝達境界，サイレント境界，無反射境界，境界要素法などと色々なものがある。表面波の波動を吸収する方法は例えば(e)の粘性境界でも可能であることを示したが，振動数領域で定式化すると，エネルギー伝達境界と呼ばれる[15]。また，側方境界を固定にしたものと自由にしたものを重ね合わせると反射が無くなる性質を利用した境界もある[16]。その他，いくつかの方法が提案されており，例えば文献[17]には概略が示されている。しかし，振動数領域の手法や，弾性解析にしか使えない手法であったり，扱いが難しかったりするので，実務では装備しているプログラムが少ないこともあり，ほとんど用いられていないようである。

これまでに示したように，側方境界はいくつもあるが，使いやすさ，プログラムに装備されているかなどの条件もあり，実務では粘性境界や繰返し境界が使われることも多い。なお，有限要素法で繰返し境界を用いる場合には，節点番号は水平方向につけることが望

ましい。鉛直方向につけると剛性マトリックスや連立方程式を解く際の係数マトリックスのバンド幅が非常に大きくなり計算に多大な時間がかかるようになる。

　解析領域の外側を水平成層とするというモデル化も実際の状況と異なる。その意味で、ここで紹介した側方境界も完全な境界とはいえない。側方は対象領域に影響を与えない程度に広い範囲でモデル化するというのは理想ではあるが、地盤調査も大変であるし、コンピュータによる計算時間も多大なものになるので、実務では行うことは困難である。この辺は、技術者の経験と要求される解析精度に応じて決められているようである。

9.4.2　底面境界

　3.4 節で説明したように、地震動が設定されるのは大部分が工学的基盤であるが、解析上は底面境界で地震動を設定することになる。解析範囲の下端で入力地震動を定義する基盤を解析基盤と呼ぶ。または、単に基盤とも呼ばれる。

　底面境界には、剛基盤と弾性基盤という二つのモデル化手法がある。剛基盤は、地震応答解析に用いる境界の中では唯一、境界らしい境界であり、これより外側の地盤の剛性は無限大と設定するモデルである。表層から境界に入った波はすべてこの境界で反射するので、地震動としては剛基盤の揺れそのものを入力することになる。一方、弾性基盤では表層の影響を受けない波動である入射波で地震動を設定できる。

　弾性基盤は入射波を設定するだけではなく、もう一つ重要な役割がある。それは、表層における反射波が基盤を通って半無限地盤に透過していくことである。このため、表層にたまるエネルギーが減少し、表層の振動が収まってくる。この現象を地下逸散減衰と呼び、11.4 節で説明している。なお、剛基盤では地下逸散減衰が考慮できないので、代わりに表層材料の速度比例減衰などを大きめに見て、地下逸散減衰の代用をさせることもある。

　地中の地震観測記録などを入力として解析する場合には、観測波は複合波であるので、剛基盤を用いる。この場合には設定しているのが入射波と反射波の和であるので、基盤への透過や地下逸散現象などは自然に考慮されている。また、SHAKE のような重複反射理論を用いるときには剛基盤は設定できないが、半無限層（基盤）より上の部分ではきちんと入射波と反射波を考慮した解析が行われている。

　前項では粘性境界が実体波に対してうまく作用することを示した。これを地震動が入射するケースに適用したのは Joyner [18] で、境界に直交して入射する P 波や S 波に対してダッシュポットが完全な境界として働くことを示した。ただ、使い方にはちょっと注意が必要である。

　図 9.12(a)にイメージを示している。基盤から地震波が入射して、これにより表層地盤が振動する。一方、図の右側には解放基盤が示されているが、ここでも入射波は同じである。ところで、これを入力する際には、図 9.12(b)のようなイメージになる。すなわち、表層基盤から下の部分を無くし、その底面を解放基盤の地表と（本来は同じ位置にある節点で）ダッシュポットでつなぐようにモデル化する。そして、解放基盤側では解放基盤の複合波（すなわち、入射波の 2 倍）で加振する。実際には解放基盤をモデル化するわけではなく、その特性はダッシュポットの粘性係数として考慮されている。なお、境界の単位長さ当たりの粘性係数は水平方向には ρV_s、一方、鉛直方向には ρV_p となる。この設置方法は側方境界とは V_s と V_p が入れ替わっているので注意されたい。粘性係数と波動速度の関係は境界の方向か直交する方向かで決まるのが、側方境界と底面境界では境界の方向が 90 度異なっているためダッシュポットの粘性係数も異なるのである。

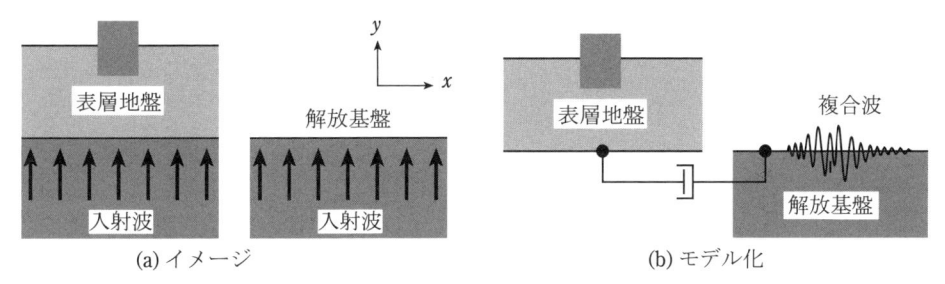

図 9.12 弾性基盤における入射波入力の方法

　ところで，底面と側面に水平，鉛直両方向に作用するダッシュポットによる粘性境界を設けると，数値計算上問題になることがある。それは，ダッシュポットは静的な挙動には抵抗しない，すなわち，解析領域が水の上に浮いているようなモデル化となることである。したがって，極端なことをいえば，地震力が作用しなくても解析領域にちょっとした荷重を作用させれば解析領域全体が沈下したり水平方向に移動したりすることも可能である。地震応答解析では慣性力により解析領域に力を加えるので，その結果，本来の振動とは別に，解析領域全体が沈下，不同沈下したり，側方にずれたりすることが発生する。準静的な挙動なので地震の継続時間が短いときにはほとんど目立たないが，海溝型長継続時間地震の解析を行ったときなどには変形図を描くと明らかにわかるほどの変位となる時もある。

　現在のところ，このような変位を簡単に止める方法はない。ただし，一般の地震応答解析では変形に伴うメッシュの変形や位置の違いを解析に反映させない微小変形理論で定式化が行われているので，このような変位が発生したとしても作用する外力が変化するわけではないので，変位以外の応答はきちんと計算されている。そこで，もし，この変位が気になるようであれば，例えば底面中央の変位が自由地盤底部の変位と同じになり，底面全体の平均回転角が 0 になるように全体を剛体移動（回転）させるような結果の処理を行えばよい。

9.5　多次元解析

　これまで述べてきたことは，基本的には一次元解析をターゲットとしている。実務で行われる解析の多くは一次元解析である。しかし，多次元解析が行われるケースも最近では多くなっている。多次元解析でも解析の際の注意事項は一次元解析と変わらないが，それに加えて，多次元解析特有の問題が発生する。ここでは，それらについての注意点を述べる。

9.5.1　上下動の考慮

　多次元解析でも，入力地震動として水平方向のみを考えるケースと，水平と鉛直方向の入力を考えることがある。後者のケースでは実務上，幾つかの問題が起きることがある。これまでと同様，水平方向は S 波，鉛直方向は P 波の入射として話を進めることにする。
　P 波の卓越周期は S 波に比べて短いことが多い。したがって，P 波の解析では S 波の解析より高振動数成分に注意した解析が必要である。具体的にはメッシュサイズ，さらに，等価線形化法では考慮すべき最大の周波数などは P 波も考慮して設定する必要がある。
　もう一つの問題は，底面境界条件である。P 波に対しても入射波入力をしたい時には，S 波と同様，ダッシュポットを介して解放基盤複合波を入力するのが一般的な方法である。

ところで,ダッシュポットは動的な加振に対しては抵抗するが,静的,準静的な力に対してはほとんど抵抗しない。その結果,9.4.2項で述べたように解析が終わったら,解析領域全体が沈下しているというようなことが起きる。また,単に鉛直に沈下するだけならまだしも,解析領域全体が不同沈下することがある。このようになると,変形図を描くとかなり異常なものとなる。

SHAKE と共に実務でよく用いられている FLUSH [19] やそれを模した解析プログラムを用いる際にはもう一つ問題がある。それは,FLUSH では非線形特性の考慮方法に特殊な考えを用いているからである。等価線形化法では,せん断ひずみに対応してせん断剛性を決めている(10.4節で詳細に述べる)。ところで,FLUSH では力学特性としてせん断剛性とポアソン比を要求し,解析の間にポアソン比が変化しないように設定している。ということは,せん断剛性が低下すれば,体積弾性係数も変化することになる。これは実験事実に合わない設定方法である。

同じ問題は水平入力のみを入力するときにも起こっている。しかし,先に述べたように,体積弾性係数はP波の挙動に影響するが,P波に対する挙動はそれほど重要ではないことも多いので,水平入力に対してはこの設定法は大きな影響を与えない。しかし,上下動を入力するということは,P波に対する挙動,軸差せん断挙動を大事にしようという発想であろう。それなのにP波に対しておかしな力学特性を設定した計算をするというのは不合理であろう。

このようなソフトウエアでより精度よい計算をするためにはちょっとした手間が必要である。その手順は次のようになる。

① 水平入力のみの計算を行う。
② 収束せん断剛性 G と初期の体積弾性係数 K から,ポアソン比 ν を求める。
③ G と ν を材料特性として水平動と上下動を同時に入力した計算を行う。この計算は収束計算を行わない。
④ 計算は③で終わらせてもよいが,誤差が気になるのなら,新しく収束した剛性を用いて②の計算からやり直す。

9.5.2 質量の分布

有限要素法に基づく定式化を行う際に,よく話題になる事項の一つに,集中質量(lumped mass)と分布質量(consistent mass)がある。

有限要素法では,節点の変位から要素内部の変位を補間するための関数(補間関数,変位関数などと呼ばれる)を仮定する。これを基にして要素の剛性マトリックスが求められる。同じ補間関数は節点速度から要素内部の速度を求めるのにも用いられる。ここまではどの有限要素法でも同じ仮定を用いている。

問題になるのは,質量マトリックスを用いるのに,同じ補間関数を用いるかどうかということで,同じ補間関数を用いる方法を分布質量と呼ぶ。これに対して,変位と加速度では分布が異なるので,より簡単に質量を節点に集中させたモデルが用いられることがあり,これを集中質量という。集中質量では質量マトリックスは対角成分以外の成分が0になる対角マトリックスとなり,数値計算が簡単になる。

例えば正方形の要素について,全体の質量を4としたときの質量マトリックスは集中質量,分布質量のそれぞれについて次のようになる。

$$
\text{集中質量}: \begin{bmatrix} 1 & 0 & 0 & 0 \\ 0 & 1 & 0 & 0 \\ 0 & 0 & 1 & 0 \\ 0 & 0 & 0 & 1 \end{bmatrix}, \quad \text{分布質量}: \begin{bmatrix} 1/2 & 1/8 & 1/8 & 1/4 \\ 1/8 & 1/2 & 1/4 & 1/8 \\ 1/8 & 1/4 & 1/2 & 1/8 \\ 1/4 & 1/8 & 1/8 & 1/2 \end{bmatrix}
$$

　昔は，分布質量が唯一の方法であるという意見もあったが，現在では変位とは異なる補間関数を用いることで理論的にも集中質量が導けること，分布質量と集中質量のどちらの精度が高いと一意的にいうことはできないことなどがわかっている[1]。さらに，コンピュータの進歩もあり，昔より細かいメッシュを用いた解析が行われるようになってきたので，この問題は実務ではあまり問題とされなくなってきている。したがって，もし，使用するプログラムに一つの選択肢しかなければそれを選べばよい。両方選べるときには集中質量の方が計算時間は若干ではあるが早い。

　ただし，集中質量では，どれだけの質量をどの節点に負担させるかということに関しては議論も残っている。例えば，図 9.13(a)の三角形要素では要素の質量の 1/3 を各節点に，また，(b)の四角形要素では要素の質量の 1/4 を各節点に分担させることに異議は出ない。しかし，(c)のようになったら，どうするのがよいのかという点に関しては方法が幾つかある。例えば，三角形要素では自動的に集中質量が決まるので，図 9.14 のように 4 つの三角形に分けて各節点に配分する方法，分布質量の対角項を重みとして全質量を各節点に配分する方法[20] などがある。

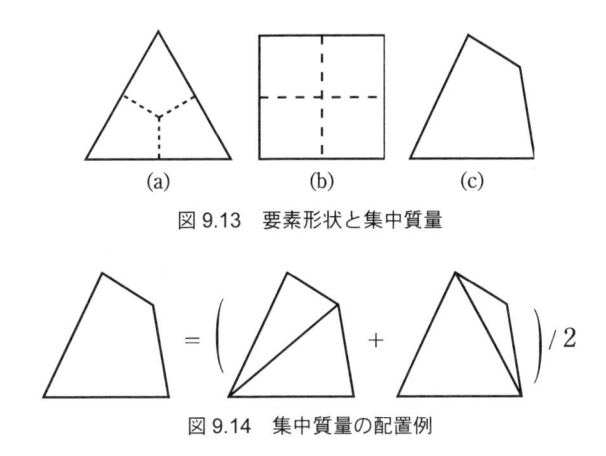

図 9.13　要素形状と集中質量

図 9.14　集中質量の配置例

9.5.3　要素の形状と配置

　有限要素法ではメッシュの作成は基本的な作業であるが，この際にも注意すべき事項はある。

　図 9.15 は四角形の領域を二つの三角形に分割してメッシュを作成したものである。ここに水平力を作用させた時の変位状態が示されている。すると基本的には領域はせん断変形をするので，変位は大部分が水平方向に発生する。すると，要素 A の三角形は体積が変わらないのに対して，B の要素は体積が変化する。土では剛性や強度などの力学挙動は有効拘束圧に支配されるが，すると，要素 A では体積変化がないので力学特性は変化しないのに対して要素 B は変化することになる。これは不自然な挙動といわざるを得ない。例えば，図 9.16 は三角形要素を用いた引っ張り破壊を考慮した解析の結果である[21]。水平動が卓越している盛土の下では引っ張り破壊した要素とせん断破壊した要素が交互に並んでいる

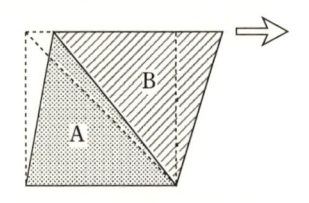

図 9.15　三角形要素の体積変化

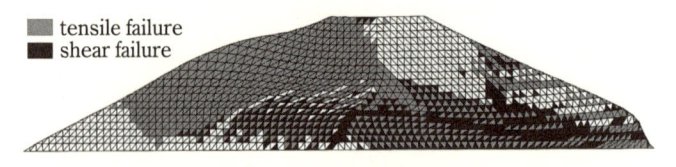

図 9.16　三角形要素の解析例

が，これは，この事情によるものであろう．このようなこともあり，三角形要素の使用は避ける方がよい．

次に，メッシュを作成するときには，特定の節点に質量が集中することは避けるべきである．図 9.17 に四角形の領域のメッシュを作成するケースが示されている．(a)は四角形の要素で区切ることであり，特に問題はない．これに対して(b)のようなメッシュを作ったとすれば，中央部の節点には 8 個の要素が集まるのに対して辺の要素にはこの図では 2 個，もしこの配置が繰り返されるとすれば 4 個の要素が集まっている．したがって，辺の接点より中央の接点に質量が集中することは明瞭である．質量が集中すると慣性力も集中するので，要素は質量のアンバランスがなるべく起きないように作ることが望ましい．(c)のようなメッシュでは各節点に集まる要素の数は 6 個で質量という意味ではバランスしているが，一方では三角形要素の並び方に空間的な特徴が現れるため，例えば，左方向に載荷するときと右側方向に載荷するときで結果が異なる可能性がある．これに対して(d)のように作成すれば，一つの節点に集まる要素の数は同じだし，方向性も出にくい配置となっている．この意味でも，三角形要素は扱いが難しい要素といえる．

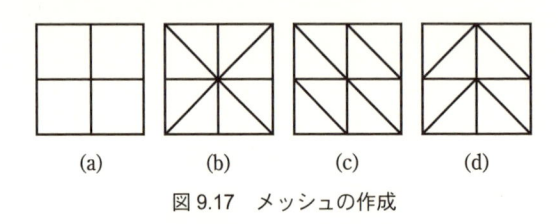

図 9.17　メッシュの作成

9.5.4　積分点と体積ロッキング・砂時計不安定

有限要素法で剛性マトリックスを作る際には，式の上では要素内の各点の剛性を体積(二次元では面)全体で積分する必要があるが，計算の際にはガウス積分を用いた近似式を用いる（9.1 節参照）．この積分では，要素内の幾つかの点における値を用いて積分を行う．この点のことを積分点という．

例えば，図 9.18 に示す四角形の要素では図の●で示した 4 つの点の値を用いる．一方向に二つの点なので，よく 2 点ガウス積分というように呼ばれる．ガウス積分は N 個の点を用いると $2N-1$ 次の多項式までは正解が得られるという，近似式の中では非常に精度の高い数値積分法である．有限要素法では，要素内部の変位を節点の変位の関数として補間するのが理論の出発点なので，その補間式の次数を満たすように積分点の数 N を決めれば，

数値積分として正しい解が得られる．2点ガウス積分では3次関数までは厳密解が得られるわけである．その意味では図9.18に示す四角形要素では2点積分が適当である．しかし，一般的な要素に対する精度としてみると，この決め方をした点の数より少ない積分点を用いる，次数低減積分が有効であることも知られている．例えば長方形ではない一般的な四角形要素では3点積分が厳密であるが，2点積分を使うというような方法がある．プログラムによってはこの方法も選べるようになっている．

地下水位以下の地盤材料は，土骨格と水で構成されるが，本書でターゲットとしている地震応答解析ではこれらを分離して解析することはせず，一体となった材料として扱う．ところで，水はせん断応力には抵抗せず，体積変化にのみ抵抗する材料であること，体積弾性係数が土骨格に比べ格段に大きいことから，一体化した土のポアソン比は等体積条件である0.5に近くなる．この場合には，次のような問題が起きることがある．なお，有効応力解析でも，地震時には非排水条件が成立するとして，土骨格と水を一体として扱うことも多い．

図9.19の四角形要素に(a)に示すような偶力の載荷をすると，要素は台形状に変形する．すると，上の二つの積分点では体積が減少し，一方，下の二つの積分点では体積が増加する．しかし，ポアソン比が0.5，すなわち，等体積変形やこれに近い条件が設定されていると積分点の変形は許容されないため，砂時計変形に対する見かけの剛性が非常に高くなる．この現象を体積ロッキング（volume locking）という．一方，図9.19(b)に示すようなせん断型の変形に対しては体積変化が起こらないので，この問題は起こらない．地震応答解析ではせん断変形が支配的で，せん断変形しか考慮しない一次元の解析をする場合にはこの問題は発生しない．しかし，多次元解析では図9.19(a)のような変形も発生し，これが全体の変形を非常に小さくすることがある．例えば，図9.20は静的解析の例[22]であるが，(a)のこの問題の解に対応する変形に対して(b)の変位は異常に小さくなっている．

体積ロッキングを回避する方法として過度な次数低減積分が有効とされている．例えば，図9.18(b)に示す，1点積分がそれである．図9.19(a)に示すような偶力の組み合わせに対して要素中心では体積変化しないため，ロッキング現象が発生しなくなるわけである．

しかし，過度な次数低減積分は別の問題を起こす．それは，図9.19(a)に示すような力に対しては中央部では体積変化のみならずせん断変形も発生しないことである．ということは図9.19(a)のような変形は力がなくても生じる可能性があるということである．これを砂時計不安定現象という．例えば，図9.20(c)は1点積分を用いた解析であるが，表層部分や

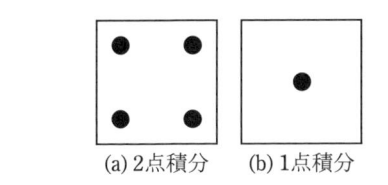

(a) 2点積分　(b) 1点積分

図9.18　ガウス積分のための積分点

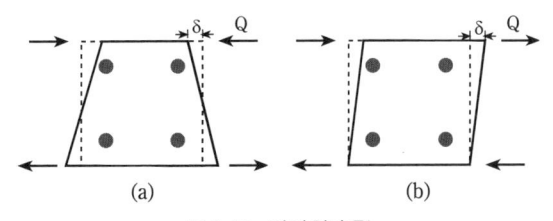

図9.19　砂時計変形

ケーソン直下部で図 9.21 に示すような波打つような変形が見られる。これが典型的な砂時計変形である。なお，図 9.20(d)では三角形要素を縮合することで四角形要素の要素剛性マトリックスを作ったケースであるが，三角形要素では不安定現象は発生しないので，(a)と同じ変位が得られている。(b)を除く他の三つのケースはほぼ同じ変位であるが，(c)のケースは砂時計不安定現象のために要素の変形形状が乱れているのが欠点である。

体積ロッキングを避ける方法はいくつか提案されている。図 9.19(a)のような変形に抵抗する剛性を導入する方法[23)24)]，せん断変形に対しては2点積分，体積変化に関しては1点積分をする SRI（selective reduced integration）法などである。また，土のポアソン比が 0.5 に近くなるのは間隙水が土骨格と一緒に動くためであるので，水がなければ図 8.2 に示したようにおおよそ 0.3 以下である。そこで，土骨格に対しては2点積分，間隙水に対しては1点積分を用いる方法も提案されている[25)]。ユーザーの立場としては砂時計不安定を避けるシステムがあればそれを利用するし，なければ砂時計不安定に伴う波打つような変位を受け入れる必要がある。なお，波打つような変位の異常さを除けば全体の変位は他の方法と同じ程度であることは，図 9.20 (c)に見たとおりである。

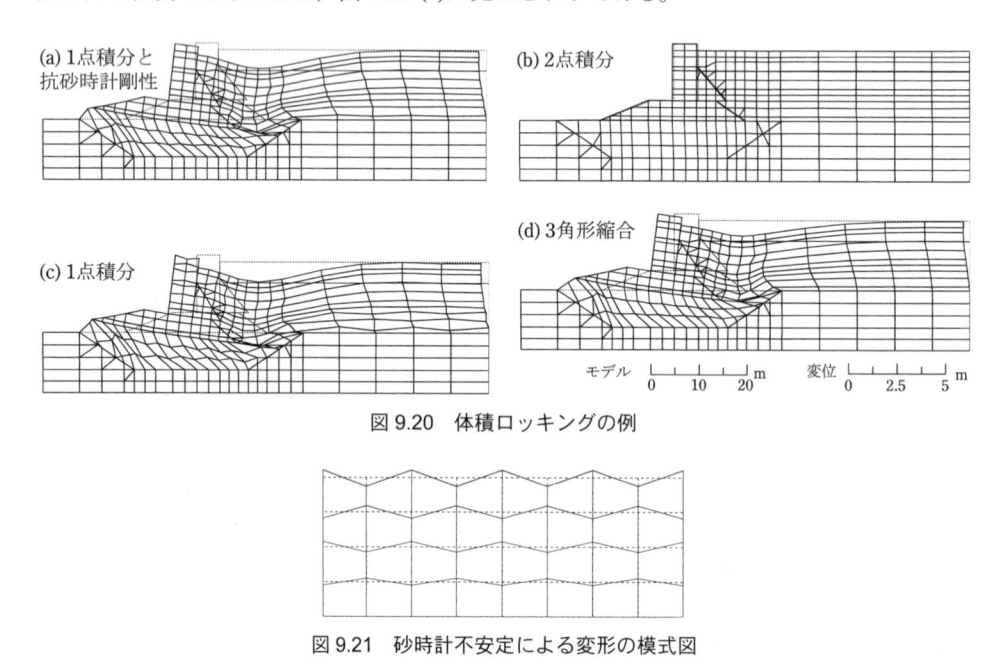

図 9.20　体積ロッキングの例

図 9.21　砂時計不安定による変形の模式図

9.6　初期条件

運動方程式は初期条件と境界条件を与えて解くことができる。ここで，境界条件はこれまでに述べた側面や底面境界の条件と地震波に相当する。これに対してここでは初期条件の設定法を示す。初期条件は必ずしも空間のモデル化というわけではないが，関連した問題である。

地震前の状態には，変位，速度，加速度などの節点の状況，および初期応力がある。このうち，一般には速度と加速度は地震前ということで 0 に設定される。変位も 0 と設定されるのが一般的である。まれに，例えば事前の工事で生じた変位と併せて計算されることがあるし，次に述べるような初期応力状態の設定に伴って発生する変位もある。しかしながら，基本的には難しいところはない。

これに対して，難しいのが初期応力状態の設定である。土の挙動は土が過去に受けた荷重の履歴に依存するので，正しい初期応力状態を求めるには過去の履歴を追いかける必要があるが，実際問題としてそんなことは不可能である。まれには，工事の手順を追って工事の影響を考慮することはあるが，通常はそこまでの解析は行わない。また，地盤の形成過程を追いかけるような場合に用いる構成モデルと，地震応答に用いる構成モデルは異なるので，きちんとした解析が行われたとしても，引き継げるのは応力状態のみであり，履歴の影響まで引き継ぐことはできない。それならば割り切って簡易に求める方法もありそうである。

　地盤の初期応力状態を求める解析は，自重解析，盛立解析などと呼ばれる。ここで，自重解析は構造物に自重を作用させ初期応力を求める方法，盛立解析は地盤のでき方を考えて要素を順番に増やしていくことである。これに対して掘削などにより要素を減少させる解析は掘削解析と呼ばれる。盛立，掘削解析は理想的ではあるが，現実にはなかなか難しい問題である。

　昔は，初期応力状態を求めるのに，自重解析が一般的であった。ここで難しいのは，力学特性の評価である。というのは要素の応力は重力加速度の作用下で発生するので，重力を加える前の状態は応力がないので，剛性も強度も0だからである。

　これに対して従来は，弾性定数は地盤調査などでわかっているので，その値を用いて重力を一気に作用させる弾性解析がよく行われていた。従来は等価線形化法を用いる解析が主流であったので，次のような理由によりこの方法はそれほど実務上問題となることはなかった。

　① 等価線形化法では初期応力状態の異方性を考慮することはできない。
　② 弾性定数は地盤調査などで決めていたので，応力を反映したものではなかった。
　③ 繰返しせん断特性は，地層ごとに代表値を決めていたので，これも応力を反映したものではなかった。

　その意味では，初期応力状態は解析にほとんど影響を与えなかったわけである。この方法で自重解析を行うと，例えば，図 9.22 のような変形図が得られる。図は擁壁の自重解析であるが，擁壁の部分は重いので，周辺の地盤はこれに引きずられるようにして，他の部分よりも大きく沈下している。

　しかし，この初期変位はほとんど意味がない。というのは，実際の工事を考えてみるとわかるように，擁壁の周辺は一旦周辺の地盤との縁を切った上で施工が行われるので，引きずられることはあり得ない。また，地震応答解析で求めるのは地震による変位だけであるので，この変位が地震応答に影響を与えることはない。したがって，昔の報告書では自重解析による変位として図 9.22 のような図が出ていることがあるが，それは単に解析を行ったという事実を述べているだけであり，それが解析結果に影響を与えることはなかったわけである。

　ところで，非線形法による解析を行うとすると，これではまずいところも出てくる。これは，非線形法による解析では，要素の初期応力状態に応じて剛性や強度が決まるような解析となることが一般的だからである。したがって，例えば，先に述べたケースでは擁壁近くの土は擁壁に引きずられて大きなせん断応力が発生しているが，そうするとこの要素はすぐに破壊してしまい，実情と異なることになる。したがって，厳密な盛立解析は無理でも，なるべく合理的な応力状態を求める努力をする必要がある。

　先程来，自重解析で得られる変位は意味がないといってきたが，自重解析の方法を理解するために，とりあえず，変位を考えてみよう。図 9.23 (a)は一次元地盤の自重解析であ

り，(a)は3層を一度に解析した場合の変形である．すると，一番上の要素は自身の変位に加え，それより下の層が変形したことによる剛体変位が加わるので，下の要素より大きく変位している．この変位は図9.22の変位と同じものである．

これに対して，図9.23(b)以降は盛立解析による解析である．この盛立解析では，要素を一つずつ作っていく．最初に1段目を作ったときには，これより上の層は存在しない．次のステップではこの上の層を一点鎖線で示したように次のメッシュの位置に想定し，自重を加えると(c)のような変形となる．最後に三つの層の盛立が終わると変形は(d)のようになっている．(a)と(d)を比べれば，同じ応力状態を与える解析の結果とは思えないくらい変形状態が異なっている．

図 9.22　擁壁の自重解析例

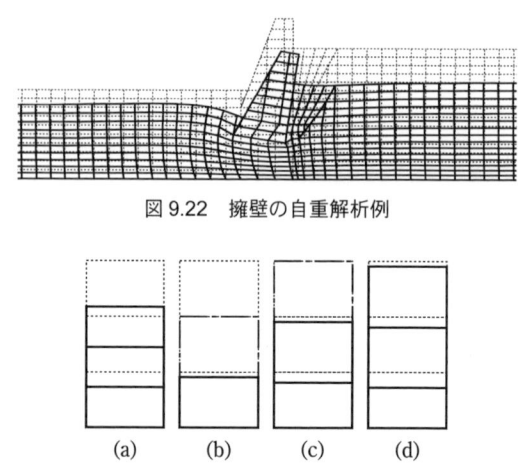

図 9.23　自重解析と盛立解析．(a) 一度で盛立；(b) 一段目の盛立；
(c) 二段目の盛立；(d) 盛立終了時．

この例に見ることのできるように，地震前の初期変位というのは初期応力を求める方法によりかなり異なっており，どれが正しいというわけでもない．どれを用いるにしても初期応力状態に対する仮定ということになる．いずれの変位を用いるにしろ，地震時にはこれらの変位はすべて無視して，変位をゼロから始めるのが一般的である．もし，自重解析や盛立解析の変位を考慮したいときには，地震応答解析で得られた変位にこれらの変位を後で加えればよい．

非線形法で初期応力を求める際には，もう一つ問題がある．例えば，弾性解析で初期応力を求めたとして，その応力状態が破壊条件を破っている時がある．水平成層のような地盤ではこれは起こらないが，盛土などでは側部の水平方向直応力は0という条件があるため起こりやすい．これを避けるためには，自重・盛立解析は非線形解析で行う必要がある．この際，自重を一度に加えるのではなく，適当に分割しながら少しずつ作用させていく必要がある．

ただ，これでも問題が残っている．それは砂のように粘着力が0だと盛り立てる前の状態では応力が0なので，強度が0なことである．

これまでに示したように，土では自重・盛立解析はまともに行おうとすると非常に難しいものである．数値解析として解決する方法は色々ある．例えば弾性解析で得られた初期応力状態に基づいた割線剛性や接線剛性で線形解析を行い，破壊線を越えた応力を不釣合力としてイタレーションで解消するなどである．この辺は使用するプログラムによって方

法が異なるので，それに任せるしかないのが実情である。

　自重・盛立解析で初期応力を求めたとしても，次の問題が残っている。それは，6.7.8項で示したように，過去に地震を受けていると，初期せん断がある状態にもかかわらず等方応力状態で載荷されるときと同じような挙動をするからである。といってもせん断強度は小さくなっているので，等方応力状態の挙動から異方応力状態の挙動に移る過程は考慮する必要がある。

　このためには，まず，自重・盛立解析により応力状態を求めた後，水平方向に地震力に相当する力を作用させ除荷することを何度か行う必要がある。このような手間を掛けるぐらいであれば，破壊に至るような状況にはならないと仮定して，初期応力を等方応力状態から地震応答解析を始めるのも一つの考え方である。この場合，弾性解析で得られた鉛直応力の等方応力状態と設定するのが妥当であろう。

　なお，有効応力を求めるには，有効応力解析が必要である。このことは，自重解析でもそのとおりである。しかし，全応力解析でも有効応力を求めることはできる。静的な解析では間隙水の効果は浮力として作用するだけなので，土の単位体積重量から浮力分を引いた値を単位体積重量として解析すれば，有効応力が得られる。

参考文献

1) 戸川隼人（1975）：有限要素法による振動解析，サイエンスライブラリー情報電算機 33，サイエンス社
2) 地盤の動的解析－基礎理論から応用まで－編集委員会（2007）：地盤の動的解析－基礎理論から応用まで－，地盤工学・基礎理論シリーズ 2，地盤工学会，152pp.
3) Yoshida, N. (1988): Effectiveness of the conventional effective stress analysis to predict liquefaction-induced permanent ground displacement, Proc., First Japan-US Workshop on Liquefaction, Large Ground Deformation and Their Effects on Lifeline Facilities, pp. 57-65
4) 建設省建築研究所，国土開発技術センター（1997）：建設省総合技術プロジェクト「大都市地域における地震防災技術の開発」地震動増幅危険度評価（建築）分科会報告書，381pp.
5) 日本ガス協会ガス工作物等技術基準調査委員会（2000）：高圧ガス導管耐震設計指針
6) 関場夕卯子，千葉祐樹，吉田望（2009）：中間軟弱層が不整形地盤の地震応答に与える影響に関する研究，平成 20 年度土木学会東北支部技術研究発表会講演概要集，pp. 319-320
7) 吉田望，安保秀範，安田進，樋口佳意（1999）：中間軟弱層のある地盤への一次元地震応答解析の適用性に関するケーススタディ，土木学会第 54 回年次学術講演会講演概要集，第 1 部(A)，pp. 216-217
8) 日本建築学会（2006）：建物と地盤の動的相互作用を考慮した応答解析と耐震設計，丸善，379pp.
9) 日本建築学会（1966）：入門・建物と地盤との動的相互作用，398pp.
10) Lysmer, J. and Kuhlemeyer, R. L. (1969): Finite Dynamic Model for Infinite Media, Journal of Engineering Mechanics Division, Proc. ASCE, Vol. 95, No. EM4, pp. 859-877
11) 三浦房紀，沖中宏志（1989）：仮想仕事の原理に基づく粘性境界を用いた三次元構造物－地盤系の動的解析手法，土木学会論文集，第 404 号/I-11，pp. 395-404
12) 田中勉，吉田望，亀岡裕行，長谷川豊（1983）：地中構造物の多入力解析，第 38 回土木学会年次学術講演会講演概要集，第 1 部，pp. 49-50
13) 吉田 望，白戸真大（2004）：地中構造物の多入力地震応答解析，土木学会第 59 回年次学術講演会学会，Vol. I，pp. 601-602
14) 吉田望，船原英樹，小林義和，小林恒一(2005)：有限要素法地震応答解析：ケーススタディにみる長所と問題点，土と基礎，Vol. 53，No. 8，pp. 4-6
15) Lysmer, J. and Drake, L. A. (1971): A finite element method for seismology, Chapter 6 of Methods in Computational Physics, Vol. 11, Seismology, University of California, Berkeley
16) Smith, W. D. (1974): A non reflecting Boundary for Wave Propagation Problems, Journal of

Computational Physics, Vol. 15, pp. 492-503
17) Achenbach, J. D. ed. (1983): Computational Methods for Transient Analysis, Mechanics and mathematical methods, Vol. 1, Elsevier Science Publications
18) Joyner, W. B. (1975): A Method for Calculating Nonlinear Response in Two Dimensions, Bulletin of the Seismological Society of America, Vol. 65, No. 5, pp. 1337-1357
19) Lysmer, J., Udaka, T., Tsai, C.-F. and Seed, H. B. (1975): FLUSH a computer program for approximate 3-D analysis of soil-structure interaction problems, Report No. EERC75-30, University of California, Berkeley
20) Cook, R. D., Malkus, D. S. and Plesha, M. E. (1989): Concepts and Applications of Finite Element Analysis, Third edition, John Wiley & Sons
21) Sakai, H., Sawada, S. and Toki, K. (2000): Non-linear analyses of dynamic behavior of embankment structures considering tensile failure, Proc., 12WCEE, No.678/5/A
22) 安田進，吉田望，安達健司，規矩大義，五瀬伸吾，増田民夫（1999）：液状化に伴う流動の簡易評価法，土木学会論文集，No. 638/III-49, pp. 71-89
23) Flanagan, D. P. and Belytschko, T. (1981): A uniform strain hexahedron and quadrilateral with orthogonal hourglass control, International Journal for Numerical Methods in Engineering, Vol. 17, pp. 679-706
24) 吉田望（1989）：次数低減積分を用いた液状化による地盤の大変形解析，第3回計算力学シンポジウム報文集，pp. 391-396
25) 大矢陽介，吉田望（2008）：ロッキングと砂時計不安定を避ける有効応力解析法の定式化，構造工学論文集，Vol. 54B, pp. 45-50

第 10 章　時間領域の解法

　前章では空間に関するモデル化を扱ったが，この章では時間に関する解法を扱う。時間に関する解法は，二つあり，一つは時間を追いながら順番に解くもの，もう一つは時間から振動数に変換して周波数領域で解くものである。

　運動方程式については基礎式を 4.4 節で示した。例えば，運動方程式は次のように書けた。

$$m\ddot{u} + c\dot{u} + ku = -m\ddot{u}_g \quad \text{または} \quad \ddot{u} + 2h\omega_0\dot{u} + \omega_0^2 u = -\ddot{u}_g \qquad (4.18), (4.19)$$

　この式は自由度が一つに対して導かれているが，多自由度系ではそれぞれに対応してマトリックスやベクトルで表せばよいことは既に述べたとおりである。以下では，この式に基づき解析法とその特徴を示す。

　なお，10.3 節に示す重複反射理論では別の支配方程式を用いるが，これも 4.4 節で波動方程式として示している。

10.1　逐次積分法

　逐次積分法とは，小さい時間間隔（時間増分と呼ぶ）ごとに時間に関する運動方程式を解く積分法である。この方法は時間領域の解法とも呼ばれる。小さい時間間隔を用いる理由は，小さい時間間隔の間では現象の変化は大きくなく，例えば直線や低次の多項式でその間の挙動を仮定しても精度を保ちながら解析ができるという理由による。

　例えば，地盤材料が非線形挙動をする際には式(4.18)は

$$m\ddot{u} + c\dot{u} + f(u) = -m\ddot{u}_g \qquad (10.1)$$

と復元力項を非線形の表示に変える必要があるが，これを小さい時間増分に限り，その間の変化量に d をつけて表すことにすれば，式(10.1)は次のように書くこともできる。

$$md\ddot{u} + cd\dot{u} + kdu = -md\ddot{u}_g \qquad (10.2)$$

ここで，剛性 k は考えている区間における代表的な値で，多くの計算では時間増分の開始時点における接線剛性である。この式は d がなければ式(4.18)と同じ形をしている。

10.1.1　各種の数値積分手法

　運動方程式を解く条件として与えられているのは，初期状態（モデルの形状，初期応力など）と入力地震動である。ここで，入力地震動はある時間間隔で与えられた加速度である。すなわち，時間増分の初めと終わりで値が与えられている。ということは，時間増分内での地震動の変化は与えられていないわけである。したがって，厳密に言えばこの変化を変えればそれに対応して得られる解が異なるので，運動方程式の解は無限にあるということになる。ただし，例えば，正弦波加振のようにすべての時間で入力が設定されるときには解は唯一となる。

　したがって，解析に際しては適切に時間増分内の地震動を補間する必要がある。納得できる補間方法は例えば直線補間（線形補間）である。時間の関数として連続して地震動を設定すれば，1 自由度や数少ない自由度のケースでは運動方程式を解析的に解くことがで

き，以下で説明する数値計算を近似的に行う解法に伴う種々の問題点は起こらない。例えば応答スペクトルの計算にはこの方法がよく用いられる[1)2)]。応答スペクトルの解法に用いられるときにはニガム（Nigam）の方法[3)]と呼ばれることがある。しかし，自由度が大きくなると，解析的に解くのは実質的には不可能になり，他の解析方法を探す必要がある。

そこで，増分内の地震動を仮定する代わりに，応答値を補間する方法が用いられる。すなわち，増分解析の開始時刻の変位，速度，加速度がわかっており，時間増分後のこれらがわかったとして，その間でどのような応答になっているかを仮定するわけである。図10.1 に代表的な補間方法を示す。

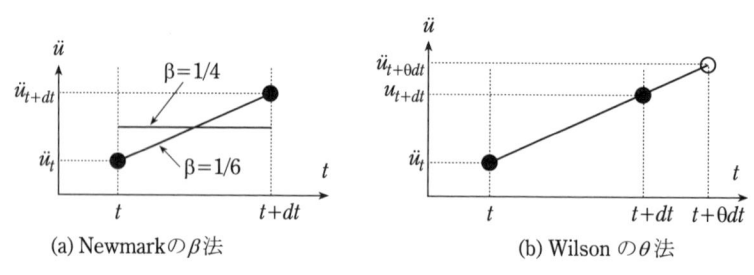

図10.1 時間増分の間の応答加速度の仮定

(1) 線形加速度法

地震動を仮定する時と同様，応答加速度を線形補間するというのは悪くない設定法である（図10.1(a)の$\beta=1/6$に対応）。この方法を，加速度を線形に補間することから，線形加速度法という。ここで，時刻 t から $t+dt$ までの時間増分に対して計算するとすれば，時刻 $t+dt$ の変位と速度は次のように表される。

$$u_{t+dt} = u_t + dt\dot{u}_t + \frac{dt^2}{3}\ddot{u}_t + \frac{dt^2}{3!}\ddot{u}_{t+dt}$$
$$\dot{u}_{t+dt} = \dot{u}_t + \frac{dt}{2}(\ddot{u}_t + \ddot{u}_{t+dt})$$
(10.3)

これを運動方程式(4.18)を時刻 $t+dt$ について書いた式に代入すると，次の式が得られる。

$$\left(m + c\frac{dt}{2} + k\frac{dt^2}{6}\right)\ddot{u}_{t+dt} = -m\ddot{u}_{g,t+dt} - c\left(\dot{u}_t + \frac{dt}{2}\ddot{u}_t\right) - k\left(u_t + dt\dot{u}_t + \frac{dt^2}{3}\ddot{u}_t\right) \quad (10.4)$$

これを解けば，時刻 $t+dt$ における加速度 $\ddot{u}_{t+dt}$ が求まり，これを式(10.3)に代入すれば速度と変位が求まる。この他に，式(10.3)を加速度と速度について解き，式(4.18)に代入すると

$$\left(\frac{6m}{dt^2} + \frac{3c}{dt} + k\right)u_{t+dt} = m\left(\frac{6u_t}{dt^2} + \frac{6\dot{u}_t}{dt} + 2\ddot{u}_t\right) + c\left(\frac{dt\ddot{u}_t}{2} + 2\dot{u}_t + \frac{3u_t}{dt}\right) - m\ddot{u}_{g,t+dt} \quad (10.5)$$

となり，先に変位を求める式ができる。テキストなどでは式(10.4)が誘導しやすいことから使われることが多いが，非線形解析では剛性マトリックスをいじらなくてよいし，除荷判定のためなどに必要な変位が先に求められる，式(10.5)がよく用いられている。また，非線形解析では増分を求める定式化もよく行われる。例えば，式(10.4)は次のように書くこともできる。

$$\left(m + c\frac{dt}{2} + k\frac{dt^2}{6}\right)d\ddot{u} = -md\ddot{u}_g - dtc\ddot{u}_t - k\left(dt\dot{u}_t + \frac{dt^2}{2}\ddot{u}_t\right) \quad (10.6)$$

ここで，$d\ddot{u}$，$d\ddot{u}_g$は加速度と地震入力の増分である。当然，式(10.5)を増分変位で表現することもできる。

線形加速度法は運動方程式の数値解析のテキストには必ず現れる，精度の良い数値積分

法であるが，現在では実務で使われることはない。その理由は 10.1.2 項に示す安定性の問題があるからである。これに代わって使われるようになったのがニューマーク（Newmark）の β 法とウィルソン（Wilson）の θ 法である。また，中央差分法は古典的な解法であるが，地盤の解析では用いられることもある。

(2) Newmark の β 法

式(10.3)に代わる一般的な定式化として，次の式が提案されている [4]。

$$\dot{u}_{t+dt} = \dot{u}_t + (1-\gamma)\,dt\,\ddot{u}_t + \gamma\,dt\,\ddot{u}_{t+dt}$$
$$u_{t+dt} = u_t + dt\,\dot{u}_t + (0.5-\beta)\,dt^2\,\ddot{u}_t + \beta\,dt^2\,\ddot{u}_{t+dt} \tag{10.7}$$

ここで，γ と β は調整用パラメータであり，後の解き方は線形加速度法と同様である。原論文では γ=0.5 以外では数値計算上の減衰が導入されるので，0.5 が良いとし，一方 β については 1/5～1/6 が適当としている。γ=0.5，β=1/6 は先に述べた線形加速度法と一致している。したがって，昔は，この方法は線形加速度法の別名であった [5]。

しかし，先に述べたように，β=1/6（線形加速度法）は安定性の理由で現在では使用されない。その代わりによく使われるのは β=1/4 である。このとき，図 10.1(a)に示すように増分間で応答加速度が一定という加速度分布を想定したのと同じ式になっており，昔，中点加速度法といわれた積分公式と同じ式になっている。なお，β=1/6 は線形加速度法と同じで，精度の良い解法というイメージからか，β=1/4 の時も精度が良いと思っている技術者も多いが，精度は必ずしも良くはない。この他に，γ=0.6，β=0.3025 の組み合わせも安定性に強いといわれている [6]。

(3) Wilson の θ 法

Wilson の θ 法は，線形加速度法を拡張したもので，図 10.1(b)に示すように，加速度が線形に変化する範囲を t+dt ではなく，t+θdt（θ>1）まで広げるものである [7]。すなわち，この仮定で線形加速度法と同様の式を作り，t+θdt における加速度が得られれば，

$$\ddot{u}_{t+dt} = \frac{(\theta-1)\ddot{u}_t + \ddot{u}_{t+\theta dt}}{\theta} \tag{10.8}$$

により t+dt の加速度が求まり，これを式(10.3)に代入して速度と変位を求める [5]。

この式の意味は，少し長く線形領域を広げることで，高振動数成分がなくなるというところにある。これにより，10.1.2 項に示す不安定現象をなくすことができる。実務では高振動数成分はそれほど重要ではないので，その意味では有力な方法といえる。

多くの数値計算に関するテキストでは，応答値の求め方としてここで示した方法が記述されている。しかし，この方法を使うと一つ問題が発生する。それは，時刻 t+dt では運動方程式が満たされていないということである。したがって，線形解析でも不釣合力が残り，非線形方程式を解く必要がある。なお，非線形解析では不釣合力は自動的に解消する方法を用いているので，式(10.8)を用いてもかまわない。

図 10.2 は El Centro 波に対する応答スペクトルを求めたものであるが，この問題の正解に相当する Nigam の方法で求めたものと比べると長周期で違いがあることがわかる。しかし，非線形解析で用いられる不釣合力を解消する方法を用いた計算（図では改良 Wilsonθ）では Nigam の方法とほぼ同じ結果が得られている。本書の読者が対象とするのは非線形解析であるので，この Wilson の方法の問題点に遭遇することはないと考えられる。なお，図には示さなかったが，線形加速度法，Newmark の β 法（β=0.25）も Nigam の方法と図では区別できないほどの結果となっている。したがって，どの積分法を用いても応答スペクトルレベルでは大きな差はないと考えてよい。

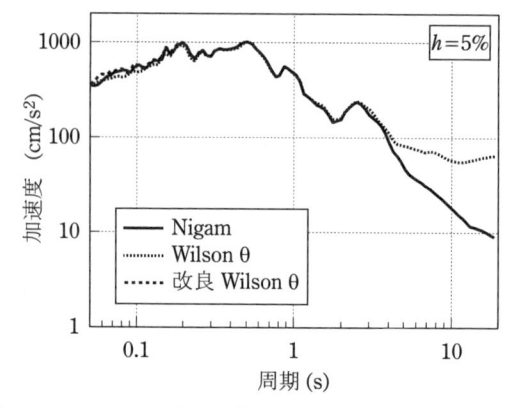

図10.2 Wilsonのθ法の比較のための加速度応答スペクトル

(4) 中央差分法

中央差分法はこれまでとはちょっと違った方法である。二つの時間増分の間で変位が時間の二次式（放物線）として変化すると仮定する。すると，加速度と速度は次のように表現できる。

$$\dot{u}_t = \frac{u_{t+dt} - u_{t-dt}}{2dt}$$
$$\ddot{u}_t = \frac{u_{t+dt} - 2u_t + u_{t-dt}}{dt^2} \tag{10.9}$$

これを式(4.18)の運動方程式に用いると次式が得られる。

$$\left(\frac{m}{dt^2} + \frac{c}{2dt}\right)u_{t+dt} = \left(\frac{2m}{dt^2} - k\right)u_t + \left(-\frac{m}{dt^2} + \frac{c}{2dt}\right)u_{t-dt} - m\ddot{u}_{g,t} \tag{10.10}$$

このように，中央差分法では等間隔の時間増分点の応答のみを用いて解析を進める。これまでの方法と異なり，二つ前の増分点の値も用いているのが特徴である。

この方法では連立方程式の係数（左辺のu_{t+dt}の係数）の中に剛性kが入っていない。非線形解析ではkは各時間増分で変化するがmとcは変化しない。連立方程式の解法については本書では説明しないが，例えば最も一般的な掃出し法[8]では連立方程式を解く際に最も時間のかかる前進消去は一回だけ行えばよいので，計算時間は大幅に節約できる。また，式(10.9)に剛性が入っていないことから，中央差分は接線剛性を計算できないような構成モデルでも使うことができる。なお，Rayleigh減衰（11.2.1項参照）の剛性に初期剛性ではなくその時点の接線剛性を使う方法が使われることがあり，その場合には計算時間の短縮は図れない。

一方では，次の項で述べる安定性の問題があるが，連立方程式を解く計算時間が非常に少ないので，時間増分を小さくするという解決法を取ることもできる。また，数値計算の精度も良いので，地盤の解析では有力な積分法の一つである。ただし，構造物も一緒に解くようなケースでは計算に必要な時間増分も極端に小さくなるので，実用的ではなくなる。

10.1.2 数値積分の安定

図10.3は固有円振動数$\omega=400$の一自由度系にEl Centro波を入力し，Newmarkのβ法で解いたものである。上の段では縦軸（加速度）は通常の縮尺（線形軸）で書かれており，太い点線は$\beta=1/4$でこの場合の正解といえるものである。これに対して細い実践は$\beta=1/6$（線形加速度法）の計算結果であるが，計算が始まってすぐに加速度が急に大きくなり，

図 10.3 発散の例

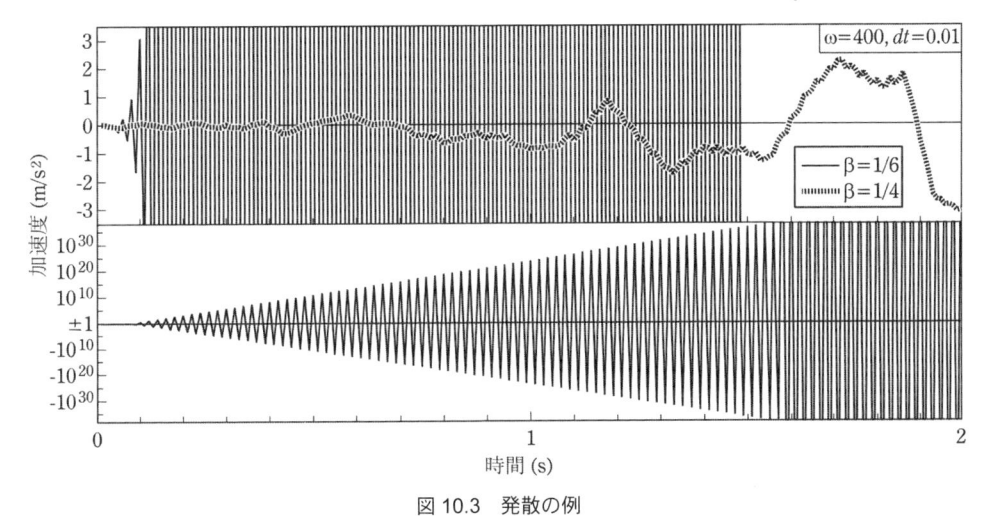

また，計算ステップごとに大きい値と小さい値を繰り返している。これがここで論じる不安定現象である。

これをさらにわかりやすくするために，図 10.3 の下の段では縦軸を対数軸として，絶対値が 1 以下の加速度を無視し，さらに加速度が負の場合には絶対値の対数に負号をつけるという操作を行って書いた加速度の時刻歴である。すると，加速度は直線的に増えてきているが，これが理論の教えるところで，前回の加速度に 1 より大きい係数をかけた結果である。また図で最大値が 10^{38} になっているがこれは計算に用いたコンピュータで扱える最大の数値である。

不安定現象は，数値積分の時間増分と密接に関係している。その理論は例えば文献[9]を参考にしていただくことにして，結果から述べると不安定現象が起こらない数値積分の時間間隔は，減衰のない系で，中央差分法，Newmark の β 法でそれぞれ次のようになる。

$$dt \leq \frac{2}{\omega},\ dt \leq \frac{2}{\omega\sqrt{1-4\beta}} \tag{10.11}$$

ここで，ω は円振動数である。多自由度系では最大の振動数がこれにあたる。例えば線形加速度法（$\beta=1/6$）では時間増分 dt は $2\sqrt{3}/\omega$ より小さくなければならない。図 10.3 の例では，安定のためには $dt \leq 2\sqrt{3}/400 \approx 0.0086$ 秒である必要があったが，計算に用いた $dt=0.01$ はこれよりわずかに大きい。ここに，最近の計算では線形加速度法が使われなくなった理由がある。

昔は，コンピュータの能力も良くなかったことから，FEM モデルの個々の要素のサイズはかなり大きかった。すると，最小固有周期はかなり大きく（最大固有振動数はかなり小さく），式(10.11)を満たすように時間増分を設定することは大きな問題ではなかった。しかし，現在ではコンピュータの能力が大きくなり，要素のサイズはどんどん小さくなった。そうすると，最小固有周期も小さく（最大固有振動数は大きく）なり，式(10.11)を満たすことができなくなり，線形加速度法が使えなくなったのである。同じことは中央差分法にもいえるが，一方では中央差分法では上で述べたように連立方程式を解く手間が大幅に少なくてすむので，式(10.11)を満たす短い時間増分（例えば，1/10000 秒）にしても全体の計算量としてつじつまが合うので，使われる。

ところで，Newmark の β 法では β を 1/4 にすると分母が無限大になるので，安定のための時間増分も無限大となる。また，これより大きくなると，分母が複素数になるので，比

較することに意味が無くなる。すなわち，$\beta \leq 1/4$ であれば，時間増分にかかわらず不安定現象は生じないことになる。これを無条件安定という。

Wilson の θ 法では $\theta \geq 1.366025$ で無条件安定となる。ただし，これだけ少し線形域を広げただけでも減衰効果が大きくなる。実務では 1.37 または 1.4 が用いられ，これ以上大きい数値は用いられない。文献[7] では 1.4 を推奨している。また，著者は 1.37 を用いているが不都合が起こったことはない。

式(10.11)の条件が満たされていないと必ず発散する（不安定現象が起きる）かというと，必ずしもそうではない。また，式(10.11)には無条件安定のための条件が示されているが，特に非線形解析では，この条件を満たしているにもかかわらず，発散した例が（特に Wilson の θ 法では）少なからず報告されている（例えば文献[10]）。この原因は著者には不明である。また，安定していることが良い近似解ではないことは当然であるが，例えば文献[11] には極端な例も示されている。

地震応答解析を行っていると，しばしば解が求まらないで変な答えが出てくることがあるが，そのすべてがここで示した不安定現象が原因というわけではない。図 10.3 に示されるような応答が現れなければ，他の原因によるものである。また，不安定現象ではなければ，数値計算の誤差は別とすれば積分は正しく行われている。

逐次積分法による数値積分では，変位の時間に関する関数形を規定したわけで，その代わりとして，人為的な減衰が発生する。つまり，無減衰の系を解いたとしても応答は次第に小さくなっていく。これを数値減衰と呼ぶ。数値減衰は，高次の振動ほど減衰が大きく，通常の実務の範囲では，興味のあるような振動数領域ではその影響はかなり小さい。また，特に Wilson の θ 法は減衰が大きい[11]。これは，数値積分の誤差という観点から見れば問題であるが，数値計算の安定性という観点からは好ましい時がある。例えば非線形計算などで，不釣合力を考慮すると，数値計算上は衝撃的な力を加えたことになり，加速度がパルスのように乱れる現象がよく見られる（12.4.1 項参照）。これは，実現象とは異なることなので，応答から消した方が好ましい。数値減衰が大きければ，自然にノイズを抑えてくれる。Wilson の θ 法は，同じ無条件安定の手法である中点加速度法に比べれば数値計算の誤差も大きく，安定性の問題があるにもかかわらず，液状化解析でしばしば使われるのは，この辺の事情によるのであろう。

10.1.3 数値積分法の選択

読者が使うプログラムにいくつかの数値積分法があるときにはどれかを選ぶ必要がある。また，一つしかないときにはそれをうまく使う必要がある。そこで，まず，どの程度結果が異なるものか見てみよう。すでに，図 10.2 で示したように，応答スペクトルレベルでは各種の積分法の誤差はほとんど無かった。しかし，図を詳細に見ると，周期の短いところで若干の差が見られている。

次に，図 10.4 は前と同じ振動系で加速度時刻歴により各種積分法の違いを比較したものである。ここで，(a)(b)では $\beta=0.25$, $\theta=1.37$ である。いずれの計算でも系の減衰定数は 2% に設定している。また，地震波は，3.1 節で示した El-Centro 波（時間増分 0.01 秒）を用いている。図の(a)は固有周期 1 秒の系に対する応答であるが，各種積分法による結果は全く重なってしまい，図上で区別することはほとんどできない。これは，図 10.2 で応答スペクトルに差がなかったのと同じ現象である。

ところが，固有周期を小さくして，0.1 秒にすると，図 10.4(b)に示すように，各手法で差が現れる。なお，図では時間軸をかなり拡大して見やすくしている。Newmark の β 法で

(a) 周期1秒

(b) 周期0.1秒

(c) θの値の影響（周期0.1秒）

図 10.4　数値積分法の影響

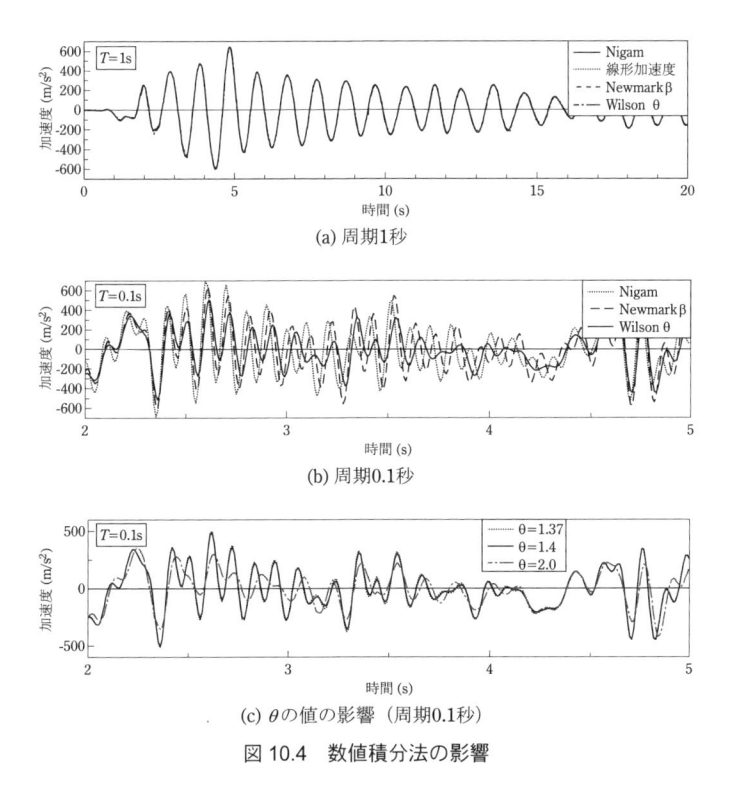

は，位相が少しずれるが，振幅はそれほど変わっていない。一方，Wilson の θ 法は位相もずれ，振幅も小さくなってくる。ここで，固有周期 0.1 秒というのは，数値積分の時間増分の 10 倍である。このような高振動数成分は工学の多くの分野では興味の対象外であるので，差があっても構わないと考える読者もいるであろう。しかし，例えば有限要素法を用いたとすると，メッシュサイズを小さくすれば，最小の固有周期は小さくなり，高振動数成分の応答が抑えられるオーダーになるので，必ずしも常に無視できるとは限らない。

図 10.4(c)は Wilson の θ 法の θ の値による応答の違いを見たものである。θ が大きくなると，減衰が大きくなっていることがわかる。したがって Wilson の θ 法を用いる際には，1.37 または 1.4 が用いられるわけである。

数値積分法を選択するには三つの要因がある。すなわち，数値計算の精度，数値積分の安定性，および数値計算時間である。これまでに示した手法についてこれらをまとめると表 10.1 のようになる。

Newmark の β 法（$\beta=1/6$）は数値計算の精度は良いが，数値積分の安定性の面から現実に使うことはない。もし，安定性が成立するような時間増分を取れば，膨大な計算時間がかかる。

Newmark の β 法（$\beta=1/4$）と Wilson の θ 法は安定性に関しては無条件安定にする方法があるので，有利である。しかし，その代わりに誤差は一番大きい。特に，Wilson の θ 法では高振動数成分の抑制効果は大きい。ただし，実用になる程度に問題になるようなレベル

表 10.1　数値積分法の選択

	Newmark の β 法 $\beta=1/6$	Newmark の β 法 $\beta=1/4$	Wilson の θ 法	中央差分
数値計算の精度	○	△	△	○
数値積分の安定性	×	○	○	×
数値計算時間	△	△	△	○

とは考えられていない。

中央差分法では無条件安定の方法はないので，数値積分の安定性の問題から時間増分は小さくせざるを得ない。しかし，連立方程式を解く際の計算時間が大幅に小さくなることから，この相乗効果が良い方向に働く範囲では有効な手法である。地盤の解析では有効なことが多いが，構造物を含むようになるとマイナスの面が強くなり，実用的でなくなる。

数値積分を選択する上で，誤差の問題は一番気になるところである。これに関しては，文献[12]の研究が参考になる。ここでは，多くの数値積分手法が比較されているが，通常使われる程度の範囲では，地盤工学で重要な振動数帯域での応答はほとんど変わらないこと，差が現れるのは高振動数成分であること，さらに，積分時間増分を小さくすればどれも同じ解に収束することが示されている。

12.4.1 項で述べるパルスの問題もそうであるが，精度を確かめる一つの方法として，次のような方法がある。それは，数値積分の時間増分を半分にした計算を行ってみることである。通常の問題であれば時間増分を半分にしても，結果はそれほど変わらない。もし，大幅に変わるようであれば，それは数値積分の選択，非線形方程式の解法などの，プログラムの使い方に問題があると考えてよい。逆に，大きく変化していないようであれば，プログラムの使い方は正しい可能性が高いと判断できる。

時間増分を半分にすると，計算時間は倍になるが，それだけの値打ちのある作業である。可能であれば，半分ではなく，1/5 とか 1/10 の計算の方がよくわかる。ここで重要なのは，時間増分のみを変え，他のパラメータを同じにした計算を行うことであり，最初から時間増分を小さくする計算を一つだけ行って済ますことでは誤差の見当はつけられない。

10.2　周波数領域の解法

時間と空間に関する偏微分方程式を変数分離法で解くのがこの解法である。偏微分方程式が空間と時間に分離できるとし，次のように置く。

$$u(x,t) = U(x)e^{i\omega t} \tag{10.12}$$

すなわち，空間に関する関数 U と時間に関する関数 $e^{i\omega t}$ とに分けるわけである。ここで時間に関する関数は Euler の式によって三角関数と結びついている（式(8.25)参照）ので，正弦振動を設定していることになる。ω を一定の値として設定すると，その円振動数の振動しかしていないことになるで，実際には，式(10.12)は時間の関数 $f(t)$ を有限フーリエ（Fourier）級数展開した次式と設定していることになる。

$$f(t) = c_0 + \sum_{n=1}^{N} c_n e^{i\omega_n t} \tag{10.13}$$

ここで，ω_n は整数 n と地震の継続時間 T の関数として

$$\omega_n = 2\pi n / T \tag{10.14}$$

のように表される。この式の意味は，図 10.5 に示すように，地震の継続時間ごとに無限に繰り返されるように地震波を設定し直し，各時間 T の区間では $n=1$ の時には正弦波の 1 周期分が，n の際には n 周期分の正弦波で構成される波形で表現するというものである。これらを全部加えれば不規則な地震動を表すことができる。複数の正弦波に置いた時にそれぞれの成分は独立なので，一つの ω について解けば十分であるというのが，式(10.12)のように置けばよいという意味である。

式(10.12)を運動方程式(4.18)に代入すると

$$(-m\omega_n^2 + ic\omega_n + k)U_n = -mU_{n,g} \tag{10.15}$$

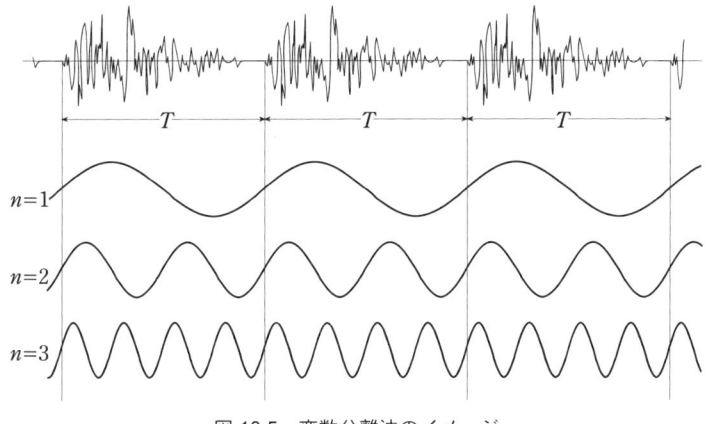

図 10.5 変数分離法のイメージ

ここで，$U_{n,g}$ は入力加速度をフーリエ級数展開したときの n 次の係数である．この操作により時間の項がない，空間に関する微分方程式を得ることができる．フーリエ級数展開の次数ごとに ω の値が異なるので，解は N 個ある．実際には式(10.13)の定数項があるが，この項は計算されず，無視されるのが普通である．したがって，変位は 0 から出発して 0 に戻り，残留変形は残らない．

残留変位は定数項ということになるが，これが真の残留変位かということに関しては問題も多く，とてもそうはいえない．これが定数項を削除する理由の一つとなっている．

ところで，図 10.5 の n の異なる正弦波形は，異なる円振動数に対する波形である．すなわち，変数分離法というのは波形を異なる振動数の波に分離して解析していることになる．そこで，この方法は周波数領域の解法と呼ばれる．また，式(10.12)で複素数を導入したのは，解析で履歴減衰を考慮するために複素剛性を用いて応力 – ひずみ関係を表現したのと対応している．すなわち，解析はすべて複素数で行われているが，そのうち実数部分を取り出せば求める解になる．なお，振動数と周波数は同じ意味である．ここでは円振動数と周波数で異なる用語を使っているのは，歴史的にそのように使われていたからであるという以外の意味はない．

N の数を無限に多く取ればどんな関数でも誤差なく表現することができる．しかし工学的には高振動数成分は必要でないことが多い．考慮する振動数成分が小さければ計算量は少なくてすむというのもこの方法の利点である．また，この方法を用いるためには入力加速度をフーリエ級数展開する，得られた周波数領域の解を加えて解を求めるなどの作業が必要である．そのたびに三角関数の計算をしていたのでは計算の手間は大変になるが，これを画期的に少なくする技法がある．それは N が 2 のべき乗になっているときであれば，高速フーリエ変換（Fast Fourier Transform，FFT）という手法が使えることである．文献[2]には FFT のためのサブルーチンが示されているが，たった 30 行のサブルーチンでこの計算をすることができる．

ただし，この手法を使う場合には条件がある．それは，全体の解を各振動数における解の和として求めることから，対象となる系は線形の系である必要があることである．すなわち，応力 – ひずみ関係は線形である必要があるわけである．これが，8.5 節で説明した複素剛性法が導入された理由である．複素数領域で解けば，実数の世界で発生する履歴挙動を表現することができる．

この周波数領域を使う際には幾つかの注意が必要である．一つめの注意はナイキスト（Nyquist）周波数というものである．この解法では高振動数を無視するので，考慮できる

周波数に限界がある。時間増分を dt とすれば，考慮できる振動数の最大値は $0.5/dt$ である。しかし，これでは振幅などを自由に表現できないので，実際にはこれより少し小さい周波数までしか考慮できない。解析者の必要な周波数領域を確保するには，考慮すべき周波数に対する配慮も必要である。

　もう一つは解析時間の長さである。先に，周波数領域の解析では，高速フーリエ変換（FFT）を用いることによって計算時間が飛躍的に節約できると書いたが，その条件は点の数が 2 のべき乗の時だけで，それから外れると，急速に時間が掛かるようになる。例えば文献[2]では 4096 個のデータ処理に要する時間を 1 とすると，4097 では 28，4098 では 77，4099 では 460 の時間がかかると示されている。また，多くのプログラムでは 2 のべき乗でないデータは扱えない。したがって，後ろに 0 を付け加えて 2 のべき乗にする必要がある。この際，解析する周期は，与えられたデータ点より大きい最小の 2 のべき乗を用いた時が，一番短くなり，合理的なように見える。しかし，これでは不十分な時がある。

　前に説明したときに，周期 T を最大振動数成分では N 等分すると説明したが，N 等分すると両端の点も考慮すれば $N+1$ 個のデータが必要であるが，実際に入力するのは N 個である。これは，最後の点は図 10.5 に示した隣の区間の点と共有しているからである。この理由から，隣接区間の影響が互いに及ぶことがある。

　図 10.6 では層厚 $H=5\mathrm{m}$，$V_s=100\mathrm{m/s}$，一次固有周期 $T_0=0.2$ 秒，減衰定数 2% の地盤に，前に示した El Centro 波の最初の 120 ステップ（1.2 秒）を入力地震動として計算した際の地表の時刻歴を示している。図 10.6 (a) に示したのは解析ステップ数を 1024 ステップ（10.24 秒）とした計算で，地震入力が終了した後自由振動し，解析が終了する頃にはほぼ応答が止まっている。同じ計算で，ステップ数を 128，256，512 ステップとした計算を行い，最初の 2 秒の応答を比較したのが図 10.6 (b) である。ステップの取り方によって大きく結果が異なっているのが見て取れる。これは，1024 より小さいステップ数では自由振動はまだ終了しておらず，したがって，計算で設定した時間を超えて隣の区間に自由振動が及んでいる，または隣の区間の影響が計算している区間に及んだことが原因である。実際，波形を見ると，小さい応答に加え，自由振動の部分が加わったような波形になっている。

　この例からわかるように，周波数領域の解析では，条件として与えられた地震波の個数より大きい最小の 2 のべきを N として用いるのではなく，その後ろに 0 を付けて自由振動が収まる程度まで解析時間を長く設定する必要がある。図 10.6 はかなり極端な事例で入力

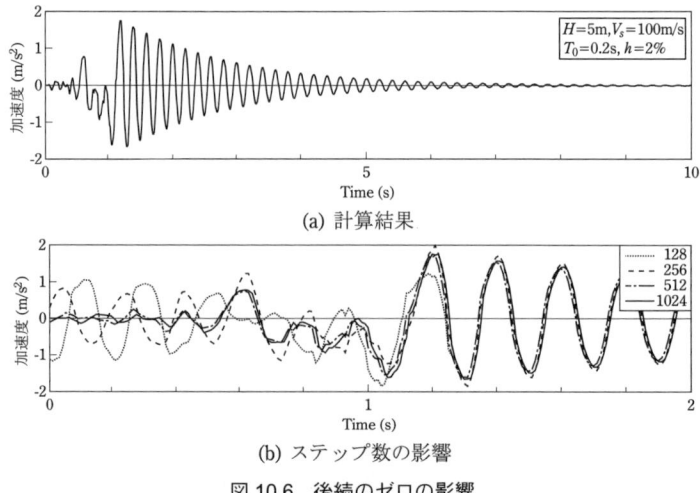

(a) 計算結果

(b) ステップ数の影響

図 10.6　後続のゼロの影響

地震動はかなり高い値で急に入力がなくなっている。通常の問題では入力地震動は次第に0に近づいたところまで与えられていることが普通であろうから，自由振動の部分は必ずしも大きくないが，それでも影響するので，例えばデータを与えた点と同じ程度0を付けるなどの配慮が必要である。また，地震の開始の1ステップ目には応答は0のはずなので，そこに無視できない値が入っていたりすると，解析時間が短すぎることが原因であるので計算時間を長くして再解析するなどの配慮が必要であろう。

実務的にはもう一つ注意がある。逐次積分型の解析では初期条件として止まった状態を設定し，そこに地震波を与える。したがって，入力地震動の最初のデータは時刻 dt における値である。したがって，最初のステップの応答が0ではないプログラムでは，応答値も時刻 dt から出力されている。ただし，時刻 $-dt$ で静止状態として出発すれば，時刻0で応答があっても自然である。この辺はプログラムによる。一方，周波数領域の解析では最初のデータは時刻0における値である。したがって，応答も時刻0から出力されている。

すなわち，同じ地震波を同じ形式で入力すれば，逐次積分型と周波数領域の解法で1ステップ時刻歴が異なっていることになる。計算そのものが違っているわけではないが，両者を比較するときには若干の注意が必要である。

10.3 重複反射理論

この解法は一次元地盤の周波数領域の解析にのみ使われる手法である。図1.13(a)には一次元地盤の微小要素の釣合が示され，式(1.6)が得られている。これを再掲する。

$$\frac{\partial \tau}{\partial z} = \rho \frac{\partial^2 u}{\partial t^2} \tag{1.6}$$

この式は波動方程式と呼ばれている。この式に複素剛性で表した応力 - ひずみ関係（式(8.28)）と，ひずみ - 変位関係式

$$\gamma = \frac{\partial u}{\partial z} \tag{10.16}$$

を代入すると，次の式が得られる。なお，前には添え字0を付けていたがここでは除いている。

$$\frac{\partial^2 u}{\partial t^2} - \frac{\bar{G}}{\rho}\frac{\partial^2 u}{\partial z^2} = 0 \tag{10.17}$$

これは変位で表現した運動方程式である。ここで $\bar{G}$ は複素剛性である。

この式を周波数領域の解法である変数分離法で解く。手順は前項の周波数領域のところと同じである。すると，空間に関する項は次のようになる。

$$\frac{d^2 U}{dz^2} + \frac{\rho \omega^2}{\bar{G}} U = 0 \tag{10.18}$$

有限要素法ではこれを小さい要素の集合として離散化するが，重複反射理論ではこの厳密解を求める。すなわち，この方程式の一般解は次のようになる。

$$U(z) = E e^{ikz} + F e^{-ikz} \tag{10.19}$$

ここで，E, F は積分定数，

$$k = \omega \sqrt{\frac{\rho}{\bar{G}}} \tag{10.20}$$

は複素波数（$\bar{G}$ を実数の G におくと普通の波数となる）と呼ばれ，単位の長さにある波の数を表している。これに時間の項を付け加えると元の運動方程式の一般解は次のようになる。

$$u(z,t) = Ee^{i(kz+\omega t)} + Fe^{-i(kz-\omega t)} \tag{10.21}$$

ここで，積分定数 E のある項を考える．時間が経つ（t が大きくなる）とき，この波がいる位置を求める．指数部が一定であれば同じ波であるといえるので，このためには，z が小さくなる必要がある．z は地表から下に伸びる座標軸なので，z が小さくなるということは波が上にいることになる．すなわち，E を含む項は下から上に動く波（上昇波）を表しており，地震応答解析の置かれている状況を考えると，入射波になる．同様に積分定数 F を含む項は上から下に進行する波（下降波），または反射波である．重複反射理論の名称は地下と地表の間を行き来する波動（重複して反射する波動）を計算しているという名前からきている[13]．

ここで，E や F は積分定数であるが，その力学的な意味は入射波と反射波の振幅である．積分定数は単に記号であるので，他の記号を使ってもよいのであるが，重複反射理論の世界では，記号として E と F を使うことが定着している．そのため，E, F の記号を入射波，反射波という用語の代わりに使うこともしばしば行われる．例えば $E+F$ といえば複合波，$2E$ といえば解放面の振動（解放基盤の振動で，入射波の倍）のように使われる．9.4.2 項でも述べたが，剛基盤では $E+F$ 入力，弾性基盤では $2E$ 入力のように使われるのがこの例である．

元の式に戻って，基盤から上の層の数を N とすると，基盤より下の半無限層も含めて考慮すべき層数は $N+1$ である．すると，未知数は各層で E と F の二つであるので，合計で $2(N+1)$ 個の未知数がある．これに対して，層の境では変位と応力が連続しているという条件を用いると $2N$ 個の式が得られ，これに地表で $E=F$ という条件を与えれば，$2N+1$ 個の方程式がある．未知数を求めるには式の数が一つ不足している．これに，入力地震動，すなわち，地震動を与えた位置の振幅を与えれば式が解ける．与えるのは，入射波でも複合波でも（または物理的な意味はあまりないが反射波でも）かまわないし，与える位置もどこでもかまわない．したがって，例えば地表で観測された地震動から基盤に入射する波形を求めるというような解析も可能で，重複反射理論が工学的に有用な一つの理由となっている．このように表層の応答を入力として与え，地下の入射波を求める解析は逆増幅解析やデコンボリューション（deconvolution）と呼ばれる．これに対して，地下の地震動を与え表層の地震動を求める方法は，順解析，増幅解析，コンボリューション（convolution）などと呼ばれる．

この考えを用いた解析手法には，SHAKE[14]，DYNEQ[15]，FDEL[16]などがある．これらについては次節で説明する．

ところで，重複反射理論では，層分割の考え方は，9.3 節で示した有限要素法によるものと異なったものとなっている．すなわち，重複反射理論では空間方向には微分方程式をきちんと解いているので，層分割は必要がない．したがって，弾性の問題を解くのであれば，同じ材料特性の層なら，層厚が 1km あったとしても層分割は必要ない．

しかし，非線形解析では別の意味で層分割が必要である．それは，地震前には同じ材料特性であったとしても，非線形化の程度は深さによって異なるので，同じ力学特性とはいえなくなることである．しかし，この考慮のために必要な層分割は，有限要素法によるものよりかなり粗くても構わない．例えば，図 10.7 は応力－ひずみ関係モデルが異なる二つの逐次積分法の解析と等価線形化法による解析を比較したものである[17]．逐次積分法による解析では層分割の数が異なると結果が異なるのに対して，等価線形化法ではほとんど変化しないことがわかる．なお，三つの結果で応答値がかなり異なるが，これはモデル化に関することなので，ここでは論じない．

	モデル・手法	12	22	44
加速度 (m/s²)	双曲線	47.9	55.8	61.0
	Ramberg-Osgood	148.9	154.7	152.3
	等価線形化法	107.9	107.2	106.3
速度 (m/s)	双曲線	10.2	9.7	9.8
	Ramberg-Osgood	15.1	15.2	15.3
	等価線形化法	11.9	11.9	11.8
変位 (cm)	双曲線	1.7	1.6	1.6
	Ramberg-Osgood	2.2	2.2	2.2
	等価線形化法	1.5	1.5	1.5

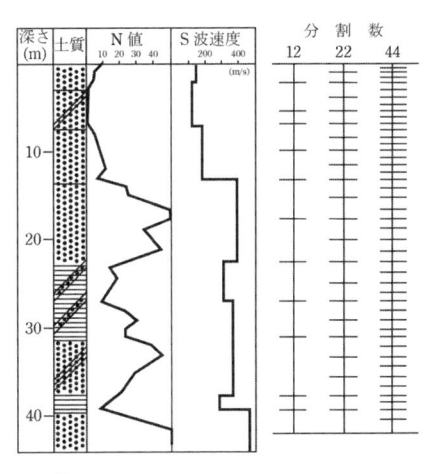

図 10.7　層分割の影響

10.4　等価線形化法

等価線形化法は等価線形法とも呼ばれる。英語では equivalent linear method で日本語にするとこの呼び名のイメージに近いが，本書では主体的に行っているという意味を込めて「化」を入れた方を用いる。

周波数領域の解法を用いた場合には，応力－ひずみ関係は線形である必要があった。しかし，地盤材料は非線形の性質を示すので，これを線形解析に適用できるように改良する方法があり，そのための手法が等価線形化法である。この方法は「等価」という言葉が意味するような，非線形解析と同じ解析結果が得られる方法というわけではなく，近似手法であるが，等価線形の名が定着しているので，著者としては不本意であるが，この名前を用いる。

なお，等価線形化法という名称は日本では以下に示す複素剛性法を用いた方法を指している。しかし，同じ手法を逐次積分型の手法に適用することも可能であるし，実際，そのようなプログラム[18]もある。このプログラムは日本ではそれほど使われていないが，ソースが公開されていることもあり，海外では使われることがある。この場合，減衰マトリックスの作成のみに技術的な問題点が発生するが，11.2.2 項に示すモード比例減衰を用いれば可能であるし，また，Rayleigh 減衰（11.2.1 項参照）で代表させることも可能であろう。その他の基本的な考えはこの節で述べるものと同じであるので，ここではこれを意識した説明は行わない。

等価線形化法では，地震の継続時間のすべてに対して同じ力学特性（剛性と減衰）を設定するのと，フーリエ級数展開を用いるので，残留変位が残らない解析をしている。このため，地震の間に単調に変化する現象や，力学特性が急変しそれが解析結果に大きな影響を与える場合には適用性が低くなる。この条件にぴったり合致するのが液状化の問題である。液状化の問題では時間とともに有効応力が減少し剛性や強度が減少するし，液状化前と液状化後で剛性が大きく異なり，液状化後には大きな変位が発生し，また，残留変位も大きい。したがって，液状化現象には適用できないと考えるのが妥当である。しかし，以下に示すように，等価線形化法は扱いやすい解析手法であることから，液状化現象などにも適用できるように改良したという報告も少なからずある。著者の考えるところでは，これらは，結果ありきで無理矢理合わせようとして実験では得られないような材料特性を仮

定したりしているもので，結果のわかっているケースや特定のケースの解析はうまくいっているように見えるが，基礎的なデータを積み上げて解析を行うということは無理な手法と考えている．本書では液状化解析は扱わないので，これ以上の議論は行わない．

数値計算の安定性に加え，等価線形化法には他にも技術者にとって便利なところがある．それは，材料特性の入力データは表形式で与えられた G/G_0-γ 関係と h-γ 関係をそのまま入力すればよく，逐次積分法の多くの手法で必要とされる構成モデルのパラメータを決めるという操作が必要ない．また，減衰定数を入力する必要もない．さらに，重複反射理論を用いた一次元解析では層分割も解析結果に与える影響は小さい．これらを総じて考えると，技術者が判断をしなければいけないところがほとんどない計算手法であるといえる．そうはいっても，12.2.3 項で示すブラインドテストでは，SHAKE と思われる解析手法が多かったが，それらの結果はかなりばらついており，複雑な問題に対しては技術者の判断も重要である．

10.4.1 SHAKE による方法

SHAKE[14]は等価線形化法を用いた初めての解析プログラムである．つまり，SHAKE というのは解析プログラムの名称であるが，日本ではオリジナルの SHAKE を使うのではなく，同じ考えで作られたプログラムを使うことも多い．しかし，SHAKE は実務の世界で広く用いられてきたことから，プログラムの名称としてではなく，解析手法の名称として普通名詞のように用いられている．つまり，例えば，「SHAKE で解析しました」といわれても，それは，「SHAKE の手法を用いた独自のプログラムで解析しました」ということも多いのである．技術者の中にはオリジナルの SHAKE を見たことがない人も多い．そのようなことがまかり通るくらい SHAKE という手法が有名であるということができる．本書でも，SHAKE をそのような意味で用いる．つまり，SHAKE をプログラムの名称ではなく，この項で述べる解析手法を表す手法の名称として用いるわけである．

8.5 節の複素剛性法，また，前節の重複反射理論や周波数領域の解法のところで述べたように，計算に必要なのは G と h である．SHAKE ではこれを求めるために有効ひずみ γ_{eff} を定義し，それに対する G と h を計算に用いている．有効ひずみは最大ひずみ γ_{max} より次式により求める．

$$\gamma_{eff} = \alpha \gamma_{max} \tag{10.22}$$

ここで，α は補正係数である．α の値として何が適当なのかは過去にいくつかの研究はある（10.4.3 項参照）が，実務では唯一の値として 0.65 が用いられる．

この方法を，模式的に図 10.8 に示す．最大ひずみに補正係数を乗じた有効ひずみに対応する G と h（図 10.8 の○）を読み取り，これを解析に用いるわけである．最大ひずみは計

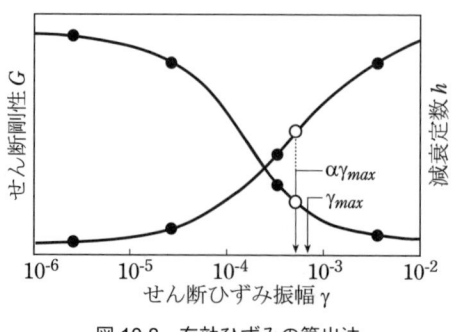

図 10.8 有効ひずみの算出法

算してみないとわからないので，実際の計算では最初に適当な剛性と減衰を仮定し，運動方程式を解き，ひずみの時刻歴から最大ひずみ，そして有効ひずみを求め，対応する剛性と減衰を求める。最初の仮定と得られた値の差が許容範囲を超えていれば得られた剛性と減衰を初期値として再度計算を行う。このルーチンを繰返し，剛性と減衰の前回との差がすべての層で許容値以内になると計算を終了する。許容値は5%が用いられることが多い。

このイタレーション計算は発散することがほとんどない。著者の経験でもこの収束計算のアルゴリズムが原因で収束しなかったことはない。その意味では技術者にとっては悩むところがないので，非常に優れた方法ということができる。

ところで，収束しなかったことはないといったが，収束しないケースはあるにはあり，多くは地盤条件の設定に問題があるケースである。そのうちの一つは，SHAKEの欠点に起因する問題で次の項で欠点を説明する際に説明する。もう一つは逆増幅解析で，例えば地表で加速度を与えるとその付近の層には上載圧（を重力加速度で除した質量）と加速度の積が慣性力として作用する。ところで，もし，その付近の層のせん断強度がその慣性力より小さければ，変位はイタレーション計算の間にどんどん大きくなり，収束しない。最後はS波速度が異常に小さい層が厚くある場合である。

最後の問題はSHAKEの計算方法が理解できないと理解は困難である。せん断強度が小さいと地震動は地表では減衰することは1.3節で示した。ところで，非常に軟弱な地盤が厚く堆積しているときには，これが原因で地表に行くに従って地震動が減衰するという現象が発生する。これは，地下深くなるほど増幅することを意味している。SHAKEではまず地表で$E=F=1$を条件として与えて，式(10.1)から得られる漸化式に従って，直下の層のEとFを順次求めていく。したがって，深くなるほど増幅するとすればEとFはどんどん大きくなる。もし，この値がコンピュータで扱える最大の値（一般には10^{38}程度）を超えて大きくなれば正常な計算が行えずに発散するわけである。著者の経験では被害想定などで非常にたくさんの地盤モデルを機械的に作ったりしたときに数万回に1回程度この現象が発生している。一方，個々のサイトごとに地盤モデルを作ると，異常なモデルは作らないので，問題が起きた経験はない。

10.4.2 SHAKEの欠点

実務で広く用いられてきたSHAKEであるが，大きな欠点が二つある。それは，最大加速度を過大評価すること，高振動数領域で増幅を過小評価することである。以下，その現象について説明する。

(1) 最大加速度の過大評価[19]

図10.9は応力-ひずみ関係で，図の実線が設定した応力-ひずみ関係とする。ここで，収束時の状態とし，γ_{max}が求まったとする。図10.8ではひずみに対数軸が用いられていたのでγ_{max}とγ_{eff}の距離はわずかであったが，線形軸で書いた図10.9では両者にかなり差がある。等価線形化法では応力-ひずみ関係で有効ひずみを通る割線剛性をせん断剛性としているので，計算に用いられた剛性は一点鎖線で表した直線OBである。したがって，最大ひずみγ_{max}に対応する応力はC点でそのせん断応力はτ_1である。ところで，入力した応力-ひずみ関係から見ると，正しい点はAでせん断応力はτ_2である。すなわち，等価線形化法を用いると，最大ひずみ-最大せん断応力関係は初期に設定した応力-ひずみ関係ではなく，図10.9に点線で示したようなものになり，加速度が過大評価されるわけである。この過大評価は応力-ひずみ関係が完全塑性状態（せん断応力一定）の時に最大となり，$\alpha=0.65$

とすると 1/0.65=1.54 倍となる。

ところで，1.3 節では最大加速度は弱層のせん断強度に支配されることを述べた。弱層は一番先に降伏するので，この層の最大せん断応力を過大評価するということは最大加速度も過大評価することになる。**12.3.1** 項で事例を示すが，この過大評価は最大ひずみ 0.08% 程度でも明瞭に現れる。

SHAKE がせん断応力を過大評価する現象はかなり前から知られていた。例えば，図 10.10 は Finn らによる計算の結果[20]で，双曲線モデルを用いた DESRA，R-O モデルを用いた CHARSOIL という二つの非線形解析の結果と，これと同じ応力-ひずみ関係を用いた SHAKE の結果が示されている。SHAKE による結果は最大せん断応力が大きくなっているし，周期 0.3〜0.5 秒付近で加速度応答スペクトルも大きくなっている。しかし，彼らは，この原因を SHAKE は線形解析なので，特定の周波数で共振が起こるためと説明している。同じことは日本の研究者も指摘している[21)22)]。しかし，後に **12.3.1** 項で事例も示すように，この解釈は正しくなく，図 10.9 で示したメカニズムの方が理屈は通っている。

最大ひずみに対応する最大応力は入力した応力-ひずみ関係から得られるものより大きいという，単純な間違いに気が付かなかった理由は，応力-ひずみ関係を描かなかったからであろう。よく用いられるオリジナルの SHAKE のせん断応力-せん断ひずみ関係は直線である。これは，実数のせん断ひずみ時刻歴に有効ひずみに対応するせん断剛性を乗じてせん断応力を求めているからである。複素剛性法で使っている楕円形の応力-ひずみ関

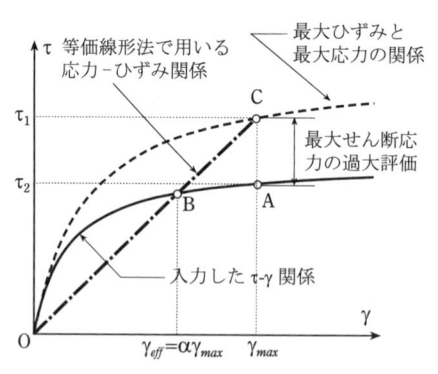

図 10.9 せん断応力過大評価のメカニズム

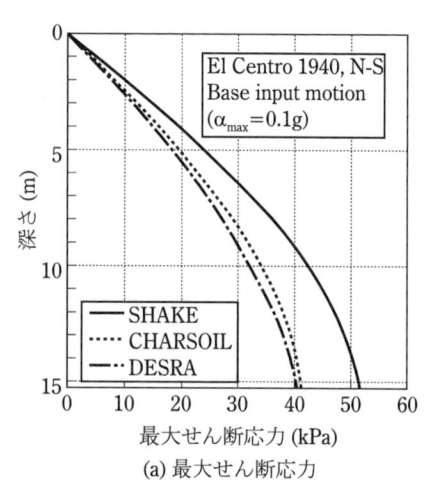

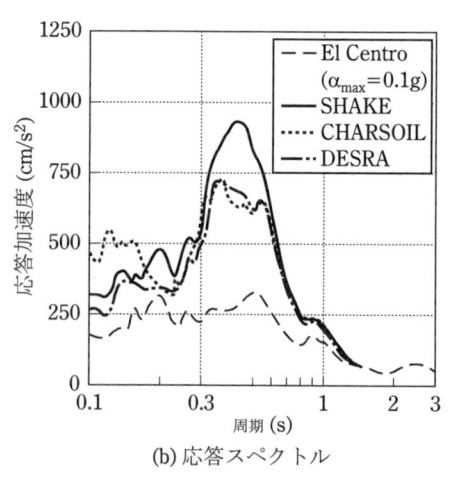

(a) 最大せん断応力

(b) 応答スペクトル

図 10.10 等価線形化解析と非線形解析の比較

係を描くには，複素数のひずみに複素剛性を乗じて複素数のせん断ひずみを求め，それぞれの実数部で作図する必要があるが，そうはなっていなかったわけである。直線では応力－ひずみ関係を描いてもおもしろくないし，線形の解析をしているので，応力－ひずみ関係が線形になるのも不思議ではない。一方，G-γ関係で見ればきちんと有効ひずみに対する剛性と減衰が使われている。これが，応力－ひずみ関係を見なかった理由と考えている。

(2) 増幅率の過小評価

　もう一つのSHAKEの欠点は，図10.11に端的に表れている。図は東京湾の埋立地の鉛直アレー地震観測地点における1987年千葉県東方沖地震の際の観測記録から求めた増幅比とSHAKEの計算結果の増幅比を比較したものである[23]。SHAKEの結果は数Hzより高振動数で観測値より遙かに小さい増幅比を示している。すなわち，高振動数成分の増幅比を過小評価しているわけである。

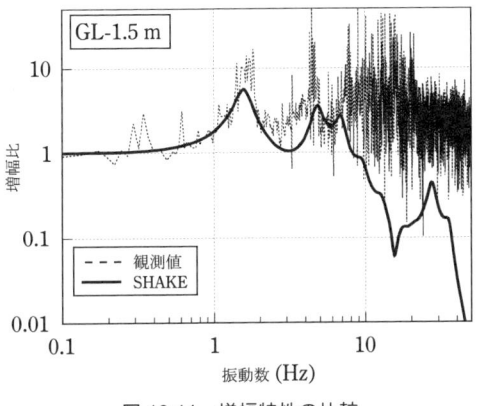

図10.11　増幅特性の比較

　建設にかかわる多くの問題では，数Hzより大きい振動数はそれほど興味がないことが多い。したがって，この欠点は実務ではそれほど影響がないようにも思える。しかし，これが深刻な影響を与える時がある。それは，逆増幅解析である。図10.12は台湾・羅東における鉛直アレーによる地震観測をシミュレートした結果で，地表の観測記録を入力として地下の加速度分布を求めて観測と比較している[24]。二つの観測結果が比較されており，そのうちNo.11は観測記録とそれなりに整合性のある結果が得られているが，No.16では解析結果は地下深くでは異常に大きく，観測記録とは全く合わない結果となっている。図に示されたひずみの範囲を見ると，No.16ではかなり非線形域に入っていることが，原因である。

　このことは，技術者には経験的に知られていた。例えば，設計によく用いられてきた八戸波（3.1節参照）は地表で得られた記録であるので，これを工学的基盤に引き戻す逆増幅解析を行うと，発散してしまう。発散を抑えるには，高振動数成分を計算しないことにし，例えば10Hzや15Hzより低振動数成分のみで計算が行われてきた。これより高振動数を考慮すると，図10.12に示したような現象がもっと極端に起こり，計算が発散してしまうのである。また，工学的には10〜15Hzの応答が求まっていれば十分であるということもいえる。

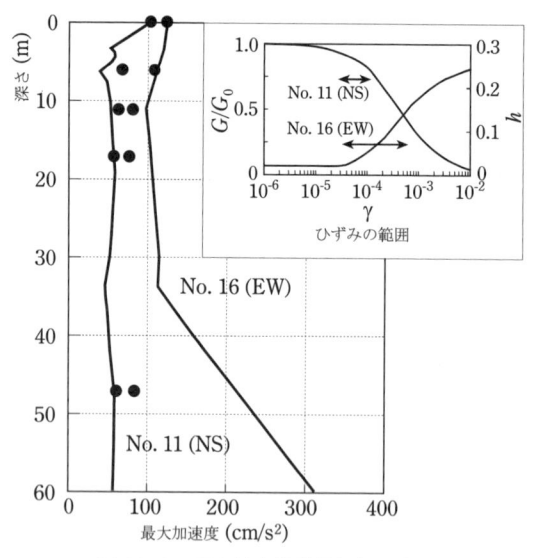

図 10.12 不自然な逆増幅解析の結果

10.4.3 SHAKE の欠点の改良

SHAKE の欠点が最大ひずみから有効ひずみを求める際の変換係数 α に起因しているのは明らかである。そこで，適切な α の値を鉛直アレー観測記録から求めようとする試みがまず行われた。例えば，$\alpha=0.3$ [25] や $\alpha=0.4$ [17] が適当であったとの報告がある。この値は実務でよく用いられる 0.65 に比べかなり小さい値である。

この理由は，対象に用いた地震動がそれほど大きなものではなかったということである。地震動が小さいと相対的に高振動数成分が最大加速度に与える寄与分が増えてくる。しかし，SHAKE では高振動数成分の増幅が過小評価されているので，これを改良するためには α の値を小さくする必要があった。すなわち，小さい地震や高振動数成分の影響を考慮しようとすれば α は小さくなってくるのである。

一方，大きな地震に対しては最大加速度を過大評価するメカニズムが働くので，α の値は大きいほどよいことになる。ただ，1 にしてしまうと，高振動数成分の増幅の過小評価のため，最大加速度はやや小さめになってしまうので，1 に近い大きな値が適当ということになる。

この検討からわかるように，大地震に対しては大きな値，中小地震に対しては小さい α が適当であるので，地震動の大きさに応じて適当な α の値はあるかもしれないが，常にこれを用いたらよいという α は存在しない。その値は例えば最大ひずみの関数と考えられるが，それを適当に決める方法も現状では提案されていない。

ここでは，その他の代表的な改良手法を紹介する。

(1) ひずみを周波数の関数化

清田ら [26] は SHAKE が岩盤のような剛性が大きく減衰が小さい地盤ではよく観測値と合うのに，軟弱地盤では必ずしも合わない原因として，高振動数成分ではひずみ振幅が小さいので剛性は大きく減衰は小さいはずであるが，SHAKE では最大ひずみに対応した画一的な値を用いることが原因であるとして，モードごとに有効ひずみを求める方法を提案した。この手法は GRAMER（Ground response analysis by modal equivalent elastic ratio）と名付けられた。この方法はモード分解が必要なので，周波数領域の解法となじまず，ほとんど広まらなかった。また，有効ひずみを求める際には SHAKE と同じ方法を用いている

ので，大地震時の最大加速度の過大評価の問題は解決されていない。

これに対して，杉戸ら[16]は有効ひずみをひずみのフーリエスペクトルの振幅 $F(\omega)$ とその最大値 F_{max} を用いて次式のように表した。

$$\gamma_{eff} = \alpha \gamma_{max} \frac{F(\omega)}{F_{max}} \tag{10.23}$$

すなわち，高振動数成分では $F(\omega)$ は小さいので，有効ひずみも小さくなるという仕掛けである。彼らはこの手法を FDEL（Frequency dependent equi-linearized technique）と名付けた。なお，この式では円振動数 ω の関数として表しているが，$\omega = 2\pi f$ の関係があるので振動数 f の関数として表しても同じ意味である。

図 10.13 は図 10.11 のサイトを解析[27]したものであるが，高振動数成分の欠点が修正されていることがわかる。

なお，実際の計算では $F(\omega)$ をひずみのフーリエスペクトルとすると，発散することがある。これは，ひずみのフーリエスペクトルは激しく変化することがあり，イタレーションごとに大きく変化するからである。これはスペクトルをスムーズに（平滑化）することで解決でき，原論文では三角ウインドウを用いている。

彼らは α に対して 0.6〜1.0 のパラメータスタディを行い，大きいと一次のピークがずれるとして，0.65〜0.7 が適当としているので，最大加速度を過大評価するという欠点は解消されていない。その上，高振動数成分の増幅を大きくしたことで，最大加速度はより大きく評価されることになり，SHAKE の欠点は増幅されている。また，フーリエスペクトルのように関数形に調整代がないと，12.3.3 項に示すような問題が発生することがある。

振動数の関数として有効ひずみを表現することにより，SHAKE の欠点の一つは改良されることがわかった。しかし，SHAKE のもう一つの欠点，すなわち，最大加速度の過大評価については改良されていない。また，振動数の関数として有効ひずみを定義すると，S 波速度が振動数によって変化する，分散性という性質を持つことになり，S 波速度が周波数によらず一定であるという理論結果と合わなくなるという問題が生じる。

減衰特性が周波数依存性を持っていることは観測記録から知られている（**11.3** 節参照）。そこで，もし，減衰特性にのみ周波数依存性を考慮するだけで問題が解決するのであれば，S 波速度の分散性という物理的に不可解な現象を説明する必要がなくなる。しかし，残念ながらこの試みはうまくいかなかった。

図 **10.14** は関西電力総合技術研究所サイト（**12.3.3** 項参照）に対する計算結果[29]のうち，増幅比を示したものである。ここでは，SHAKE，FDEL の他，剛性は周波数に依存させな

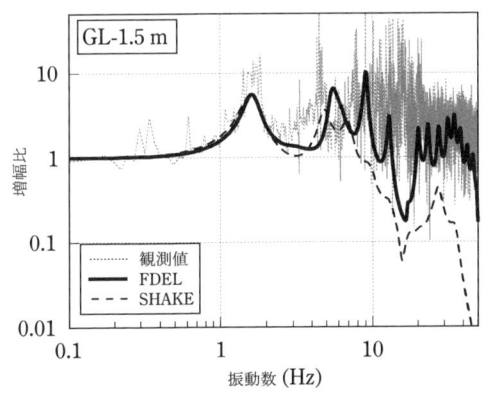

図 10.13　FDEL による計算結果[28]

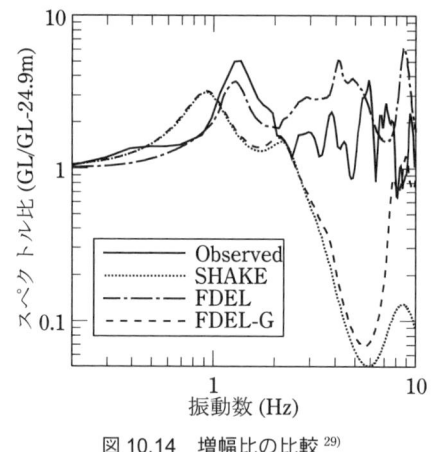

図 10.14 増幅比の比較[29]

い値（SHAKE と同じ方法），減衰には式(10.23)による有効ひずみから得られる値を用いたケース（FDEL-G）が示されているが，振動数の関数として減衰のみを小さくしただけでは増幅の過小評価は解消されていないことがわかる．

(2) DYNEQ による方法

DYNEQ[28]（Dynamic response analysis of level ground by equivalent linear method）は，著者がソースごと公開しているプログラムである．SHAKE や FDEL などの機能の他，多くの機能を持っているが，ここでは文献[15]による方法を紹介する．以下，他の手法と区別するため，この方法を DYNEQ と呼ぶことにする．

等価線形化法を改良するために，周波数に応じて剛性と減衰を変化させるのが有効であることがこれまでの記述から明らかになったが，このうち，剛性の振動数依存性の物理的な意味の説明が難しい．図 10.15 は大きいひずみ振幅と小さいひずみ振幅に対する履歴曲線を示しているが，ひずみ振幅が小さいと剛性が大きく，減衰は小さい．そして小さいひずみ振幅で揺れるときは要する時間も短い．この関係をより詳細に見るために，図 10.16 (a)に示すように，ひずみ時刻歴から振幅 A と周期 T の関係をゼロクロス法と両振幅法で求め，周期の逆数としての振動数とひずみ振幅の関係を求めた．図 10.16 (b)は 12.3.1 節で示す東大千葉実験所サイトの結果である．ばらつきはあるものの振動数が大きいほどひずみ振幅が小さくなるという現象は見て取れる．図にはひずみのフーリエスペクトルも示されているが同じ傾向を示している．ここで用いたひずみの時刻歴は SHAKE による結果であるので，剛性や減衰は全振動数で一定である．それにもかかわらず，時刻歴で見るとせん

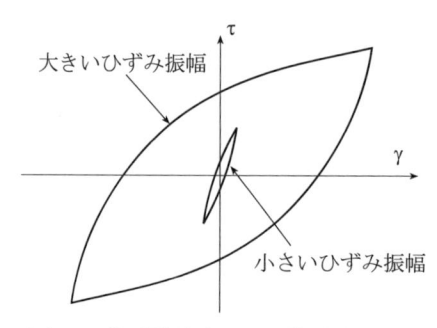

図 10.15 小さいひずみ振幅と大きいひずみ振幅に対する履歴曲線

(a) 振幅と周期の関係 (b) ひずみ振幅と振動数の関係

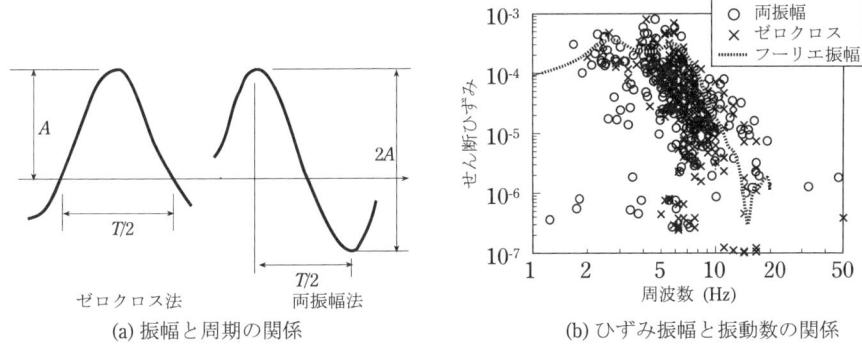

図 10.16 ひずみ振幅の振動数依存性

断ひずみに周波数依存性が見られる。そこで，DYNEQ ではこの関係が周波数領域でも成立すれば SHAKE が改良できる可能性があると考える。すなわち，ひずみの振動数依存性は地震波のランダムな性質から得られるもので，それを周波数領域に移動したとき剛性や減衰の周波数依存性として見えるだけであると考える。時間領域での分散性が周波数領域に現れたと考えないわけである。これで，見かけだけの話であるが，分散性の問題は解決がついた。

なお，周期の計算法であるが，ゼロクロス法ではひずみの 0 軸を横切ったところから次に横切るまでの時間の 2 倍を周期とし，わかりやすい。しかし，ひずみが一方向にドリフトし 0 軸を横切らなくなると周期も求まらなくなるので，両振幅法が良さそうにみえる。しかし，両振幅法では大きな振幅の間に小さい振幅があるときにも拾ってしまう不都合がある。等価線形化法では残留ひずみは残らないので，最大ひずみがきちんと把握できるゼロクロス法を用いることとしている。

次に，ひずみ振幅の振動数依存性であるが，図 10.17 には異なるサイト・地震に対してゼロクロス法で求めたひずみ振幅と振動数の関係を示しているが（個々のサイトは 12 章で解析例として示す），いずれも全体として同じ傾向がある。一方，繰返しせん断特性を見るとひずみが 10^{-5}〜10^{-4} 程度から非線形性が著しくなる。対応するひずみはばらつきの中央値を見ると 5〜15Hz 程度である。そこで，割り切って，これより大きい周波数では有効ひずみを 0，すなわち，常に弾性時の剛性と減衰を使うことにする。

次に加速度の過大評価を避けるためには有効ひずみの最大値は最大ひずみと同じである必要がある。これらを考慮して有効ひずみを次のように表すことにした。

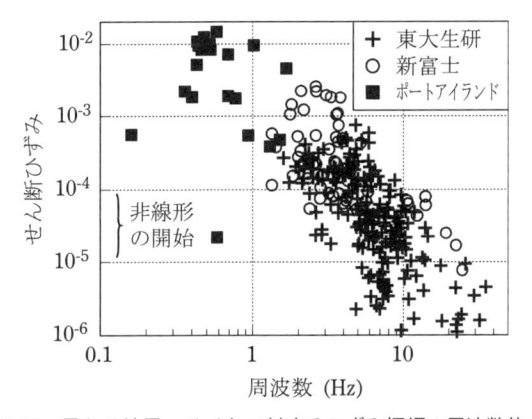

図 10.17 異なる地震・サイトに対するひずみ振幅の周波数依存性

$$\begin{cases} \gamma_{eff} = \gamma_{max} & f_p > f \\ \gamma_{eff} = \gamma_{max} - \left(\dfrac{\log f - \log f_p}{\log f_e - \log f_p} \right)^m & f_p \leq f \leq f_e \\ \gamma_{eff} = 0 & f > f_e \end{cases} \qquad (10.24)$$

複雑そうに見えるが実は簡単な式で，図 10.18 に示すように，低振動数領域（$f < f_p$）では γ_{eff} は一定値，中振動数領域（$f_p < f < f_e$）では非線形の影響を考慮して対数軸でべき乗（実用的には $m=2$ で放物線），大振動数成分（$f_e < f$）では弾性に設定するものである。f_p は最大ひずみが得られた振動数，f_e の値を適当に決めるのがこのプログラムのキーである。先に述べたように，$10^{-5} \sim 10^{-4}$ のひずみが非線形化の分かれ目とすれば，5～15Hz の範囲にある。$m=2$，$f_e=10$ 程度でこれまでの解析は成功してきている。

f_e の設定は DYNEQ の重要な部分で，多くのケースでは 10Hz 程度がうまくいくが，本来は非線形の著しいところで設定するのが好ましい。これについては，中村の示した方法[30] が一つの解決の方法を示しているように見える。この方法も DYNEQ を改良したものであるが，原稿執筆時点では公開されているバージョンには含まれていない。

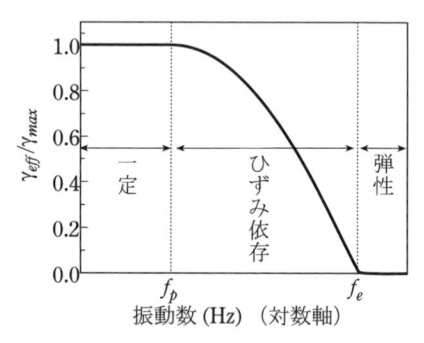

図 10.18 有効ひずみの周波数依存性

10.4.4 非線形法と等価線形化法

非線形法では，時々刻々と変化する材料の剛性の変化などを逐一考慮しながら解析を進めることができる。すなわち，理論的には最も厳密な方法といえる。そのため，英語ではしばしば truly nonlinear method と呼ばれる。これを日本語に訳すと真の非線形解析ということになるが，この用語はほとんど定着していない。そこで，本書ではこれを単に非線形解析と呼ぶ。等価線形化法も非線形解析ではあるが，用語として等価線形化法（解析）と非線形法（解析）で区別する。

非線形法を等価線形化法と比べると，次のような特徴がある。

(a) 計算時間が早い。

等価線形化法は線形解析であるし，高速フーリエ変換（FFT）という計算を速くする武器もある。さらに，考慮すべき周波数帯域を限定することで計算時間の短縮も図れる。したがって，等価線形化法の計算時間は早いと書いた文書を見ることがあるが，これは間違いであり，一般に逐次積分法の計算時間はずっと早い。この大きな理由は出力量である。非線形解析では計算が終わった時点ですべての応答が求まっている。これに対して，等価線形化法では求まっているのは極端な言い方をすれば有効ひずみと変位に関するフーリエ級数だけである。その後，例えば，最大加速度が欲しい，応力が欲しいなど，出力したい

ものが出てくると，いちいち変位の時刻歴から FFT を用いて計算する必要がある。

　コンピュータが今より能力が著しく劣っていた時代には，特定の部分の出力だけで満足せざるを得なかった。例えば，オリジナルの SHAKE [14)] では最大加速度ですら，出力する場所を設定していたし，変位は出力されない。しかし，コンピュータの能力が上がった現在では，全層の最大加速度はもちろん，速度，変位，応力，ひずみなどの計算も何も指定しなくても出力される。これが計算時間を増大させている理由である。実際，SHAKE で計算に要する時間を見ていると，収束判定が終わるまでの時間は早いが，その後の出力で時間がかかっていることが見て取れる。なお，著者はオリジナルの SHAKE で変位を出力しないのは，作者らが SHAKE にはそこまでの精度はないと考えていたものと考えている。

(b) 使い方が難しい

　等価線形化法では，応力‐ひずみ関係は表形式で与えられたデータをそのまま入力すればよいし，その他のデータ入力もシンプルで，技術者が悩むようなところはない。また，数値積分も安定している。

　これに対して，非線形法では技術者が判断しなければならないところがたくさんある。例えば，応力‐ひずみ関係は数式で表現されている（8.2〜8.4 節参照）ので，表形式のデータからパラメータを決める必要がある。また，速度比例減衰（11 章参照）の値を決めたり，数値積分の手法（10.1.1 項）を決めたりする必要がある。それぞれ，決め方によっては解が異なってきたりもする。

(c) 原理的に厳密である

　等価線形化法では，非線形解析で一番重要な応力‐ひずみ関係のモデル化のところで，等価線形化という近似手法を用いざるを得ない。これに対して，非線形法では時々刻々と変化する材料の力学的特性の変化を考慮しながら解析できるので，より厳密であるということができる。ただし，精度そのものは，モデル化にも依存するので，単純に非線形法の精度が良いともいえない。

(d) 周波数に依存する特性の表現が苦手である

　周波数に依存するような量は，全時刻歴を眺めた解析を行わないと扱いにくい。非線形法では瞬間ごとの状態の変化を解析しているので，周波数に依存する特性の表現は困難である。

　具体的な事例は 12 章で示すが，一般的に等価線形化法の適用性については次のようなことがいえる。

① SHAKE の適用範囲では，増幅解析と逆増幅解析では適用範囲が異なり，逆増幅解析の適用範囲は 0.01% より少し大きめまでである。一方，増幅解析では，最大ひずみが 0.1% でも欠点は明らかになる。

② 改良された等価線形化法（DYNEQ）では，ひずみが 1% を超える程度までは適用できる。

③ 改良された等価線形化法（FDEL）を使うのなら，$\alpha=1.0$ とするのが良い。ただし，一次の増幅のピークはずれる可能性がある。

④ 改良された等価線形化法では逆増幅解析は増幅解析と同じ程度までの適用範囲はある。

参考文献

1) 柴田明徳（1981）：最新耐震構造解析，最新建築学シリーズ9，森北出版
2) 大崎順彦（1994）：新・地震動のスペクトル解析入門，鹿島出版会
3) Nigam, N. C. and Jennings, P. C. (1964): Calculation of Response Spectra from Strong Motion Earthquake Records, BSSA, Vol. 59, No. 2, pp. 909-922.
4) Newmark, N., M. (1959): A method of computation for structural dynamics, Proc. ASCE, Journal of Engineering Mechanics Division, Vol. 85, pp. 67-94
5) 戸川隼人（1975）：有限要素法による振動解析，サイエンスライブラリー情報電算機 33，サイエンス社
6) 防災研究協会（1990）：2次元液状化解析プログラムの開発に関する調査・研究
7) Clough, R. W. and Penzien, J. (1975): Dynamics of Structures, McGraw-Hill Kogakusha, Tokyo；構造物の動的解析，科学技術出版社，1978，623pp.
8) 戸川隼人（1982）：数値計算技法，オーム社，280pp.
9) 地盤の動的解析－基礎理論から応用まで－編集委員会（2007）：地盤の動的解析－基礎理論から応用まで－，地盤工学・基礎理論シリーズ2，地盤工学会，152pp.
10) Souza, A.F.D' and Garg, V.K. (1984): Advanced dynamics, modeling and analysis, Prentice-Hill, pp.213-227
11) Gudehus, G. ed. (1977): Finite Elements in Geomechanics, John Wiley & Sons；日本語訳，川本兆万，桜井春輔，足立紀尚（1981）：地盤力学の有限要素解析 1，2，森北出版
12) 酒井久和，吉田望，澤田純男(2005)：非線形地盤振動解析における時間積分法の誤差，土木学会論文集，No. 794/I-72，pp. 291-300
13) 妹澤克惟(1932)：振動学，岩波書店；復刻版，現代工学社
14) Schnabel, P. B., Lysmer, J. and Seed, H. B. (1972): SHAKE A Computer program for earthquake response analysis of horizontally layered sites, Report No. EERC72-12, University of California, Berkeley
15) Yoshida, N., Kobayashi, S., Suetomi, I. and Miura, K. (2002): Equivalent linear method considering frequency dependent characteristics of stiffness and damping, Soil Dynamics and Earthquake Engineering, Elsevier, Vol. 22, No. 3, pp. 205-222
16) 杉戸真太，合田尚義，増田民夫（1994）：周波数特性を考慮した等価ひずみによる地盤の地震応答解析法に関する一考察，土木学会論文集，No. 493/III-27，pp. 49-58
17) 田蔵隆，佐藤正義，清水勝美，小山和夫，渡辺修（1987）：地層分割数および有効ひずみ換算係数が地盤の非線形地震応答解析結果に及ぼす影響度に関する基礎的検討，第22回土質工学研究発表会，pp. 655-658
18) Hudson, M., Idriss, I. M. and Beikae, M. (1994): Users manual for QUAD4M, A computer program to evaluate the seismic response of soil structures using finite element procedures and incorporating a compliant base, Center for Geotechnical Modeling, Department of Civil & Environmental Engineering, University of California, Davis
19) 吉田望（1994）：実用プログラム SHAKE の適用性，軟弱地盤における地震動増幅シンポジウム発表論文集，土質工学会，pp. 14-31
20) Finn, W. D. L., Martin, G. R. and Lee, M. K. W. (1978): Comparison of dynamic analyses for saturated sands, Earthquake Engineering and Soil Dynamics, ASCE, GT Special Conference, Vol. 1, pp. 472-491
21) 岩崎敏男，川島一彦，龍岡文夫（1980）：地盤の地震応答に及ぼす土の非線形性の影響，土木技術資料，Vol. 22，No. 12，pp. 27-32
22) 国生剛治（1982）：土の動的変形特性と地盤の非線形震動応答に関する研究，東京大学学位論文；国生剛治（1982）：土の動的変形特性と地盤の非線形震動応答，電力中央研究所報告，総合報告No. 301
23) Masuda, T., Yasuda, S., Yoshida, N. and Sato, M. (2001): Field investigations and laboratory soil tests on heterogeneous nature of alluvial deposits, Soils and Foundations, Vol. 41, No. 4, pp. 1-16
24) Ueshima, T. (2000): Application of equivalent linear analysis method taking account of frequency dependent characteristics of ground strain to seismic data from Lotung, Taiwan, CD-ROM Proceedings

of EM2000, 14th Engineering Mechanics Conference, ASCE, The University of Texas at Austin, Texas
25) 野沢是幸，大木晴雄，安中正（1987）：減衰の周波数依存性を考慮した1次元波動理論による地盤の増幅特性の解析方法，第19回地震工学研究発表会，pp.109-112
26) 萩原庸嘉，清田芳治（1992）：地盤の歪依存性を考慮したモード別等価線形地震応答解析手法 その1 理論的背景と逆応答の計算例，日本建築学会大会学術講演梗概集（北陸），pp. 487-488
27) 増田民雄（2001）：電力流通設備の地震時被害推定と対策に関する研究，東京大学学位論文，190pp.
28) 吉田望（1995）：DYNEQ A computer program for DYNamic response analysis of level ground by EQuivalent linear method，Version 3.25 (September, 2004)，http://boh0709.ld.infoseek.co.jp/ [2010]
29) 末富岩雄，吉田望（1996）：一次元等価線形解析における減衰の周波数依存性の考慮に関する一検討，第31回地盤工学研究発表会講演集，pp. 1119-1120
30) 中村晋，吉田望（2002）：周波数領域での地盤材料の動的変形特性に基づく地盤の非線形地震応答解析法の提案，土木学会論文集，No.722/III-61，pp. 169-187

第 11 章　減衰の設定

運動方程式は 4.4 節で示し，次のように表された。
$$m\ddot{u} + c\dot{u} + ku = -m\ddot{u}_g \quad または \quad \ddot{u} + 2h\omega_0\dot{u} + \omega_0^2 u = -\ddot{u}_g \quad (4.18), (4.19)$$
一般に減衰項といえば，このうち，速度比例項を考える。しかし，実際にはもっと多くの減衰がある。これらを挙げてみると，次のようになる。
① 履歴減衰
② 粘性減衰（速度比例減衰）
③ 散乱による減衰
④ 地下逸散減衰
⑤ 数値減衰
⑥ 調整代の減衰

以下，これらについて説明する。

11.1　履歴減衰

履歴減衰は応力－ひずみ関係の非線形性に起因する減衰であり，履歴曲線が面積を持つとき，その分だけ力学的なエネルギーが失われ，振動が小さくなる現象として現れる。ちなみに，失われたエネルギーは熱に変換される。針金を繰返し折り曲げると熱くなるのが熱エネルギーに変換されることを観察できるよい例題であろう。これについては，7.2 節や 8.2.2 項で多くのページを割いて説明したので，ここではこれ以上は述べない。

11.2　粘性減衰（速度比例減衰）

粘性減衰は粘性を持つ材料を動かしたとき，速度に依存して作用する減衰力である。これには，外部減衰と内部減衰がある。外部減衰は，例えば水中でものを振動させた時に作用する力のように，解析しようとしている対象物とその外側の系との相対速度に依存して作用する減衰力である。しかし実問題では地盤では外側の系といっても地表の空気程度であるので，ほとんど無視してよい。これに対して，内部減衰は対象物内部にダッシュポットのようなシステムがある時に内部の相対速度に起因して発生する減衰機構である。この部分は，研究が最も遅れている部分である。実際に存在するとしても，原位置計測では散乱の減衰と区別して計測することができない。その意味では散乱の減衰の一部として論じるか，または散乱の減衰と内部減衰を内部減衰としてとらえるかどちらかが現実的である。ここでは前者の立場を採用する。

履歴減衰と内部減衰は材料に起因する減衰である。ところで，図 11.1 には原位置計測と室内試験による減衰が比較されている[1)2)]。これを見ると，室内試験と原位置計測のひずみが一致しているわけではない。このことは，内部減衰，または次に述べる散乱の減衰などの履歴減衰以外の要因があることを示唆している。

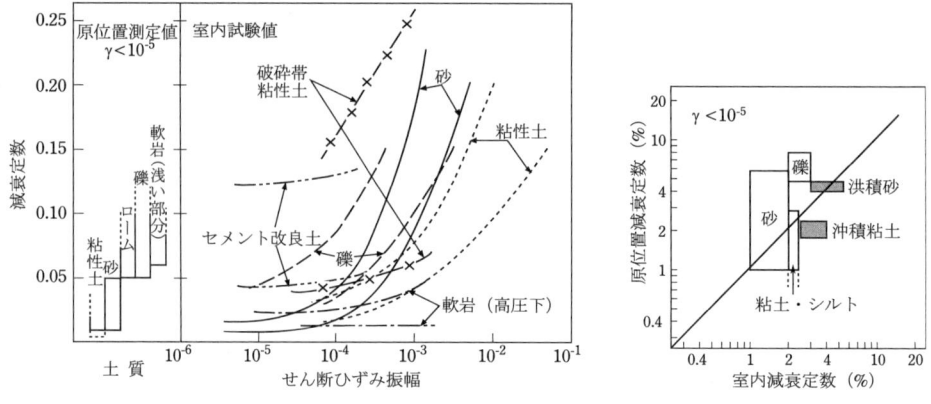

図 11.1　室内試験と原位置計測による減衰の違い

　実務では，実際のメカニズムとしての外部減衰はほとんどない。また，内部減衰は要素ごとに指定することもほとんどない。それでは，粘性減衰が不要かというとそうではなく，他の減衰を表現するために使われる。

　以下で述べるように，解析で考慮すべき減衰は色々ある。しかし，そのような各種の減衰を解析で考慮する方法は，実用的にはそれほど多くなく，境界にダッシュポットなどのような半無限を表す要素をつける以外には速度比例項として導入するしかない。この，代用ということが，速度比例減衰の作り方を難しくしているという面がある。

　速度比例減衰の作り方には，次の二つが知られている。なお，減衰項は原理的には減衰係数を決めればよいし，次元のある量で論じるのが好ましい。しかし，現状ではそれはほとんど不可能に近い。したがって，減衰定数で議論を行うことにする。

11.2.1　Rayleigh（レーリー）減衰

　Rayleigh 減衰は作るのが簡単であることから，実務的には非常によく用いられる速度比例減衰である。Rayleigh 減衰では，速度比例減衰の係数 c を次のように設定する。

$$c = \alpha m + \beta k \tag{11.1}$$

ここで m は質量（マトリックス），k は剛性（マトリックス）であり，α，β は係数である。したがって，質量と剛性がわかれば減衰（マトリックス）が作れるので，非常に作りやすい減衰といえる。

　式(11.1)を式(4.18)に代入し m で除すと，次式が得られる。

$$\ddot{u} + (\alpha + \beta \omega_0^2)\dot{u} + \omega_0^2 u = -\ddot{u}_g \tag{11.2}$$

これと，式(4.19)と比較すると，次式が得られる。

$$h = \frac{\alpha}{2\omega_0} + \frac{\beta \omega_0}{2} \tag{11.3}$$

したがって，多自由度では減衰定数との間に次の関係がある。

$$h_i = \frac{\alpha}{2\omega_i} + \frac{\beta \omega_i}{2} \tag{11.4}$$

ここで，添え字 i は i 次のモードであることを表し，ω_i はそのモードに対する円振動数である。この関係は図 11.2 のように表すことができる。ここで，ω_i は離散化された点で与えられたものであるが，図ではこれらの間をつないだ連続関数のイメージで示している。

　質量に比例する項は，円振動数に逆比例し，低振動数で大きい減衰を示し，高振動数に行くに従って減衰が小さくなる一方，剛性に比例する減衰は円振動数に比例して大きくな

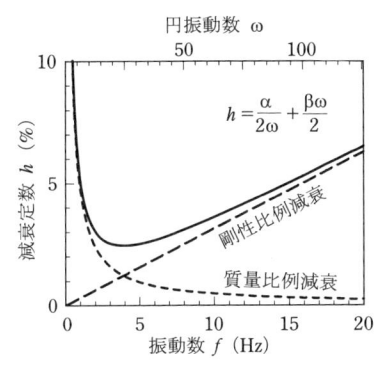

図 11.2 Rayleigh 減衰のイメージ

る減衰となる。これらを重ね合わせれば下に凸になるような減衰特性となる。

先に述べたように，履歴減衰以外の解析対象領域における減衰は，速度比例減衰で表現するしかない。その意味では，この減衰を，実現象の減衰評価に用いるというのは至って自然である。その場合に，一般的に行われる方法は，（工学的に重要な適当な）周波数領域における減衰を合わせようという方法である。

例えば，地盤にとって重要な変形は，固有値解析をしたときの低次のモードである。これは，地盤に限らず構造物でも低次のモードによる変形が支配的であるからである。Rayleigh減衰では設定できるのは，α, β二つのパラメータのみであるので，考慮できるパラメータの数は二つである。ということは最大でも二つの条件しか設定できない。そこで，例えば，一次と二次の固有振動数に対して減衰定数を指定すると，二つのパラメータの値を以下のように決めることができる。

$$\alpha = 2\omega_1\omega_2 \frac{h_1\omega_2 - h_2\omega_1}{\omega_2^2 - \omega_1^2}, \quad \beta = 2\left(\frac{h_2\omega_2 - h_1\omega_1}{\omega_2^2 - \omega_1^2}\right) \quad (11.5)$$

また，12.4.1項で述べるように，このうち数値解析的には剛性比例項のみが重要であるので，$\alpha=0$として，一次の固有周期からβの値を計算することも実務ではよく行われることである。以下ではこの方法によるパラメータの決め方を方法1と呼ぶ。

この決め方は，実現象を表現することをねらったものである。しかし，この方法が有効に働くには一つだけ条件がある。それは，設定した一次と二次の固有振動数が，工学的に意味がある周波数帯域であるということである。この条件から外れると，この方法はうまくいかないがこれについては，12.4.3項の計算例を参照されたい。また，固有振動数を求めるという操作は，一次については近似式がある（式(1.5)参照）が，二次は固有値解析によらざるを得ないので，計算量が増えるという問題もある。

現実の問題からいえば，工学的に意味がある周波数帯域は決まっている。例えば，計測震度では0.5～10Hzの間を対象として震度を決めている。震度は被害の程度を表しているものであるから，この周波数帯域は多くの構造物について工学的に意味のある周波数帯域である。したがって，この周波数帯域をターゲットにしてパラメータの値を決めておけば，地盤にかかわりなく使うことができる。

例えば，南海，東南海地震に対する影響を計算した中央防災会議の被害想定[3]では，表層地盤のQ値（11.3節参照）を35と設定し計算を行った。これは減衰定数にすると1.43%である。また，12.1.2項で述べたように，工学的に重要な周波数帯域は0.5～6Hzと考えられる。そこで，0.5Hzと6Hzで減衰定数がこの値になるようにパラメータの値を決めると，$\alpha=0.083$，$\beta=0.00070$となる。ただし，この設定では，0.5～6Hzの間では減衰定数は設定

した 1.43%より小さくなり，最小の減衰定数は 0.76%となる．これは，減衰を過小評価していることになる．そこで，この周波数帯域における平均値がおおよそ 1.4%になるように，最小減衰定数を 1%に設定すると，$\alpha=0.109$，$\beta=0.00092$ となる．

Q 値に基づいて設定する方法の長所は，地盤に限らず同じ値を用いることができるというものである．固有周期に基づく方法では，地盤ごとにαやβの値が異なるので，一々これらの値を設定する必要があったのに対して，常に同じ値が使えるというのは，実務では楽である．ただし，Q 値が変わると，それに対応した値を計算することが必要になる．以下ではこの方法を方法 2 と呼ぶ．

ここで，Rayleigh 減衰の物理的な意味を考えてみる．例えば，m を集中質量（9.5.2 項参照）とすれば，質量比例減衰は速度の絶対値に比例するので，外部減衰に対応するものとなる．一方，剛性比例減衰は物体内の相対速度に比例して作用するので内部減衰に対応するものとなる．したがって，Rayleigh 減衰は物理的にも意味のある減衰ということもできる[4]．

ところで，Rayleigh 減衰として設定しているのは速度に比例する係数であるので，減衰係数である．剛性比例減衰を用いていれば内部減衰であるから，例えば，解析基盤の深さを変える，一次元解析から不整形の二次元解析を行うなどの解析条件を変更してモデルを変えたとしても係数の値は変える必要はないはずである．ところが，方法 1 で決めていれば，固有周期はモデルが変わると変わるので，パラメータの値も変化する．これは矛盾しているようである．方法 1 では固有周期を介してパラメータを決めているので，仕方がないことといえる．

さらに，12.4.3 項で示すような問題も考えると，方法 2 が実用的と言える．なお，Rayleigh 減衰は数値計算の安定性という観点では 12.4.1 項で示すように重要な役割を持っている．そのためには，必ずしも実際の値にこだわる必要がないということもいえる．

Rayleigh 減衰が地震応答に与える影響は図 11.3 で見ることができる．この図は文献[5]に示される厚さ約 15m の地盤モデルを用いて一次モードで 3%に設定した Rayleigh 減衰による非線形法（応力 - ひずみ関係は双曲線モデル）による計算と等価線形化法（SHAKE の手法）による計算のスペクトル比（地表と入力のフーリエ振幅の比）を比較したものである[6]．等価線形化法では双曲線モデルの減衰に 3%を加えることによって非線形法との比較ができるようにしている．(a)はほぼ弾性に近い応答であり，非線形法の増幅は高振動数で急激に小さくなっており，Rayleigh 減衰が高振動数の振動を抑制したことがわかる．一方，(b)に示した非線形領域では等価線形化法と非線形法の応答はほぼ同じであり，減衰の効果は明らかではない．したがって，大地震に対する解析を行うのであれば，高振動数

(a) ほぼ弾性

(b) 非線形

図 11.3 Rayleigh 減衰の効果

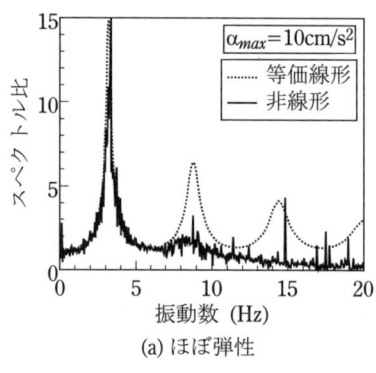

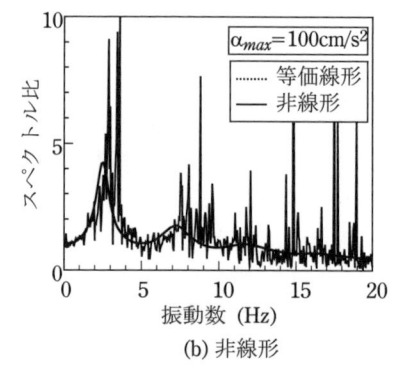

領域の減衰の大きさはそれほど解析結果に影響を与えないといえる。すなわち，大地震の解析であれば，Rayleigh 減衰を数値計算の安定性のために用いることは許されよう。

11.2.2 モード比例減衰

Rayleigh 減衰では，パラメータが二つしかなかったので，周波数との関係においては自由度が少なかった。より自由度が大きい設定方法にモード比例減衰がある。Rayleigh 減衰でモードごとの減衰が定義できたのは減衰項が入っていてもモード分解ができるということを前提としていた。同じ仮定を用いれば，モードごとに減衰定数を指定することで，減衰マトリックスを作ることができる。詳細な作り方は，文献[7),8)]などを参照していただくとして，最終的な結果は次のようになる。

$$[c]=[m][\xi][2h_i\omega_i][1/m_i][\xi]^{\mathrm{T}}[m] \tag{11.6}$$

ここで，$[\xi]$は固有ベクトルを並べた行列，添え字にiのついている行列はそれを対角成分とする対角マトリックスである。

ここで，各モードの減衰定数を振動数に比例や逆比例するように与えると，Rayleigh 減衰が得られる。すなわち，Rayleigh 減衰はモード比例減衰の特殊なケースということもできる。

構造物の解析では，材料ごとに異なる減衰を与えることがある。モード比例減衰ではそれも可能で，例えば構造物に蓄えられるひずみエネルギーで減衰を定義するなどすれば，個々の要素の減衰定数から，各モードに対する減衰定数を求めることができる[7),9)]。

この方法は一見周波数に依存する減衰定数を与えているように見えるが，実際には固有モードごとに減衰定数を与えている。しかし，振動の問題では系の固有周期のところで地震動が増幅するので，各モードの振動を見ると，固有振動数の振動が卓越する。したがって，周波数依存の減衰の代用として使うことも可能である。実際，ケーススタディによれば，周波数依存の減衰とほぼ同じような振動をするという報告がある[8)]。

理論的には，便利なモード比例減衰であるが，欠点もあり，使用上注意も必要である。

最大の欠点は，モード比例減衰による減衰マトリックスは，Rayleigh 減衰のような特殊な場合を除き，フルマトリックス，すなわち，行列のすべての成分が 0 ではないことである。例えば，剛性マトリックスは対角付近にのみ 0 でない項が現れるバンドマトリックスなので，その性質を利用して計算時間の大幅な節約が図れるが，フルマトリックスではマトリックスに 0 が多いことを利用した計算時間の短縮が図れないため，数値計算の時間は非常に多くなる。したがって，一次元解析ならまだしも多次元解析では実用的ではなくなってしまう。

次に，実用上の注意であるが，式(11.6)の$[\xi]$として計算上重要な固有モードまでを考慮しても減衰マトリックスを作ることができ，そうすれば減衰マトリックスを作る手間は少なくなる。しかし，そうすると考慮されなかった高次のモードに対しては減衰が 0 ということになり，地震の継続時間が長いとこれらのモードで応答が大きくなり，系全体の挙動に影響を与えるので，全モードを用いて計算をするのがよい。

11.3 散乱による減衰

6.7.4 項で述べたように，丁寧な繰返しせん断試験を行うと，小さいひずみ域では減衰定数はほとんど 0 の材料が多い。しかし，図 11.1 にも見られるように，鉛直アレーによる地震観測結果から逆解析を行うと地盤には確かに減衰がある。その原因は，散乱の減衰，内

部粘性減衰，または，地下逸散減衰のいずれかである。前にも述べたように，このうち，前二つは観測記録の解析からは分離することができないので，ここでは両者を一緒に散乱の減衰として扱う。

私たちが地盤をモデル化する際には，同じ材料の層は図11.4(a)に示すように均質な材料と見なしている。すると，A点から入射した波は直上のB点に直進する。ここで図11.4(b)では，A点のすぐ上で丸いちょっと力学特性の異なる部分があったとする。すると，前と同じようにA点から入った波はこの不均質部で屈折し，地表ではC点に到達する。地盤がどこをとっても全く均質ということはあり得ないので，実際には，基盤に鉛直に入射した波動はその直上の点ではなく，直上から離れた点に到達する。すなわち，不均質地盤では波動が動く距離が長いため，地表に到達する時間が遅れてしまう。

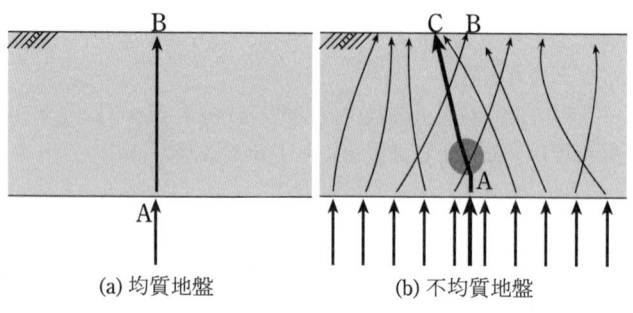

(a) 均質地盤　　(b) 不均質地盤

図11.4　散乱の減衰のメカニズム

ところで，私たちは均質と設定したモデル化をしているが，その観点で見ると，到達時間が遅くなるということは減衰があるということである。この現象は不均質のために波動が散乱することによって生じるが，その結果はあたかも減衰が存在するように見えるので，散乱の減衰と呼ぶ。ただ，これだけでは，地下逸散減衰がないとすると系の持っているエネルギーは変わらない。しかし，色々な周波数の波動のずれ量が異なるので，最大加速度は一般に小さくなる。また，経路が長くなれば内部減衰による減衰も増えるので，応答は小さくなり，最大加速度が小さくなるというような意味での減衰は発揮される。

なお地震学の世界では波動の伝播に伴う減衰はQ値で表現される。このQ値と，これまで使ってきた減衰定数hの間には次の関係式がある。

$$Q = \frac{1}{2h} \tag{11.7}$$

すなわち，Q値は大きいほど減衰が小さいことになる。

実際にこの現象が発生する様子は数値計算で見ることができる。図11.5では，幅32m，深さ32mの領域で，平均のV_sが200m/sの地盤のV_sを正規分布させた地盤である[10]。地盤の定数は図11.5(a)に示されており，影響距離は水平方向に4m鉛直方向に1mとしている。減衰は考慮していない。図11.5(b)には地震前のV_sの分布を，(c)には地震後のV_sの分布の例を示しているが，V_sの組み合わせを幾つか作成し，モデル中央における基盤に対する地表のスペクトル比を計算すると，図11.6の細い点線となる。幾つかの地盤を作ってその平均を求めると図の実線となる。一方，一次元地盤ではスペクトル比は破線のようになる[10]。この一次元と多次元の差が散乱減衰に相当する。

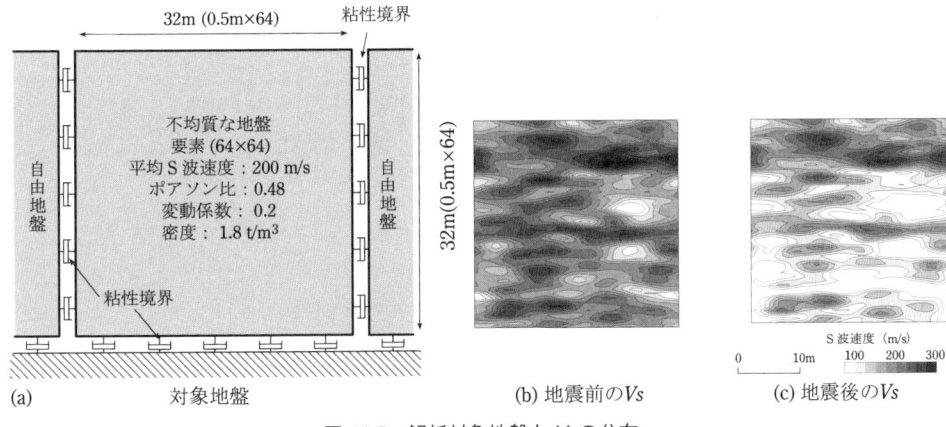

(a) 対象地盤　　　　　　(b) 地震前のV_s　　　　(c) 地震後のV_s

図 11.5　解析対象地盤と V_s の分布

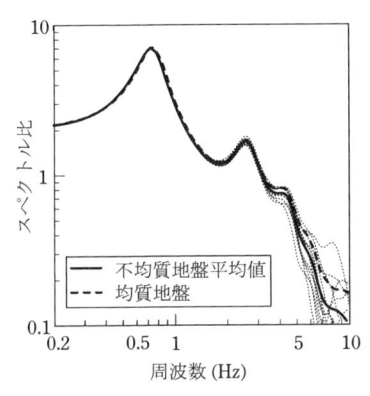

図 11.6　不均質地盤の減衰特性

　小さいひずみに対する原位置での減衰特性は，地震記録も得やすいことから，かなり行われている。これらの研究は二つに分けることができる。すなわち，周波数に依存しない減衰定数と周波数の関数として表した減衰定数である。

　周波数に依存しない減衰特性は，例えば，図 11.1 で示した。また，図 11.7 では，S 波速度と減衰定数の関係を示している[11]。減衰定数は広範囲に分布しているが，多くは 1%～10%の間にある。また，S 波速度との相関は特に認められない。ただし，これを砂と粘土に分類するとV_sが同じであれば，粘土は広いV_sの範囲で減衰は一定値（$Q=20, h=0.025$），砂は $Q=7$～20（$h=0.07$～0.025）の間にあるとされている。図 11.1，図 11.7 は，原位置で計測される減衰定数は数%程度であるという意味では共通している。

　散乱の減衰は波動の周波数によって影響の受け方が異なるので，振動数に依存するものとなると考えるのが妥当である。例えば，実材料では減衰の振動数依存性は見られないが，S 波検層では減衰定数は高振動数よりも低振動数側で大きいという報告[12]がある。観測値を周波数の関数として表した例として図 11.8 を挙げることができる[13]。これによると，材料によって減衰特性は異なるが，振動数が高くなるほど減衰定数が小さくなるという傾向がある。その他の論文でも傾向は同じで，一般に散乱の減衰に相当する減衰定数 h を与える式として次のような経験式がよく用いられる。

$$h = af^{-b} \tag{11.8}$$

ここで，f は振動数，a, b は正の定数である。ただし，この式はすべての振動数に対して適用できるわけではなく，図 11.8 では 0.5～5Hz の間が適用範囲といえる。材料にもよる

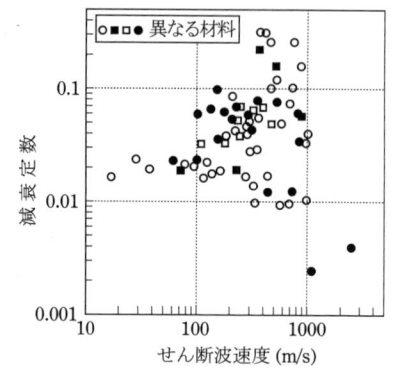

図 11.7 S 波速度と減衰定数の関係

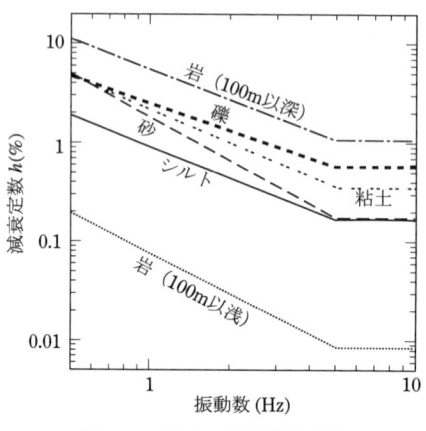

図 11.8 減衰の周波数依存性

が低振動数領域ではかなり大きい減衰を示している。また，全体としては0.1以下であり，周波数に依存しない減衰定数とあまり矛盾しない値となっている。

このほか，文献14)では小さい地震に対しては，一定減衰と考えれば2〜4％，周波数依存で考えるときには，

$$h = (0.03 \sim 0.05) f^{-0.5} \tag{11.9}$$

を示している。また，図11.6の減衰を逆解析した結果では，次式が得られている。

$$\frac{1}{Q} = 0.006 f^{1.3} \tag{11.10}$$

ところで，式(11.8)と(11.9)，(11.10)では傾向が異なる。すなわち，前者は振動数が高くなると減衰が小さくなるのに対して，後者では振動数が高くなると減衰が大きくなる。しかし，これらはどちらも正しい。例えば，図11.9は逆解析された散乱減衰特性[15)16)]であるが，減衰は中央部にピークを持ち，高振動，低振動両方に小さくなっていく。したがって，参照する周波数領域が異なれば傾向も異なるので，べきは正にも負にもなる。なお，図11.9(a)では強震時の散乱減衰が弾性時の散乱減衰[17)]より大きいこと，それでも履歴減衰より小さいことが示されている。

散乱減衰はこれまでの解析ではほとんど考慮されてこなかった。しかしそれにもかかわらず既往のSHAKEなどを用いた地震観測のシミュレーションでは，観測結果とよく一致する結果が得られている。この理由として文献[18)]では次のような理由を挙げている。

先に6.7.3項で述べたように，繰返しせん断試験の結果では微小ひずみでも2〜4％程度

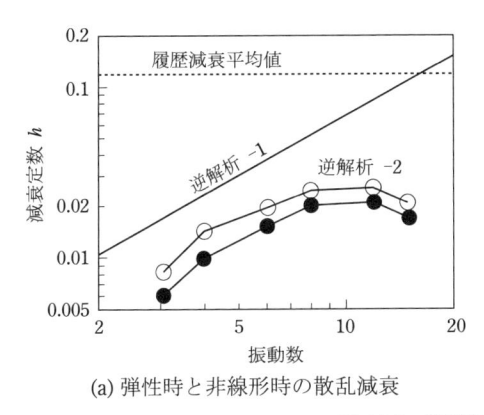

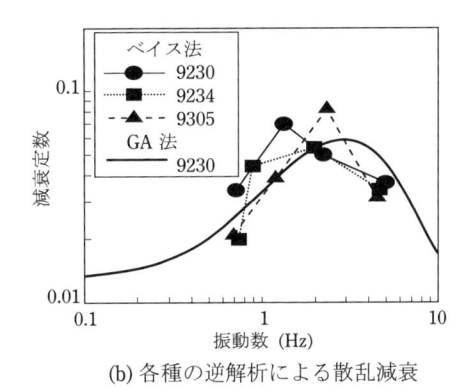

(a) 弾性時と非線形時の散乱減衰　　(b) 各種の逆解析による散乱減衰

図 11.9　逆解析された散乱減衰

の減衰が得られていることが一般的であった．新しい試験では，減衰がほとんどないことは既に述べたとおりである．すなわち，微小ひずみ時の減衰は試験機が原因であることが十分に考えられる．ということは，実際にない減衰を考慮して計算していたわけである．この減衰は，これまでに述べた散乱の減衰と同じオーダーである．すなわち，実際にない減衰を考慮して，散乱の減衰を考慮しなかったのは結果として必要な減衰を考慮していたことになる．なお，小さいひずみで減衰がある材料もあり，すべての小さいひずみ時の減衰の原因が試験機というわけではないことは先に述べたとおりである．

このほかにも理由は考えられる．その一つは，後に 12.4.4 項で示すように，地震応答解析では減衰特性は結果にはあまり影響を与えないことである．さらに，等価線形化解析では有効ひずみに対応する減衰しか解析には用いられない．したがって，小さいひずみにおける減衰が問題とならないような大きさの地震動に関しては，微小ひずみ時の減衰そのものが問題にならない．

これまでは，微小ひずみ時の減衰について論じてきた．しかし，大地震に対してはどのようになるのかよくわかっていない．例えば，図 11.5(c) は地震後の S 波速度の分布を示しているが，地震前より不均質度は増しているように見える．これは，不均質地盤に地震動が作用すると，弱いところに変形が集中するようになるためである．すると，散乱の減衰はより大きくなる．

ただし，これが，解析に大きく影響を与えるかというと，別問題のように思える．それは，地震が大きくなると履歴減衰が支配的な要因を占め，その他の減衰の影響は相対的に小さくなるからである（例えば，図 11.3 参照）．その意味ではあまり神経質になる必要はない．また，周波数領域の解析では振動数に依存した減衰を与えることは可能であるが，逐次積分解析では適当な方法がないので，手の打ちようがないという現実的な側面もある．

11.4　地下逸散減衰

地下から解析領域に入ってきた地震動は解析領域で反射し，一部は地下に戻っていく．ところで，解析領域から波動が外に出て行くとすれば，解析領域における振動のエネルギーは減少する．したがって，解析対象の振動は小さくなっていく．これを地下逸散減衰という．当然ながら，エネルギーの逸散は底面境界からも側方境界からも発生する．

この減衰は，解析領域に半無限の地盤をつければ自然に考慮できる．しかし，半無限の地盤をつけることは必ずしも容易ではない．9.4.2 項で示した半無限地盤に代わるばねやダ

ッシュポットをつけることはそれに代わる手段であるが，そのようなばねの特性は周波数に依存するものとなる。

　一方，底面について考えると，剛基盤では，境界に向かって反射してきた波は境界で完全に反射される。昔の解析では，剛基盤しか考慮できなかったので，地下逸散減衰の代わりを内部減衰で考慮するようなことも行われている。これについては 11.6 節の調整代の減衰のところで述べる。

　底面でも最も多く用いられるのは粘性境界である。これについては，9.4.2 項で示した。

11.5　数値減衰

　この減衰は，運動方程式を解く際，時間に関し逐次積分型の数値積分を用いているときに問題となる。10.1.1 項で述べたように，逐次積分型の数値積分では，加速度などの応答の変化を，例えば増分区間で直線に設定する。すなわち，変化に対する関数形を規定することで自由な変形が抑制されるわけである。この代償として，応答が小さくなるが，これを数値減衰と呼ぶ。

　数値積分の方法によって減衰の程度も異なり，より変形を抑制した方が数値減衰も大きくなる。例えば，線形加速度法は補間の精度がよいので，数値減衰はそれほど大きくない。これに対して，同じく線形補間するが，補間の間隔が大きい Wilson の θ 法では減衰が大きいことが知られている。その影響は既に図 10.4 で示した。

　これまでの説明から，数値減衰の存在は，理論的には正しい解を得るためにはよくないことであることがわかる。しかし，これをエンジニアの実務としてとらえると，評価が変わって来る。すなわち必ずしも悪いとは限らない。

　逐次積分法による数値積分は，考えている時間増分間で起こる入力の加速度の変化分を増分計算開始時にステップ関数として慣性力として作用させたことになっている。すなわち，ある時点（増分開始時）で衝撃的に外力が加わるわけである。このため，応答値には減衰がなければパルスのような加速度応答が発生する。ところで，減衰が大きければ，減衰項でこれを吸収してくれるため，応答が滑らかになる。12.4.1 項ではこの問題を扱っているので，参照されたい。これは見た目がよくなるというだけの話であり，本質的なものではないが，例えば，いくら数値計算で正しいからといって，図 12.34 のような応答を見せられたら，結果は疑わしく思われてしまうであろう。その意味では，ある程度の減衰は必要である。この減衰は，速度比例減衰として導入することもできるし，この節で説明している数値減衰で行わせることも可能なわけである。特に数値減衰は，多くの場合には，工学者が対象としているような周波数帯域ではそれほど影響がなく，パルスを発生させるような高振動数成分に対してよく作用するので，有効である。また，言い訳になるが，速度比例減衰項で考慮したとすれば，その係数をどのように決めたのかといった理由を書く必要があるが，数値減衰で自然に考慮されているのであれば，特に説明の必要もない。

　また，見た目だけの問題ではなく，実用的にも重要である。例えばパルスのような応答が現れたとすれば，その応答は自動的に消滅するわけではなく，一つは，その部分の減衰自由振動によりしだいに小さくなっていくし（12.4.1 項参照），もう一つは隣接の要素に波動が伝播することによって小さくなる。ということはこの応答は隣接要素に影響を与えるわけである。その際，例えば剛性がほとんど 0 のように材料が著しい非線形領域にあると，少しの力でも除荷が起こる，変形が著しく変化するなどの現象が発生する可能性がある。これにより，隣接要素の応答が異常になると，それがまた周辺の要素の異常になるなどし

て，結果的に数値計算そのものが異常な応答を示すことになってしまう。本書でターゲットとしているような全応力地震応答解析ではその可能性は小さいが，より数値計算として難しい液状化解析では，この現象が発生する頻度は高くなる。この場合にも，パルスのような応答を抑制してくれる数値計算は，著者のような計算屋の目からするとありがたい存在であるということもできる。

11.6 調整代の減衰

ここで扱う減衰は，全く人工的な減衰であり，次の二つのいずれかの目的で用いられることが多い。

(a) 実現象の代わり

例えば，剛基盤を用いた解析をしていると地下逸散減衰は考慮されない。このとき，この要素に付加的に減衰を持たせるなどすれば，近似的に地下逸散減衰を考慮することができる。同じようなものとして，散乱の減衰が挙げられる。先に 11.3 節で述べたように，散乱は不均質地盤で発生する現象であるので，通常の解析では考慮できない。一方，多くの解析では速度比例減衰として数％の減衰を考慮しているが，これは散乱の減衰に相当するものと考えることができよう。

(b) 実現象とのすり寄せ

運動方程式を構成しているのは三つの項，すなわち，慣性力，減衰，復元力である。このうち，慣性力項は質量に支配され，復元力項は材料の応力－ひずみ関係に支配される。これらは，比較的定量化の根拠がわかりやすい。したがって，本来の質量と違う質量で計算したり，本来の剛性と違う剛性で計算したりすることは，あり得ないといってもよい。ところで，解析を実行してみると，解析結果と実現象の間に差が少しある時がある。これを合わせたいと思えば，三つの項のどれかをいじるというのが一般的な方法であろうが，この際，メカニズムのはっきりしている慣性力項（質量）や復元力項（ばね定数，弾性定数，非線形特性など）は定量化の概念がきちんと決まっているため，いじりにくい。そこで用いられるのが減衰項である。というのは，これまでにも述べたように，実際の材料の減衰のメカニズムはよくわかっていないし，それを適切に考慮する方法もない。したがって，減衰の値を少々変えても，そのように設定したという記述だけですんでしまうわけである。このため，応答の調整に用いられるのがこの減衰である。

参考文献

1) 国生剛治 (1986)：地盤材料の減衰特性，講座　地震応答解析のための土の動的性質，土質工学会，pp.45-51
2) 国生剛治 (1992)：地盤の動的特性，講座　地盤と構造物の動的相互作用の解析法，土と基礎，Vol. 40, No. 4, pp. 67-74
3) 中央防災会議 (2005)：東南海・南海地震等に関する専門委員会資料
4) 戸川隼人 (1975)：有限要素法による振動解析，サイエンスライブラリー情報電算機 33，サイエンス社
5) Finn, W. D. L., Martin, G. R. and Lee, M. K. W. (1978): Comparison of dynamic analyses for saturated sands, Earthquake Engineering and Soil Dynamics, ASCE, GT Special Conference, Vol. 1, pp. 472-491
6) 吉田望，末富岩雄，加藤伸英，三浦均也 (1997)：地震応答解析における等価線形法の有効性に関

するパラメータスタディ，第32回地盤工学研究発表会講演集，pp. 877-878
7) 大崎順彦（1980）：振動理論，建築構造学体系 24，彰国社，302pp.
8) 吉田望，澤田純男，中村晋（2006）：減衰が地盤の地震応答解析に与える影響と精度，日本地震工学会論文集，第6巻，第4号，pp. 55-73
9) 武藤清，小林俊夫（1977）：原子炉施設の耐震設計に慣用されている各種減衰理論の比較研究，日本建築学会論文報告集，第255号，pp. 35-45
10) Suetomi, I. and Yoshida, N. (1998): Damping characteristics of soil deposits during strong ground motions, Proc. 2nd International Symposium on the Effect of Surface Geology on Seismic Motion, Yokosuka, Japan, Vol. 2, pp. 765-772
11) 石田勝彦，沢田義博 他（1984）：地盤の減衰について－最適化手法の適用による Q 値の推定－地震学会講演予稿集，p.149
12) 原昭夫，清田芳治（1977）：地盤震動解析のための土の動的性質の研究－せん断弾性定数，減衰定数の振動数依存性－，第14回土質工学研究発表会，pp.533-536
13) 福島美光，翠川三郎（1994）：周波数依存性を考慮した表層地盤の平均的な Q^{-1} 値とそれに基づく地盤増幅率の評価，日本建築学会構造系論文集，第460号，pp.37-46
14) 清田芳治，萩原庸嘉，青柳隆之（1993）：地盤のひずみ依存性を考慮したモード別等価線形地震応答解析手法 その 3 微小加速度レベルにおける地盤の減衰性の検討，日本建築学会学術講演概要集（関東），構造I，pp. 217-218
15) 末富岩雄（2000）：強震時における地動分布特性の即時推定に関する研究，京都大学学位論文
16) 中村晋，澤田純男，吉田望（2005）：表層地盤の非線形応答のモデル化（2），地震災害軽減のための強震動予測マスターモデルに関する研究 第3回シンポジウム論文集，pp. 101-104
17) Kurita, T., Tsuzuki, T., Annaka, T., Shimada, M. and Fujitani, M. (1966): Scattering attenuation of seismic waves in inhomogeneous media, Proc., 11WCEE
18) 吉田望（1994）：実用プログラム SHAKE の適用性，軟弱地盤における地震動増幅シンポジウム発表論文集，土質工学会，pp. 14-31

第12章　解析事例と評価

　どんな解析手法を用いても，例えば観測記録をシミュレーションして完全に一致することはあり得ない。すなわち，解析結果には誤差が含まれる。誤差の要因として，以下のようなものがある。

(a) 地盤の状態の把握とモデル化

　地盤の地層構成・質量分布などを完全に把握することは不可能である。また，仮にわかったとしてもそのすべてを考慮してモデル化することはできない。解析では地盤を幾つかのブロック（例えば，層）に分割して，そのブロック内では均質とモデル化する。例えば，一次元解析では地盤の三次元構造も無視しているわけである。また，質量分布の計測誤差もある。さらに，散乱の減衰のように地盤の小さい不均質も解析精度に影響する。

(b) 力学特性の把握とモデル化

　力学特性を捉えるための原位置試験や室内試験は決まった方法により力学特性を把握しているだけであるので，すべての挙動を把握できているわけではない。また，解析のために応力－ひずみ関係を数式で表したときにも誤差が発生する。

(c) 数値計算に係わる事項

　速度比例減衰のように数値計算の都合で入れられるもの，定量的な評価が困難なものもある。また，数値積分の手法，考慮する周波数領域などによっても違いが発生する。

　これらの誤差は，鉛直アレーなどの地震記録，振動台実験や遠心力載荷実験の結果をシミュレートすれば把握することができる。読者は，是非，自分で解析を行い，誤差を体感していただきたい。
　このほかに，色々な解析手法が持っている一般的な傾向，モデル化が結果に及ぼす一般的な傾向なども技術者として知っておくべき重要な事項であろう。この章ではこれを目的として幾つかの事例を用いて，パラメータの設定方法の影響や計算結果の評価方法について説明する。
　なお，ここで示すケーススタディで著者が行ったものはすべて著者が公開している等価線形化法に基づくプログラム DYNEQ [1]，非線形法に基づくプログラム DYNES3D [2] により計算したものである。また，以下では等価線形化法に関しては SHAKE，FDEL などの名称が使われるが，これはこれらのプログラムを用いたというわけではなく，それぞれのプログラムの手法を用いて DYNEQ で計算したものである。

12.1　解析精度の評価指標・地震動指標

　解析精度の問題は解析手法の適用性とも関連している。例えばよく等価線形化法の適用

範囲はというような質問を受けることがあるが，そのような質問に対する答えを本書が用意しているわけではない。それは，解析の誤差が許容されるか否かというのは，解析結果をどのように利用しているかということにも依存し，解析者が決めるべき事項であるからである。

以下では，最大加速度，最大速度，最大変位，SI 値，計測震度を代表的な指標として説明する。実務では加速度応答を用いて精度を論じることが多いが，解析の精度はそれだけで評価できるものではなく，目的に応じて選択する必要がある。ここでは，精度評価する代表的な指標を紹介する。加速度応答はこれらの指標の中でも最も敏感な指標であり，その意味では精度を論じやすいともいえる。しかし，一方では，その差が強調されすぎるので，注意も必要である。その他の指標は，最大加速度に比べれば鈍感な指標であり，差は現れにくくなっている。したがって，どの指標を用いるのかによっても精度の評価は異なる。

これらの指標は，一方では地震動の大きさを表す指標としても使われる。したがって，地震動指標という言い方もできる。地震動指標は数多く提案されているが，実務で使われる指標はそれほど多くはない。

解析の誤差がどの程度かということに関しては，やや古い資料ではあるが，図 12.1 が参考となる[3]。図では観測値と計算の誤差，および許容される誤差に関するアンケートの結果が示されているが，誤差が 8%以上のデータが 2/3 程度あり，また，許容される誤差はそれよりやや小さいということができ，数値解析のより高精度化が望まれていることがわかる。この誤差評価は最大加速度に基づいて行われているが，著者の感覚でいうと，この誤差はかなり小さい。実際，非線形の著しい挙動を検証できるような鉛直アレーの記録は，世界で一番観測網が整備されている日本でもそれほど多くはなく，この章で計算例として示すものがほとんどといえる。ということはこのアンケートの集計はそれほど大きくない地震記録に対して行われたものと考えることもできる。それほど大きくない地震動でこれだけの誤差が起きているというのは着目すべき事である。その意味で，このアンケートをそのまま非線形挙動が卓越した地盤に対する応答に適用するには注意が必要である。

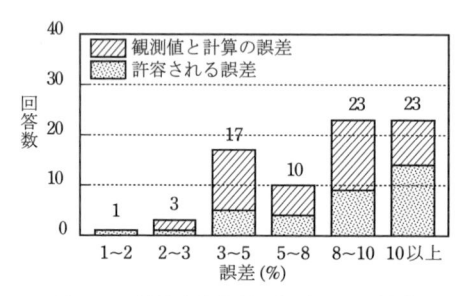

図 12.1 地震応答解析に期待される精度

12.1.1 加速度，速度，変位

加速度，速度，変位の最大値は，どの解析プログラムでも出力される，代表的な指標である。このうち，加速度は絶対加速度，変位は相対変位が出力されるのが最も一般的である。ここで，絶対とは基盤の動きと，基盤に対する地表の動きの和を表し，相対は基盤に対する変位である。

絶対加速度に質量を掛けると慣性力になるので，絶対加速度は剛な構造物に対する地震動による慣性力を評価するのに適当な指標である。しかし，構造物の周期が長くなると，

地表の絶対加速度は構造物の地震動による入力を評価するのに必ずしもよい指標とはいえなくなり，最大速度が適切になってくる。また，地中構造物の設計では変位が重要である。このように，対象とする構造物によって重要な指標は異なる。ただし，一方では鉛直アレーなどの記録でも，変位を直接計測することは行われないので，変位の誤差評価は大変である。

相対速度や相対変位は，一般的には剛基盤を用いていれば基盤に対する相対値であるし，弾性基盤を用いていれば解放基盤に対する相対値である。しかし，後者の場合でもプログラムによっては基盤に対する相対値を計算して出力していることもある。したがって，速度に関しては絶対速度と相対速度の区別，さらに速度と変位では相対値が出力されているときにはどの点に対する相対値であるかを注意する必要がある。

12.1.2 計測震度

震度は地震被害と対応がよい指標と考えられてきた。歴史地震では被害分布から震度を推定することも行われている[4]。また，近代になってからは，気象台の職員が体感で震度を決めてきた。しかし，この方法では震度の発表には時間がかかる。1995年兵庫県南部地震を契機とし，速報体制の必要性に迫られた気象庁[5]は1996年に計測震度の算定方法と新しい震度階級[6,7]を定めた。計測震度は従来の震度と整合するように決められているので，通常は単に震度と呼ばれる。

計測震度は加速度記録から計算によって求めることができるので，加速度記録があれば計算でき，より詳細に地域的な分布がわかるようになってきたし，地震後すぐに計算することも可能になってきた。この計算方法では，少数以下1位までの値を出力することになっている。さらに，これを整数化して一般に用いている。ここで，旧来の震度は0～7の8段階であったが，諸外国で用いている震度はより分割数が多いものが多いことを考慮して，震度5，6は強，弱をつけて表すことにしたので，全体では10段階となる。なお，震度7は1948年福井地震の後で設定されたものであり，それ以前は震度6が最大である。ちなみに震度7が初めて現れたのは1995年兵庫県南部地震で，震災の帯といわれる，被害の大きい地域が現れた[8]。

計測震度の求め方は文献[5,9]を参照していただくとして，その大まかな性質を述べると，水平2方向と鉛直の3方向成分を用い，構造物に影響を与える周波数帯域である0.1～10Hzの範囲を強調するようなフィルターを用いて計算している。また，計測震度は加速度と速度の中間の量を表し，その適用限界は周期2秒以下の地震動とされている[5]。なお，実被害に対する検討という観点で見ると，震源で発生する地震波の振幅が急激に小さくなる振動数は6Hz程度であり，それ以上の振動数では地震動の振幅そのものが小さくなるので，被害には寄与しない。その意味では，0.5～6Hz程度が工学的に重要な周波数帯域といえよう。

ところで，実務の計算では一方向の入力に対して計算を行うのが一般的である。すると，計測震度の計算に必要な3方向成分を得ることができない。しかし，そのことを注意した上で数値を計算することは可能である。

（計測）震度Iと最大加速度A_{max}，最大速度V_{max}の対応は色々提案されている[5]。歴史的には，河角の式[10]が著名であるが，最近では例えば，文献[11]では以下の式が示されている。

$$I = 2.02 \log V_{max} + 2.4$$
$$A_{max} = 10^{0.908} V_{max}^{1.13}$$
(12.1)

ここで，A_{max}とV_{max}の単位はcm/s², cm/sである。また，計測震度が用いられる前の震度については図12.2の関係がある。

計測震度については，このほか文献[12]も参考になる。

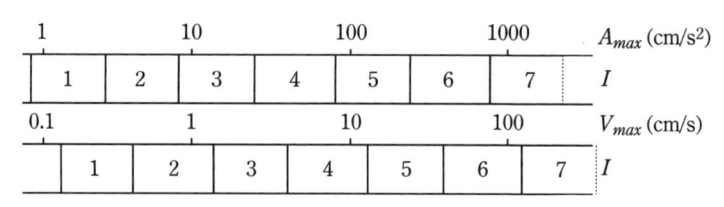

図 12.2　震度と最大加速度，速度の関係（文献 5)を修正）

12.1.3　SI 値

SI は Spectral intensity の略で，Housner が，最大加速度は構造物への評価を行う際の指標として好ましくないとして，これに代わるものとして提案した指標[13]である。オリジナルの提案式は次式で表される。

$$SI = \int_{0.1}^{2.5} S_{v,20} dt \tag{12.2}$$

ここで，$S_{v,20}$ は減衰定数 20%の速度応答スペクトルであり，これを 0.1 秒～2.5 秒の区間で積分したものが SI 値である。この積分区間は多くの構造物の卓越周期が含まれている範囲と考えることができる。

速度応答スペクトルを時間で積分していることから，この式で得られる値の次元は変位となる。しかし，次元は速度にしておく方がわかりやすいので，日本ではこれを積分区間（2.4 秒）で除した値

$$SI = \frac{1}{2.4} \int_{0.1}^{2.5} S_{v,20} dt \tag{12.3}$$

が使われる。

Housner は SI 値が被害との相関がよいと述べている。例えば，図 12.3 は被害と SI 値，最大加速度の関係を示したものであるが，SI 値が被害との対応がよいことがわかる。しかし，多くの事例を見ると，必ずしも SI 値が被害との対応がよいとは限らず，対応が悪いケースもある。

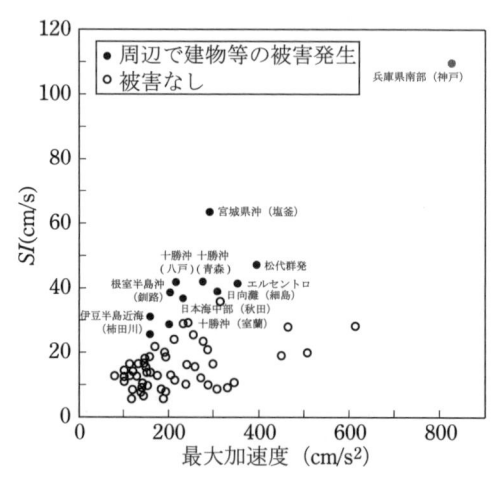

図 12.3　被害程度と SI 値，最大加速度の関係（文献 14)を修正）

また，SI 値は，地表面変位の推定[15]や，液状化判定のための地表の地震動指標[16]としても使われている。これは，最大加速度はパルスのような波形で大きくなるがそのような波形は構造物の被害にはほとんど関係がない，などの欠点を補うという意味もある。

12.1.4 スペクトル

計測震度やSI値などの地震動指標は広い周波数帯域の地震動を代表させている。したがって，多くの構造物に適用可能であるが，一方では，特定の周波数を持つ構造物に対する影響は見ることができない。また，一つの指標で表しているため，特に高振動数成分の影響は見ることが困難である。異なる周波数の構造物に対する影響を少ない数の指標で表現するのは，提案が無いわけではない[17]が，詳細を見ることは困難であり，通常はスペクトルを用いることになる。

最も多く用いられるのは応答スペクトルである。応答スペクトルは色々な周波数を持つ1自由度系振動体の最大値を，構造物の固有周期を横軸に表したもので，図12.4に例を示すが，縦軸の種類により加速度応答スペクトルS_a，速度応答スペクトルS_v，変位応答スペクトルS_dがある。慣例的に，加速度は絶対加速度，速度と変位は相対値で表す。また，横軸，縦軸とも線形軸で表すときと対数軸で表すときがある。

三つの応答スペクトルには，おおよそ次のような性質がある。

$$S_a \approx \omega S_v \approx \omega^2 S_d$$
$$S_v \approx \omega S_d \tag{12.4}$$

そこで，変位応答スペクトルから出発してその他の応答スペクトルを求めることができる[18]。この方法で計算したものは応答スペクトルとは異なるものであるので，擬似を冠して擬似速度応答スペクトルのように呼ばれる。ただし，擬似加速度応答スペクトルは加速度応答スペクトルとほとんど同じである。これは，最大加速度が発生するのと最大変位が発生するのは同じタイミングであるためである。

擬似速度応答スペクトルを求めるのは，式(12.4)の関係を用いれば図12.5のように，一枚のグラフですべてを表すことができるからである。この図では斜めの軸を使うと加速度も変位も読み取ることができる。この表現をトリパタイト（三重応答スペクトル）と呼ぶ。

これ以外に，フーリエスペクトルも用いられる。フーリエスペクトルは地震波に含まれる周波数成分を表示するものであるが，構造物への影響という観点では応答スペクトルの方が把握しやすい。その他，パワースペクトルなども使われることがある。

また，鉛直アレー記録のシミュレーションなどでは，しばしば増幅比が用いられる。これは，地表の加速度波形から計算したフーリエ振幅を入力地震動のフーリエ振幅で除したもので，どの周波数成分が増幅されたのか，減衰したのかなどの情報を得ることができる。

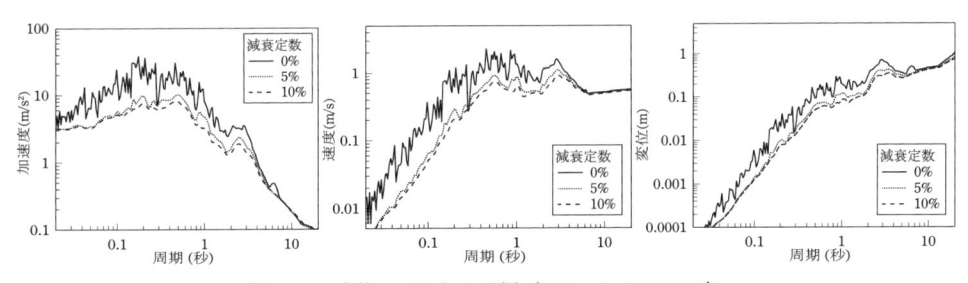

図12.4 応答スペクトルの例（El Centro 1940 NS）

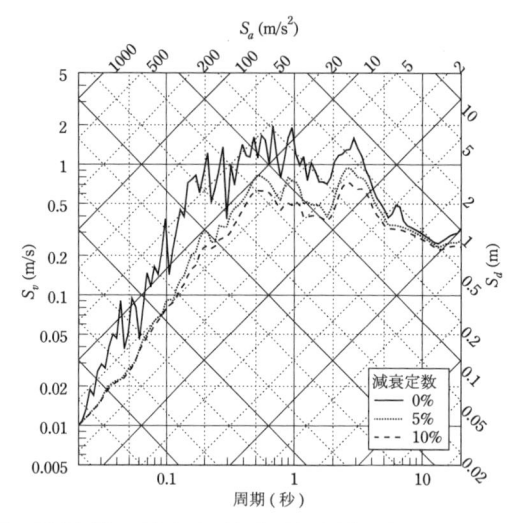

図 12.5 三重応答スペクトル（トリパタイト）（El Centro 1940 NS）

12.1.5 その他の判断基準

解析と観測記録や実験とを比較する際には，その他の判断基準も用いられる．例えば，J値というのがある．

$$J = \int (\ddot{u}_{obs} - \ddot{u}_{cal})^2 dt \tag{12.5}$$

ここで，添え字 obs と cal は観測記録と解析結果を表す．ここで，両者が一致していれば J 値は 0 となり，値が大きいほど誤差が大きいことを表している．しかし，例えば，波形そのものが完全に同じだが時間軸が少しずれているような場合でも J 値が大きくなる．また，時刻歴全体の誤差を表してはいるが，構造物への影響などを評価することができないという欠点がある．そのためか，最近は使われないようである．

その他，Arias の地震動危険指標 I_A [19] も，多く使われている指標である．

$$I_A = \frac{\pi}{2g} \int (\ddot{u}(t))^2 dt \tag{12.6}$$

ここで，g は重力加速度であり，積分は全継続時間について行う．また，文献[19] では 2 方向の入力に対してはそれぞれの方向について計算した値を加えている．しかし，単純に和を取ると，座標軸の向きによって値が変わるという問題があるが，これは，例えば，各時刻についてベクトル和を取りその絶対値を用いるということで解決できる．

観測と解析を比較する場合にもう一つ参考になるのは，位相である．例えば，図 12.6 は鉛直アレーと観測波形の比較の例[20] であるが，図に矢印で示した部分は解析では観測より早くゼロ軸を横切っている．解析の波動が実際の波動より早く観測点に到達したわけで解析の波動の伝播速度または弾性定数が大きいということを表している．したがって，解

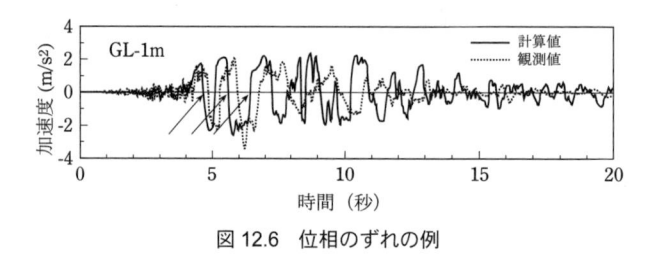

図 12.6 位相のずれの例

析の弾性定数を小さくすることでよりよい一致が期待できる。

一方，解析が遅くたどり着く時には，波動の伝播速度が遅いことを表している。この場合，二つの可能性がある。一つは，弾性定数が小さいこと，もう一つは解析では早く非線形化するので，見かけの伝播速度が遅くなっていることである。同じことは解析の位相が早い場合についてもいえ，波動の伝播速度が速いか，非線形が起こりにくいすなわち，強度を過大評価している可能性がある。

このように位相で判断するときには，弾性定数と非線形の程度の両方を考慮する必要がある。そこで，非線形挙動がほとんど起こっていない地震の始まり付近で着目すれば弾性定数のみをチェックでき，その上でひずみの大きそうなところを見ると非線形程度の影響が見えるというように，見る場所を変えることによって順番にチェックしていくことが可能になる。

12.2 既往の研究に見るパラメータの影響

この節では，既往の研究で，パラメータの影響がよくわかるものを紹介する。

12.2.1 非線形特性の影響

森本ら[21]は全国各地の試料による繰返しねじりせん断試験のデータ，約50本を集め，それらのうち，拘束圧98kPaの試験の繰返しせん断特性の平均値と95%信頼区間を図12.7のように示した。また，この力学特性を用いてI〜IV種地盤の代表的な地盤に最大加速度を150cm/s^{2}になるように調整した開北橋の記録を用いた解析を行った。図12.8にはIV種地盤に対する最大加速度と柱状図，N値を示す。ここで，IV種地盤は固有周期が0.6秒より長い地盤[22]で，現在のIII種地盤[23]に相当する。計算は，剛性の一番大きい（減衰が一番小さい）ケース，平均値，一番小さいケースの3通りである。

図12.8からわかるように，地表の最大加速度は平均値を用いたものに対して上限，下限のケースではいわゆる倍・半分程度の誤差となっている。このケースの最大ひずみ付近（約1%）では剛性の差は図12.7で見ると，約10%である。すなわち，10%の繰返しせん断特性の違いが倍・半分に及ぶような最大加速度の誤差となって現れたことになる。

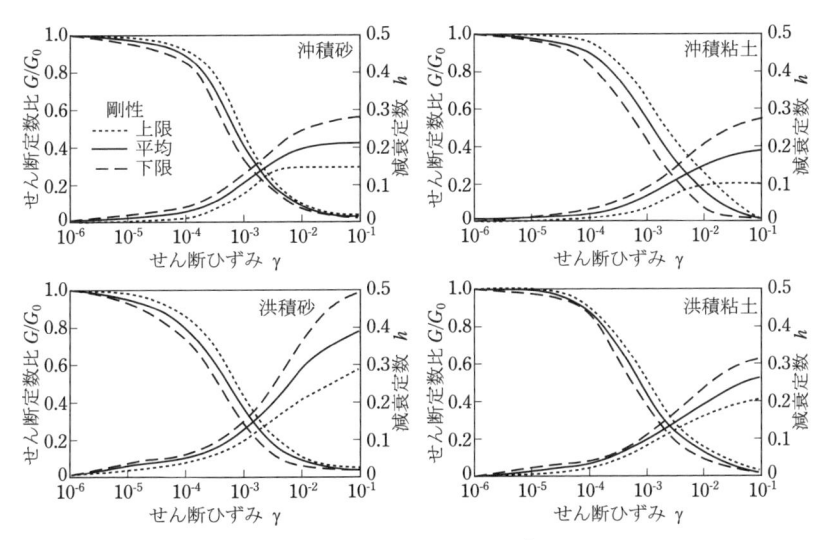

図12.7　繰返しせん断特性のばらつき

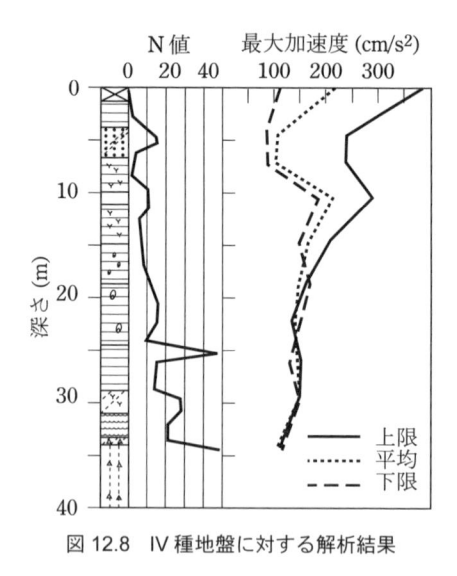

図 12.8 IV種地盤に対する解析結果

なお，最大加速度の差はI種地盤では非常に小さく，II，III，IV種地盤と地盤の固有周期が長くなるほど大きくなっていたが，その原因として，最大ひずみの大きさが挙げられている．すなわち，硬質地盤では小さいひずみしか発生しないので，最大ひずみが小さく，繰返しせん断特性の差が表れにくい．

12.2.2 S波速度のばらつきの影響

東畑ら[24]は，N値から推測したV_sにばらつきがあり，真の値から1/2～2倍の範囲にばらつくことから，モデル地盤で，地盤の層分割，N値，単位体積重量，繰返しせん断特性および地震波の卓越周期は固定し，微小ひずみ時のV_sと入射加速度の大きさをモンテカルロ法により確率的に変動させる計算を行った．解析に用いた地震波は，東京大学千葉実験所の鉛直アレーで得られた1987年千葉県東方沖地震を含む三つの記録である．また，地盤は過去の文献に示される4つのモデルが用いられた．図12.9に代表的な解析結果を示す．

図12.9(a)は計算対象とされた柱状図である．全体的には地表に行くに従ってN値やV_sが小さくなっているが，途中に一つだけこれらが大きい層がある．次に，図12.9(b)，(c)では沖積の砂と粘土層のそれぞれについてのV_sの分布が示されている．横軸に示した$\log V_s/V_{se}$は±0.5の範囲に分布している．これは，平均値に対しておおよそ1/3～3倍の間でばらついていることを意味し，N値からV_sを計算する式のばらつきが0.5～2倍程度であるのに比べると大きめである．

図12.9(d)には500セットの地盤に対して計算された地表の最大応答値の分布が示されている．図で黒く塗りつぶした矢印は平均のV_sを用いた計算による最大加速度で，約200cm/s^{2}である．これに対して，500セットの地盤の地表の最大加速度の平均値は150cm/s^{2}前後であり，平均のV_sの地盤の値に対してかなり小さい．

この原因の一つは，計算に用いる応力－ひずみ関係の設定法にある．1.3節で述べたように，せん断強度によって地表の最大加速度に上限がある．式(1.8)を再掲すると次のようである．

$$\alpha_{max} = \frac{g\tau_f}{\sigma_v} \tag{12.7}$$

一方，応力－ひずみ関係は非線形特性G/G_0-γ関係にせん断弾性係数を乗じて求められる．

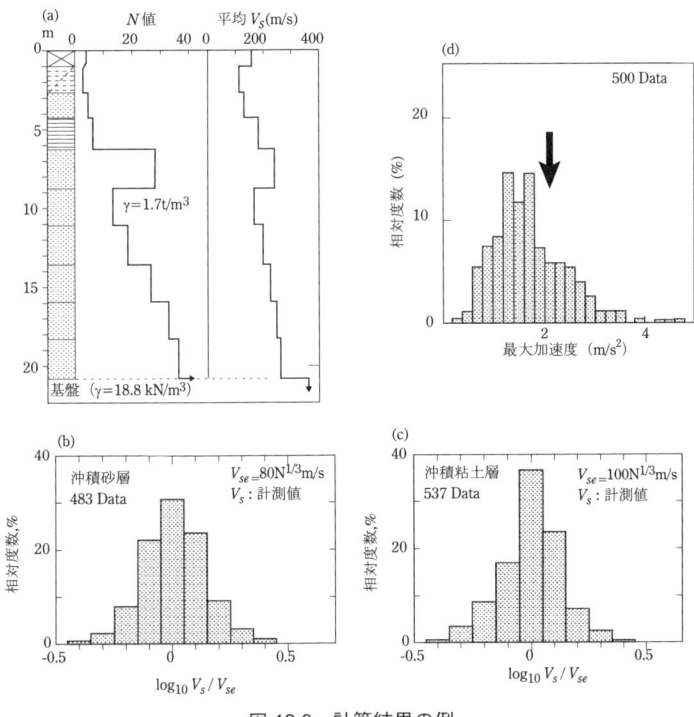

図 12.9　計算結果の例

したがって，V_s が小さく設定されるとせん断強度が小さくなり，その結果，地表の最大加速度が小さくなってしまうことがある。柱状図で見られるように，この地盤では V_s は地表に行くに従い，小さくなっている。一方，それぞれの深さに作用する慣性力も地表に行くに従い小さくなる。したがって，どの層でもせん断強度に達する可能性がある。これに対してばらつきによりどこかの層のせん断強度が小さくなると，この層のせん断強度により地表の最大加速度が平均の地盤剛性のケースより小さくなることは十分考えられる。

この事例は，安易に N 値から V_s を求めたときに，最大加速度に大きな誤差が入る可能性があることを示している。

12.2.3　ブラインドテストによる解析の精度

地震応答解析手法の精度は，例えばブラインドテストにより実証できる。ブラインドテストとは，結果を示さず，解析条件のみを示し，解析結果が集まったところで，結果を示すものである。ただし，ブラインドテストにも問題点がないわけではない。例えば，あるプログラムがよい成績だからといって，それはプログラムがよかったのか，たまたまであったのか，それとも解析者の判断がよかったのかわからないが，すべてプログラムのせいにされるといったことである[25]。しかし，精度や解析法の現状を示しているという意味では重要なものであろう。

図 12.10 は足柄をターゲットに行われたブラインドテストを示している[26]。(a)は地盤条件で，岩盤が露出している KR1 の観測波形を与え，軟弱地盤サイトの地表の応答 KS2 やその基盤の応答 KD2 などを予測させるものである。図では傾斜が大きく見えるが，これは縦横の縮尺が違うためで，多次元の影響はほとんどないとされている[26]，いわば教科書的な問題である。図 12.10(b)は最大加速度のばらつきを示している。標準偏差が非常に大きく，全体の 1/4 を見てもその範囲はばらついている。また，解析の平均値は観測と大きく

(a) 解析対象

(b) 最大応答加速度のばらつき

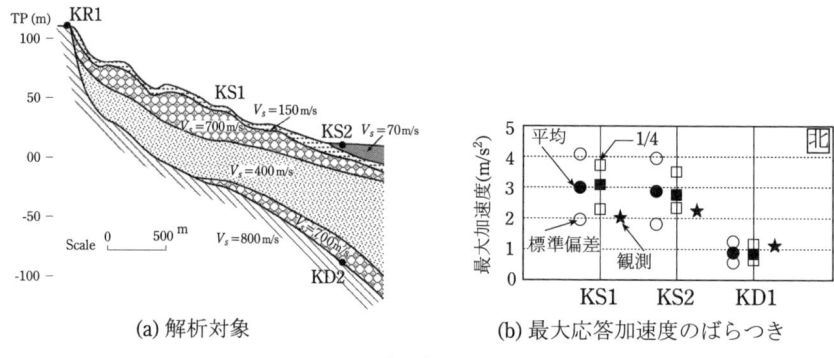

図 12.10　足柄ブラインドテスト

ずれているなど，平均値として見た地震応答解析の結果の精度はそれほどよくないように見える。また，この中には SHAKE を用いたと考えられる結果も多くあったが，その結果もばらついていることが知られている。

この原因として，KR1 の記録から基盤の入射波を求める際に，基盤を設定する必要があるが，その深さが異なれば地表の振動に差が現れることがわかっている[27]。このように，地震応答解析では，精度は解析プログラムの能力のみならず，技術者の判断にも影響される。

このほかにも，何度か液状化地盤に関する一斉解析が行われているが，それらの結果もばらついている。例えば，アメリカで実施された各種の構造物・土構造物の遠心力載荷試験に対するブラインドテスト[28]では，どのモデルでも成績がよかったプログラムはなく，また，どのプログラムでも成績がよかったモデルもないという報告があり，問題が簡単でないことを示唆している。

これに対して本書の読者の大部分であるユーザーはどのように対処すべきであろうか。例えば，特定の解析プログラムを使えばよい結果が得られるということは絶対に期待できないわけである。まず，必要なことは，ユーザーの経験である。多くの問題を解析していれば，自然と解析プログラムがどのような特徴を持ってくるのか理解できるようになる。特に，未知の問題ではなく，解のわかっている問題を解くことにより，精度に関する経験が蓄積されていく。

この章では，読者の役に立つように，代表的な地盤の解析事例を集めた。

12.3　鉛直アレー記録のシミュレーション

鉛直アレーとは，深さ方向に複数の地震計を設置したものである。これをシミュレーションすることにより，地震応答解析の精度を検証することができ，非常に有用なデータが得られる可能性がある。最近では，KiK-net[29] のように全国的に配置されている鉛直アレーも増えてきたが，昔は研究用に配置されたものが多く，その数は多くなかった。また，シミュレーションに用いるためには，大きな地震動が得られているだけでは不十分で，アレーサイトの地盤の状況（柱状図，速度構成，繰返しせん断特性など）がよくわかっているものでなければならない。例えば，KiK-net は地下の地震計がかなり深いところに設置してあり，付近の詳細な地盤構造がわからないことから，非線形挙動の検証のためにはそれほど役には立たない。著者の知る，液状化がそれほど影響しなくて，全応力解析の検証に使えそうな解析記録には，表 12.1 に示すようなものがある。

第 12 章　解析事例と評価

表 12.1　大きな地震動が観測された鉛直アレー

サイト	地震	γ_{max}	備考
東大生研千葉実験所	1987年千葉県東方沖地震[30]	0.09%	ローム
東電新富士変電所	1983年神奈川県山梨県境地震[31]	0.4%	スコリア，黒ボク
台湾・Lotung テストサイト	1986.5.20[32]	(0.1%)	シルト
関西電力総合研究所	1995年兵庫県南部地震[33]	1%	細砂
ポートアイランド	1995年兵庫県南部地震[20]	6%	Ma13（沖積粘土）層
大井埋立地	1980.9.25[34]	0.07%	砂
新太田埋立地	1987年千葉県東方沖地震[35]	0.4%	砂

注）最大ひずみ γ_{max} は計算値で，著者による推測を含む。

12.3.1　等価線形化法の適用性の境界

　東京大学千葉実験所で，1987 年千葉県東方沖地震の際に得られたアレー記録[36]の解析を行う。このサイトでは高密度な水平方向と鉛直方向のアレー観測が行われているが，ここではそのうちの鉛直アレー観測の結果を解析する。地盤構成，材料の力学特性などは文献[37]に従って行う。

　図 12.11 に柱状図を示す。地震観測は図で●で示した，GL-1, 5, 10, 20, 40m で行われているが，そのうち，GL-1m と 40m の観測波形を図 12.12 に示す。また，力学特性は文献[37]では Ramberg-Osgood モデルによりモデル化されており，GL-10m 以浅と以深で異なる繰返しせん断特性が設定され，それぞれ，基準ひずみは 3×10^{-3} と 5×10^{-4} である。なお，減衰特性は式(8.9)，(8.10)で示した Ramberg-Osgood モデルの標準に最小値を加えた次式で設定されている。

$$h = h_{max}(1 - G/G_0) + h_0 \tag{12.8}$$

ここで，全層で $h_{max}=0.3$，$h_0=0.02$ と設定されている。Ramberg-Osgood モデルのパラメータである β は h_{max} より求めることができ，α は式(8.12)より求めることができる。これらより求めた繰返しせん断特性を図 12.13 に示す。最大の減衰定数は 0.32 であることから，10% という大ひずみ領域ではほぼ 0.3 を超える減衰定数となっている。このように大きな減衰定数は 6.7.2 項で述べたように，現在一般的に行われている非排水条件で行われる繰返し

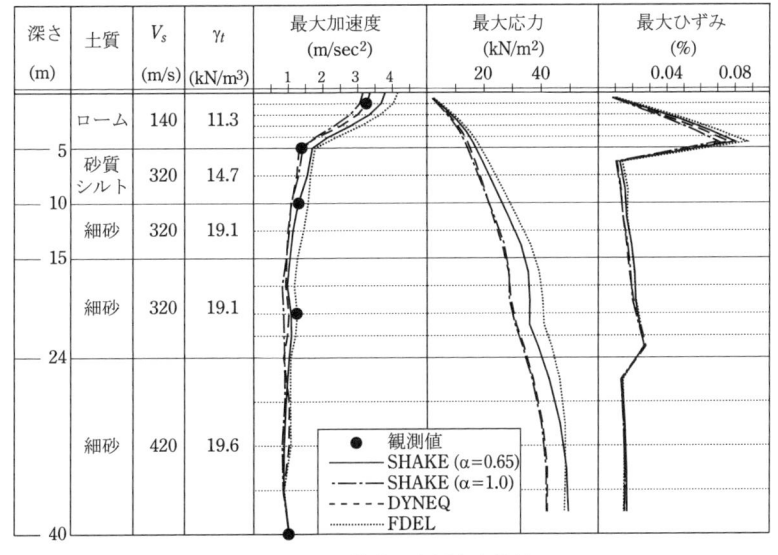

図 12.11　柱状図と最大応答値

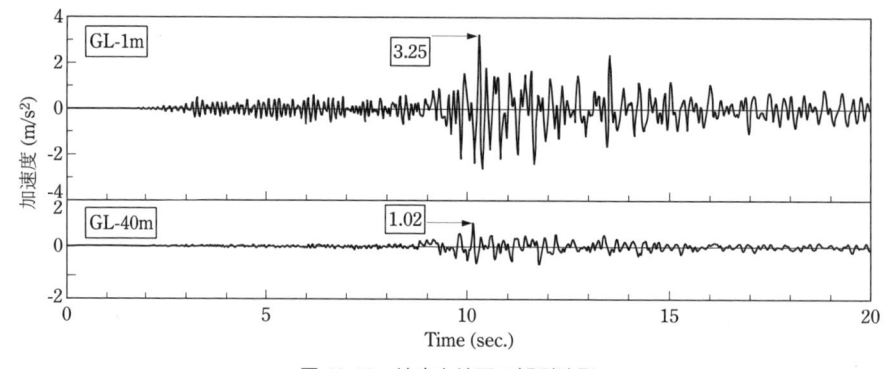

図 12.12 地表と地下の観測波形

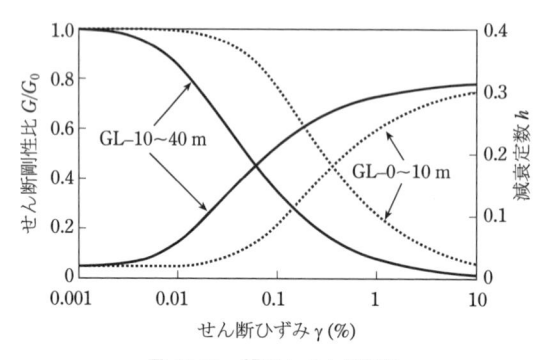

図 12.13 繰返しせん断特性

せん断試験ではほとんど現れない大きな値であるが，排水条件で行われる繰返しせん断試験ではよく現れる値である（例えば文献[38]）。

解析は，SHAKE，DYNEQ，FDEL の三つの等価線形化法で行った．各解析手法の特徴は 10.4 節で示している．このうち，SHAKE の解析では 10.4.2 項で述べた最大応力を過大評価する原因の実証のために，式(10.22)で示した最大ひずみ γ_{max} を有効ひずみ γ_{eff} に換算する際の係数を一般によく用いられる 0.65 に設定したものと，実務では用いられることのない 1.0 に設定した二つのケースを行ったので，合計 4 ケースの計算を行ったことになる．

図 12.11 には柱状図と共に最大応答値が示されている．観測の最大加速度分布を見ると，GL-5m より深いところでは地震動はそれほど増幅しないが，GL-5m 以浅の軟弱な地盤で地震動が大きく増大する．

まず，最大ひずみに着目すると，おおむね 0.08% であり，等価線形化法の適用範囲[39]といわれている 0.1% より小さい．

解析結果のうち，SHAKE の結果（実線）を見ると，GL-5m 以深では最大加速度はそれほど大きくなく，GL-5m 以浅で大きくなっている現象はきちんと表現されている．また，最大加速度分布も観測値とよく合っているように見える．しかし，詳細に見ると，GL-1m における最大加速度は観測値より少し大きい．

そこで，図 12.14 に GL-1m の加速度時刻歴を主要部分について比較して示す．図では，最大加速度の発生位置を矢印で示しており，3.25m/s² が観測波形の最大値である．全体の波形は非常に良く一致しているが，矢印で示したピーク位置で少し観測記録が大きくなっていることがわかる．このように解析の加速度が大きくなっているところは他のピークでもいくつも見ることができる．

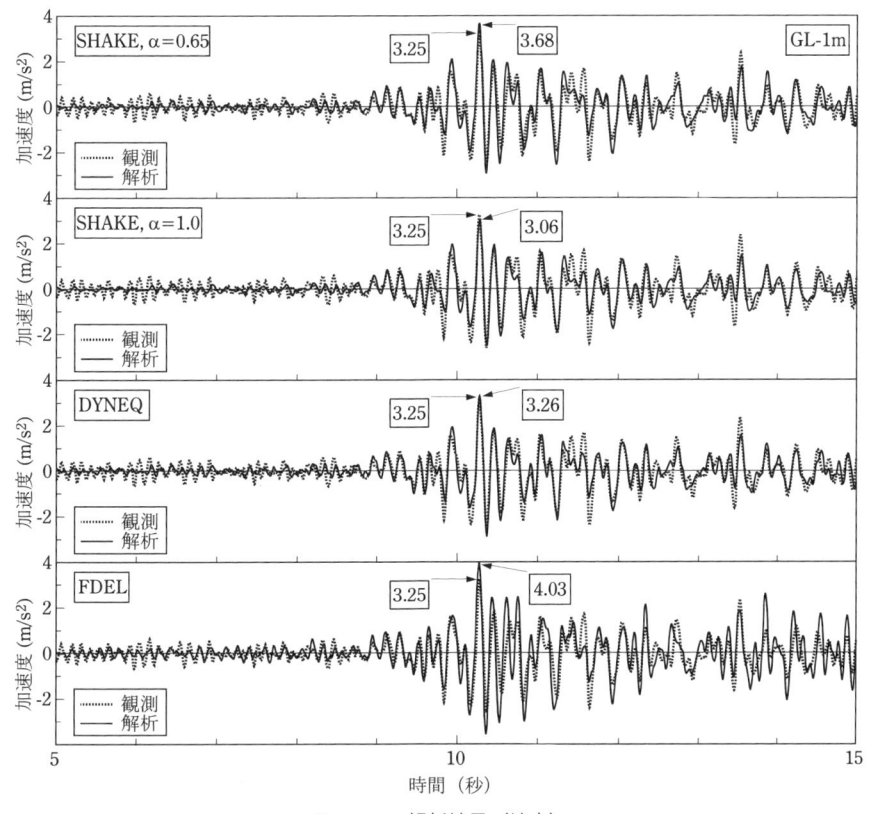

図 12.14 解析結果（地表）

　次に，係数 α を 0.65 から 1.0 に変更した結果を見てみる．地表の最大加速度は 3.06m/s² となり，ずっと観測値に近い．では，1.0 にすると，何か不都合が起きるであろうか．図 12.14 に示される加速度波形を見ても，$\alpha=0.65$ のケースと比べても波形はそれほど差がない．10.4.2 項で述べた，SHAKE の加速度の過大評価の原因が線形解析をしているための共振であるなら，$\alpha=1.0$ の場合には過大評価しないというのは筋が通らない．したがって，SHAKE の過大評価の原因は図 10.9 によることが明瞭である．このことは，図 12.15 に示した応力－ひずみ関係を見ても明らかで，入力した骨格曲線に比べて，FDEL，SHAKE（$\alpha=0.65$）は大きく，DYNEQ と SHAKE（$\alpha=1.0$）は整合している．なお，SHAKE（$\alpha=1.0$）の最大加速度が DYNEQ より小さいのは，SHAKE の二つ目の欠点である高振動数領域の増幅の過小評価によるものであろう．

　図 12.16 には増幅比と応答スペクトルを示している．FDEL の応答はどちらのケースでも大きい．応答スペクトルで FDEL が特に大きいのは，5Hz（0.2 秒）程度で増幅を大きく評価していることが大きな原因である．また，DYNEQ と SHAKE($\alpha=1.0$) は低振動数部分ではよく似ている．

　最後に，図 12.17 に剛性，減衰および有効ひずみの周波数依存性を示す．SHAKE の結果は周波数によらず一定である．また，DYNEQ の有効ひずみが SHAKE より低振動数部分で大きいのは，SHAKE では最大ひずみに対して 0.65 をかけているのに対して DYNEQ は最大ひずみを用いているからである．さらに，FDEL では 5Hz 前後に有効ひずみが著しく小さくなっている領域があり，これが図 12.16 に見られる大きな増幅の原因となっている．

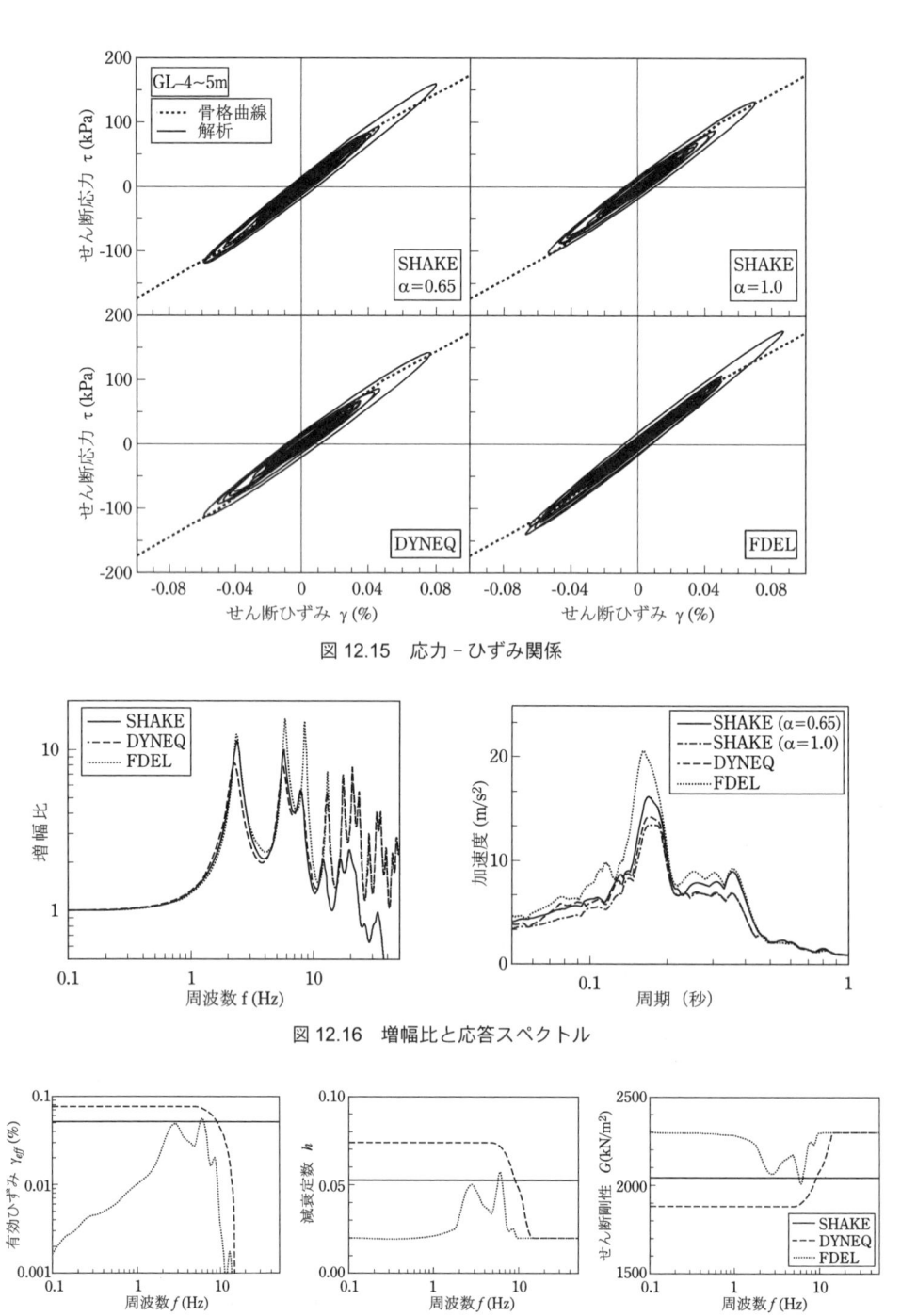

図 12.15 応力-ひずみ関係

図 12.16 増幅比と応答スペクトル

図 12.17 周波数依存性

12.3.2 中ひずみ領域の解析

1983年神奈川県山梨県境地震はマグニチュードが6.0とそれほど大きくない地震であったが、震央からわずか12 km しか離れていない、東京電力新富士変電所で鉛直アレーの記録が得られた。

図 12.18 に、このサイトの柱状図を示すが、このうち、GL-28m と地表で加速度が得られている。

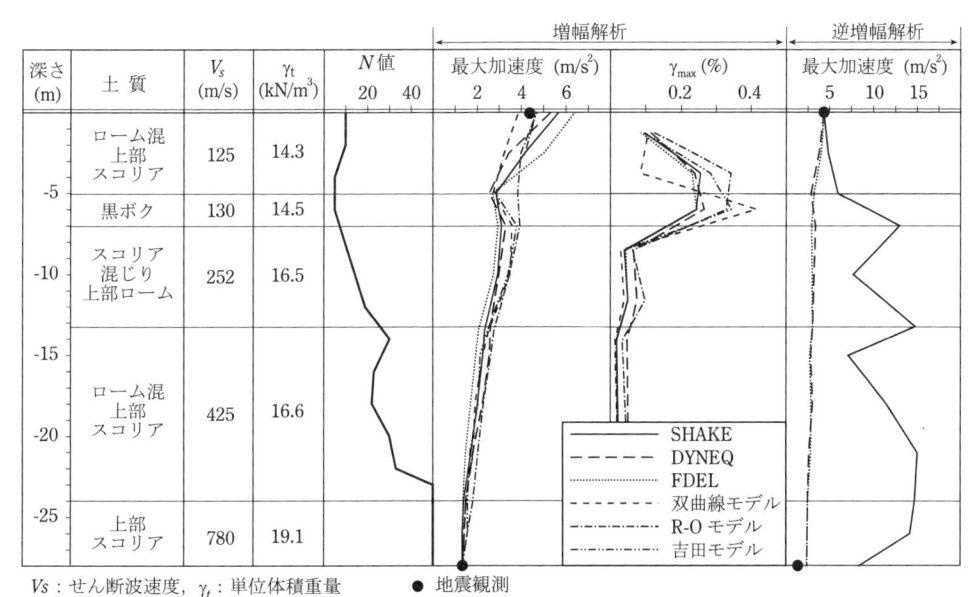

図 12.18 柱状図および最大応答値

このサイトでは，佐藤らが SHAKE による等価線形化法で，減衰定数を周波数の関数として

$$h = h_0 f^{-a} \tag{12.9}$$

のように表現した手法を用いて，システム同定によりひずみを求めた[40]。その結果が図 12.19 に試験結果とともに示されているが，同定値と室内試験の結果はおおむね一致している。鉛直アレーを用いた同定は他のサイトでも行われている（例えば，文献[31]）が，同定により得られた結果と室内試験の結果はおおむね一致している。

本題であるこのサイトでは，三つの等価線形化法と三つの構成モデルを用いた非線形法で解析する。すなわち，等価線形化法は SHAKE，DYNEQ，FDEL を，また，非線形法では，双曲線モデル，Ramberg-Osgood モデルのよく用いられる二つの構成モデルに加え，与えられた繰返しせん断特性を完全に再現できる吉田モデルを用いて解析を行う。

計算に用いる繰返しせん断特性は文献[41]に従い，岩崎らの沖積粘土に対するモデル[42]

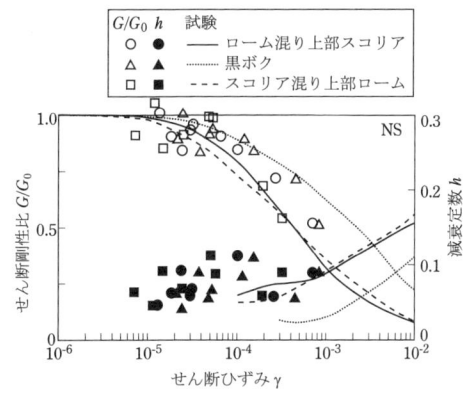

図 12.19 実験と解析の繰返しせん断特性

（7.2.1 項参照）をターゲットとして設定する．図 12.20 にこのモデルと，双曲線モデル，Ramberg-Osgood モデルによるシミュレーション結果の例を示す．非線形法の吉田モデルおよび等価線形化法では与えられた繰返しせん断特性をそのまま入力データとして用いることができるので，図では示していない．

図 12.18 に最大応答値，図 12.21 に入力地震動（GL-28m 観測値）と地表の加速度時刻歴を観測値と比較して示す．また，図 12.22 にはひずみが大きかった黒ボク層の応力－ひずみ関係を示している．図 12.18 では増幅解析として示してあるのがこの結果である．

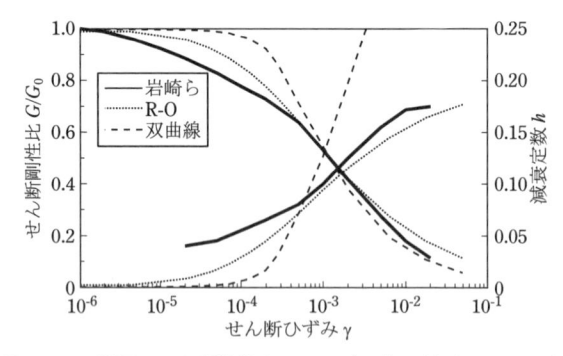

図 12.20 繰返しせん断特性とそのモデル化の例（GL-5〜7m）

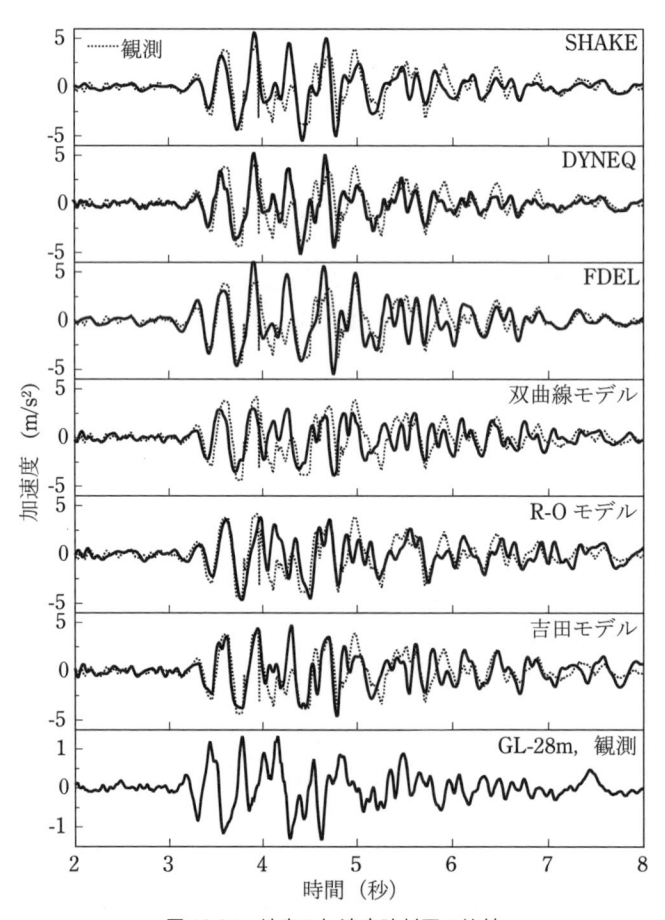

図 12.21 地表の加速度時刻歴の比較

この解析では，最大ひずみは約 0.4% で等価線形手法の適用範囲の境界付近にあるので，どの解析でもシミュレーション結果は比較的良い．詳細に見ると，等価線形化法の最大加速度は観測値より大きく，DYNEQ，SHAKE，FDEL の順で観測値から遠ざかっている．SHAKE と FDEL が加速度を大きく評価する理由は既に示したが，ここでも同じ現象が見て取れる．一方，非線形解析では，吉田モデルと Ramberg-Osgood モデルが観測値よりやや大きめ，双曲線モデルでは観測値よりかなり小さい最大加速度となっている．

図 12.21 で地表の加速度時刻歴を観測記録と比較してみると，どの解析でも全体的な挙動は良く再現されている．ただし，最大加速度付近でちょっとした違いが発生している．したがって，最大加速度に着目するのであれば，合う，合わないの議論は可能であるが，全体挙動としてみると，それほど解析間の違いは無いと考えることもできる．

図 12.22 の応力－ひずみ関係は，入力した骨格曲線も一緒に示されているが，SHAKE，FDEL が入力値より大きい最大せん断応力を示し，これが加速度を大きく評価する原因となっていることは何度も説明した．一方，双曲線モデルの最大応力は，設定した骨格曲線より小さいが，これは，図 12.20 でもわかるように，双曲線モデルが最大値付近では設定値と一致していないことが原因である．また，これまでの議論からわかるように，これが最大加速度の小さい原因となっていることは明らかであろう．実際，地表の加速度時刻歴を見ると，頭打ち現象も見られるようである．一方，Ramberg-Osgood モデルと吉田モデルは，最大値付近では設定値とほぼ同じせん断応力となっており，これが観測値に近い結

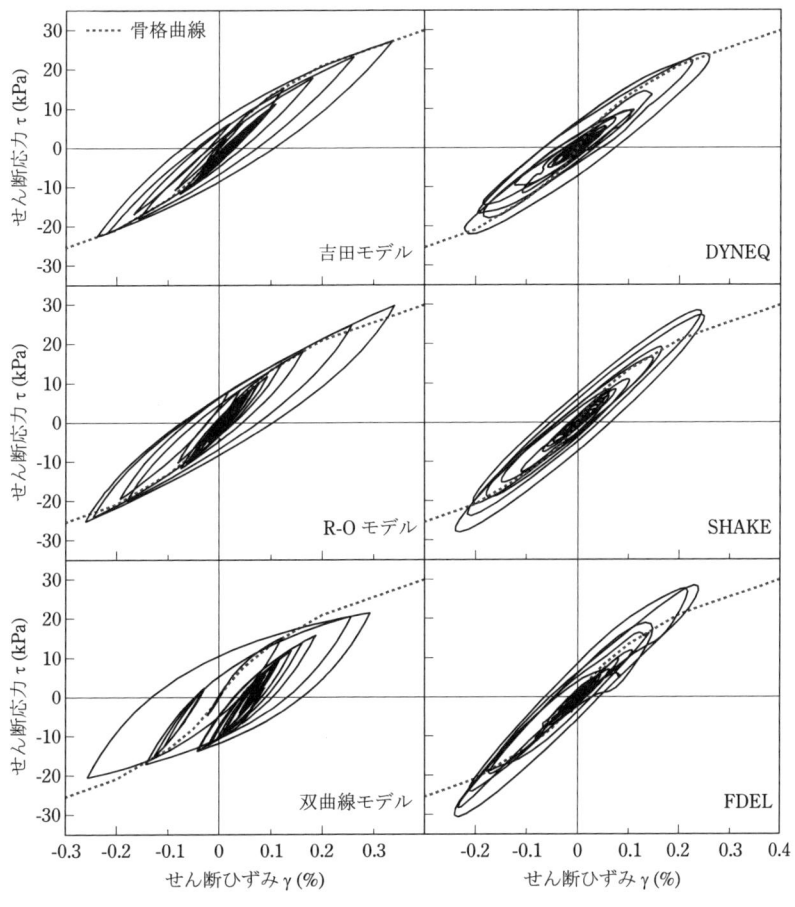

図 12.22 応力－ひずみ関係の比較（GL-5～7m）

果として現れたものである。

　このように，各種解析の違いは，主として最大加速度付近の挙動であり，それ以外の点では各解析ともそれなりの評価をしていると見ることもできる。また，非線形法は等価線形化法に比べてより厳密であるということを，非線形法のところで述べたが，実はそれは，応力-ひずみ関係のモデル化がきちんとできたという前提に立っているということもわかる。応力-ひずみ関係モデルがきちんと再現されないと，非線形法を使ったといっても良い精度が期待できるわけでもないし，より厳密であるということもできない。

　最後に，図 12.18 の一番右には逆増幅解析（デコンボルーション），すなわち，地表の観測記録を入力した応答解析の結果が示されている。加速度の単位が増幅解析とは異なっていることに注意して見ると，DYNEQ と FDEL ではほぼ観測記録と一致しているのに対して，SHAKE の最大加速度分布は異常である。これは，10.4.2 項の図 10.12 で示した SHAKE の欠点と同じ原因によるものである。そこで，図 12.23(a)に GL-28m の波形を観測値と比較して示す。DYNEQ と FDEL はほぼ観測記録と対応している。なお，4 秒以降で少し差が見られるが，これは計測の問題であることがわかっている。これに対して，SHAKE の応答は 4 秒の少し前で 8.3m/s^2 の大きいパルスが現れている。また，図 12.23(b)にこの付近の時間軸を伸ばして示すが，高振動数の大きな波が乗っていることがわかる。これらは SHAKE の二つめの欠点，すなわち，高振動数成分の応答の過小評価が原因となっていることは明らかであろう。

　ここに示したように，最大ひずみ 0.4％という応答は，等価線形化法の適用範囲から少し外れた領域であるが，最大加速度付近の挙動を除けば，等価線形化法の適用範囲といえる。特に DYNEQ では良く再現されている。次に，SHAKE の逆増幅解析の適用範囲は，10.4.4 項では，最大ひずみが 0.1％でも怪しいということを述べたが，この計算例では 0.4％で，信頼できない範囲となっている。

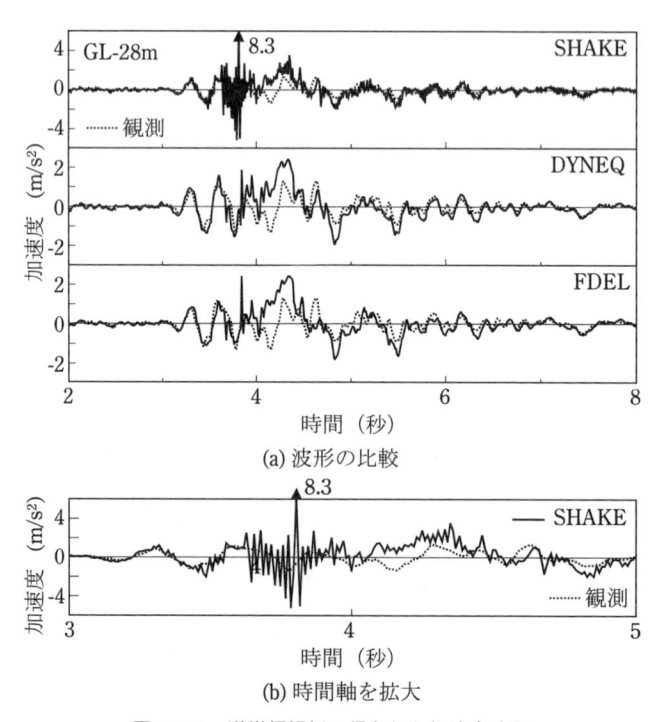

図 12.23　逆増幅解析で得られた加速度波形

12.3.3 大ひずみ領域の適用性

1995年兵庫県南部地震では，人工島であるポートアイランドで鉛直アレー記録が得られたことは，1.2節で紹介し，柱状図や観測波形は図1.11で紹介した。このサイトでは大規模な液状化が発生し，それが話題になっているが，1.2節でも示したように，その下のMa13と呼ばれる沖積粘土層でも著しい非線形が発生しており，これが表層の地震動にも大きな影響を与えている[20]。そこで，この粘土層の挙動に着目する解析を行う[43]。なお，このサイトの地震計の位置は，例えば，GL-16m，GL-16.4mと異なるように表されることがあるが，これは，地震観測のためのピックアップを入れた筒のどの位置を地震計位置と設定するかだけの違いである。ここでは，沖積粘土層の挙動を一番の興味の対象としているので，その直下にあるGL-32.4mの地震計の記録を入力とした解析を行う。なお，ここでは，等価線形化法に関する結果のみを紹介する。非線形法による解析の結果は例えば，文献[20]に示したが，それなりの成果が得られている。

まず，図12.24には最大応答値を示している。地表の観測記録はいずれも観測値とはかなり差があるが，これは埋土が液状化していることから，当然といえる。GL-16.4m位置も埋土で，液状化していると考えられるが，粘土層に近いことから比較する意味がある。ここでは，観測値との比較を重視するのではなく，大ひずみ領域の解析手法による差異に着目して議論する。

図12.25には地表およびGL-16.4m位置の加速度時刻歴を示す。SHAKEによる解析は長周期の揺れを示している。FDELでは5Hz程度の波形が顕著に乗っており，観測値とは全く異なった波形となっている。DYNEQでも類似の波形が乗っているが，値は小さく，また，このため，SHAKEやFDELではうまく表現できていない，6.5秒，8秒付近のパルスのような波形の再現にも成功している。図12.26には，埋土層（液状化）および粘土層の代表的な層の応力－ひずみ関係の指標を示している。SHAKEによる解析は楕円形で，等価線形化法の典型的な履歴曲線となっている。これに対して，DYNEQの結果は少し乱れがみられ，FDELの結果は非常に大きくSHAKEの結果から外れた結果となっている。これは，加速度時刻歴に見られたのと同じ現象である。

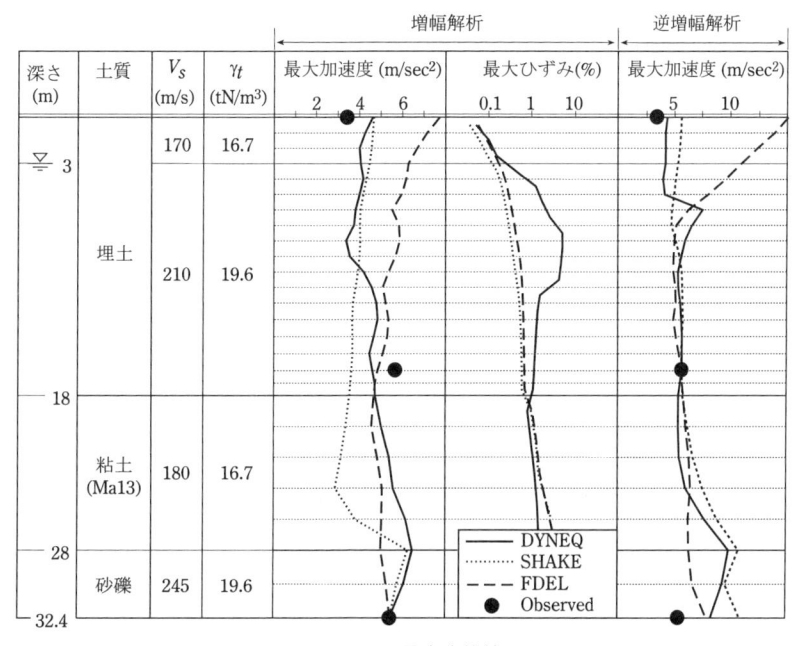

図12.24 最大応答値

(a) 地表

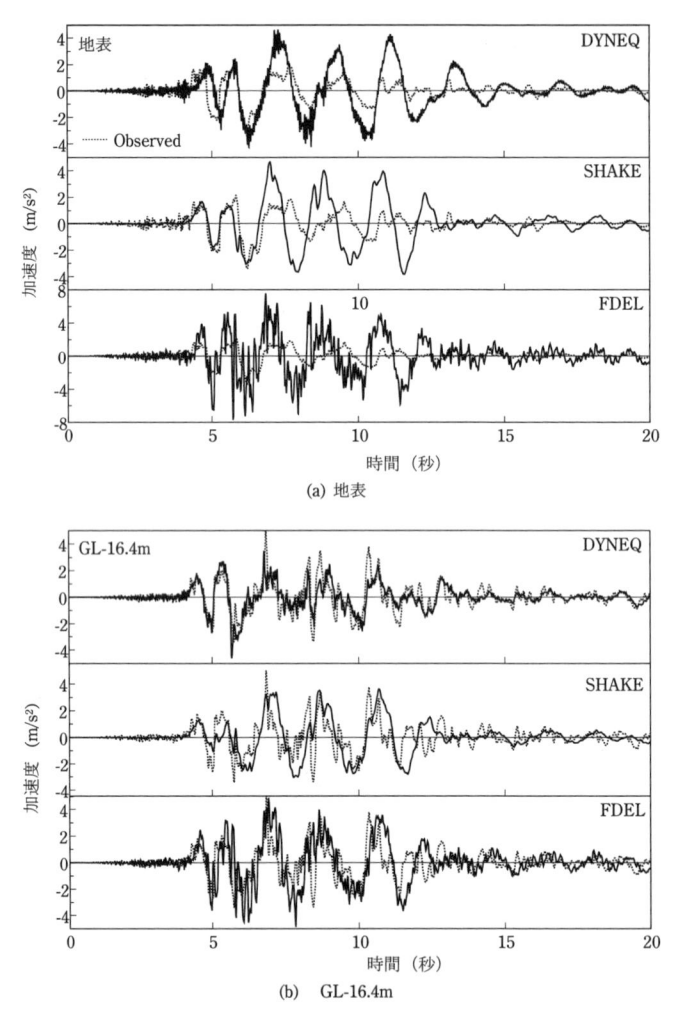

(b) GL-16.4m

図 12.25 加速度時刻歴の比較

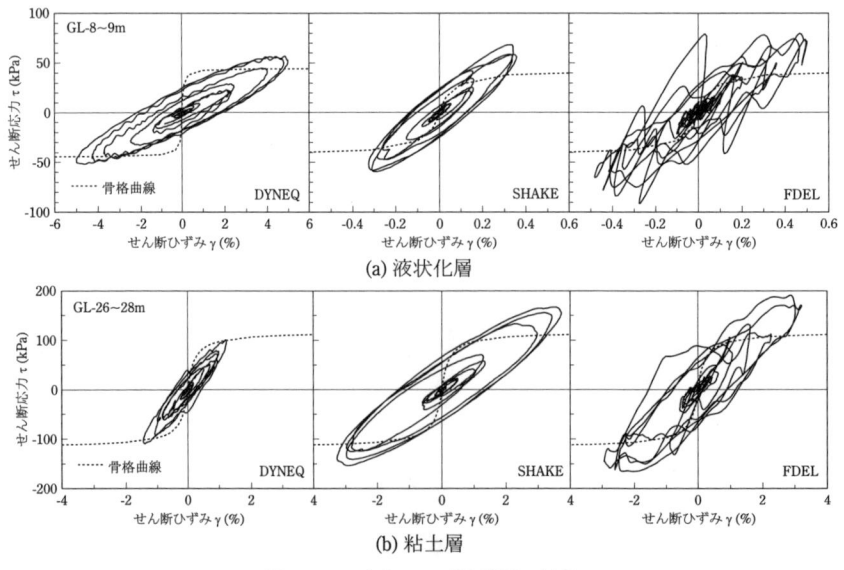

(a) 液状化層

(b) 粘土層

図 12.26 応力 - ひずみ関係の比較

図 12.27 には，周波数依存性を示している。ここで，重要なのは FDEL では 5Hz 付近で剛性が少し落ちているところが見られることで，これが FDEL で 5Hz 程度の波が大きく見られるのと密接に関係している。有効ひずみは，線形軸で書かれているのであまり目立たないが，5Hz 程度でひずみ振幅が大きくなっている。すなわち，波形にこの成分が乗っていることを表している。他の結果と重ね合わせてみると，FDEL では，ひずみのフーリエスペクトルで有効ひずみを規定しているので，この付近ではほとんど弾性剛性が用いられ，それが，5Hz 付近の振動の励起を起こした原因である。DYNEQ や SHAKE では有効ひずみが大きく，剛性が小さいので，振動の励起は起きなかったといえる。

このことは，等価線形化法を改良する際には，ほぼ弾性に挙動する周波数帯域は，非線形が著しくなるほど大きくすべきであるということを意味している。

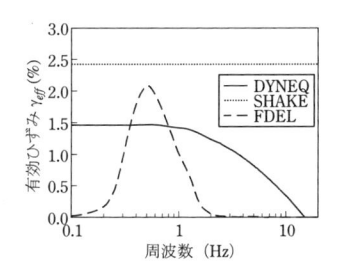

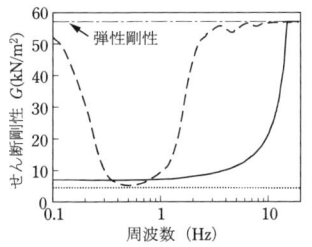

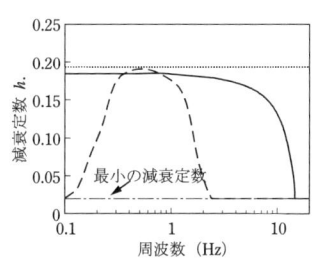

図 12.27　周波数依存性の比較

12.3.4　弾性定数の設定の問題

1995 年兵庫県南部地震の際，尼崎にある関西電力総合技術研究所サイトで鉛直アレーの記録が得られた。ここではこの記録の解析を通して，弾性定数の設定法について議論する。

このサイトでは，地震前と地震後に PS 検層を含む地盤調査が行われている[44)][33)]。地震前の PS 検層はダウンホール法，地震後はサスペンション法が用いられている。これら二つの調査結果を図 12.28 に示す。また，この図には著者が SHAKE を用いて行った地震応答解析の最大値も示されており，その際の地表の加速度時刻歴が図 12.29 に示されている。いずれの結果も全体の波形は観測値とよく似ているが，最大加速度は大きく過小評価されている。その原因を考えようというわけである。

まず，地震前の柱状図を使った解析を見ると，GL-4m，7m付近でひずみが 2%程度の大きな値となっており，これに呼応して最大加速度が小さくなっている。これは，1.3 節で示した地震動の上限に至ったことが原因である。ところで，このひずみの大きい層は柱状図を見ると砂礫層である。つまり，砂礫層で著しい非線形が起こるという，常識的でない結果が得られたわけである。この原因は，次のように考えられる。

柱状図を見ると，GL-3.8m〜7.0m の間の V_s は 117m/s となっている。この間の土質はシルト，細砂，砂礫が含まれている。先に 7.2.10 項で示したように，非線形挙動は砂礫，砂，粘土の順で起こりやすくなる。これを模式的に応力 - ひずみ関係として表現すると，図 12.30 (a)のようになる。ここで，繰返しせん断特性における剛性が弾性定数で無次元化されているのと同様，図の縦軸はせん断応力を弾性剛性で無次元化している。すると，立ち上がり剛性はすべての材料について同じになるので，非線形が早く起こるということは，図に示されるように，強度が低いということを表している。ところで，GL-3.8〜7m の間は弾性係数が同じなので，実際の応力 - ひずみ関係でも礫の強度が低くなっているわけで，これが，礫層でせん断ひずみが大きくなった理由である。

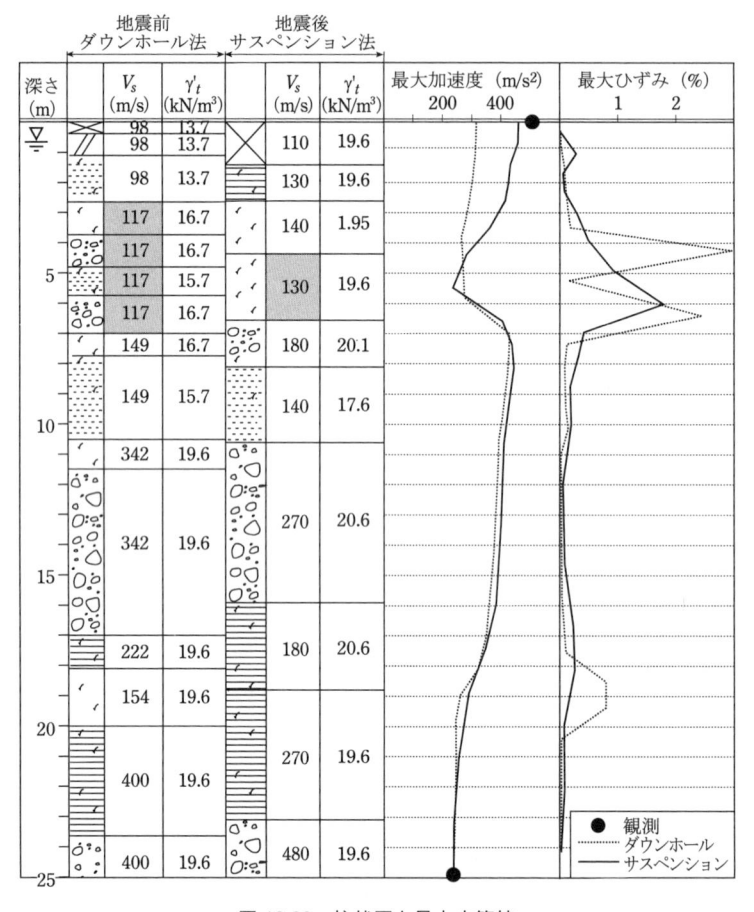

図 12.28 柱状図と最大応答値

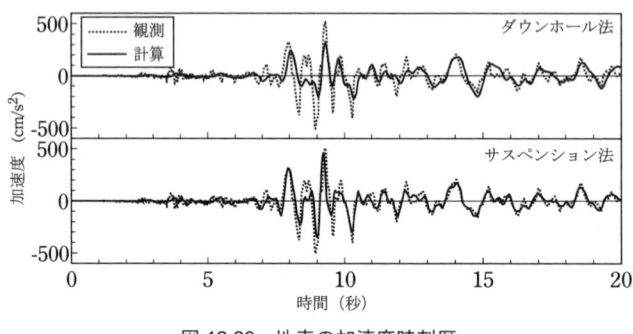

深さ (m)	地震前 ダウンホール法 V_s (m/s)	γ'_t (kN/m³)	地震後 サスペンション法 V_s (m/s)	γ'_t (kN/m³)
0	98	13.7	110	19.6
	98	13.7	130	19.6
	98	13.7	140	1.95
	117	16.7		
	117	16.7	130	19.6
5	117	15.7		
	117	16.7	180	20.1
	149	16.7	140	17.6
	149	15.7		
10	342	19.6	270	20.6
	342	19.6		
15				
	222	19.6	180	20.6
	154	19.6		
20	400	19.6	270	19.6
	400	19.6	480	19.6
25				

最大加速度 (m/s²): 200, 400
最大ひずみ (%): 1, 2

● 観測
‥‥ ダウンホール
— サスペンション

図 12.29 地表の加速度時刻歴

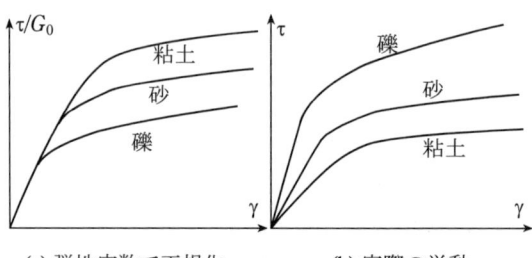

ダウンホール法 / サスペンション法
加速度 (cm/s²)
時間 (秒)
‥‥ 観測 — 計算

図 12.30 非線形性のイメージ

(a) 弾性定数で正規化 — τ/G_0 vs γ: 粘土, 砂, 礫
(b) 実際の挙動 — τ vs γ: 礫, 砂, 粘土

ところで，実現象として，このシルトから砂礫層までのすべての弾性係数が同じということは考えにくい。実際には，砂礫の弾性係数は大きく，シルト（図では粘土と表現）の弾性係数は小さいであろうから，図 12.30 (b) のようになっている。これなら，砂礫は非線形に入るひずみが小さくても，せん断応力は大きく，したがって降伏しにくい。ところが，5.2 節で示したように，ダウンホール法ではある程度の厚さにわたって，土質に関係なく S 波速度が一定に設定されることはしばしば行われる。すると，ここに述べたような問題が発生する可能性がある。

実際，地震後に行われたサスペンション法による結果では，図 12.28 に示されるように，この付近の砂礫層の弾性波速度は 180m/s とほかより大きくなっている。それにもかかわらず，新しい柱状図を用いた解析でも地表の最大加速度は観測値より少し小さい。SHAKE による解析は最大加速度を過大評価することはこれまで再三述べてきたが，それにもかかわらず観測値より小さいというのは，モデル化に問題がありそうである。

図 12.28 の最大ひずみを見ると，GL-6m 付近でひずみが大きくなっており，この層の上限加速度が支配的であり，これが加速度の過小評価の原因となっている。この層の S 波速度は 130m/s であるが，その上下には，140m/s, 180m/s とこの層より S 波速度が大きい層がある。1.2 節で述べたように，S 波速度が小さい層から大きい層に波動が伝搬するときには，層境でより多くの成分が反射する。ということは，上下に S 波速度の大きい層があると，その層では上下でより多くの波動が反射するため，振動のエネルギーがたまり易く，この層のひずみが大きくなる。これが，解析でこの層が上限加速度を決める要因になった理由である。

ところで，このようなサンドイッチ構造がこの地盤全体についていえることであれば，この解析で起こったようなことは実際にも起こると考えられる。確かに，サスペンション法による速度構造は計測したボーリング孔では精度はよい。しかし，そのような層構造が水平に続いているという保証はない。実際，地震前に行われた柱状図は地震後のそれとかなり違っており，このサイトではとても水平成層とは考えにくい。これがサスペンション法の欠点といえる。特に一次元解析では 11.3 節の散乱の減衰のところでも述べたように，不整形の影響が極端に現れやすい。

このように，弾性係数を計測する最も精度の高い計測法を用いても，それが，一次元の地震応答解析を行うのにベストな柱状図とは限らないというのが現状である。したがって，ここに挙げたような事例（サンドイッチ構造でひずみが大きくなる）に出会ったら，それがこの地域を代表する地盤であるのか検討した方がよい。

ところで，著者が行った二つの計算はいずれも成功とはいえないものであったが，このサイトの解析は実際上難しい。文献 [33] では解析精度をよくするためには，かなりの頻度で繰返しせん断特性データを得る必要があることが指摘されているし，文献 [45] では Ramberg-Osgood モデルのパラメータを満足してもこのサイトの最大加速度を予測することは困難であろうという予測が示されている。

12.3.5 層分割と物性設定方法の解析結果への影響

東京湾埋立地に位置する東京電力新太田変電所では，1982〜1989 年にわたって地震観測が行われ，また，5.5 節で述べたような詳細な地盤調査が行われている。ここでは，得られた鉛直アレー記録のうち，最も加速度の大きい，1987 年千葉県東方沖地震の際の解析の結果を示す [35]。

詳細な地盤調査を反映し，表 12.2 に示す 5 つの地盤モデルが作られた。モデル①はダウンホール法の結果を用い，層厚 1m でモデル化している。モデル②はサスペンション法の

表 12.2 解析モデル

下端深さ (m)	単位体積重量 (kN/m³)	モデル① 層数	モデル① V_s (m/s)	モデル② 層数	モデル② V_s (m/s)	モデル③ 層数	モデル③ V_s (m/s)	モデル④ 層数	モデル④ V_s (m/s)	モデル⑤ 層数	モデル⑤ V_s (m/s)
2	16.7	2	100	2		10		10		2	
10	16.7	8	100	8		40		40		8	
14	18.6	4	190	4	1m毎	20	20cm毎	20	1m毎	4	1m毎
16	17.2	2	320	2		4		4		2	
19	17.2	3	320	3		6		6		3	
基盤	17.6		410		410		410		410		410
備考		ダウンホール		サスペンション		インバージョン解析		モデルを細分化		GL-7〜8mを修正	

結果を用い，層厚 1m でモデル化しており，各層で V_s も異なる．サスペンション法では震動源からピックアップまでの平均的な S 波速度が計測されるが，これらの結果からインバージョン解析により各地点の最適な V_s を計算したものがモデル③で，層厚 20cm ごとに V_s の異なる，最も詳細なモデルである．モデル④はモデル③と同じ層分割で，モデル②と同じ材料特性を用いる．最後にモデル⑤ではモデル②と同じサスペンション PS 検層による V_s 分布を用いる．ただし，後に解析結果で示すように，GL-7〜8m の層については上下を V_s の大きい層で挟まれているため非線形挙動が著しく，したがって地盤の挙動を支配していると考え，この層の V_s を上下の層の平均値に置き換えたモデルである．なお，S 波速度の得られていない地表近くは V_s=100m/s とした．繰返しせん断特性は，モデル①の各ブロックの一つの試験結果で代表させ，各ケース共通とした．

解析は SHAKE で行った．EW 方向に対する最大応答値を図 12.31 に示す．以下，これを基にして議論する．なお，図を見る際，ひずみ軸は対数軸となっていることに注意されたい．また，V_s の分布が土質と必ずしも対応していないことにも注意されたい．

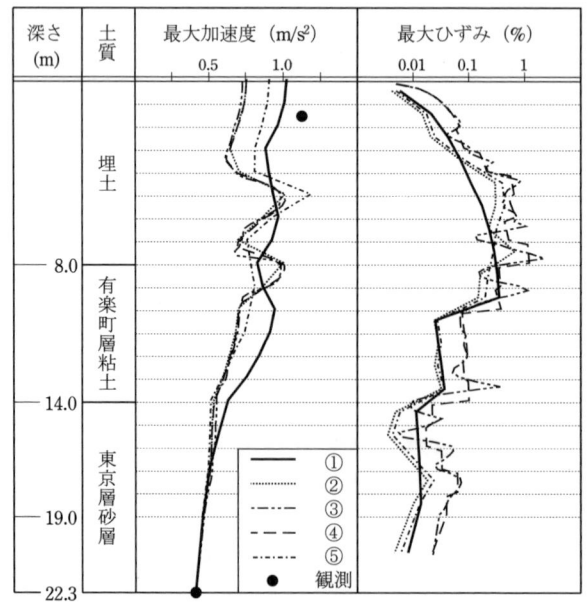

図 12.31 最大応答値の比較

まず，最も一般的な方法である①の方法は全体的にひずみが小さく，最大加速度も他に比べて大きくなっている。せん断ひずみは GL-9〜10m の層で最大であるが，これは，GL-10m まで V_s=100m/s と小さいことが原因である。6.5 節で述べたように，応力 - ひずみ関係のうち，せん断応力はせん断剛性比 G/G_0 に原位置のせん断弾性係数を乗じて得られるので，V_s が小さいと応力が小さくなってしまい，ひずみが大きくなる。この際，この例では，GL-10m までは繰返しせん断特性は，全くまたはほぼ同じで，弾性定数も同じなので，応力 - ひずみ関係の違いはほとんどないが，地震による外力は下の層の方が大きいので，同じ材料であれば一番下の層のひずみが大きくなるのはこれまでにも見たところである。

次に①（ダウンホール法）と②（サスペンション法）では，地表の最大加速度が大きく異なる。②では GL-4〜5m と 7〜8m でひずみが大きくなっており，この非線形性のために加速度が小さくなっていることがわかる。また，このように非線形性のために加速度が小さくなる層があるとその下の層では逆に加速度が大きくなる現象は解析をしているとしばしば見受けられる。これは，地表における反射と同様，弱い層の直下で反射が起こると入射波と反射波の位相が揃うような現象である（1.2.2 項参照）。ここで，これらの層のひずみが大きくなったのには二つの原因が考えられる。一つは，これらの層の V_s が小さく非線形挙動が起こりやすかったということ，もう一つは V_s の大きい層に挟まれることによりこの層のひずみエネルギーが増大したということ（12.3.4 項参照）である。したがって，12.3.4 項でも説明したが，V_s の小さい層があるときには，それが水平方向に広がっている層であることを調べておく必要がある。このサイトは埋立地であることから，ここで設定した小さい V_s の区分で水平成層が構成されているとは考えにくく，その意味で②は不適切なモデル化である。

また，②と⑤（GL-7〜8m のみ異なる）の比較では GL-7〜8m の最大ひずみがかなり異なり⑤が小さくなっている。この影響は最大加速度に及び，地表で約 25% の差となっている。たった 1 層の弾性定数が異なるだけで，大きく異なる結果となることから，弾性波速度の設定が重要である。

最後に，②，③，④では最大加速度の変化はほとんどない。したがって（等価線形化法を用いるのであれば）層厚は 1m もあれば十分であるといえる。

図 12.32 に地表の加速度が一番大きかった①のケースに対して観測値と計算値を比較して示す。ここで，最大値を比較した EW 方向については全体の波形はほぼ一致しているものの，ある程度の位相のずれが見られ，計算値の位相が遅いことから，V_s を小さくモデル

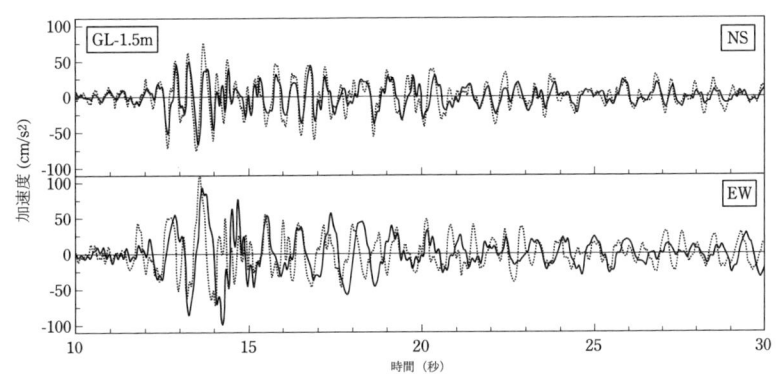

図 12.32 観測値との比較

化した可能性がある．これに対して，NS 方向では位相も含め，観測値と良く一致した結果が得られている．同じサイトの同じ地震で，方向が異なるだけなのにこれだけの差があるというのも，興味深い．応答を見ると NS 方向は加速度が小さいことから，ひずみも小さく，これが結果的に良かったという判断ができる．その意味では，EW 方向はせん断強度が小さすぎ，非線形性の影響が大きく現れたということもできる．その原因は，GL-10m までV_s=100m/s に設定したことと関係していることはこれまでに述べたことから理解できるであろう．

このように，現在の計算方法で主流なように，G/G_0-γ 関係に原位置の G_0 を乗じて非線形性を決める方法では，弾性定数の設定は非線形特性やせん断強度にも大きく影響を与えてしまうことに注意が必要であろう．

12.4 数値計算事例から見ることのできる各種の要因

この節では，鉛直アレーのシミュレーションではないが，数値解析を通じて，地震応答解析の結果に与える各種の要因について検討する．

12.4.1 数値積分におけるパルスの処理と減衰

逐次積分法に基づく地震応答解析ではパルスのような波形が現れることがある．ここではその原因と解消のための対策について述べる．

図 12.33 は文献 [46] に示される，東京のサイトの地震応答解析の最大応答値である．入力に用いた地震動は，想定断層に対して作られた模擬地震動で，時間増分 Δt=0.04 秒間隔でデータが与えられている．ここでは三つの異なる数値積分が行われている．すなわち，Newmark の β 法で数値積分の時間増分 Δt が入力地震波と同じ 0.04 秒のケースとその 1/10 の 0.004 秒のケース，さらに，中央差分法で時間増分が 0.002 秒のケースである．このうち，後者の二つのケースの応答はほとんど一致しているが，Newmark の β 法で時間増分 Δt が 0.04 秒のケースの最大加速度は局所的に大きくなっており，明らかに異常

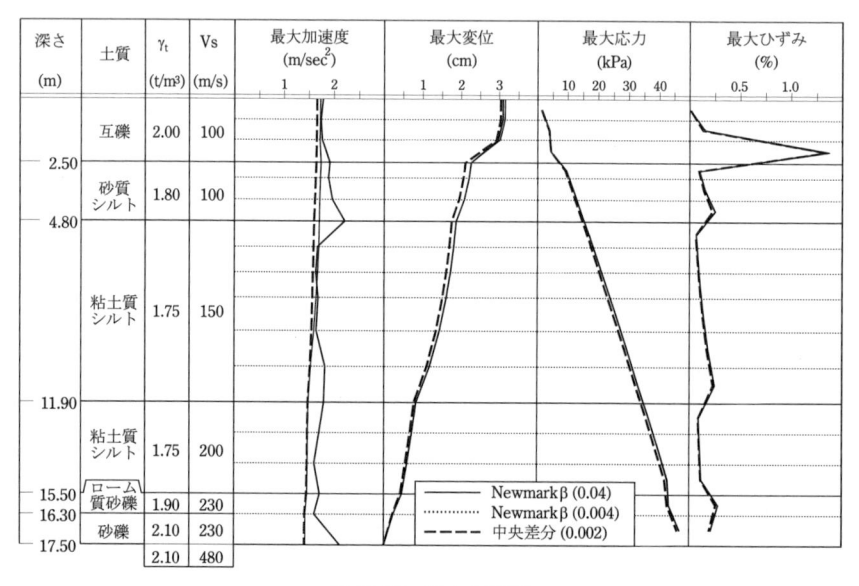

図 12.33 最大応答値

である.ただし,これは,他のケースと比べているから異常とわかるので,もし,このケースのみしか計算を行っていなければ,これが最大加速度分布であると考える読者は多いであろう.

この原因を探るため,加速度が大きい二つの場所,GL-4.8m と 17.5m の加速度時刻歴を二つの Newmark の β 法の計算について比較して図 12.34(a)に示す.いずれも,波形の全体的な挙動は変わらないが $\Delta t=0.04$ 秒のケースでは局所的にパルスが入り,それが時間とともに減少しており,このパルスが最大加速度を大きく評価していることがわかる.例えば,GL-4.8m の深さでは $\Delta t=0.004$ 秒では最大値が $1.42\mathrm{m/s^2}$ であるのに対して,$\Delta t=0.04$ 秒では $2.21\mathrm{m/s^2}$ となっている.では,このパルスはどうして発生したのであろうか.

図 12.35 には $\Delta t=0.04$ 秒のケースでこれらの層に隣接する要素の応力 - ひずみ関係を示す.GL-4.8m の上下の層では,パルスの発生した時刻,32.92 秒の状態に矢印を入れてあるが,ちょうど載荷方向が逆転し,除荷が発生した時刻である.また,応力 - ひずみ関係で見ていると異常な挙動はみられない.また,GL-17.5m では図 12.34 で①②と示した時間の挙動がわかるように,太い破線で示している.これを見ても,加速度時刻歴ではパルスが起きているにもかかわらず,応力 - ひずみ関係では特に異常は見られない.

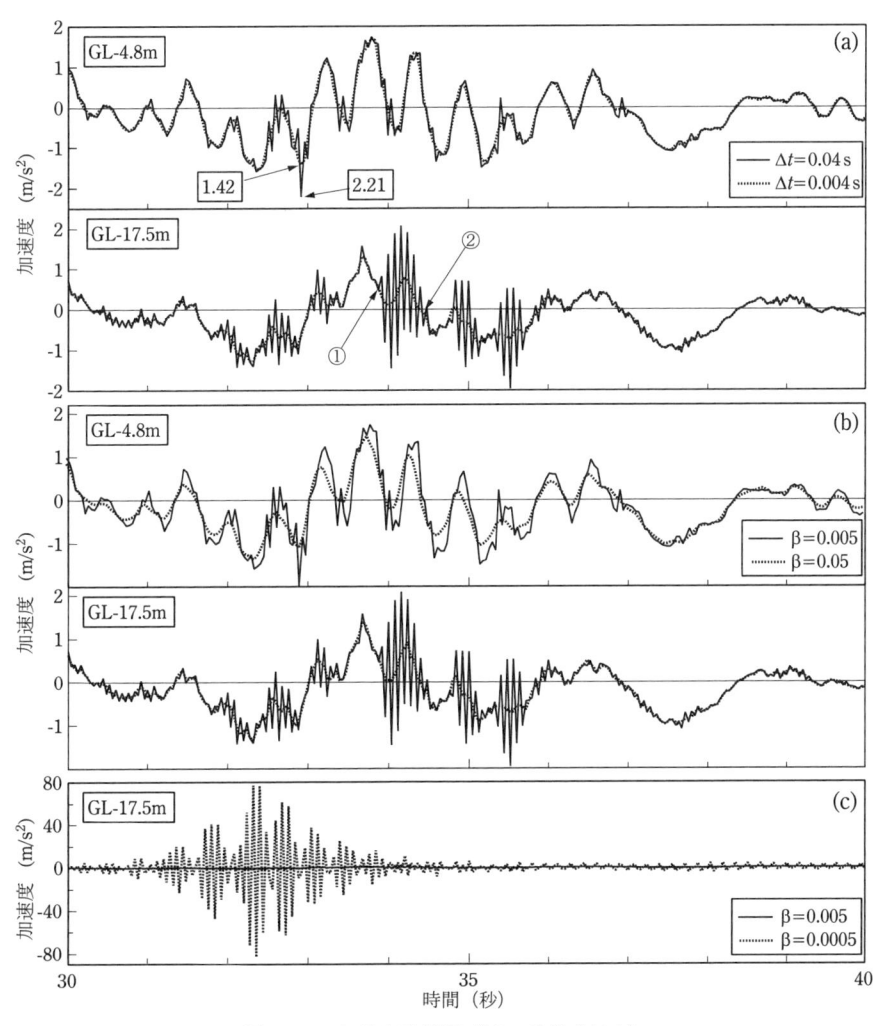

図 12.34 加速度時刻歴(30〜40 秒を拡大)

(a) GL-4.8mを挟む層

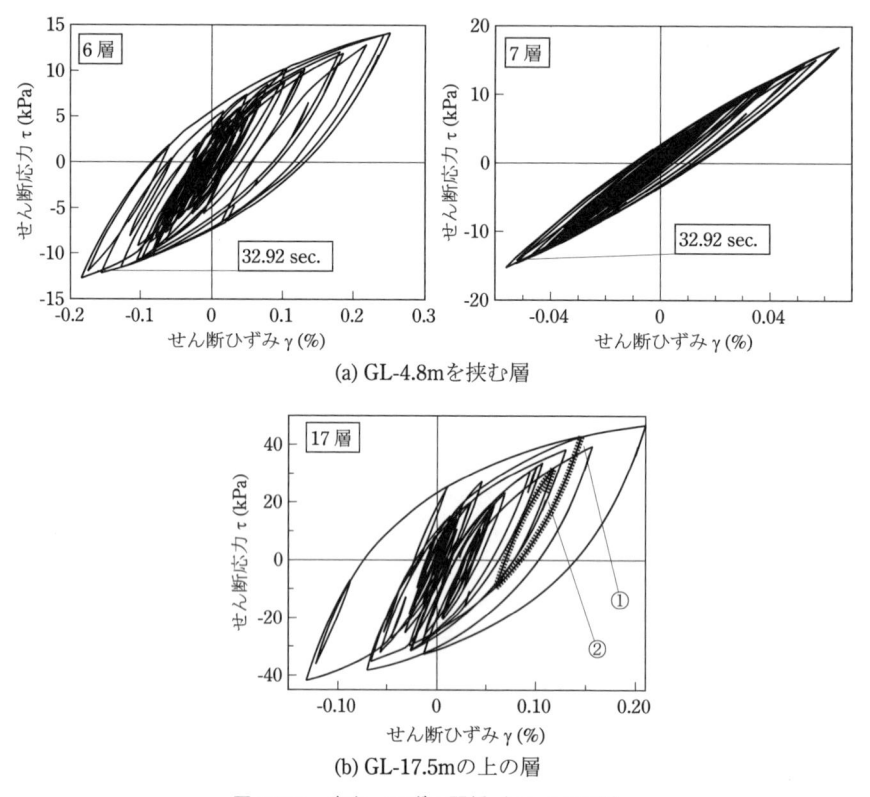

(b) GL-17.5mの上の層

図 12.35　応力 - ひずみ関係（Δt =0.04 秒）

いずれのケースでも除荷が起こったときにパルスが発生しているので，この原因は除荷が関係していることがわかる。

そのメカニズムを図 12.36 に示す。図で A 点までの挙動がわかっており，次の増分計算をしているとする。すると，この時点では除荷が起こるかどうかわからないので，プログラムはこれまでの履歴曲線 OA の A 点における接線 n の勾配を用いた計算をする。そこで，ひずみ増分として図の $\Delta \gamma$ が得られたとすると，プログラムが仮定した応力 - ひずみ関係は直線 n なので，外的な釣合に用いられた状態は B 点である。ところで実際には除荷が起こっているので，内的には応力 - ひずみ関係は曲線 m であり，状態は C である。ということは内力と外力で $\Delta \tau$ の差がある。これは不釣合力と呼ばれるものである。

不釣合力の扱いはプログラムによって異なるし，また，色々な方法を指定できるプログラムもある。最も簡単なのは，不釣合力を無視することである。地震応答解析のように繰返し力が作用しているケースでは載荷の向きで不釣合力が発生する方向が異なり，結果と

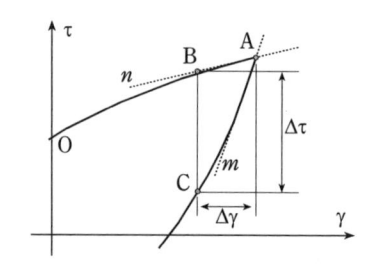

図 12.36　除荷点付近の不釣合力の模式図

してそれほど大きくならないので，これでも十分実用的な方法である。一方，最も厳密なのは，この計算ステップでイタレーション計算を行い，不釣合力を実用上無視できるオーダーにすることである。この方法では計算時間が多くかかるという欠点がある。その中間として，不釣合力を次の計算ステップに持ち越すという方法がある。この方法では各増分計算では誤差が発生するが，次のステップで解消されるので，全体として誤差が大きくなることはない。また，計算時間に与える影響もほとんどない。

実は，この計算は，最後の不釣合力を次のステップに持ち越すという方法で行われている。したがって，除荷が起こった次のステップでは大きな不釣合力が衝撃的に系に作用したので，パルスが現れたのである。このパルスは，図 12.33 の最大応答値や図 12.35 の応力－ひずみ関係にみられるように，加速度以外の挙動にはほとんど影響を与えない。また，現れたパルスは自由振動のように減少する。

このようなパルスは，最下層で一番発生しやすい。それは，集中質量を用いている場合，最下層はその直上の層の半分の質量なのに対して，それ以外の層では上下に層があるので，質量が倍あることになり，衝撃力に対しての加速度の変化が小さいからである。また，上下に層があると，それらの層の不釣合力が打ち消すように作用することもある。

パルスは，イタレーションを用いて不釣合力を解消する方法を用いているときでも，イタレーションの回数が十分ではないなどの理由で発生することがある。パルスの解消法であるが，最も厳密なのは，十分不釣合力がなくなるまでイタレーションを行うことである。しかし，実用的にはそこまで厳密にしなくてもよいことも多いし，プログラムによってはそのような機能を用意していないものもある。しかし，この問題は，数値積分の時間増分 Δt を小さくすることで解決できる。実際，Δt=0.004 秒の計算ではパルスは生じていない。これは，時間増分を小さくすることで，不釣合力の大きさが小さくなり，目立たなくなるからである。数値積分では，各計算ステップはインパルス応答解析という方法で解いている。すなわち，各ステップでそのステップにおける慣性力増分を衝撃力として作用させているので，これに対して極端に大きくないオーダーの不釣合力であればパルスが現れるというような問題は起きない。またこの例の Δt=0.04 秒というのは，模擬地震動ということもあり，実はかなり大きめの時間増分で，時間増分は多くの場合に 0.02 秒，0.01 秒または 0.005 秒である。0.02 秒でも少し大きい可能性があるが，長くても 0.01 秒の時間増分とすれば，このような現象が起きるのをかなり抑えることができる。

ところで，先にも述べたが，Δt=0.04 秒の解析をしただけでは，得られた記録の中にパルスが含まれているのかわからない。加速度時刻歴を見れば，異常なところはわかるが，すべての節点の時刻歴をチェックするのは大変である。このような時には，これまでにも述べてきたことではあるが，時間増分を半分にした計算を行うのも一つの方法である。計算が正常に行われているのであれば，時間増分を半分にしたからといって計算結果はそれほど変わらない。そこで，半分にした計算と比較して，大きな違いがあるようであれば，ここで述べたようなパルスが原因の可能性は高い。

時間増分を小さくするということは，計算時間を長くするということである。一次元の解析では通常は数秒以内の時間で計算できるので，計算時間が少々長くなっても問題はない。しかし，多次元解析では計算時間は長いので，例えば，普通の計算に 30 分かかるとして，時間増分を 1/10 にすると，計算時間はおおよそ 10 倍の 5 時間と，膨大な時間となる。このようなときには，減衰で調整するという方法がある。

これまでの計算では，Rayleigh 減衰のうち，剛性比例減衰を用いていた（β=0.005）。この層の平均 V_s は 155.7m/s であるので，一次固有周期 T は概略

$$T = \frac{4H}{V_s} = \frac{2\pi}{\omega_i} = 0.45 \text{ 秒} \tag{12.10}$$

で，一次モードに対しては 0.35%程度の減衰を見込んでいたわけである。そこで，この減衰を 10 倍にした計算の結果を図 12.34(b)に示した。全体の波形はそれほど変わらないが，パルスは見事に解消されている。一方，図 12.34(c)には β を 1/10 にした結果が示されているが，正解の応答（図の実線）が見えなくなるくらいの大きなパルスが発生している（図の縦軸に注意）。このように，Rayleigh 減衰では，パルスの発生を抑えるが計算結果に大きな影響を与えないような減衰が存在することが多い。このような適切な値を用いれば，数値計算時間はそのままでパルスを抑える事ができる。

12.4.2 等価線形化法と非線形法，減衰項の効果

前にも述べたように，等価線形化法は近似解法である。したがって，その有効性は色々と議論のあるところである。すでに，12.3.1 項では，最大ひずみが 0.08%でも SHAKE や FDEL では最大せん断応力と最大加速度が大きく評価されることを示した。これが許容できる範囲か，許容できないかは解析結果の使われ方によるので，ここではこれ以上の議論はしない。

ところで，等価線形化法と非線形法の比較を行う場合に，十分に議論されていないのは，減衰項である。非線形法ではほとんどのケースで Rayleigh 減衰が用いられ，そのうち，剛性比例項が重要である。というのは，剛性比例項は振動数が大きくなるほど減衰が大きくなるので，パルス波形のような応答が発生するのを抑え，数値計算を安定化させる一方，工学で重要な周波数帯域ではそれほど影響を与えないからである。

そこで，ここでは，等価線形化法については通常の複素剛性法による減衰に加え，周波数に依存する減衰を考慮し，一方，非線形法については Rayleigh 減衰（の剛性比例減衰）に加え，モード比例減衰（11.2.2 項参照）により周波数に依存しない減衰を考慮し，両者を可能な限り同じ条件で比較することにした。

計算では改良された等価線形化法 DYNEQ と DYNES3D [2]を用いた非線形法を採用した。また，比較のため SHAKE も用いた。DYNEQ と DYNES3D による計算では一次固有周期 0.418 秒で減衰を 2%とした剛性比例減衰（$\beta=0.00266$）と，全周波数で 2%としたモード比例減衰の 2 種類を行った。以下の図では等価線形化法を「周波数」，非線形法を「時間」，剛性比例減衰を「比例」，モード比例減衰を「一定」として表現する。

解析の対象としたのは，前項で用いた地盤，地震動である。なお，数値積分の時間増分は前項のようなパルスの影響が現れないように，十分小さくしている。モード比例減衰を用いる際には，パルスが出やすいので時間増分は非常に小さくし（$\Delta t=0.001$ 秒）パルス波形が発生していないことを確認している。

図 12.37 に地盤の柱状図と最大応答値を示す。図の中央部には弾性応答の結果が示されているが，二つのグループに分かれている。すなわち，減衰を一定にしたグループ（実線および波線）は周波数比例減衰のグループ（点線と一点鎖線）に比べて加速度もひずみも大きい。なお，図には示さないが波形もほとんど同じであるが，一定減衰のケースは高振動数成分の波が乗っており，この小さな差が最大加速度の差となって現れている。

非線形解析では，SHAKE の結果も示されている。これまで同様，SHAKE の解析は他の解析に比べ，最大加速度は大きくなっている。他の解析の最大加速度はほぼ同じであるが，これは，GL-1.6〜2.5m の層でひずみが大きく，これより上は上限加速度に至っている可能性がある。

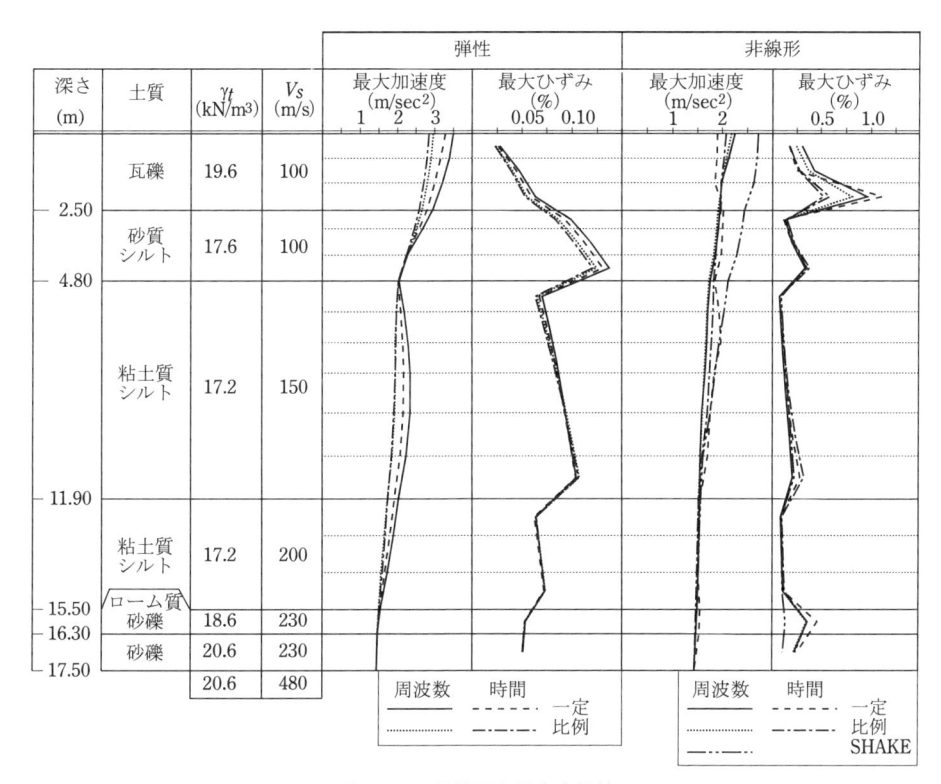

深さ (m)	土質	γ_t (kN/m³)	V_S (m/s)	弾性 最大加速度 (m/sec²) 1 2 3	弾性 最大ひずみ (%) 0.05 0.10	非線形 最大加速度 (m/sec²) 1 2	非線形 最大ひずみ (%) 0.5 1.0
2.50	瓦礫	19.6	100				
4.80	砂質シルト	17.6	100				
11.90	粘土質シルト	17.2	150				
15.50	粘土質シルト	17.2	200				
16.30	ローム質砂礫	18.6	230				
17.50	砂礫	20.6	230				
		20.6	480	周波数 時間 ……… ——一定 ―・―比例		周波数 時間 ……… ——一定 ―・―比例 ―・・― SHAKE	

図 12.37　柱状図と最大応答値

　図 12.38 に地表の加速度時刻歴を比較して示す。ただし，全時刻歴を比較するといずれの時刻歴もほとんど同じで違いを図から判読することが困難なので，ここでは最大加速度が発生する近傍の 10 秒間のみ時間軸を拡大して比較している。各時刻歴は Δt 間隔で折れ曲がった部分線形関数で表現されている。非線形法では，実際の数値積分の時間増分はこれより小さいが比較のためにこの時間の値のみを取り出している。

　上二段に示される一定減衰と比例減衰の違いを見ると，非線形法ではほとんど完全に一致しているが，34 秒付近のピーク時に比例減衰の結果は少しだけ加速度が大きく，これが最大加速度の差になっている。また，詳細に見ると比例減衰の解析の波形が滑らかである。等価線形化法の解析でも詳細に見ると周波数比例減衰解析の波形が一定減衰に比べより滑らかではあるが，時間軸を相当に拡大しているにもかかわらずこの違いも目立たないくらい二つの結果は一致している。

　次に下二段では同じ減衰に対する数値積分手法の違いを比較している。非線形法では加速度がピークになる付近で勾配が急に小さくなるところがしばしばあるが，これは図12.39 に示されるようにせん断応力がほとんどせん断強度に達している，上限加速度の領域である。これに対して等価線形化法ではこのような頭打ち現象は見られず，ピーク付近でも波形は尖っており，これが最大加速度の違いになっている。これは，等価線形化法では応力‐ひずみ関係は図 12.39 に示されるように基本的には楕円形であり，非線形法に見られるような応力が一定の領域が現れないためである。

　図 12.39 にはひずみが最も大きかった第 3 層（GL-1.6～2.5m）の応力‐ひずみ関係を示している。ここで等価線形化法の解析では複素数で表した応力‐ひずみ関係の実部が示されているので，履歴減衰に加えて一定減衰や比例減衰の影響も含まれているのに対して，

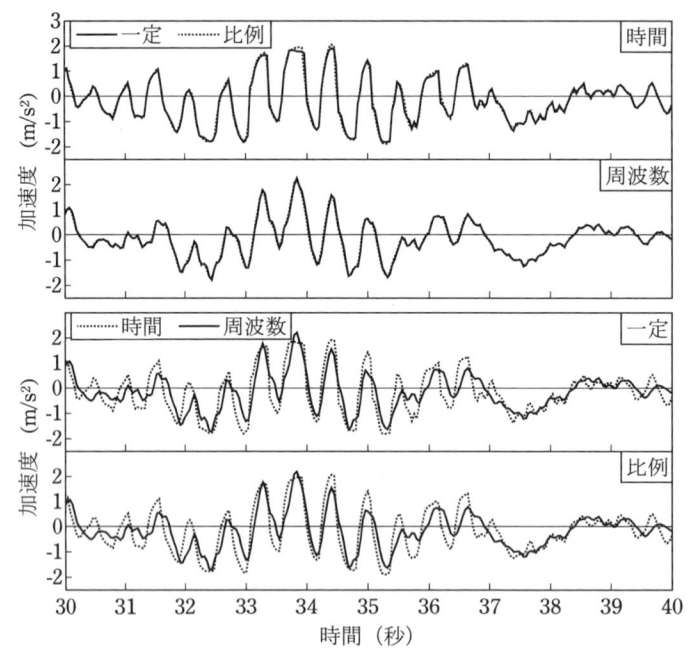

図 12.38　非線形解析の地表の加速度時刻歴

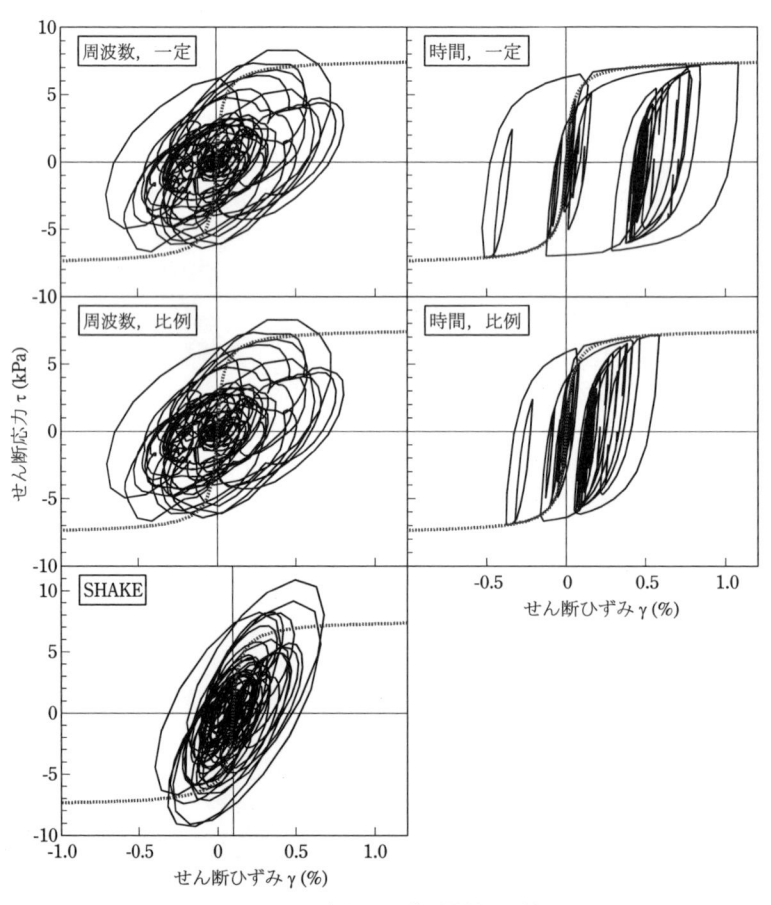

図 12.39　応力－ひずみ関係の比較

非線形法の解析では応力-ひずみ関係のみを示しており，速度比例項による減衰は考慮されていない．

　等価線形化法の履歴曲線は楕円形が基本であるので，設定した骨格曲線より大きいところがあるが，SHAKEと比べると，応力-ひずみ関係が改良されているのは明瞭である．ただし，この大きいところが，最大加速度が大きくなる原因ともなっている．また，非線形法の応力-ひずみ関係と比べるとかなり違いがあるように見えるが，応答がそれほど変わらないというのはある意味で驚きである．

　次に，一定減衰と比例減衰を比べてみると，等価線形化法，非線形法の両方で比例減衰の最大ひずみが小さくなっている．特に非線形法ではその差が大きい．これは，運動方程式は慣性力項，減衰項，復元力項で構成されるが，応力-ひずみ関係の接線剛性がほとんど0の時には復元力項は外力を受け持たないため，減衰の大きさがひずみの発現に大きく影響するためである．これまでは剛性比例減衰は高振動数成分の応答を抑えるということを説明してきたが，非線形性が強いケースではこれに見られるようにひずみを小さく抑える効果もあることがわかる．

　最後に，図 12.40 にはスペクトルを比較している．まず，増幅比，応答スペクトルとも非線形法，等価線形化法のそれぞれの結果は非常によく似ている．これは，図 12.38 の加速度時刻歴がほとんど一致していたことからもうなずける結果である．また，一次固有振動数（2.4Hz）より低振動数側ではどの解析でもほとんど差がないが，高振動数側では差が現れ，非線形法は全体的に等価線形化法より大きめである．さらに，SHAKE では高振動数領域で増幅を過小評価するという欠点も明瞭に見ることができる．しかし，一方では SHAKE では最大加速度を過大評価していることもあり，この欠点は応答スペクトルでは見ることができず，むしろ大きめの応答スペクトルとなっている．

　このようなことを考えると，改良された等価線形化法と非線形法は最大ひずみが 1%程度まではほぼ同じ精度であると考えることができよう．なお，このことは，非線形法が適用できるとすれば，等価線形化法も適用できるいうことを意味しているだけで，等価線形化法の適用範囲が最大ひずみ 1%までということを必ずしも意味していない．これを実証するためには，非線形法が 1%まで適用できることを示す必要がある．理論的には適用性はあるが，例えば応力-ひずみ関係のモデルの精度などの問題があり，証明されているわけではない．

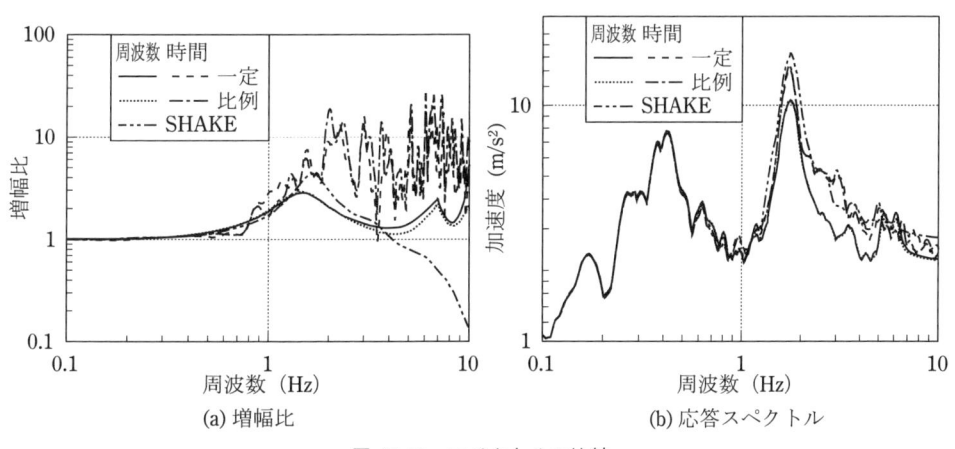

(a) 増幅比

(b) 応答スペクトル

図 12.40　スペクトルの比較

12.4.3 深い基盤における減衰の設定

ここでは，基盤が深いケースを扱う．図 12.41 には解析対象とした地盤と SHAKE および非線形法による最大応答値の分布を示す．この事例は，基盤が 300m より深いのがこれまでの事例と異なっている．

この解析のモデル化の方針は次のようである．まず，39.4m 以深では V_s が 300m/s 以上あることから，非線形挙動は起こらないとし，弾性とし，減衰を表す Q 値（11.3 節参照）は 100 に設定した．これより上は，非線形を考慮し，また，表層であるので，$Q=35$ に設定した．ここで，$Q=100, 35$ は減衰定数にすると，0.5%，1.43% となる．ここで，この系の固有周期は後述のように約 4 秒であるので，通常のように，この周期で所定の減衰になるように Rayleigh 減衰（剛性比例減衰）の係数を決めた．ただし，弾性部分と非線形を考慮する部分で減衰が異なることから，系の剛性マトリックスでは 0.5% 分の減衰を考え，非線形を考慮する部分は残りの 0.93% を要素剛性マトリックスに係数を乗ずることで減衰マトリックスを求めた．

実線で表された SHAKE の結果と，点線で表されたこのケース（0.5%，1.43%）の結果は非常に異なっており，非線形解析の結果の加速度は非常に小さい．

この原因を調べるために，固有値解析を行った．その結果が図 12.42 に示されている．(a)に示した固有ベクトルを見ると，周期 4 秒に相当する 1 次モードは基盤から上全体が同じ方向に振動するモードで波長は約 1500m である．(b)に示した各モードの全体挙動に対する寄与分を表す刺激係数を見ても，一次モードが大きく，この変形モードが卓越していることがわかる．ところで，我々が計算のターゲットとしている波動はこのような長周期の波ではない．工学的に意味のある周波数帯域は，例えば計測震度の範囲とすれば，0.5〜8Hz 程度である．これを周期 4 秒（振動数 0.25Hz）の波動に対して減衰を設定したので，工学的に重要な周波数帯域の減衰を過大に評価してしまったことが原因である．そこで，弾性部分の減衰を 0.05% と小さくし，また，非線形部分の減衰も 0.05% と減衰を小さくしていくと，応答値はどんどん SHAKE の結果に近づいていく．

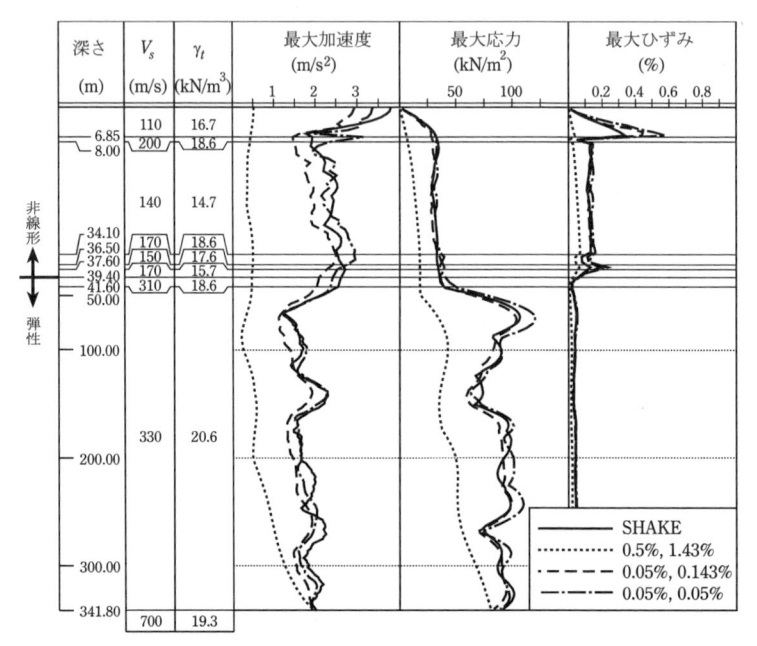

図 12.41 柱状図と最大応答値

第12章 解析事例と評価　247

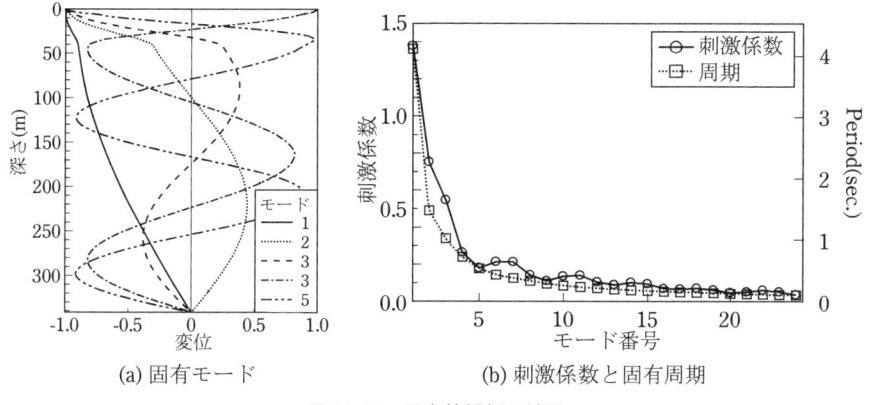

(a) 固有モード　　　　(b) 刺激係数と固有周期

図 12.42　固有値解析の結果

このように，剛性比例減衰を用いる場合には，モード数で減衰を論じるのではなく，工学的に重要な周波数帯域で決めないと，まずいことがある。

12.4.4　減衰が大きいと応答は小さくなるか

双曲線モデルと Ramberg-Osgood モデルは非線形解析で多く用いられる骨格曲線の応力 - ひずみ関係である。ところで，履歴法則に Masing 則を用いると，双曲線モデルは最大減衰が $2/\pi$ と実材料では見られないような大きな値となり，減衰を大きく評価しすぎる傾向がある。また，双曲線モデルを用いた計算は他のモデルや手法を用いた計算と比べると最大加速度が小さくなるケースが多い。そこで，この現象の解釈として，双曲線モデルは減衰が大きいので，応答が小さくなったという説明がされることがしばしばある。ここではそれが間違いであることを示す[47]。

この項ではもう一つの検討も同時に行う。それは，骨格曲線から除荷したときの剛性である。ほとんどの構成モデルでは除荷時の剛性は弾性剛性と設定している。これに対して，砂と粘土の繰返しせん断試験の結果から除荷時の剛性を読み取って，ひずみの関数として示すと，既に示した図 8.13 となる。除荷時剛性はひずみとともに減少し，その形状は双曲線モデルを少し改良した

$$\frac{G_0}{G_{max}} = \frac{1 - G_{min}/G_{max}}{1 + \gamma/\gamma_r} + \frac{G_{min}}{G_{max}} \tag{12.11}$$

で表現できることがわかる。

骨格曲線が同じで，履歴曲線のみを変えるモデルは，Masing 則を用いた履歴法則では作ることができないが，吉田モデル（8.2.5項参照）では可能である。そこで，ここでは，双曲線モデルに Masing 則を適用したモデル（双曲線），H-D モデルとし，最大減衰を小さくしたモデル（H-D）および，これに加え除荷時の剛性を考えたケース（H-D/E）の 3 通りを解析対象とした。図 12.43 に砂と粘土に対する双曲線モデルと H-D モデル（H-D/E も同じ）を比較して示す。ひずみが 10^{-3} より大きくなると双曲線モデルの減衰は急に大きくなる。また，図 12.44 には応力 - ひずみ関係を示すが，履歴曲線の囲む面積には大きな差がある。一方，H-D と H-D/E はほとんど変化がない。H-D では除荷時の剛性を制御するパラメータがないので自動的に決められるが，面積が同じように設定されるととるべき曲線の形状は H-D/E とそれほど変わらないことが原因である。応力 - ひずみ関係が似ているので，地震応答解析の結果も両者はほとんど差がない。そこで，以降では結果は示すが，議論は双曲線モデルと H-D モデルの違いに着目することにする。

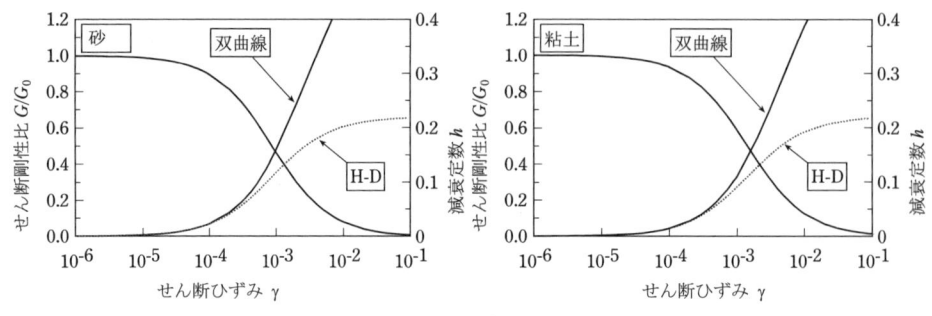

図 12.43 双曲線モデルと H-D モデル

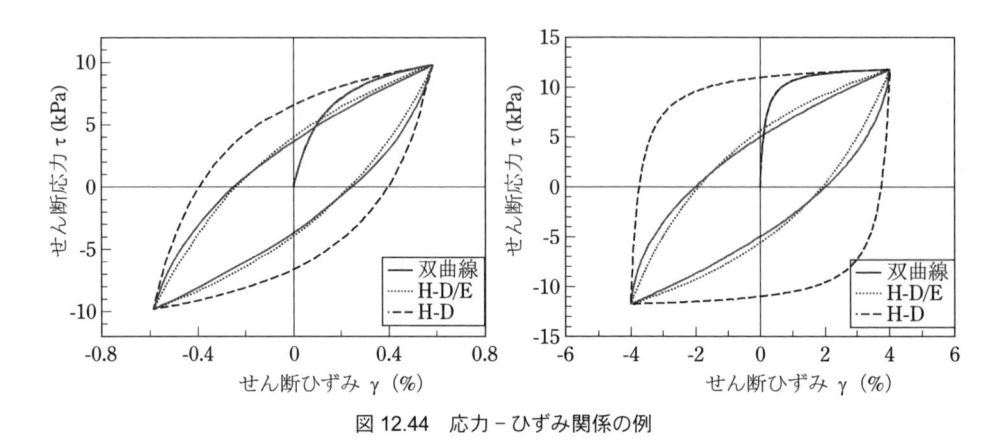

図 12.44 応力－ひずみ関係の例

　入力地震動を図 12.45 に示す。この地震波は大きな振幅の波の数が少なく，原論文では衝撃型として分類されている。別に，大きな振幅の波が多数現れる振動型の地震波も用いられているが，ここでは示さない。

　図 12.46 に最大応答値を比較して示す。最大ひずみは 5％以上であり，図 12.44 の右側の図に見られるように，減衰には非常に大きな差がある。しかし，地表の最大加速度は双曲線と H-D でほとんど変わらない。実は，この加速度は上限加速度である。8.2.3 項で述べたように，双曲線モデルは基準ひずみより大きい領域で応力－ひずみ関係の勾配は小さくなり，ゆっくりとせん断強度に近づいていく。つまり，せん断強度よりはかなり早く上限加速度を発生させるような状態となる。これが，双曲線モデルが他の構成モデルに比べ地表の最大加速度が小さくなることが多い真の原因であり，決して減衰が大きいからではない。加速度が最大になるのは，応力－ひずみ関係が骨格曲線上にあり，最大ひずみとなる時点が多い。このとき，除荷してからの応力－ひずみ関係に影響する除荷時の減衰に挙動が影響されるはずがない。

　減衰特性は最大加速度には影響を与えなかったが，影響されるものもある。図 12.47 は地表の加速度時刻歴であるが，双曲線と H-D を比べると次の二つの点が大きく異なっている。すなわち，双曲線の振幅は大きいこと，H-D は長周期成分が多いことである。この原因は図 12.48 の応力－ひずみ関係を見れば理解できる。双曲線では履歴曲線の面積が大きいため，除荷時の剛性が大きく，さらにその剛性はなかなか小さくならないので，ひずみが少し変動しても応力の変化が大きく，剛性も高い。これに対して H-D では除荷後すぐに履歴曲線は曲がり始めるので，剛性は小さく，また，なかなか反対側のせん断強度には至らない。

第 12 章 解析事例と評価

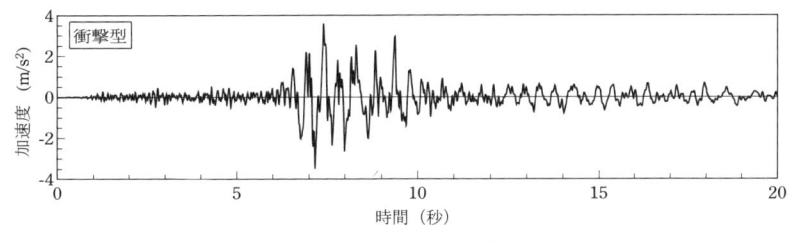

図 12.45 入力地震動

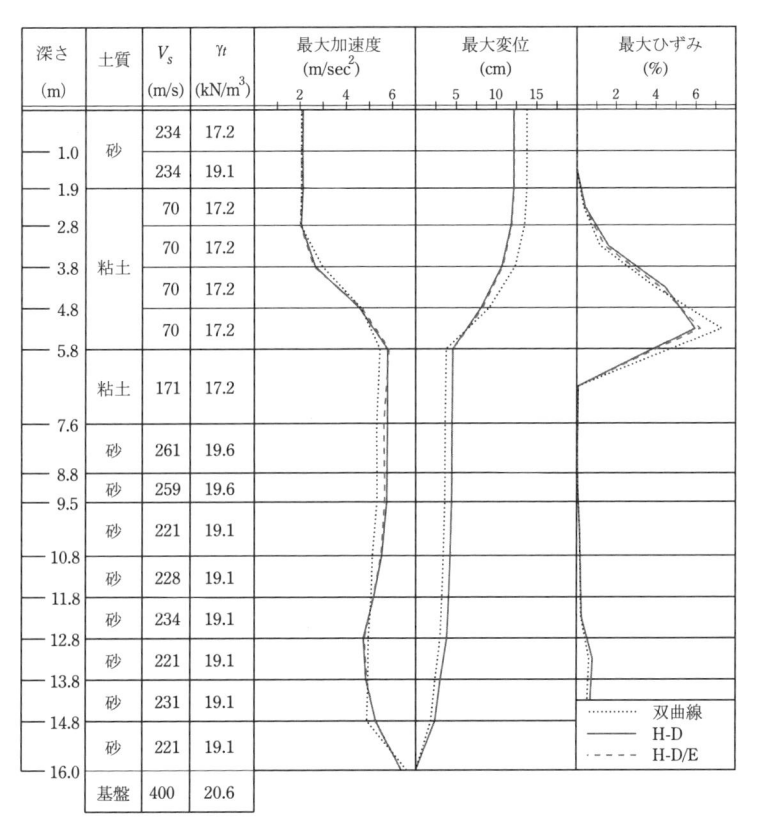

深さ (m)	土質	V_s (m/s)	γ_t (kN/m³)
1.0	砂	234	17.2
1.9		234	19.1
2.8	粘土	70	17.2
3.8		70	17.2
4.8		70	17.2
5.8		70	17.2
7.6	粘土	171	17.2
8.8	砂	261	19.6
9.5	砂	259	19.6
10.8	砂	221	19.1
11.8	砂	228	19.1
12.8	砂	234	19.1
13.8	砂	221	19.1
14.8	砂	231	19.1
16.0	砂	221	19.1
	基盤	400	20.6

凡例：双曲線（点線）、H-D（実線）、H-D/E（破線）

図 12.46 最大応答値

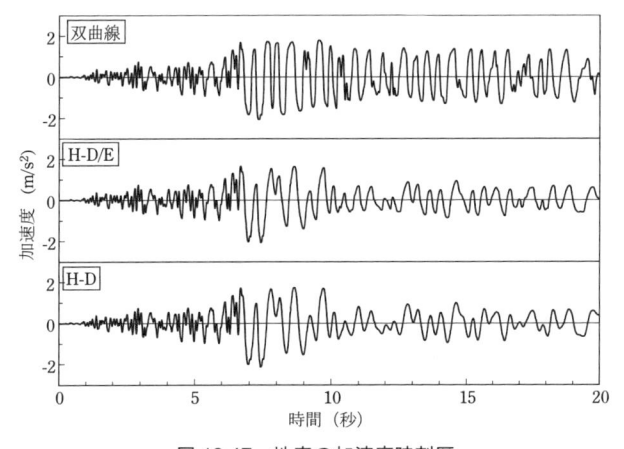

図 12.47 地表の加速度時刻歴

図 12.48 応力 – ひずみ関係

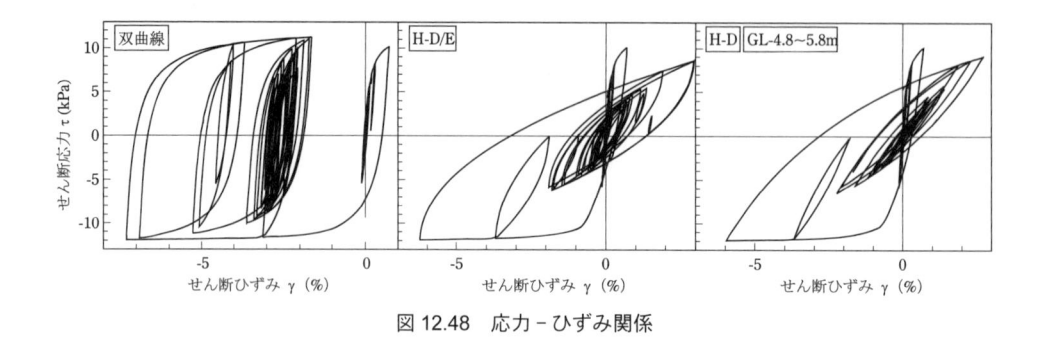

　地震動のような荷重は単調載荷と異なり，ある程度の時間で載荷方向が逆転する．また，ひずみが発生するには時間がかかる．すると，双曲線では少しのひずみの変化でも剛性が大きいため応力の変化が激しく，ある程度の応力まではすぐに到達する．しかし，H-Dでは剛性が小さいため，それより遙か以前で載荷方向が逆転するため，応力振幅は小さい．すなわち，除荷時付近の剛性の差により双曲線では高振動数成分が多く，また，せん断応力の振幅も大きいわけである．

　この挙動の違いは，最大加速度にはほとんど現れないが，応答スペクトルを見ると明瞭に現れる．図 12.49(a)の応答スペクトルでは，驚くべきことに，減衰が大きい双曲線は，工学的に重要な周期帯域ではH-Dより遙かに大きい応答加速度となっている．当然ながら，この影響は振動型の地震動ではより顕著に起こる．図 12.49(b)は振動型の入力に対する応答スペクトルも示されているが，減衰の大きい双曲線モデルの応答加速度は衝撃型の時より遙かに大きくなっている．

　これまでに見たように，上限加速度，減衰の影響は本来別々に論じるべきであることが，この例から理解することができる．また，速度比例減衰と履歴減衰は同じように減衰定数として定義されているが，その応答に与える影響は決して同じものではないこと，履歴減衰が応力 – ひずみ関係と密接に関係しているので，除荷以後の挙動に影響を与えることがわかる．

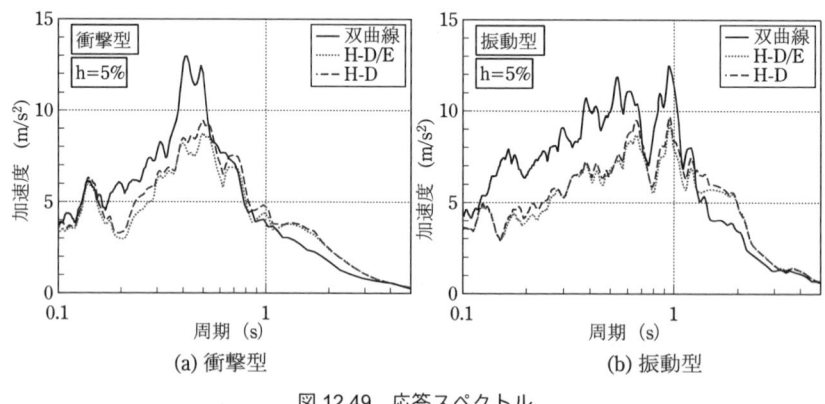

図 12.49 応答スペクトル

参考文献

1) 吉田望 (1995)：DYNEQ, A computer program for DYnamic response analysis of level ground by EQuivalent linear method, Version 3.25 (September, 2004), http://boh0709.ld.infoseek.co.jp/ [2010]

2) 吉田望 (2004): DYNES3D, A computer program for dynamic response analysis of level ground by effective stress-nonlinear method, Version 2.61, http://boh0709.ld.infoseek.co.jp/ [2010]
3) 土の動的変形定数試験方法基準化委員会 (1994): 動的変形定数を求める試験機および試験方法の現状調査報告 (国内), 地盤および土構造物の動的問題における地盤材料の変形特性－試験法・調査法および結果の適用－に関する国内シンポジウム発表論文集, p. 76
4) 宇佐美龍夫 (1975): 資料 日本被害地震総覧, 東京大学出版会, 327pp
5) 木下繁夫, 大竹政和 監修 (2000): 強震動の基礎, 防災科学技術研究所
6) 平成 8 年 2 月 15 日気象庁告示第 4 号
7) 気象庁 (2009): 気象庁震度階級の解説
8) 阪神・淡路大震災調査報告書編集委員会 (2000): 阪神・淡路大震災調査報告, 共通編-1, 総集編, 丸善, 549pp.
9) 気象庁監修 (1996): 震度を知る 基礎知識とその活用, ぎょうせい, 238pp.
10) 河角広 (1943): 震度と震度階, 地震, 第 15 巻, 第 1 号, pp. 6-12
11) 内閣府 (2001): 地震被害想定支援マニュアル
12) 岡田成幸 (2001): 防災学に必要な地震動入力尺度について考える～震度のフィルタ特性の検証を通して～, 第 26 回地震工学研究発表会パネルディスカッション, pp. 13-19
13) Housner, G. W. (1965): Intensity of earthquake ground shaking near the causative fault, Proc., 3WCEE, Vol. I, pp. III-94-III-115
14) 清水善久 (2001): 都市ガス供給網のリアルタイム地震防災システムの開発に関する研究, 東京大学学位論文
15) Towhata, I., Park, J. K., Orense, R. P. and Kano, H. (1996): Use of spectrum intensity for immediate detection of subsoil liquefaction, Soils and Foundations, Vol. 36, No. 2, pp. 29-44
16) 安田進, 吉川洋一, 牛島和子, 石川利明 (1993): SI 値を用いた液状化予測手法, 第 28 回土質工学研究発表会, pp. 1325-1328
17) 境有紀, 神野達夫, 纐纈一起 (2004): 震度の高低によって地震動の周期体を変化させた震度算定法の提案, 日本建築学会構造系論文集, 第 585 号, pp. 71-76
18) 土木学会 (1989): 動的解析と耐震設計, 第 1 巻, 地震動・動的物性, 技報堂, 170pp.
19) Hwang, H., Lin, C. K., Yeh, Y. T., Cheng, S. N. and Chen, K. C. (2004): Attenuation relations of Arias intensity based on the Chi-Chi Taiwan earthquake data, Soil Dynamics and Earthquake Engineering, Vol. 24, No. 9, pp. 509-517
20) 吉田望 (1995): 1995 年兵庫県南部地震におけるポートアイランドの地震応答解析, 土と基礎, Vol. 43, No. 10, pp. 49-54
21) 森本巌, 鈴木茂 (1983): 一次元応答解析結果に及ぼす動的パラメータの影響, 第 18 回土質工学研究発表会講演集, pp. 635-636
22) 日本道路協会 (1985): 道路橋示方書・同解説 V 耐震設計編
23) 日本道路協会 (2002): 道路橋示方書・同解説 V 耐震設計編
24) 東畑郁生, Ronteix, S. (1988): N 値から推定した V_s の誤差が地震応答解析結果に及ぼす影響, 第 23 回土質工学研究発表会講演集, pp. 825-826
25) 吉田望 (2008): 数値解析の精度, 液状化を考慮した地盤と構造物の性能設計, 地盤工学会関東支部, pp. 91-103
26) Proc. of International Symposium on the Effect of Surface Geology on Seismic Motion, Odawara, 1992
27) 金子史夫 (1993): 一次元モデルによる感度解析, 地震動に与える表層地質の影響に関する総合的研究, 平成 4 年度文部省科学研究費補助金総合研究 (A)研究成果報告書, pp. 78-90
28) Arulanandan, K. and Scott, R. F. ed. (1993): Proc. Verification of Numerical Procedures for the Analysis of Soil Liquefaction Problems, Davis, California, Balkema
29) 防災科学技術研究所基盤強震観測網, http://www.kik.bosai.go.jp/kik/ [2010]
30) 片山恒雄, 山崎文夫, 永田茂, 佐藤暢彦 (1990): 高密度三次元アレーによる地震動観測と記録のデータベース化, 土木学会論文集第 442 号/I-14, pp. 361-369
31) 吉田望, 田蔵隆, 鈴木英世 (1995): 地盤の非線形地震応答解析手法の比較, 第 23 回地震工学研究発表会, 土木学会, pp. 49-52
32) Chang, C.-Y., Mok, C. M., Power, M. S., Tang, Y. K., Tang, H. T. and Stepp, J. C. (1991): Development of

shear modulus reduction curves based on Lotung downhole ground motion data, Proc. 2nd Int. Conf. on Recent Advances in Geotechnical Earthquake Engineering and Soil Dynamics: 111-118

33) 副田悦生, 加藤要一, 松田豪司, 竹澤請一郎, 前川太 (1996): 鉛直アレー記録の地震応答解析例, 土木学会第51回年次学術講演会, 第I-B部, pp. 356-357

34) Ishihara, K., Shimizu, K., and Yamada, Y. (1981): Pore Water Pressures Measured in Sands Deposits during an Earthquake, Soil and Foundations, Vol. 21, No. 4, pp. 85-100

35) Masuda, T., Yasuda, S., Yoshida, N. and Sato, M. (2001): Field investigations and laboratory soil tests on heterogeneous nature of alluvial deposits, Soils and Foundations, Vol. 41, No. 4, pp. 1-16

36) 片山恒雄, 山崎文雄 (1990): 生研セミナーテキスト・コース154・地震動のアレー観測とデータベース, (財) 生産技術研究奨励会, pp. 1-93

37) 鹿林, 山崎文雄, 片山恒雄 (1989): 千葉実験所における地震動観測-その5 自由地盤の伝達特性について-, 第20回地震工学研究発表会講演概要, 土木学会耐震工学委員会, pp. 93-96

38) 岩崎敏男, 龍岡文夫, 高木義和 (1980): 地盤の動的変形特性に関する実験的研究 (II), 土木研究所報告153号の2

39) Ishihara, K. (1982): Evaluation of soil properties for use in earthquake response analysis, International Symposium on Numerical Models in Geomechanics, Zurich, pp. 237-259

40) Satoh, T., Horike, M., Takeuchi, Y., Uetake, T. and Suzuki, H. (1997): Nonlinear behavior of scoria soil sediments evaluated from borehole record in eastern Shizuoka prefecture Japan, Earthquake Engineering and Structural Dynamics, Vol. 26, pp. 781-795

41) 田蔵隆, 佐藤正義, 畠山昭 (1987): 強震記録に基づく地盤の非線形地震応答解析, 第19回地震工学研究発表会, 土木学会, pp. 101-104

42) 岩崎敏男, 常田賢一, 吉田清一 (1979): 沖積粘性土の動的変形特性-せん断剛性率のヒズミ依存性-, 土木研究所資料, 土研資料第1504号, 建設省土木研究所

43) Yoshida, N., Kobayashi, S., Suetomi, I. and Miura, K. (2002): Equivalent linear method considering frequency dependent characteristics of stiffness and damping, Soil Dynamics and Earthquake Engineering, Elsevier, Vol. 22, No. 3, pp. 205-222

44) 強震動アレー観測記録データベース推進委員会 (1998): 強震動アレー観測, No.3, 震災予防協会

45) 副田悦生, 玉井秀喜, 田中昌廣, 竹澤請一郎, 前川太, 天野真輔 (2001): 鉛直アレー記録による非線形解析法適用性についての一考察, 第26回地盤工学研究発表会講演論文集, pp. 485-488

46) 建築研究振興協会 (1998): 性能評価に基づく各種設計荷重の指針 (案) 報告書

47) 吉田望, 澤田純男, 竹島康人, 三上武子, 澤田俊一 (2003): 履歴減衰特性が地盤の地震応答に与える影響, 土木学会地震工学論文集, 第27巻, Paper No. 158

索　引

い
一次元膨潤係数　　*34, 50*
インピーダンス　　*6, 27*

う
Wilson の θ 法　　*177*

え
SI 値　　*12*
S 波　　*1*
N 値　　*47, 117*
MM21 波　　*25*
El Centro　　*21*
円振動数　　*42, 150, 179*

お
オイラー/Euler　　*150*
応答加速度　　*176*

か
解析基盤　　*164*
外部減衰　　*44, 201*
外部変位計　　*112*
解放基盤　　*27, 164*
　　解放工学的基盤　　*27*
開北橋　　*22*
ガウス積分　　*153*
加速度
　　最大加速度　　*189*
　　上限加速度　　*11*
　　絶対加速度　　*45, 214*
割線　　*61*
　　割線剛性　　*61, 132*
間隙水圧　　*33*
　　過剰間隙水圧　　*40*
完新世　　*53*

き
基準ひずみ　　*68, 136*
逆増幅解析　　*186*

く
繰返し

繰返し三軸試験　　*60*
繰返しせん断試験　　*60*
繰返しせん断特性　　*60*
繰返し中空ねじり試験　　*60*

け
計測震度　　*12, 203, 215*
減衰
　　減衰係数　　*42, 61*
　　減衰定数　　*42, 61*
　　減衰比　　*61*
　　最大減衰定数　　*69, 98*

こ
工学的基盤　　*2, 11*
工学ひずみ　　*31*
剛基盤　　*7, 28, 164*
更新世　　*53*
剛性比例　　*203*
構成モデル　　*39*
洪積
　　洪積世　　*53*
　　洪積層　　*53*
拘束圧　　*18, 37*
　　有効拘束圧　　*18*
高速フーリエ変換　　*183*
コーンプーリー　　*48*
骨格曲線　　*132*
固有
　　固有円振動数　　*7, 42*
　　固有周期　　*7, 26*
　　固有振動数　　*42*
　　固有値解析　　*43, 203*
　　固有ベクトル　　*205*
　　固有モード　　*205*
　　最小固有周期　　*179*

さ
再載荷　　*132*
細粒分含有率　　*60*
砂質土　　*60*
サスペンション法　　*51*
三軸試験　　*62*

サンドイッチ構造　235
サンプラー　47
　　シンウォールサンプラー　59
　　二重管サンプラー　59
　　三重管サンプラー　59

し
GHE モデル　69
時間領域の解法　175
軸圧　62
軸差応力　62
地震基盤　2
次数低減積分　169
実体波　1
質量比例減衰　204
修正 Hardin-Drnevich モデル/修正 H-D モデル　138
上限加速度　12
上載圧　12, 38
除荷　132
震災の帯　14

す
水平成層　52, 154
数値減衰　180
ステージテスト　61
スネルの法則　4

せ
静止土圧係数　38
線形加速度法　176
センター波　25
せん断
　　せん断応力　11, 31
　　せん断強度　12
　　せん断剛性　61
　　せん断定数　61
　　せん断帯　38
　　せん断弾性係数　33, 129
　　せん断波　2
　　せん断ひずみ　31
　　せん断変形　2, 31

そ
双曲線モデル/hyperbolic model　68, 135
走時曲線　51
相当
　　相当応力　34
　　相当ひずみ　34
増分弾性　129
側圧　62

速度
　　絶対速度　45
　　相対速度　45
速度比例減衰　202
塑性指数　19, 60

た
体積弾性係数　34, 128
体積ひずみ　34
体積ロッキング　168
ダイヤモンドコアカッター　112
ダイレイタンシー　35
ダウンホール法　51
ダッシュポット　161
　　片効きダッシュポット　162
多入力　162
Taft　22
単純せん断　63
単純二次元　37
弾性基盤　27, 164

ち
地下逸散減衰　164
沖積
　　沖積世　53
　　沖積層　53
中点加速度法　177
チューブ試料　59

て
デコンボルーション　186, 230
テンソルひずみ　31

と
等価線形化法　196
Tokyo101　22
凍結サンプリング法　59
凍結試料　65
動的変形特性　60
豊浦砂　135
トリパタイト　217

な
ナイキスト周波数　183
内部減衰　201, 204
内部摩擦角　117
軟岩　112

に
入射波　27, 186

Newmark の θ 法　　177

ね
粘性土　　60
粘着力　　116

は
Hardin-Drnevich モデル/H-D モデル　　69
排水条件　　40, 73
八戸波　　23
反射波　　27, 186

ひ
PGA　　5
PGV　　5
P 波　　1
非線形　　39, 61
　　非線形解析　　196
　　非線形挙動　　38
　　非線形性　　14
　　非線形特性　　19, 91, 97, 116
　　非線形法　　171, 196
非排水条件　　40, 129, 169
表形式　　68
標準貫入試験　　19, 47
表面波　　1

ふ
不安定現象　　179
フーリエ級数　　182
複合波　　28
フレッシュテスト　　62, 74
ブロックサンプリング　　60

へ
平面ひずみ　　36
ベディングエラー　　67
変位
　　相対変位　　44
偏差
　　偏差応力　　34
　　偏差ひずみ　　34

ほ
ポアソン比　　34, 50, 128

ま
水の体積弾性係数　　131

む
無条件安定　　180

め
メージング則　　133

も
モード比例減衰　　242

や
ヤング係数　　33, 34

ゆ
有限要素法　　153
有効応力の原理　　32

よ
要素剛性マトリックス　　153

ら
Large mass 法　　161
Love 波/ラブ波　　2
Ramberg-Osgood モデル/R-O モデル　　138, 142

り
履歴
　　履歴曲線　　61, 132
　　履歴減衰　　250
臨海部模擬地震波
　　臨海波　　24

れ
Rayleigh 波/レーリー波　　2

ろ
ロッキング　　154

著者略歴

吉田　望（よしだ のぞむ）
1949 年　生まれ
1977 年　京都大学大学院　工学研究科　博士課程
1979 年　京都大学防災研究所　研修員
1979 年　佐藤工業株式会社入社　中央技術研究所
1993 年　Visiting Scholar, University of British Columbia
2002 年　応用地質株式会社入社　技術本部
2005 年　東北学院大学　工学部　環境土木工学科　教授
2017 年　関東学院大学　総合研究推進機構　教授

専門：　地震地盤工学・耐震研究分野
所属学会：　地盤工学会，土木学会，日本建築学会，日本地震工学会

著書
（単著）
地盤の地震応答解析，鹿島出版会，2010（本書）
Seismic ground response analysis, Springer, 2014
（共著）
入門・建物と地盤との動的相互作用，日本建築学会，1996
Remedial measures against soil liquefaction, JGS, Balkema, 1998
地震荷重―内陸直下地震による強震動と建築物の応答，日本建築学会，2000
建築物の減衰，日本建築学会，2000
知っておきたい地盤の被害―現象，メカニズムと対策―，地盤工学会，2003
液状化対策工法，地盤工学会，2004
斜面の安定・変形解析入門―基礎から実例まで―，地盤工学会，2006
地盤の動的解析―基礎理論から応用まで―，地盤工学会，2007
Design of foundations in seismic areas: principles and applications, NICEE, 2007
他，多数。

主な研究活動
地盤と土構造物の地震時挙動，液状化と液状化に伴う流動，地中構造物の地震時挙動

地盤の地震応答解析

2010年10月20日　　第1刷発行
2020年 3月20日　　第3刷発行

著　者　　吉田　望

発行者　　坪内　文生

発行所　　鹿島出版会
　　　　　104-0028　東京都中央区八重洲2丁目5番14号
　　　　　Tel. 03(6202)5200　　振替 00160-2-180883
　　　　　無断転載を禁じます。
　　　　　落丁・乱丁本はお取替えいたします。

装幀：伊藤滋章　　DTP：エムツークリエイト
印刷：壮光舎印刷　　製本：牧製本
©Nozomu Yoshida, 2010
ISBN978-4-306-02424-3　C3052　　Printed in Japan

本書の内容に関するご意見・ご感想は下記までお寄せください。
URL：http://www.kajima-publishing.co.jp
E-mail：info@kajima-publishing.co.jp

関連図書のご案内

地震地盤動力学の基礎
エネルギー的視点を含めて

國生剛治=著

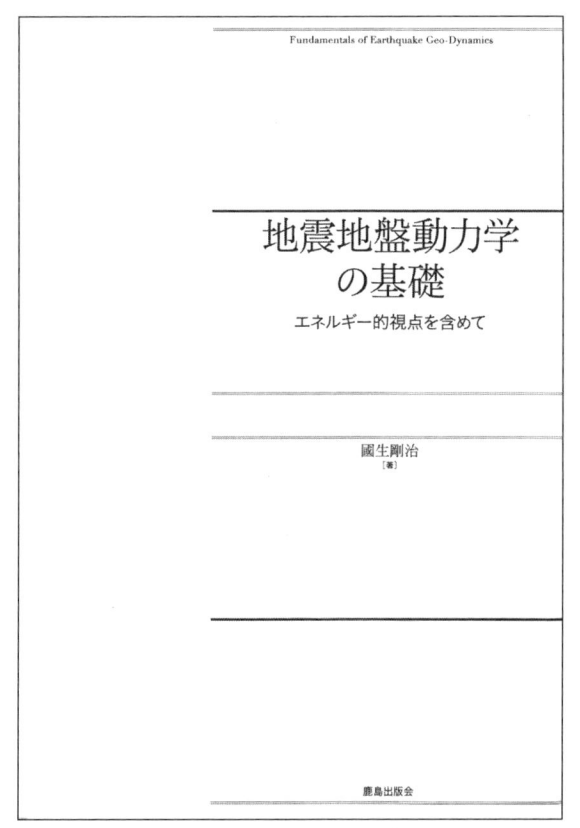

B5判・400頁　定価 7,260円（本体 6,600円＋税）

本書が対象としている範囲は、地盤中の波動伝播、地盤の変形・破壊現象に関する基礎理論やモデル化、さらに地盤震動、液状化、斜面崩壊に関わる理論・実験・解析に及んでいる。従来の力の釣り合いの見方だけでなく、エネルギー的視点を含め、地震時の地盤挙動メカニズムに関する広範な現象を理解する道筋に、新たな方向性を提案。

主要目次
序章 ／ 地盤中の波動伝播と減衰 ／ 地震時の地盤物性 ／ 地盤物性のモデル化と解析・模型実験 ／ 地盤の震動増幅と波動エネルギー ／ 地盤の液状化 ／ 地震による斜面崩壊 ／ 各章の要点

鹿島出版会　〒104-0028　tel.03-6202-5200　http://www.kajima-publishing.co.jp
東京都中央区八重洲2-5-14　fax.03-6202-5204　E-mail：info@kajima-publishing.co.jp

関連図書のご案内

新・地震動のスペクトル解析入門

大崎順彦＝著

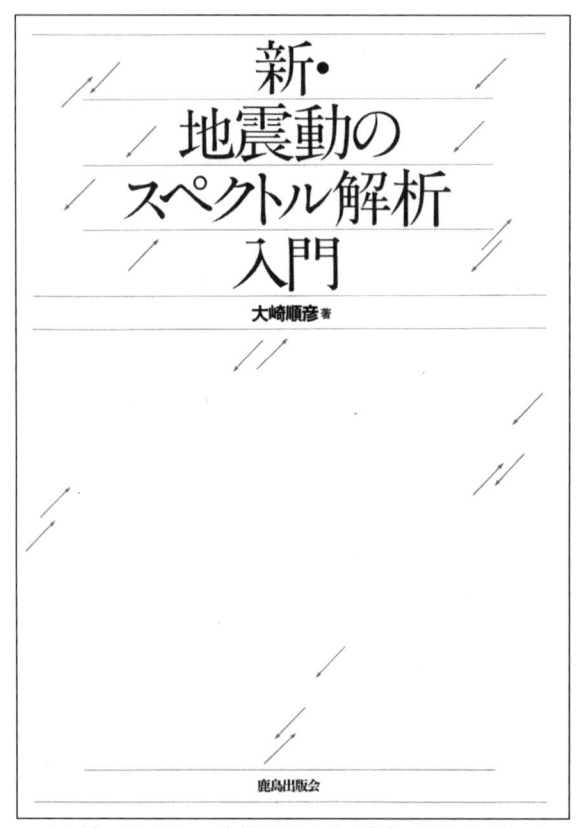

B5判・316頁　　定価6,820円（本体6,200円＋税）

耐震設計で問題となる地震動や地震時における構造物の挙動は、スペクトル解析の対象となる。スペクトルを求めるための解析法のほか、地盤振動や耐震設計用の模擬地震動作成法など、スペクトルを使った実務的な応用例も解説。理論に基づいた汎用性の高いプログラム・リストを一括掲載。

主要目次
まえがき ／ 周期-頻度スペクトル ／ 確率密度スペクトル ／ フーリエ・スペクトル ／ パワ・スペクトル、自己相関関数 ／ スペクトルの平滑化 ／ 応答スペクトル ／ 時間領域と周波数領域 ／ 地盤の振動 ／ 模擬地震動 ／ コンピュータ・プログラム ／ あとがき

鹿島出版会　〒104-0028　tel.03-6202-5200　http：//www.kajima-publishing.co.jp
　　　　　　東京都中央区八重洲 2-5-14　fax.03-6202-5204　E-mail：info@kajima-publishing.co.jp